本书由河南省普通高等学校人文社会科学重点研究基地"平顶山学院伏牛山文化圈研究中心"、平顶山学院河南省重点学科"广播电视艺术学"资助出版。

The Cultural Inheritance and Changes of Shandong Gentry from Sui to the First-phase of Tang Dynasty

隋唐之际山东士族的
文化传承与变迁

路学军　著

中国社会科学出版社

图书在版编目（CIP）数据

隋唐之际山东士族的文化传承与变迁／路学军著. —北京：
中国社会科学出版社，2020.5
ISBN 978－7－5203－5928－3

Ⅰ.①隋…　Ⅱ.①路…　Ⅲ.①士—群体—研究—山东—隋唐
时代　Ⅳ.①D691.2

中国版本图书馆 CIP 数据核字（2020）第 020366 号

出 版 人	赵剑英	
责任编辑	宋燕鹏	
责任校对	张依婧	
责任印制	李寡寡	

出　　版	中国社会科学出版社	
社　　址	北京鼓楼西大街甲 158 号	
邮　　编	100720	
网　　址	http://www.csspw.cn	
发 行 部	010－84083685	
门 市 部	010－84029450	
经　　销	新华书店及其他书店	

印　　刷	北京明恒达印务有限公司	
装　　订	廊坊市广阳区广增装订厂	
版　　次	2020 年 5 月第 1 版	
印　　次	2020 年 5 月第 1 次印刷	

开　　本	710×1000　1/16	
印　　张	24.25	
插　　页	2	
字　　数	308 千字	
定　　价	118.00 元	

凡购买中国社会科学出版社图书，如有质量问题请与本社营销中心联系调换
电话：010－84083683

序

士族约形成于汉魏时期，发展壮大于两晋南北朝时期，衰落于隋唐时期。士族是在中古时期享有很高社会地位的一个特殊阶层，他们在政治上标谤累世公卿，在经济上拥有雄厚的实力，在文化上强调诗书传家，在一定程度上引领着当时的社会风尚，对当时社会生活的各个方面都产生了极为广泛而深远的影响。

南北朝时期，由于长期的分裂战乱所导致的人口迁徙和民族融合，逐渐形成了一些具有鲜明地域色彩的士族群体。唐人柳芳论氏族，有山东士族、江左士族、关中士族、代北士族之划分，其中山东士族以崔、卢、李、郑、王为五大姓，与关中士族韦、裴、柳、薛、杨、杜等并称为"郡姓"，江左士族则有王、谢、袁、萧等"侨姓"与朱、张、顾、陆等"吴姓"之分，代北士族元、长孙、宇文、于、陆、源、窦等则称为"虏姓"。他还分别指出他们的特征是："山东之人质，故尚婚娅，其信可与也；江左之人文，故尚人物，其智可与也；关中之人雄，故尚冠冕，其达可与也；代北之人武，故尚贵戚，其泰可与也。"（《新唐书·柳冲传》）在这四大士族地域集团中，尤以山东士族最为源远流长，根深蒂固，影响深远。

隋唐之际，革故鼎新，大一统王朝的相继建立，焕发出来了崭新的社会面貌。门阀士族虽然从整体上来说呈现出衰落的预势，但具体到各地域集团的情况则还不尽相同。江左士族与代北士族，在唐初已经没落，基本退出历史舞台；以李唐皇室为核心的关陇贵族，则是融合了关中士族与部分代北士族所形成的一个胡汉集合体，他们在相继建立起来了西魏、北周、隋、唐四个王朝之后，盛极一时，但在唐初该集团也开始瓦解；只有山东士族，势力虽然有一定的削弱，但其社会影响力仍然非常巨大。唐初，太宗下令修订《氏族志》，有意压抑山东士族，结果由高士廉等人主持修撰的《氏族志》仍列山东士族崔民幹为第一等。唐太宗对此大为不满，说："我与山东崔、卢、李、郑，旧既无嫌，为其世代衰微，冠盖全无，犹自云士大夫，婚姻之间，则多邀钱币。才识凡下，而偃仰自高，贩鬻松槚，依托富贵。我不解人间何为重之？"（《旧唐书·高士廉传》）他命重新刊定《氏族志》，以皇族为首，外戚次之，崔民幹被降为第三等。尽管如此，贞观重臣房玄龄、魏徵、李勣等都争相与山东士族联姻，说明山东士族仍然保持着很高的社会地位。到唐高宗时，出身门第寒微的宰相李义府为其子求与山东士族攀婚竟然遭到拒绝，而出身于关中郡姓的宰相薛元超更是将未娶到"五姓女"列为人生三大憾事之一。于是，唐高宗以"关东魏、齐旧姓，虽皆沦替，犹相矜尚，自为婚姻"为由，下令太原王氏、范阳卢氏、荥阳郑氏、清河博陵二崔氏、赵郡陇西二李氏等七姓十家，禁止自相婚嫁。（《旧唐书·李义府传》）然而此举似乎收效甚微，因为"族望为时俗所尚，终不能禁，或载女窃送夫家，或女老不嫁，终不与异姓为昏（婚）"。高宗的"禁婚令"不但没有降低山东旧族的身份，反而抬高了他们的身价，甚至自称"禁婚家"。（《资治通鉴》卷二百唐高宗显庆四年十月条）一直到晚唐，山东士族在社会上仍然享有很高的声望。唐文宗想把公主嫁给士族，士族却不愿为婚，为此文宗曾感叹地说："民间修昏（婚）姻，不计官品而上（尚）阀阅。我家二百年天子，顾不及崔、卢耶？"（《新唐书·杜兼传附从侄中立传》）山东士族之所以屡经重创而仍然保持了强大的社会影响力，不能不说与其有深厚的文化底蕴有关。隋唐以来，随着士族阶层特权地位的丧失，在缺乏政治、经济地位支撑的情况之下，文化因素对山东士族这一群体的维系就起到至关重要的作用。因此,关注隋唐之际山东士族的文化变迁就显得非常重要。

关于士族的研究一直是中古史研究中的核心议题,以陈寅恪、唐长孺、田余庆等为代表的一批前辈学者,对中古士族研究做出了杰出的贡献,他们开创并奠定了中古士族研究的基本理路,即以政治史脉络为研究取向,以士族个案考察为研究方法的范式。尤其是墓志材料的大量出土与发现,并被应用到中古士族的考察与研究之中,更加增进了中古士族研究的深度。随着社会史、文化史等新史学研究方法的相继兴起,也不断传导到了中古士族研究领域之中,如对中古士族的日常生活、信仰、性别(女性)、社会关系、交往、迁徙等等的研究,都极大地拓展了中古士族研究的视域与维度。

在中古士族的研究中,学者们较多措意于魏晋南北朝时期,而对隋唐时期的重视程度则相对不够,尤其是对山东士族在隋唐之际这一历史大变动时期的走向更是缺乏深入的探究。因此,路学军博士的《隋唐之际山东士族的文化传承与变迁》一书,选取社会文化史的视角,将山东士族置于隋唐之际社会大变局的时代背景之下,考察了其家风、家学、信仰、女性、教育模式、婚宦观念等等方面的文化演变,说明了在隋唐之际社会剧烈变动期山东士族的文化坚守、文化变迁与文化适应之间的关系与影响,有助于我们更全面地理解唐代的文化结构与社会价值体系特征,并为深化对士族文化功能的认识提供了一个独特的范本,对于中古士族的研究具有重要的理论意义与学术价值。

路学军曾在 2007 年考入首都师范大学攻读博士学位,即以山东士族作为自己的研究课题,并于 2010 年顺利获得博士学位。在我的印象中,学军是一个十分努力上进的年轻学子,当时他已经有家室幼子,求学之路颇为艰辛,但他却从未有过任何抱怨,而是非常珍惜这来之不易的读书机会,踏踏实实地钻研学问,认认真真地做人。学军治学,勤于思考,具有较强的问题意识;学军为人,诚恳厚道,具有可贵的朴实品格。他毕业之后，回到家乡的一所高校工作，每次给我来电或来函谈论的都是自己的教学与科研问题。经过十年的打磨与提高，他终于在自己博士论文的基础之上推出了这部著作。作为他曾经的导师，我曾经在他毕业之际答应在他的大作付梓之时，为之作序，除了表示欣喜祝贺之意外，主要也是想借此勉励他在学术研究的道路上取得更大的成就。是为序！

王永平

2019 年 12 月 26 日于北京西府景园寓所

目　　录

绪　　论

一　选题原因与意义

士族是中古时期重要的社会群体，其对中古社会政治、经济、文化等方面的发展均产生了广泛而深刻的影响。士族的形成和发展固然有多种原因，但不可忽视的是，文化因素乃是其中不可或缺的重要一端。① 对此，一些学者曾予以阐述。陈寅恪先生曾言，"所谓士族者，其初并不专用其先代之高官厚禄为其唯一之表征，而实以家学及礼法等标异于其他诸姓。"② 钱穆先生也指出："由于东汉之累世经学，累世公卿，而有此下士族门第之兴起。""一家门第之所以可贵，正在此一家门第中人物之可贵，此实与现代人专意在权位财富上衡量当时门第之想法大相径庭。"③ 王伊同先生也认为："是五朝名家，靡不有家教，所以立身处世，有以见异。"④ 陈寅恪先生

---

① 何谓"文化"一直是颇有争议的问题，美国学者克罗伯和克拉克洪认为："文化的核心部分是传统（即历史地获致和选择的）观念，尤其是它们所带的价值。文化体系一方面可以看作是活动的产物，另一方面则是进一步活动的决定因素。"（傅铿：《文化：人类的镜子——西方文化理论导引》，上海人民出版社1990年版，第12页。）其将文化视为特定的观念、风俗及其与此相关的行为模式，是对文化内涵较有影响的阐释，本书中对于文化概念的理解亦以此为基础。

② 陈寅恪：《唐代政治史述论稿》，《隋唐制度渊源略论稿·唐代政治史述论稿》合订本，生活·读书·新知三联书店2001年版，第259页。

③ 钱穆：《略论魏晋南北朝学术文化与当时门第之关系》，《中国学术思想史论丛》（三），台北东大图书有限公司1981年版，第169、168页。

④ 王伊同：《五朝门第》，中华书局2006年版，第196页。

等的表述虽有所不同，但均肯定了信念、教养、风俗等文化因素对士族发展的深远影响，明确指出了文化价值与士族发展之间的密切关联。

魏晋以降，由于九品中正制、占田制、八议入律等制度的实施，士族在政治、经济方面的影响力更为引人关注。但即便如此，文化因素在士族发展演变的过程中依然发挥着重要作用。因此，对士族文化的关注也应当成为审视这一时期士族现象的重要视角。对此，日本学者谷川道雄就曾说："六朝贵族的精神世界，作为他们自身生活的课题，也感觉到似乎以深奥的影像在其内心里存在着。如果强烈认定六朝贵族的自立性，而且在其与民众之间形成的道德共同体中寻找基础的话，则似有必要深入到这样的内心世界。"① 即强调了从文化角度研究魏晋南北朝士族现象的必要性。

山东士族是士族群体的重要组成部分。永嘉以来，晋室分崩，中原丧乱，士族发展也出现了地域差别。留居北方的山东士族经过长期发展，在北方地区的社会生活中逐渐占据了优势地位；其社会特征、文化面貌既有士族之共性，又有自身独特之处。而隋唐之际，对于山东士族而言，又是其发展的一个重要转折点，也可以说是新的起点。

隋唐之际，随着九品中正制废止、科举制推行等一系列制度变革的实施，士族的政治优势大为缩减，经济利益亦受到一定影响。《通典》卷十七《选举五》即称："隋氏罢中正，举选不本乡曲，故里闾无豪族，井邑无衣冠，人不土著，萃处京畿，士不饰行，人弱而愚。"② 此外，隋及唐初的关陇本位政策、隋代对士族的迁徙、唐初重订《氏族志》等举措对山东士族的抑制作用也较为明显。不仅如此，隋代以来，在多元思潮与学术国家化共存的文化环境下，加

---

① ［日］谷川道雄：《中国的中世》，《日本学者研究中国史论著选译》第二卷，中华书局 1993 年版，第 140 页。
② （唐）杜佑：《通典》卷十七《选举五》，中华书局 1988 年版，第 417 页。

之南北文化交流的进行，新的文化环境逐渐生成。山东士族在文化方面也受到一定的冲击，他们以往建立在乡土与家族基础上的学术优势地位受到了极大削弱，传统的文化模式亦受到了相当威胁。由此可见，隋唐以降，对山东士族而言，用于保障其特权地位的制度性的安排大多已不复存在，同时其文化的优势地位亦受到了相当大的冲击。

然而值得关注的是，即使在此背景之下，唐代士族，特别是山东士族仍然保持了强烈的文化自我认同和社会影响力，甚至到了中晚唐，这种影响依然明显。"始以衣冠礼乐，行于山东。"① "余山东之风，以礼乐自守。"② 这样的记载颇能代表山东士族对于自身文化传统的恪守与自信。《新唐书》卷一七二《杜兼传》曾载："开成初，文宗欲以真源、临真二公主降士族，谓宰相曰：'民间修婚姻，不计官品而上阀阅。我家二百年天子，顾不及崔、卢耶？'"③ 赵翼就此评论道："可见唐中叶以后，民间犹仍此风。"又言："崔氏自后魏、隋、唐为甲族，吉凶之事各著家礼，至其子孙犹以门望自高。"④ 对此，岑仲勉先生也言唐代山东士族"不是政治性的产物。其所以得到一般仰慕，要点在于能保持'礼教'"⑤，可谓一语中的。可见，文化的独特性已经成为唐代山东士族维系其自身存在和社会声望的重要途径，而这种局面的形成即始于隋唐之际的变革时期。以此观之，对隋唐之际山东士族文化面貌的探讨对于理解隋唐时期山东士族的发展演变具有重要意义。

历年来，关于士族文化的研究著述不断涌现，不少成果颇具学术意义。但概览诸家成果，对士族文化研究较为深入者，多集中在

---

① （后晋）刘昫等：《旧唐书》卷一五八《郑余庆传》，中华书局1975年版，第4166页。

② 周绍良：《唐代墓志汇编》贞元〇九四，上海古籍出版社1992年版，第1905页。

③ （宋）欧阳修等：《新唐书》卷一七二《杜兼传》，中华书局1975年版，第5205—5206页。

④ （清）赵翼：《陔余丛考》卷十七《六朝重氏族》，上海古籍出版社2011年版，第291页。

⑤ 岑仲勉：《隋唐史》，中华书局1982年版，第123页。

魏晋南北朝时期。学界涉及唐代山东士族文化之研究，则多从治政治史和社会史角度入手，虽间或旁及于此，但多非侧重所在。其间虽有以文学史等为研究对象的论著，但仍缺乏以山东士族整体文化风貌为研究主旨者；特别是对于隋唐之际这一变革期山东士族的文化状况，则更是缺乏专论。有鉴于此，本书即选择隋唐之际山东士族文化演变作为研究主题，希望能够阐释如下问题：

（1）隋唐之际，在社会剧烈变动的背景之下，山东士族的文化保持状况；

（2）这一时期山东士族的文化变迁与文化适应间的关系与影响。

本书的研究意义主要体现在两个方面。首先，通过研究，有助于更全面地理解唐代的文化结构与社会价值体系的特征。隋唐之际，社会经历剧烈变革，山东士族的文化传统也随之多有变迁，与其他文化体系相比，亦非强势所在。但尽管如此，作为一个群体，山东士族文化的核心价值犹存。唐代社会虽处于相对多元的文化环境之中，但山东士族以家学门风为核心的礼法文化仍旧受到推崇，并依然被社会视作重要的价值评判尺度。从这个意义上来讲，通过对隋唐之际的山东士族文化进行研究，也有助于更全面地理解唐代的文化结构和社会价值标准。

其次，隋唐之际的山东士族文化体系提供了一个经过文化接触、文化适应而最终保持自身独特性的范本。通过对此的研究，可以深化对士族文化功能的认识。东汉以来，山东士族的文化传统一直是建立在血缘与地域基础之上的，并以此形成了"通经义、励名行以致从政"[1]的政治文化模式。在隋唐之际社会变局的影响之下，山东士族学术传统虽多因入仕等因素而逐渐有所变化，但族姓、郡望、家风等基于血缘基础上的社会文化意识对其群体成员仍具有强烈的规范、凝聚、调控等作用，并促使其多数成员仍保有强烈的文化自

---

[1]　陈寅恪：《唐代政治史述论稿》，《隋唐制度渊源略论稿·唐代政治史述论稿》合订本，生活·读书·新知三联书店 2001 年版，第 261 页。

觉。以此来看，隋唐之际变局的冲击，虽使山东士族的文化面貌经历了局部的更新，但其对成员在价值、规范、结构等方面的整合功能，并未因此而丧失。更为重要的是，隋唐以来，随着士族特权地位的逐渐没落，在缺乏政治、经济地位的支持之下，文化因素对山东士族这一群体的维系作用也值得我们对其作出新的审视。

二　学术史回顾

（一）中国研究概况

我国关于中古士族文化的研究，发轫于陈寅恪、钱穆等诸位先生。陈寅恪先生在《唐代政治史述论稿》《隋唐制度渊源略论稿》（见《隋唐制度渊源略论稿·唐代政治史述论稿》合订本①）《金明馆丛稿初编》②《金明馆丛稿二编》③《陈寅恪魏晋南北朝史讲演录》④等论著中，提出了一系列与士族文化相关的论点。概而言之，陈寅恪先生一方面肯定了文化因素在士族形成、演变过程中的意义，另一方面又强调了士族文化与地域、家族间的联系。同时，陈寅恪先生亦指出了士族文化与中古政治的关联，以及就此而形成的政治文化模式。

钱穆先生在士族文化研究领域亦有重要贡献。钱穆先生在《中国学术思想史论丛》（三）⑤、《中国学术思想史论丛》（四）⑥ 中多有论述士族文化之处。特别是在《略论魏晋南北朝学术文化与当时门第之关系》［载《中国学术思想史论丛》（三）⑦］一文中，钱穆

---

① 陈寅恪：《唐代政治史述论稿》，《隋唐制度渊源略论稿·唐代政治史述论稿》合订本，生活·读书·新知三联书店 2001 年版。
② 陈寅恪：《金明馆丛稿初编》，生活·读书·新知三联书店 2001 年版。
③ 陈寅恪：《金明馆丛稿二编》，生活·读书·新知三联书店 2001 年版。
④ 陈寅恪：《陈寅恪魏晋南北朝史讲演录》，黄山书社 1987 年版。
⑤ 钱穆：《中国学术思想史论丛》（三），台北东大图书有限公司 1981 年版。
⑥ 钱穆：《中国学术思想史论丛》（四），台北东大图书有限公司 1983 年版。
⑦ 钱穆：《略论魏晋南北朝学术文化与当时门第之关系》，《中国学术思想史论丛》（三），台北东大图书有限公司 1981 年版。

先生从四部之学的发达、儒家礼学的兴盛等方面集中论述了当时学术文化的特点，总结了门第之家与当时学术文化的关系，对魏晋士族的文化取向作了较为集中的阐述。

唐长孺先生亦为士族研究大家。在《东汉末期的大姓名士》（载《魏晋南北朝史论拾遗》①）一文中，唐长孺先生讨论了东汉名士与大姓之间的关系。他指出"由于政治地位和文化修养的优越性，大姓、冠族中能够产生名士"②，并进一步结合起来构成了魏晋士族的基础，肯定了文化因素在士族形成中的作用。在进一步厘清士族形成的过程中，唐先生在《九品中正制度试释》（载《魏晋南北朝史论丛》③）、《士族的形成与升降》（载《魏晋南北朝史论拾遗》④）等文章中明确指出九品中正制保证了士族在政治上的世袭特权，从制度上标志着魏晋士族阶层的形成。此外唐长孺先生《魏晋南北朝隋唐史三论》⑤一书，对于南北朝、隋唐之际的南北学风、南朝化倾向等问题有较多论述，这对理解这一时期的文化环境变迁与山东士族文化演进之间的关系，极具启发意义。

王伊同先生《五朝门第》⑥一书虽以分析五朝士族政治、经济状况、廓清其世系沿革为主旨，但亦设有"高门之风范"一章，研讨士族家教、家讳、婚姻、流品等文化特征。周一良先生《魏晋南北朝史论集》⑦等著述对山东士族文化亦多有论及。特别是周一良先生之《魏收之史学》《魏晋南北朝史学发展的特点》《略论南朝北朝史学之异同》《魏晋南北朝史学与王朝禅代》（均载《魏晋南北朝史

① 唐长孺：《东汉末期的大姓名士》，载《魏晋南北朝史论拾遗》，中华书局1983年版。
② 唐长孺：《魏晋南北朝史论拾遗》，中华书局1983年版，第29页。
③ 唐长孺：《九品中正制度试释》，载《魏晋南北朝史论丛》，生活·读书·新知三联书店1955年版。
④ 唐长孺：《士族的形成与升降》，载《魏晋南北朝史论拾遗》，中华书局1983年版。
⑤ 唐长孺：《魏晋南北朝隋唐史三论》，武汉大学出版社1992年版。
⑥ 王伊同：《五朝门第》，中华书局2006年版。
⑦ 周一良：《魏晋南北朝史论集》，北京大学出版社1997年版。

论集》①）等文章，对魏晋南北朝时期的史学发展作了深入分析，这对于理解和研究南北朝士族与史学发展间的关系提供了很好的指导。

汪篯先生对隋唐士族问题有精深研究。《汪篯隋唐史论稿》② 一书中有多篇文章，如《唐太宗之拔擢山东微族与各集团人士之并进》《唐太宗树立新门阀的意图》等，对隋末唐初的各社会阶层作了细致考察，对理解隋唐之际山东士族社会环境的变迁亦极具指导意义。

王仲荦先生对唐代士族也有重要研究，其《〈唐贞观八年条举氏族事件〉残卷考释》一文（载《蜡华山馆丛稿》）③ 即对唐初士族的社会地位特征作出了严谨考证。岑仲勉先生《唐史余沈》④ 等著述对士族问题亦有涉及。

（二）承接前代学人的研究，港台暨海外华人学界在士族文化研究领域也取得了相当出色的成绩

孙国栋《唐宋之际社会门第之消融——唐宋之际社会转变研究之一》（载《唐宋史论丛》⑤）是较早运用统计调查法研究士族政治升降的论文。余英时、毛汉光先生亦取得了较为突出的研究成果。余英时先生的研究以文化立意，其代表作《士与中国文化》⑥ 在言及士族时，注重挖掘其形成、演变过程中的文化因素与特征。毛汉光先生的研究虽侧重社会史与政治史，但其在《两晋南北朝士族政治之研究》⑦《我国中古大士族之个案研究——瑯琊王氏》⑧《中国中

---

① 周一良：《魏收之史学》《魏晋南北朝史学发展的特点》《略论南朝北朝史学之异同》《魏晋南北朝史学与王朝禅代》，载《魏晋南北朝史论集》，北京大学出版社 1997 年版。

② 汪篯：《汪篯隋唐史论稿》，中国社会科学出版社 1981 年版。

③ 王仲荦：《〈唐贞观八年条举氏族事件〉残卷考释》，载《蜡华山馆丛稿》，中华书局 1987 年版。

④ 岑仲勉：《唐史余沈》，中华书局 1960 年版。

⑤ 孙国栋：《唐宋之际社会门第之消融——唐宋之际社会转变研究之一》，载《唐宋史论丛》，上海古籍出版社 2010 年版。

⑥ 余英时：《士与中国文化》，上海人民出版社 1987 年版。

⑦ 毛汉光：《两晋南北朝士族政治之研究》，台北中国学术著作奖助委员会，1966 年。

⑧ 毛汉光：《我国中古大士族之个案研究——瑯琊王氏》，台北《"中央研究院"历史语言研究所集刊》第三十七本下册，1967 年。

古社会史论》① 等著述中对士族的家族迁徙、族姓、郡望观念的保持、婚宦关系流变等方面的深入研究亦极有助于理解这一时期士族社会文化观念保持与演变。此外毛汉光先生还有多篇论文,《中古大族著房婚姻之研究——北魏高祖至唐中宗神龙年间五姓著房之婚姻关系》②《唐代大士族的进士第》(载黄约瑟编《港台学者隋唐史论文精选》③)、《隋唐政权中的兰陵萧氏》(载《中国历史论文集》④)、《关中郡姓婚姻关系之研究》(载《唐代文化研讨会论文集》⑤),其研究涉及士族婚姻、仕宦等内容,亦多有参考价值。

此外,何启民《中古门第论集》⑥,金发根《永嘉乱后的北方豪族》⑦,苏绍兴《两晋南朝的士族》⑧ 等著述也多有可借鉴之处。

(三)80 年代后,内地学界对于士族研究开始逐渐摆脱干扰,步入正轨

《唐史学会论文集》⑨ 集中了一批关于士族研究的论文,其中不乏对山东士族婚姻模式、科举制度与山东士族的关系、山东士族仕宦状况等方面研究颇有见地的文章。田余庆先生《东晋门阀政治》⑩ 则以士族与皇权的关系为主线,有助于理解魏晋士族政治文化的特征,为这一时期士族研究的重要成果。此外,黄佩芳、王志邦《魏

---

① 毛汉光:《中国中古社会史论》,上海书店出版社 2002 年版。

② 毛汉光:《中古大族著房婚姻之研究——北魏高祖至唐中宗神龙年间五姓著房之婚姻关系》,台北《"中央研究院"历史语言研究所集刊》第五十六本第四分,1985 年。

③ 毛汉光:《唐代大士族的进士第》,载黄约瑟编《港台学者隋唐史论文精选》,三秦出版社 1990 年版。

④ 毛汉光:《隋唐政权中的兰陵萧氏》,载《中国历史论文集》,台湾商务印书馆 1986 年版。

⑤ 毛汉光:《关中郡姓婚姻关系之研究》,载《唐代文化研讨会论文集》,台北文史哲出版社 1991 年版。

⑥ 何启民:《中古门第论集》,台湾学生书局 1978 年版。

⑦ 金发根:《永嘉乱后的北方豪族》,台北中国学术著作奖助委员会,1964 年。

⑧ 苏绍兴:《两晋南朝的士族》,台北联经出版事业公司 1987 年版。

⑨ 《唐史学会论文集》,陕西人民出版社 1986 年版。

⑩ 田余庆:《东晋门阀政治》,北京大学出版社 1989 年版。

晋士族妇女的风貌》①，刘隆有《士族门阀制度与魏晋南北朝史学》②也都从不同角度涉及士族文化研究。

20世纪90年代后，随着学界对陈寅恪先生等老一辈学者研究成果的重新挖掘，以及海外学者成果的渐次引入；国内学界对士族现象得以从更全面的角度认识，有关士族文化研究亦日趋深入，文章和论著不断涌现，具体而言。

1. 士族研究通论方面

徐扬杰《中国家族制度史》③、常建华《宗族志》④ 是关于家族、宗族方面的论著，均涉及士族现象。冯尔康等合著《中国宗族社会》⑤，是一部关于中国宗族通史的著作。作者在论及士族现象时，认为婚姻模式、文化垄断、儒家门风仍是士族的重要特色，对于士族自身建设、延续士族力量发挥了重要作用。2007年，由张国刚主编的《中国家庭史》⑥ 出版，这是关于家族史研究的又一通史著作；其中第一卷和第二卷对士族家族的婚姻、教育、家风等方面作了较全面的阐述。邵正坤《北朝家庭形态研究》⑦ 借鉴了社会学的概念和理论，对北朝时期的家庭进行了多方面的考察，其中涉及山东士族之处，也有一定的参考意义。

2. 山东士族政治方面发展的研究

论文方面：颜晨华《文治与中兴：唐代士族之再评价》⑧ 以中枢政治为主线，以文化传统为背景，讨论了士族的兴衰。史睿《北周、隋、唐初的士族政策与政治秩序的变迁》⑨ 研究了北周后期至唐

---

① 黄佩芳、王志邦：《魏晋士族妇女的风貌》，《浙江学刊》1988年第6期。
② 刘隆有：《士族门阀制度与魏晋南北朝史学》，《齐鲁学刊》1986年第2期。
③ 徐扬杰：《中国家族制度史》，人民出版社1992年版。
④ 常建华：《宗族志》，上海人民出版社1998年版。
⑤ 冯尔康等：《中国宗族社会》，浙江人民出版社1994年版。
⑥ 张国刚：《中国家庭史》，广东人民出版社2007年版。
⑦ 邵正坤：《北朝家庭形态研究》，科学出版社2008年版。
⑧ 颜晨华：《文治与中兴：唐代士族之再评价》，《学术月刊》1992年第12期。
⑨ 史睿：《北周、隋、唐初的士族政策与政治秩序的变迁》，《首都师范大学学报》1998年第3期。

初的统一进程中，统治集团士族政策的演变以及对士族群体的影响。尹富《抵制·渴慕·操纵：论唐代士族对科举的多重态度》① 分析了士族群体对科举制度态度的演变。陈金凤、梁琼《山东士族与隋朝政治论略》②，则着重探讨了隋代山东士族的政治参与状况。韩昇《南北朝隋唐士族向城市的迁徙与社会变迁》③ 揭示了学术国家化背景下隋唐士族所受到的影响，亦有涉及山东士族之处。上述论文从不同角度涉及了山东士族在政治方面的演变状况，多有可参考之处。

论著方面：陈爽《世家大族与北朝政治》④，重点研究了北朝士族的特征及其在政治方面的演变。李卿《秦汉魏晋南北朝时期家族、宗族关系研究》⑤，着重探讨了秦汉魏晋南北朝时期家族、宗族内部各成员间在政治、经济和文化教育等方面的互动关系及家族、宗族关系对外部社会所产生的影响，其间多有论及山东士族之处。李鸿宾等《隋唐对河北地区的经营与双方的互动》⑥，主要介绍了隋末唐初王朝统辖之下的河北。其中隋朝中央与河北地方之关系、唐朝对河北地区的经营及其变化等内容，对研究隋唐之际山东士族的政治态度有相当大的启发作用。

3. 山东士族婚姻风尚与妇女研究

论文方面：赵超《从唐代墓志看士族大姓通婚》（载《周绍良先生欣开九秩庆寿文集》⑦），张国刚《唐代寡居妇女的生活世界》⑧，

① 尹富：《抵制·渴慕·操纵：论唐代士族对科举的多重态度》，《西南师范大学学报》1999 年第 5 期。
② 陈金凤、梁琼：《山东士族与隋朝政治论略》，《山东师范大学学报》2003 年第 6 期。
③ 韩昇：《南北朝隋唐士族向城市的迁徙与社会变迁》，《历史研究》2003 年第 4 期。
④ 陈爽：《世家大族与北朝政治》，中国社会科学出版社 1998 年版。
⑤ 李卿：《秦汉魏晋南北朝时期家族、宗族关系研究》，上海人民出版社 2005 年版。
⑥ 李鸿宾等：《隋唐对河北地区的经营与双方的互动》，中央民族大学出版社 2008 年版。
⑦ 赵超：《从唐代墓志看士族大姓通婚》，《周绍良先生欣开九秩庆寿文集》，中华书局 1997 年版。
⑧ 张国刚：《唐代寡居妇女的生活世界》，《安徽师范大学学报》2007 年第 3 期。

陈丽、门玥然《唐代上层社会妇女婚姻地位探析》①，吴红琳《唐代士族妇女婚姻研究》②　均从不同角度涉及魏晋至隋唐时期的士族婚姻状况，对于魏晋至隋唐时期山东士族的婚姻特征作出了较为详尽的论述，其研究对于本书写作多有参考意义。

论著方面：薛瑞泽《嬗变中的婚姻——魏晋南北朝婚姻形态研究》③，其书中对魏晋南北朝门阀等级内婚制、婚姻程序、择偶标准、婚龄的变迁、特殊婚姻类型等作出了研究，并提供了大量实例。李金河《魏晋隋唐婚姻形态研究》④，以门阀士族婚姻为重点，对魏晋南北朝到隋唐时期的婚姻形态进行了深入细致的考察，得出了令人信服的结论，廓清了不少一直难求正解的问题。段塔丽《唐代妇女地位研究》⑤，姚平《唐代妇女的生命历程》⑥，则涉及唐代山东士族妇女的婚姻及文化传统，其成果亦有借鉴意义。

4. 学风与家风方面

20 世纪 90 年代之后，内地学界对士族学风与家风方面的研究渐多，研究成果也不断涌现。

论文方面：颜晨华《经学传统与汉唐北方士族的盛衰》⑦，探讨了经学与北方士族发展间的关系。郑强胜《唐时期的家学》⑧ 论述了唐代家学中儒学与文学并举的现象，是较早对士族家学进行研究的成果。王华山《河北士族礼法传统与北学渊源》⑨ 从学术渊源、地域环境等方面分析了东汉到魏晋河北士族礼法文化的形成与演变。王永平《“学府文宗”：北朝后期河间邢氏之家族文化》⑩，则以河间邢氏

① 陈丽、门玥然：《唐代上层社会妇女婚姻地位探析》，《西北师范大学学报》2006 年第 5 期。
② 吴红琳：《唐代士族妇女婚姻研究》，《宜宾学院学报》2009 年第 3 期。
③ 薛瑞泽：《嬗变中的婚姻——魏晋南北朝婚姻形态研究》，三秦出版社 2000 年版。
④ 李金河：《魏晋隋唐婚姻形态研究》，齐鲁书社 2005 年版。
⑤ 段塔丽：《唐代妇女地位研究》，人民出版社 2000 年版。
⑥ 姚平：《唐代妇女的生命历程》，上海古籍出版社 2004 年版。
⑦ 颜晨华：《经学传统与汉唐北方士族的盛衰》，《学术刊》1991 年第 7 期。
⑧ 郑强胜：《唐时期的家学》，《华夏文化》1995 年第 6 期。
⑨ 王华山：《河北士族礼法传统与北学渊源》，《文史哲》2003 年第 2 期。
⑩ 王永平：《“学府文宗”：北朝后期河间邢氏之家族文化》，《学习与探索》2009 年第 2 期。

为研究对象，对其家族文化发展作出了探讨。

论著方面：陈明《中古士族现象研究——儒学的历史文化功能初探》①，以宏观立论，论述了士族产生的文化背景，及其与儒学流变的关系。陈明之后所著《儒学的历史文化功能——士族：特殊形态的知识分子研究》②《儒学的历史文化功能——以中古士族现象为个案》③，也都以士族与儒学关系为主轴展开研究，其论述有较高的学术价值。刘惠琴《北朝儒学及其历史作用》④，分析了北朝儒学的发展特征，同时对士族与北朝儒学的联系作出了探讨。王华山《清河崔氏与北朝儒学》⑤，则以清河崔氏为研究对象，对其家族文化演变作出了研究。

20 世纪 90 年代后，还出现了一批涉及山东士族文学观念的学术成果。孙光《河北士族对北朝文学的影响》⑥，论述了北朝山东士族对当时文学发展的影响。吴先宁《北朝文化特质与文学进程》⑦，其书中有相当多的内容涉及北朝山东士族与当时文学发展间的关系，对认识北朝山东士族的文学发展状况多有裨益。李浩《唐代三大地域文学士族研究》⑧，主要考察了唐代关中、山东、江南三大地域文学士族的构成、流动及其演变的历史过程与基本特征，有助于理解唐代山东士族的文学发展特征。李建华的博士学位论文《唐代山东士族与文学》⑨，也以山东士族的文学观念与实践为研究对象，其研究视角与方法也多有可参考之处。

---

①　陈明：《中古士族现象研究——儒学的历史文化功能初探》，台北文津出版社 1994 年版。

②　陈明：《儒学的历史文化功能——士族：特殊形态的知识分子研究》，学林出版社 1997 年版。

③　陈明：《儒学的历史文化功能——以中古士族现象为个案》，中国社会科学出版社 2005 年版。

④　刘惠琴：《北朝儒学及其历史作用》，陕西人民出版社 2003 年版。

⑤　王华山：《清河崔氏与北朝儒学》，山东文艺出版社 2004 年版。

⑥　孙光：《河北士族对北朝文学的影响》，《北方论丛》2007 年第 2 期。

⑦　吴先宁：《北朝文化特质与文学进程》，东方出版社 1997 年版。

⑧　李浩：《唐代三大地域文学士族研究》，中华书局 2002 年版。

⑨　李建华：《唐代山东士族与文学》，博士学位论文，南京师范大学，2007 年。

此外，王永平先生的多项著述，包括《隋代江南士人的浮沉》①《论北魏时期青齐人士的文化贡献》②《中古士人迁移与文化交流》③，涉及魏晋南北朝时期南北士族的文化交流，其研究成果颇具启发意义。另外，王永平《论中古时期世族家风、家学之特质——以江东世族为中心的历史考察》④，对家风、家学等概念作出了阐释。王永平《魏晋南北朝士族文化与中华文明传承》⑤，则论述了汉族士族阶层在魏晋南北朝时期对文化传承的深远影响，对于研究隋唐之际山东士族的文化特征也有借鉴意义。

顾乃武硕士学位论文《唐代门阀士族文化追求的转变及影响》⑥，曲洋硕士学位论文《唐代山东士族家庭文化研究》⑦亦以山东士族的家庭文化为研究对象，也多涉及山东士族的家学、家风，其成果亦有可取之处。

5. 山东士族个案研究方面

20 世纪 90 年代后，对山东士族的研究逐渐细化，个案研究的专著和论文也不断涌现，不少成果都有较高的参考价值。

论文方面：高诗敏系列论文《范阳卢氏的兴衰与历史地位》⑧《北朝赵郡李氏的婚姻及其特点》⑨《有关北朝博陵崔氏的几个问题》⑩《北朝清河崔氏的曲折发展及其特征》⑪，对北朝以来山东高门范阳

---

① 王永平：《隋代江南士人的浮沉》，《历史研究》1995 年第 1 期。
② 王永平：《论北魏时期青齐人士的文化贡献》，《中华文史论丛》2005 年第 80 期。
③ 王永平：《中古士人迁移与文化交流》，社会科学文献出版社 2005 年版。
④ 王永平：《论中古时期世族家风、家学之特质——以江东世族为中心的历史考察》，《河南科技大学学报》2003 年第 3 期
⑤ 王永平：《魏晋南北朝士族文化与中华文明传承》，《河北学刊》2009 年第 2 期。
⑥ 顾乃武：《唐代门阀士族文化追求的转变及影响》，硕士学位论文，河北师范大学，2004 年。
⑦ 曲洋：《唐代山东士族家庭文化研究》，硕士学位论文，曲阜师范大学，2006 年。
⑧ 高诗敏：《范阳卢氏的兴衰与历史地位》，《北朝研究》1997 年第 1 期。
⑨ 高诗敏：《北朝赵郡李氏的婚姻及其特点》，《北京联合大学学报》1989 年第 2 期。
⑩ 高诗敏：《有关北朝博陵崔氏的几个问题》，《首都师范大学学报》1998 年第 5 期。
⑪ 高诗敏：《北朝清河崔氏的曲折发展及其特征》，《首都师范大学学报》2000 年第 2 期。

卢氏、赵郡李氏、博陵崔氏、清河崔氏作了具体研究，其成果对于了解这些世家大族的发展脉络多有参考价值。

此外，张葳《隋唐赵郡李氏家学家风略论》①《隋唐时期河北地区赵郡李氏活动略论》②，邢学敏《唐代家庭伦理关系探微——以荥阳郑氏为例的考察》③，张卫东《唐代荥阳郑氏的入仕途径》④，王华山《汉晋之际清河崔氏思想文化性格的形成》⑤，分别研究了赵郡李氏、荥阳郑氏、清河崔氏的政治、经济、文化等方面的发展，也各有其可借鉴之处。

著作方面：郭锋《〈唐代士族个案研究〉——以吴郡、清河、范阳、敦煌张氏为中心》⑥ 以历史典籍、墓志、敦煌文献为基础，研究了唐代张姓士族的演变。夏炎《中古世家大族清河崔氏研究》⑦，则研究了清河崔氏这一中古望族的渊源及其发展历程。郭锋与夏炎的著述是对中古张氏、清河崔氏较为系统的研究，其成果也有较高的学术价值。

学位论文方面：进入 21 世纪后，一批学位论文也以山东士族个案研究为选题对象。

王华山博士学位论文《十六国北朝清河崔氏与北学》⑧，王洪军博士学位论文《名门望族与中古社会——太原王氏研究》⑨，范兆飞博士学位论文《中古太原士族研究》⑩，张卫东硕士学位论文《唐代荥阳

---

① 张葳：《隋唐赵郡李氏家学家风略论》，《西南大学学报》2009 年第 4 期。
② 张葳：《隋唐时期河北地区赵郡李氏活动略论》，《扬州大学学报》2008 年第 3 期。
③ 邢学敏：《唐代家庭伦理关系探微——以荥阳郑氏为例的考察》，《中国社会历史评论》2007 年。
④ 张卫东：《唐代荥阳郑氏的入仕途径》，《史学月刊》2004 年第 10 期。
⑤ 王华山：《汉晋之际清河崔氏思想文化性格的形成》，《聊城大学学报》2002 年第 2 期。
⑥ 郭锋：《〈唐代士族个案研究〉——以吴郡、清河、范阳、敦煌张氏为中心》，厦门大学出版社 1999 年版。
⑦ 夏炎：《中古世家大族清河崔氏研究》，天津古籍出版社 2004 年版。
⑧ 王华山：《十六国北朝清河崔氏与北学》，博士学位论文，山东大学，2003 年。
⑨ 王洪军：《名门望族与中古社会——太原王氏研究》，博士学位论文，南开大学，2005 年。
⑩ 范兆飞：《中古太原士族研究》，博士学位论文，复旦大学，2007 年。

郑氏个案研究》①，陈建萍硕士学位论文《唐代博陵崔氏个案研究》②，郑芳硕士学位论文《中古世家大族博陵崔氏研究》③，李国强硕士学位论文《唐代范阳卢氏研究》④，韩涛硕士学位论文《中古世家大族范阳卢氏研究》⑤，对不同郡望的山东士族作出了研究，其研究角度与方法虽不尽相同，但对研究山东士族文化也都有不同程度借鉴意义。

（四）国外研究概览

20 世纪初，日本学者内藤湖南在所著《概括的唐宋时代观》（《日本学者研究中国史论著选译》第一卷⑥）一文中首次提出了中古贵族政治理论体系以及唐宋变革论的观点。内藤氏之说在日本乃至欧美汉学界产生了深远影响。此后，冈崎文夫在《魏晋南北朝通史》⑦ 一书中继承并发展了内藤氏的学说。谷川道雄在《中国的中世》（《日本学者研究中国史论著选译》第二卷⑧），《六朝时代的名望家支配》（《日本学者研究中国史论著选译》第二卷⑨）等文章中对魏晋南北朝时期士族与精神世界作出了具有启发性的研究。谷川道雄在《中国中世纪社会与共同体》⑩ 之中，进一步提出了"豪族共同体"的概念，并且强调了人格特质、道德生活对于士族存在的意义。川胜义雄《六朝贵族制社会研究》⑪ 亦对六朝的大族群体作出了研究。而在士族个案研究方面，守屋美都雄《六朝门阀的一个

---

① 张卫东：《唐代荥阳郑氏个案研究》，硕士学位论文，陕西师范大学，2003 年。
② 陈建萍：《唐代博陵崔氏个案研究》，硕士学位论文，河北师范大学，2006 年。
③ 郑芳：《中古世家大族博陵崔氏研究》，硕士学位论文，曲阜师范大学，2009 年。
④ 李国强：《唐代范阳卢氏研究》，硕士学位论文，河北师范大学，2000 年。
⑤ 韩涛：《中古世家大族范阳卢氏研究》，硕士学位论文，曲阜师范大学，2009 年。
⑥ ［日］内藤湖南：《概括的唐宋时代观》，《日本学者研究中国史论著选译》第一卷，中华书局 1992 年版。
⑦ ［日］冈崎文夫：《魏晋南北朝通史》，弘文堂书店 1932 年版。
⑧ ［日］谷川道雄：《中国的中世》，《日本学者研究中国史论著选译》第二卷，中华书局 1993 年版。
⑨ ［日］谷川道雄：《六朝时代的名望家支配》，《日本学者研究中国史论著选译》第二卷，中华书局 1993 年版。
⑩ ［日］谷川道雄：《中国中世纪社会与共同体》，马彪译，中华书局 2002 年版。
⑪ ［日］川胜义雄：《六朝贵族制社会研究》，上海古籍出版社 2007 年版。

研究——太原王氏谱系考》（六朝門閥の一研究——太原王氏系譜考）① 是士族个案研究的最早论著，开辟了士族研究新途径。宫崎市定著《九品官人法研究——科举前史》②，深入地剖析了魏晋南北朝时期重要的铨叙制度——九品官人法，对认知选举制度与士族体制间的关系有重要的参考意义。

欧美学界对士族问题亦有一定的研究，其代表人物有美国学者姜士彬（David Johnson），代表作《中古中国的寡头政治》③《一个大族的末年：唐末宋初的赵郡李氏》（The Last years of a Great Clan：The Li Famiy of Chao Chun in Late T'ang And Early Sung）④。美国学者伊沛霞（Patricia Buckley Ebrey）代表作《早期中华帝国的贵族家庭：博陵崔氏个案研究》⑤。姜士彬认为中国社会是贵族制与官僚制的独特结合，并进而形成了政治上和社会上的寡头统治。伊佩霞则通过文献和墓志的结合，阐释了魏晋直至隋唐博陵崔氏的家族演变，不少看法颇具见地。

三　对若干范畴的解释

（一）研究内容、方法与资料

对山东士族而言，经学与家风是其文化传统的核心，因此这方面的内容自然成为本书研究的重点。同时，为更全面地理解隋唐之际山东士族的文化面貌，本书亦涉及其文学观念、宗教信仰、婚宦观念、教育模式、尚武意识等方面的研究，以使得研究结论更具说服力。在研究方法与资料选取上，本书主要以传世文献与出土墓志

---

① ［日］守屋美都雄：《六朝门阀的一个研究——太原王氏谱系考》（六朝門閥の一研究——太原王氏系譜考），日本出版协同株式会社 1951 年版。

② ［日］宫崎市定：《九品官人法研究——科举前史》，中华书局 2008 年版。

③ ［美］姜士彬：《中古中国的寡头政治》，中西书局 2016 年版。

④ ［美］姜士彬：《一个大族的末年：唐末宋初的赵郡李氏》，《哈佛亚洲研究杂志》1977 年第 37 卷第 1 期。

⑤ ［美］伊沛霞：《早期中华帝国的贵族家庭：博陵崔氏个案研究》，范兆飞译，上海古籍出版社 2011 年版。

材料为基础，运用个案法与宏观研究相结合的方法，对史料进行分析并得出研究结论。同时，在论文撰写过程中结合具体需要，借鉴了文化学、社会学的一些方法，如文化比较、数量统计法等。此外，在具体研究中，还适当地选取了文化学的一些概念和理论作为研究的支点，如文化变迁、文化适应、文化整合等文化学理念在书中都有运用。

（二）关于本书的研究对象

本书以山东士族为研究对象。对于隋唐时期的士族，毛汉光先生认为仍较为活跃的有 13 家，即京兆杜陵韦氏、河南开府郑氏、弘农华阴杨氏、博陵安平崔氏、赵郡武城崔氏、陇西狄道李氏、太原晋阳王氏、琅琊临沂王氏、赵郡平棘李氏、范阳涿县卢氏、渤海蓨县高氏、河东闻喜裴氏、彭城刘氏。[①] 其中，赵郡李氏、清河崔氏、博陵崔氏、荥阳郑氏、太原王氏均源自山东地区，自魏晋以来，其主体也一直在北方地区活动，在唐代他们也被公认为山东士族的代表，因此本书即以其为主要研究对象。

需要说明的是，山东五姓虽然具有共同的郡望。但在其内部，不同房支间的悬隔是非常明显的，一些房支甚至长期没有仕宦的记录。不过，就山东五姓来说，即使是其衰门成员，也并不意味他们不具有士族的文化传统和门第观念。

以崔仁师为例，他出自博陵安平房，曾官至中书侍郎。汪籛先生认为，从其家族仕宦的角度看，崔仁师应当属于山东高门之中的破落户[②]，不过，从崔仁师学风来看，他身上颇具山东士族的文化特质。崔仁师之孙崔湜、崔涤，及从兄崔莅，"并有文翰，列居清要；每私宴之际，自比王谢之家。谓人曰：'吾之一门及出身历官，未尝

---

① 毛汉光：《中国中古社会史论》，上海书店出版社 2002 年版，第 59 页。
② 汪籛：《唐太宗之拔擢山东微族与各集团人士之并进》，《汪籛隋唐史论稿》，中国社会科学出版社 1981 年版，第 137 页。

不为第一，丈夫当先据要路以制人，岂能默默受制于人！'"① 其门第心理更为显著。

郑恕己，出于荥阳郑氏，其墓志称："士庶流离，失其本末，或遁世山谷，或浪迹他邦，乃事农桑，使为井邑，亦未隳元本哉！"② 也颇能反映出建立在共同血缘与文化传统上的山东高门之家的群体意识。

钱穆先生在谈到魏晋南北朝士族时就曾说："盖在当时人意念中，一家门第之所以可贵，正在此一家门第中人物之可贵，此实与现代人专意在权位财富上衡量当时门第之想法大相径庭。"③ 实际上，这一点用以分析唐代山东士族亦颇为适合。正基于此，从研究实际出发，本书对山东五姓文化的研究，以郡望为标准，而不过多地强调其仕宦背景状况，以求从更大的范围反映这一群体的文化面貌。

此外，渤海高氏、钜鹿魏氏、河间邢氏、清河房氏等亦属于山东门第之家，其地位虽然逊于山东五姓等甲族高门，但他们之中的代表人物在北朝时期仍较为活跃，因此本书对他们之中的一些人物也有所论及。彭城刘氏、陇西李氏的一些房支也一直居于山东，本书对这些房支的代表人物也有涉及。

（三）关于研究的时间跨度

本书以隋唐之际为研究时限。所谓隋唐之际并无精确的时间断限，从狭义的角度讲，隋唐之际的时间概念似应划定在隋末唐初为宜；但从广义的角度看，隋代及唐代前期皆属于相似度较高的社会阶段，与士族相关的制度变革也多发生在这一时期。因此，本书即以隋代及唐代前期作为研究的时间核心。不过，山东士族文化的发展演变是一个较长的过程，魏晋，特别是北朝以来，他们所形成的

---

① （五代）王定保：《唐摭言》卷十二《自负》，中华书局1959年版，第135—136页。
② 《唐代墓志汇编》大中一二一，第2346页。
③ 钱穆：《魏晋南北朝学术文化与当时门第之关系》，《中国学术思想史论丛》（三），台北东大图书有限公司1981年版，第168页。

文化传统对隋唐之际的山东士族有着直接而深远的影响。同时，"安史之乱"以后，山东士族的文化演变也与隋唐之际有着密切的关联。因此，从文化延续性的角度出发，以及遵循不同阶段相互比照的需要，本书在研究过程中，根据具体需要，在一些章节中也涉及魏晋，特别是北朝山东士族的文化状况。同时，对唐代中晚期山东士族的文化面貌予以适当观照，对史料进行相应的梳理、分析。

（四）本书的创新点

士族研究在经过数代学人的悉心耕耘之后，从理论框架到诸多专门领域均取得了相当深入的进展，在此基础上欲再取得新的突破诚属不易。但也正因为有了这样深厚的积淀，士族研究不会也不应就此止步。本书固不能奢言突破，但本书以隋唐之际山东士族文化为研究对象，力图较为全面地揭示这一社会变革期山东士族文化演进的轨迹。此类研究目前学界虽有涉及，但尚缺乏专门研究。在宗教、教育、文学等专论之中，力图将史学研究视野与特定的专业研究语境相结合，在研究中亦力图有所创新，具体表现在以下五个方面：

1. 婚姻模式的相对多样化及其对家庭文化风尚的影响

隋唐以降，由于社会环境变化等因素的影响，大姓通婚虽然仍是山东士族婚姻的基本模式，但其已不止于传统的姻族范围，而是出现了扩大的趋势。山东士族与江左、关中、胡姓士族都有一定程度的联姻，同时与皇族、非士族官宦也有一些通婚。

隋唐时期，文化风尚的保持对维系士族的社会声望至关重要。在这一方面，由于山东士族女性多有着深厚的礼法传统，其活动空间又以家庭为中心，故而山东士族女性对维系大姓姻族的传统风尚有着不可替代的作用。

唐代士族风尚，在一定程度上有向其他阶层扩散的趋势。唐代这种士族文化的渗透趋势不仅面向社会下层，也面对社会上层之中受礼法传统拘束较少者，而通过与山东士族的联姻，则是其形成礼法传统的重要途径之一。

值得注意的是，山东士族与皇族联姻，对宗室礼法风尚的演变也有一定的影响。已有学者指出，唐代山东士族在与皇族通婚方面并不积极。这其中原因固然不止一端，但唐代皇族之中多有不尊礼法者诚为重要因素。不过，亦有学者已注意到，唐代皇族的婚姻礼法并非一成不变，实际上，唐代中后期，皇族风尚有明显变化，礼法成分明显增加，对此，段塔丽在《唐代妇女地位研究》中有论述。事实上，唐代山东士族在与皇族通婚方面，虽时有抵触之状，但他们之间联姻的记载亦不乏其例。应当留意的是，宗室风尚的变化，其中原因固然不止一项；但与山东士族通婚，对皇族礼法风尚的养成作用颇值得关注。

2. 隋末唐初山东士族的入仕与隐逸

隋末唐初的士族，特别是山东士族的仕宦观念显得较为复杂。一方面，隋末唐初的山东士族多数与政权核心较为疏离，其中某些人还选择了隐逸不仕。但另一方面，从文献、墓志等材料中可以看到，隋末唐初，由于制度变革、文化转型等原因的影响，山东士族进入中央王朝政权核心的人数的确大为减少，与北朝相比，山东士族的政治影响力也有所下降。然而，这并不意味着山东士族全面抵制入仕。事实上，数量可观的山东士族仍追求入仕，只是这一时期，山东士族更多任职于官僚结构中的中下层，因而不易引人注目。

隋末唐初，山东士族中固然有不少积极入仕者，但这一时期也确有一些人选择了隐逸不仕，无疑，佛老信仰是影响这一阶段某些山东士族隐逸不仕的重要原因。但也有一些山东士族，他们的文化面貌仍主要在儒风影响之下，却也依然选择隐逸。

实际上，隋末唐初，隐逸并不为人所重。这与后世有些士人热衷于以隐逸沽名，追寻"终南捷径"的做法差距颇大。由此可见，隋唐之际的士族隐逸与盛唐之后的隐逸有很大不同。而这一时期的儒士隐逸的原因，除时局动荡外，很重要的一个因素，即是由于山东士族的才地之恃与文化优越心理。

魏晋以来，特别是北魏定族姓以后，在北方地区，山东士族不仅在政治、经济方面获得了特殊地位，在文化发展上也具有主导地位。然而，隋代以来，在文化环境不断变迁，南北文化频繁交流的背景之下，山东士族在文化方面受到的冲击较其他群体更为严重，其传统的学术优势地位也受到了较大削弱。在这一文化转型阶段中，一些山东士族往往以寻求隐逸来表达对自身文化传统的固守态度。

此外，还要注意到，士人隐逸本来多是以弃官归隐为标志，但在唐代，朝堂之隐也颇为引人瞩目。所谓朝堂之隐即是亦官亦隐，盛唐之后，朝堂之隐尤为明显，唐人诗作对此多有吟咏。不过，虽然盛唐、中唐时期，朝堂之隐更为引人关注，但在隋末唐初的山东士族中，朝堂之隐也有体现。

3. 隋唐之际山东士族的黄老之隐与进儒退道

魏晋以来，黄老之学尽管多指道教，且在大多数场合已成为了道教的同义语，但有时亦指以自然为本的道家思想及其士人身上的老庄思想因子。隋唐之际，由于特定的时代背景，相当多的山东士族弃绝出仕而追求黄老之隐。在这其中除明确崇奉道教者外，尚有不少人虽以黄老自持，但却较少有道教炼形求仙之举，他们的生活态度实际上多以老庄人生哲学为依归，此类情状在唐代墓志中多有记载。从墓志材料中可以看到，这些以黄老自持的山东士族大都选择隐逸生活，他们虽多以老庄思想作为人生取舍的依归，但对道教求仙之举的信仰却并不强烈。考虑到当时特定的社会环境与其人生态度，这些山东士族所奉黄老之学与社会上弥漫的道教信仰并不能全然等同。严格而论，这些山东士族之所以以黄老自持，其原因大多应属于受儒家隐逸思想以及进儒退道情结的影响。然而需要注意的是，儒家之隐虽有别于道家，但亦不可避免地使得士人心态之中的道家思想成分上升，即所谓的进儒退道之举。

4. 对北朝、隋、唐初山东士族尚武之风的考辨

山东士族虽以家学门风闻世，但魏晋以降，特别是北朝以来，在这一群体之中也频频出现崇尚武风者。这种崇武习尚虽然还不能说是当时山东士族的普遍倾向，但亦有一定规模，而且对当时社会也有相当的影响，因此不可忽视。魏晋北朝时期，山东士族的武风之兴与乡曲因素有密切关系。魏晋北朝以来，山东士族多聚乡里，依靠强大的乡曲势力，山东士族中的尚武之举也常与此相关，而其又多体现在护佑乡曲，或依托乡土势力叛逆当权者等方面。

乡曲因素虽然在尚武山东士族的活动中占有重要地位，但从北朝到隋唐之际，总的趋势却是这一群体逐渐实现了国家化。其途径不外乎通过依托乡党，投效当道、个人投报等。此外，迁徙等因素亦对此产生了一定影响。从各种材料，特别是墓志之中可以见到，在隋末唐初的统一战争与边陲战事中，一些山东士族的后裔也参与其间。不过，这一时期，其征战行为已基本代表了王朝政权的利益，而与地方利益并无多大关联。

山东士族中的尚武者，由于浸染勇武敢战之气，故而不可避免会在精神面貌上发生某些变化。但在这期间，不少人也仍受传统士族风尚影响，尚武与修文并举，具体而言：

（1）学术传统的保持。山东士族以家学门风传世，尚武者亦有不少人能保持一定的学术修养，特别是保持经学传统。

（2）尚武与文治。在山东士族尚武者之中，有些还具有出将入相之才，不仅有武风，亦善文治。

5. 关于佛教援入对唐代山东士族女性家风演进的影响

唐代佛教影响深远，在山东士族女性之中，信奉者也颇为众多。山东士族女性素以家风自持，信仰佛教者也以儒佛兼修居多，这在唐代墓志中反映得尤为突出。佛学的渗透对唐代山东士族女性家风演进的影响表现在两个方面。一方面，它使山东士族女性传统家风中的现实性与佛学超越世俗的终极关注得以贯穿为一体，对其传统

家风起到了强化作用。其原因在于，佛学虽以人生解脱、超脱出世的理念呈现于世人之前，但对于大多数信奉佛教的山东士族女性而言，通过佛学与儒风的相互交融，其家风中的一些基本特质也在无形中得到了强化。具体而言：

（1）佛理为山东士族女性恪守家风、努力保持内心澄明的现实人生提供了终极超越的前景，从而使其传统家风中的现实性与佛学超越世俗的终极关注得以贯穿为一体。

（2）佛学伦理对山东士族女性道德生活的强化功用。

但从另一方面看，对信奉佛教的山东士族女性来说，佛教援入不可避免地带来了一些新的因素，导致这些女性的传统家风在传承过程中出现某些方面的变异。

这是因为，对于这些女性而言，坚守儒风固然仍是其生活的前提，但佛教的援入毕竟会带来一些新的影响。在此背景之下，这些女性的传统家风在传承过程中出现某些方面的变异也就不可避免。具体来说：

（1）佛教援入引起家庭教育方面的变化。

（2）佛教对于山东士族女性的礼法传统亦有一定的影响，这在葬俗方面反映得尤为明显。

（3）由于佛教的影响，不少山东士族女性在人生态度和生活方式方面也会发生某些变化。

第一章　山东士族的渊源

第一节　山东士族的渊源

山东士族是中古士族群体中的重要组成部分，本节围绕士族的基本内涵、山东士族的渊源，以及士族的一些重要概念展开讨论。

一　士族的出现与内涵

士族是中古时期重要的社会群体，他们对于中古历史的发展有着深远的影响。关于士族的出现，学界公认其源于东汉大族。唐长孺先生就曾明确指出："汉末大姓、名士是魏晋士族的基础。"① 陈寅恪先生也曾论及东汉中晚期以后"仕宦通显之士人逐渐归并于少数门族"的现象②。钱穆先生亦认为："由于东汉之累世经学，累世公卿，而有此下士族门第之兴起。"③ 以此可见，东汉大族的发展的确为后世士族兴起奠定了基础。对此，毛汉光先生概括为："两汉虽

---

① 唐长孺：《士族的形成和升降》，《魏晋南北朝史论拾遗》，中华书局 1983 年版，第54 页。

② 陈寅恪：《崔浩与寇谦之》，《金明馆丛稿初编》，生活·读书·新知三联书店 2001 年版，第 142 页。

③ 钱穆：《略论魏晋南北朝学术文化与当时门第之关系》，《中国学术思想史论丛》（三），台北东大图书有限公司 1981 年版，第 169 页。

不能称为士族时期，然两汉给予以后士族早期萌芽与发展的时空条件，许多大士族在汉代已渐露曙光。"① 不过，也应注意到，不少魏晋高门士族并非东汉大姓名士的直接延续。对此，唐长孺先生指出，"大姓、名士是构成魏晋士族的基础，但决不是所有汉末大姓、名士都能在魏晋时成为士族"②，明确地谈到了这一点。

虽然学界在士族渊源和出现的时间方面观点大体一致，但对于士族的内涵，则存在着各种不同的观点。事实上，历史文献中对何为士族的解释就多有差异。对此，毛汉光先生曾总结出达 27 种之多。③ 近代以来，在不同学者间，对士族内涵的表述也各有所侧重。

唐长孺先生在《士族的形成和升降》中曾指出，"汉末大姓、名士是魏晋士族的基础，而士族形成在魏晋时期，九品中正制保证士族在政治上的世袭特权，实质上就是保证当朝显贵的世袭特权，因而魏晋显贵家族最有资格成为士族"，"因而只有在魏晋时获得政治地位的家族才有资格列于士族"。④ 显然，在这里唐长孺先生更为强调政治因素对于士族的标志性意义。

陈寅恪、钱穆等人则较为强调文化对士族形成的促进作用和表征意义。陈寅恪先生曾言东汉时期"其士人大抵先从师受经传，游学全国文化中心首都洛阳之太学，然后应命征辟"，"中晚以后，此类仕宦通显之士人逐渐归并于少数门族，如汝南袁氏四世三公之例，故东汉末年之高门必具备儒生与大族之二条件"。⑤ 因此陈寅恪先生认为士族之兴起"实用儒素德业以自矜异，而不因官禄高厚见重于人"⑥。

---

① 毛汉光：《中国中古社会史论》，上海书店出版社 2002 年版，第 60 页。

② 唐长孺：《士族的形成和升降》，《魏晋南北朝史论拾遗》，中华书局 1983 年版，第 53 页。

③ 毛汉光：《两晋南北朝士族政治之研究》，中国学术著作奖助委员会 1966 年版，第 1 页。

④ 唐长孺：《士族的形成和升降》，《魏晋南北朝史论拾遗》，中华书局 1983 年版，第 54、62 页。

⑤ 陈寅恪：《崔浩与寇谦之》，《金明馆丛稿初编》，生活·读书·新知三联书店 2001 年版，第 142 页。

⑥ 陈寅恪：《唐代政治史述论稿》，《隋唐制度渊源略论稿·唐代政治史述论稿》合订本，生活·读书·新知三联书店 2001 年版，第 267 页。

钱穆先生也强调文化因素与士族的紧密联系，他曾说："由于东汉之累世经学，累世公卿，而有此下士族门第之兴起。因此门第与儒学传统有其不解缘。而门第同时必有书籍聚藏。"① 余英时先生则承继钱穆先生，也强调士族形成的文化因素。他提出士族即是士人与宗族的结合，故而士族实际上即为累世相传的家族知识分子。②

毛汉光先生对士族问题有深入研究，他提出，所谓魏晋士族应当说是以儒学为凭借，"累官三世及官居五品以上"。③

可见，尽管各家对士族形成的原因和标志的看法各有所侧重，但他们均普遍认为魏晋士族源于东汉名士，其形成时间大体为东汉末年到魏晋之初。在综合前代学人研究成果的基础上，有学者提出："士族作为一个综合性的概念，有着多方面的历史内涵：政治上的累世显贵，经济上的人身依附和劳动占有，以及文化上的家学世传，是几个最基本的衡量界标。缺乏其中任何一个要素，都不能构成完整意义上的'士族'。"④ 应当说，若就魏晋南北朝的情况来看，这一结论对理解士族内涵也有一定的参考意义。就本书而言，由于是以山东士族的文化面貌为研究内容，故而本书对士族概念的理解不过多考虑其政治、经济方面的特征，而倾向于从广义的角度出发，将士族解读为具有相同或近似文化背景的特定世家大族成员，并将此作为研究对象。

二 山东区域与山东士族的渊源

山东士族是中古士族群体中的重要组成部分，而山东地区则为山东士族的起源之地。关于山东的范围，战国秦汉以来，一般是以

---

① 钱穆：《略论魏晋南北朝学术文化与当时门第之关系》，《中国学术思想史论丛》（三），台北东大图书有限公司 1981 年版，第 169—170 页。

② 余英时：《东汉政权之建立与士族大姓之关系》，《士与中国文化》，上海人民出版社 1987 年版，第 220—225 页。

③ 毛汉光：《两晋南北朝士族政治之研究》，中国学术著作奖助委员会 1966 年版，第 17 页。

④ 陈爽：《世家大族与北朝政治》，中国社会科学出版社 1998 年版，第 189 页。

崤函山地为界；崤函山地以东称山东，以西称山西。①

《史记》卷一二九《货殖列传》将天下划分为山西、山东、江南以及龙门、碣石北四个大的区域，这其中涉及山东地区南北界线，其文称：

> 夫山西饶材、竹、穀、纑、旄、玉石；山东多鱼、盐、漆、丝、声色；江南出柟、梓、姜、桂、金、锡、连、丹沙、犀、瑇瑁、珠玑、齿革；龙门、碣石北多马、牛、羊、旃裘、筋角；铜、铁则千里往往山出棊置。此其大较也。②

从这一记述可见，在当时人看来，山东地区的南北界线大约就是北达燕蓟，南接江淮。

秦汉以来，素有"山东出相，山西出将"③之说。这从总体上概括了两地崇文与尚武的不同社会风尚。不过，直至西汉，即使在山东地区内部，其区域间社会好尚、生活习俗方面的差异还是相当明显的。对此，《史记》卷一二九《货殖列传》《汉书》卷二八下《地理志下》均有一定的记载。

在山东地区中，齐鲁本是儒学渊薮之地。汉初，齐鲁地区的崇儒之风仍很浓郁。《史记》卷一二九《货殖列传》即载："而邹、鲁滨洙、泗，犹有周公遗风，俗好儒，备于礼。"④《汉书》卷二八下《地理志下》也载齐地："故至今其土多好经术，矜功名，舒缓阔达而足智。"鲁地，"其民好学，上礼义，重廉耻"。⑤都记述了齐鲁之地鲜明的文化特征，即长期以来对儒学传统的承继。

---

① 史念海：《河山集》第一集，生活·读书·新知三联书店1963年版，第132页。
② （汉）司马迁：《史记》卷一二九《货殖列传》，中华书局1982年版，第3253—3254页。
③ （汉）班固：《汉书》卷六九《赵充国·辛庆忌传》，中华书局1962年版，第2998页。
④ 《史记》卷一二九《货殖列传》，第3266页。
⑤ 《汉书》卷二八下《地理志下》，第1661—1662页。

　　战国后，尤其是秦汉以来，儒学西渐，儒学影响范围逐渐扩大。[①]
西汉武帝以后，儒学又被统治者确立为国家的正统意识形态。在此
影响之下，汉代以来，儒学影响的地区已经远远超过齐鲁地区的范
围。虽然如此，直到东汉，儒学昌盛的地区却仍多集中在山东之地。
与山东相比，其他地区的儒学发展明显有所不及。[②]

　　由此可见，两汉以来，山东地区儒学发展比较繁荣，孕育了较
为浓厚的儒学氛围。显然，魏晋之后，山东士族形成以儒学为核心
的文化特质，这应当也是一个重要的原因。

　　汉末以降，一些大族逐渐演变为门阀士族。关于中古时期有影
响力的望族，王宗吾先生在《五朝门第》一书的高门权门世系婚姻
表中共列举有 75 家。[③] 周振鹤先生对中古的郡姓分布及其演化也有
较多研究[④]。

　　毛汉光先生在《中国中古社会史论》一书中列举出了 60 家中古
社会最重要的士族[⑤]，而"自魏晋以迄唐末，延绵不绝一直维持强盛
的士族，有 10 姓 13 家，即：京兆杜陵韦氏、河南开府郑氏、弘农
华阴杨氏、博陵安平崔氏、赵郡武城崔氏、陇西狄道李氏、太原晋
阳王氏、琅琊临沂王氏、范阳涿县卢氏、渤海蓨县高氏、河东闻喜
裴氏、彭城刘氏等。"[⑥] 可以看到，在这 10 姓 13 家中，山东士族居
半数以上，可见隋唐时期，山东士族仍然相当活跃。

　　在这其中，赵郡李氏、清河崔氏、博陵崔氏、荥阳郑氏、太原
王氏、渤海高氏均源自山东地区。自魏晋以来，其主体也一直在北
方地区活动，无疑当属于山东士族的范围。永嘉之乱后，彭城刘氏

---

　　① 　王子今：《秦汉时期齐鲁文化的风格与儒学的西渐》，《齐鲁学刊》1998 年第 1 期。

　　② 　参见卢云《汉晋文化地理》两汉所出五经博士的区别比较，陕西人民教育出版社
1991 年版，第 90 页。

　　③ 　参见王伊同《五朝门第》高门权门世系婚姻表，中华书局 2006 年版。

　　④ 　参见周振鹤《中国历史文化区域研究》中古时期郡望郡姓的地理分布，复旦大学出
版社 1997 年版，第 146—196 页。

　　⑤ 　毛汉光：《中国中古社会史论》，上海书店出版社 2002 年版，第 60 页。

　　⑥ 　同上书，第 59 页。

部分房支仍留居乡里，这部分也应归于山东士族的范畴。如刘知几（刘子玄），出于彭城刘氏，从其六代祖刘僧利开始，其家族长期生活在北朝。刘敏之子刘庆任"后魏东徐州刺史"，"敏从子僧利，后魏羽林监，生世明。世明生伟，字世英，北齐睢州刺史。二子：瑗、珉。珉，北齐睢阳太守，生务本。务本生藏器，唐比部员外郎。藏器生知柔、知章、子玄"。① 《元和姓纂》中记载的部分内容较为简略，但亦与之略同。②

陇西李氏。自北朝以来，陇西李氏的一些房支与山东士族联系紧密，有些或是直接迁徙于山东地区，这些支派在唐代时已经被视为山东高门。如李玄道，"本陇西人也，世居郑州，为山东冠族"。③ 李延寿，"本陇西著姓，世居相州"。④ 其情况都是如此。唐高宗"又诏后魏陇西李宝，太原王琼，荥阳郑温，范阳卢子迁、卢浑、卢辅，清河崔宗伯、崔元孙，前燕博陵崔懿，晋赵郡李楷，凡七姓十家，不得自为昏"。⑤ 已经将陇西李宝的后人视为山东士族。故陇西李氏迁于山东的一些房支也应归于山东士族之列。

此外，魏晋以来，清河张氏、范阳张氏、南阳张氏、清河房氏、范阳祖氏、渤海封氏、河间邢氏、乐安孙氏、北平阳氏等山东士族，皆属于当时有影响的郡姓，其地位虽逊于甲族高门，但亦有一定影响力。⑥

通过对文献的考察可以看到，山东士族的先祖多可以追溯到远古时期。不过其迁于后来郡望发祥地的时间则大都在战国至秦汉之际，以崔、卢、（赵）李、郑、王山东五姓为证：

---

① （宋）邓名世：《古今姓氏书辩证》卷十八，江西人民出版社 2006 年版，第 253—254 页。
② （唐）林宝：《元和姓纂》卷五，中华书局 1994 年版，第 664—667 页。
③ 《旧唐书》卷七二《李玄道传》，第 2583 页。
④ 《旧唐书》卷七三《李延寿传》，第 2600 页。
⑤ 《新唐书》卷九五《高俭传》，第 3842 页。
⑥ 参见王伊同《五朝门第》附《高门权门世系婚姻表》，中华书局 2006 年版；周振鹤《中国历史文化区域研究》，复旦大学出版社 1997 年版。

1. 范阳卢氏

文献一致认为卢氏出于姜姓，战国时期居于燕地，故为范阳卢氏。

《新唐书》卷七三上《宰相世系表三上》载："卢氏出自姜姓。齐文公子高，高孙傒为齐正卿，谥曰敬仲，食采于卢，济北卢县是也，其后因以为氏。田和篡齐，卢氏散居燕、秦之间。秦有博士敖，子孙家于涿水之上，遂为范阳涿人。"①

《元和姓纂》卷三载卢为："姜姓，齐太公之后。至文公子高，高孙傒，食采于卢，因姓卢氏。"②

郑樵也称卢氏："姜姓，齐太公之后也。齐文公之子高，高之孙傒，食采于卢，今齐州卢城是也，因邑为氏。秦有博士卢敖，子孙家于涿水之上，遂为范阳涿人。"③

据以上史料，可知范阳卢氏的出现时间是在秦汉之际，其始祖为卢敖。

2. 崔氏

文献均称崔氏出自姜姓。至秦代崔意如，封东莱侯。二子，伯基居清河东武城，仲牟居博陵安平，成为清河崔氏与博陵崔氏的先祖。

《新唐书》卷七二下《宰相世系表二下》载："崔氏出自姜姓。齐丁公伋嫡子季子让国叔乙，食采于崔，遂为崔氏。济南东朝阳县西北有崔氏城是也。季子生穆伯。穆伯生沃。沃生野。八世孙夭生杼，为齐正卿。生子成、子明、子疆，皆为庆封所杀。子明奔鲁，生良，十五世孙意如，为秦大夫，封东莱侯。二子：业、仲牟。业字伯基，汉东莱侯，居清河东武城。"④

《通志》卷二七《氏族略三》中也载崔为："姜姓。出齐丁公嫡

---

① 《新唐书》卷七三上《宰相世系表三上》，第2884页。
② 《元和姓纂》卷三，第275页。
③ （宋）郑樵：《通志》卷二七《氏族略三》，中华书局1987年版，志第456页。
④ 《新唐书》卷七二下《宰相世系表二下》，第2729页。

子季子让国于叔乙，食采于崔，遂为崔氏。……十五世孙意如，为秦大夫，封东莱侯，二子伯基、仲牟。伯基居清河东武城，仲牟居博陵安平，并为著姓。"①

《古今姓氏书辩证》卷五载崔氏："出自姜姓，齐丁公伋嫡子季子逊国，叔乙食采于崔，遂以为氏。……十五世孙意如，为秦大夫，封东莱侯，二子：业、仲牟。业字伯基，汉东莱侯，居清河东武城……仲牟为汉汶阳侯，始居博陵安平。"②

《元和姓纂》卷三载："姜姓。齐太公生丁公伋，生叔乙，让国居崔邑，因氏焉。自穆伯至沃、杼、成、良，代为卿大夫。良十五代孙意如，秦东莱侯，生二子，伯基、仲牟。伯基居清河东武城，仲牟居博陵安平，并为著姓。"③

崔氏之中，清河、博陵为两个著名郡望。依据以上史料，崔氏这两个郡望的分野时间为西汉初年，崔伯基居清河东武城，为清河崔氏之先；崔仲牟始居博陵安平，则为博陵崔氏之先。

3. 荥阳郑氏

郑氏出自姬姓，其得姓源于周厉王少子友封于郑，其后人汉代迁于荥阳开封，故称荥阳郑氏。

《新唐书》卷七五上《宰相世系表五上》载：

> 郑氏出自姬姓。周厉王少子友封于郑，是为桓公，其地华州郑县是也。生武公，与晋文侯夹辅平王，东迁于洛，徙溱、洧之间，谓之新郑，其地河南新郑是也。十三世孙幽公为韩所灭，子孙播迁陈、宋之间，以国为氏。幽公生公子鲁，鲁六世孙荣，号郑君。生当时，汉大司农，居荥阳开封。生韬，韬生江都守仲，仲生房，房生赵相季，季生议郎奇。奇生穉，汉末

---

① 《通志》卷二七《氏族略三》，志第456页。
② 《古今姓氏书辩证》卷五，第73—76页。
③ 《元和姓纂》卷三，第331页。

自陈居河南开封，晋置荥阳郡，遂为郡人。①

《通志》卷二六《氏族略二》载郑氏：

> 周厉王之少子、宣王之母弟桓公友之后也。桓公初受封于郑，在周之畿内，今华州郑县是也。……后幽王有犬戎之祸，桓公死难。其子武公从平王东迁，卒有虢、郐之地，号为新郑，今之郑州也……自声公三世至幽公，韩武子伐郑，杀幽公。子孙播迁陈、宋之间，以国为氏。自幽公二世郑君乙之二十一年，复为韩所并。幽公生公子鲁，鲁六世孙荣，号郑君，生当时，汉大司农，居荣（荥）阳、开封。②

对此，《古今姓氏书辩证》也载荥阳郑氏之先郑庄，"字当时，汉大司农，居荥阳开封"。③

《元和姓纂》记载与其他史料略同，其载：

> 周厉王少子受封于郑，是为桓公，在畿内，今华州郑县是也。威公生武公，与晋文王夹辅平王，东迁于洛。郑徙溱洧之间，谓之新郑。传封十三代，至幽公，为韩所灭。子孙播于陈宋，以国为氏。幽公六代孙荣，号郑君；生当时，汉大司农。……当时六代孙穉，汉末自陈徙河南开封，晋置荥阳郡，开府隶焉，遂为郡人。④

依上述材料可见，汉代，郑当时即迁于河南开封，为荥阳郑氏

---

① 《新唐书》卷七五上《宰相世系表五上》，第3258—3259页。
② 《通志》卷二六《氏族略二》，志第448页。
③ 《古今姓氏书辩证》卷三四，第521页。
④ 《元和姓纂》卷九，第1346—1347页。

之先，其六代孙郑稺，汉末自陈徙河南开封，则为荥阳郑氏中的主要支派。

4. 赵郡李氏

赵郡李氏出于战国李牧。《新唐书》卷七二上《宰相世系表二上》载："赵郡李氏，出自秦司徒昙次子玑，字伯衡，秦太傅。三子：云、牧、齐。牧为赵相，封武安君，始居赵郡。"① 《元和姓纂》载李氏"帝颛顼高阳之裔"；李耳"居苦县赖乡曲仁里。曾孙昙，生二子：崇、玑。崇子孙居陇西，玑子孙居赵郡。②"

《通志》卷二八《氏族略四》载李氏渊源为：

> 嬴姓。高阳氏生大业，大业生女华，女华生皋陶，字庭坚，为尧大理，因官命族为理氏。夏、商之季有理徵，为翼隶中吴伯。以直道不容，得罪于纣，其妻契和氏携子利真，逃于伊侯之墟，食木子而得全，遂改"理"为"李氏"。利真十一代孙老君，名耳，字伯阳，以其聃耳，故又号为老聃，居苦县赖乡曲仁里。或言聃六世祖硕宗，周康王赐采邑于苦县。聃曾孙昙，生崇、玑。崇子孙居陇西。玑子孙居赵郡。③

《古今姓氏书辩证》也载："崇为陇西房，玑为赵郡房。"④ 由上述可知，李氏中的两个重要郡望陇西李氏、赵郡李氏出现的时间为战国时期。李崇子孙居陇西，李玑子孙居赵郡，逐渐成为李氏的两个著名郡望。

---

① 《新唐书》卷七二上《宰相世系表二上》，第2473页。
② 《元和姓纂》卷一，第1页。
③ 《通志》卷二八《氏族略四》，志第469页。
④ 《古今姓氏书辩证》卷二一，第313页。

5. 太原王氏

太原王氏出自周灵王太子晋，至汉扬州刺史王霸居太原晋阳，后裔逐渐发展为太原王氏中的著姓。

《新唐书》卷七二中《宰相世系表二中》载：

> 王氏出自姬姓。周灵王太子晋以直谏废为庶人，其子宗敬为司徒，时人号曰"王家"，因以为氏。八世孙错，为魏将军。生贲，为中大夫。贲生渝，为上将军。渝生息，为司寇。息生恢，封伊阳君。生元，元生颐，皆以中大夫召，不就。生翦，秦大将军。生贲，字典，武陵侯。生离，字明，武城侯。①

《新唐书》卷七二中《宰相世系表二中》载："离次子威，汉扬州刺史，九世孙霸，字儒仲，居太原晋阳，后汉连聘不至。"②

《元和姓纂》也载："王姓，出太原、琅邪，周灵王太子晋之后。"③

对于王氏之出，《古今姓氏书辩证》与《新表》记载大致相同。④

《通志》卷二八《氏族略四》则称："若琅邪、太原之王，则曰，周灵王太子晋，以直谏废为庶人，其子宗恭为司徒，时人号曰王家。"⑤

三　太和定族姓与山东士族地位的确立

东汉至魏晋之交，在士族逐渐形成的背景之下，山东大族在学术与仕宦方面也出现了累代相传的趋势，如以下几端：

---

① 《新唐书》卷七二中《宰相世系表二中》，第 2601 页。
② 同上书，第 2632 页。
③ 《元和姓纂》卷五，第 586 页。
④ 《古今姓氏书辩证》卷十四，第 203 页。
⑤ 《通志》卷二八《氏族略四》，志第 469 页。

郑兴，"河南开封人也。少学《公羊春秋》，晚善《左氏传》，遂积精深思，通达其旨，同学者皆师之"，后曾官太中大夫。①

郑兴子郑众，"年十二，从父受《左氏春秋》，精力于学，明《三统历》，作《春秋难记条例》，兼通《易》《诗》，知名于世，官至大司农"。②

郑兴五代孙郑浑，"太祖闻其笃行，召为掾……浑清素在公，妻子不免于饥寒"，亦官至将作大匠。③

卢植，"少与邓玄俱事马融，能通古今学，好研精而不守章句"，曾为庐江太守、侍中、尚书等，后"拜北中郎将"。④

卢植子卢毓"以学行见称"。曾官行司隶校尉，"复为吏部尚书，加奉车都尉"，"转为仆射，故典选举，加光禄大夫"，后"迁为司空"。⑤

卢植孙卢钦则"笃志经史"，官至"尚书仆射，加侍中"。⑥

崔琰，"读《论语》《韩诗》。至年二十九，乃结公孙方等就郑玄受学"，"魏国初建，拜尚书。……迁中尉"。⑦

崔逞曾祖崔谅，晋中书令。祖崔遇，仕石虎，为特进。⑧

可见，魏晋之际，在士族出现并得到发展的普遍趋势下，虽然与当时显赫的河南名族相比，大多数山东大族的影响力还是有所不及。但从他们学术与仕宦方面出现了累代相传的趋势来看，其作为士族的身份已得到确立。

永嘉之乱后，中原一带高门士族纷纷南下，形成江左侨姓士族。而与之相对应的是，山东士族则以留居乡土、聚族而居者居多。十

---

① （宋）范晔：《后汉书》卷三六《郑兴传》，中华书局 1965 年版，第 1217—1220 页。
② 《后汉书》卷三六《郑兴传》，第 1224—1225 页。
③ （晋）陈寿：《三国志》卷一六《郑浑传》，中华书局 1959 年版，第 509—512 页。
④ 《后汉书》卷六四《卢植传》，第 2113—2118 页。
⑤ 《三国志》卷二二《卢毓传》，第 650—652 页。
⑥ （唐）房玄龄等：《晋书》卷四四《卢钦传》，中华书局 1974 年版，第 1255 页。
⑦ 《三国志》卷一二《崔琰传》，第 367—369 页。
⑧ （北齐）魏收：《魏书》卷三二《崔逞传》，中华书局 1974 年版，第 757 页。

六国及北魏初期，山东士族中有不少人仕于各王朝政权。这对于山东士族地位的提升虽然有重要意义，但对于山东士族，特别是对于山东士族五姓而言，在其发展历程中，真正具有里程碑意义的则是太和定族姓。对此，唐长孺先生说："孝文帝定士族，以当代官爵为主要标准，从而突破了'士族旧籍'的限制，建立了新的门阀序列。在新的门阀序列中，一些次等士族、非士族地方豪强，有的提高了门户等级，有的进入了士族行列。唐代最高门阀是崔、卢、李、郑、王五姓七家，获得这个崇高地位即在太和定士族时。"① 即充分肯定了太和定族姓对山东五姓发展的意义。

北魏孝文帝定族姓等级，有"四姓"之说，如"太和十九年（495 年），诏曰：'代人请（诸）胄，先无姓族……且下司州、吏部，勿充猥官，一同四姓。'"② 其中即有"四姓"之语，从中可见，四姓即为士族门阀。但是对于"四姓"究竟为何义，文献记载并不完全一致。

《新唐书》卷一九九《柳冲传》载柳芳之言：

> 魏孝文帝迁洛，有八氏十姓，三十六族九十二姓。八氏十姓，出于帝宗属，或诸国从魏者；三十六族九十二姓，世为部落大人。并号河南洛阳人。"郡姓"者，以中国士人差第阀阅为之制，凡三世有三公者曰"膏粱"，有令、仆者曰"华腴"，尚书、领、护而上者为"甲姓"，九卿若方伯者为"乙姓"，散骑常侍、太中大夫者为"丙姓"，吏部正员郎为"丁姓"。凡得入者，谓之"四姓"……今流俗独以崔、卢、李、郑为四姓，加太原王氏号五姓，盖不经也。③

---

① 唐长孺：《论北魏孝文帝定族姓》，《魏晋南北朝史论拾遗》，中华书局 1983 年版，第 83 页。
② 《魏书》卷一一三《官氏志》，第 3014 页。
③ 《新唐书》卷一九九《柳冲传》，第 5678 页。

在这里，柳芳所言的甲、乙、丙、丁"四姓"，实际上指的是士族门第由高到低的四个等级。

《隋书》卷三三《经籍志二》则言："其中国士人，则第其门阀，有四海大姓、郡姓、州姓、县姓。"① 实则也将"四姓"作为四个等级。

《资治通鉴》卷一四〇《明帝建武三年条》记载则有所不同，其载：

> 魏主雅重门族，以范阳卢敏、清河崔宗伯、荥阳郑羲、太原王琼四姓，衣冠所推，咸纳其女以充后宫。陇西李冲以才识见任，当朝贵重，所结姻娅，莫非清望；帝亦以其女为夫人。诏黄门郎、司徒左长史宋弁定诸州士族，多所升降。……自太祖已降，勋著当世，位尽王公，灼然可知者，且下司州、吏部，勿充猥官，一同四姓。②

显然，《资治通鉴》中所说的"四姓"并不是士族中的四个等级，而是崔、卢、郑、王四高门，这种理解似乎即为柳芳所称的"流俗"。

对以上关于"四姓"的各种歧义，唐长孺先生指出柳芳之说应该是符合太和定族姓"四姓"的原义，即"四姓"实则为士族的四个等级。③ "四姓"本来是士族的代称。柳芳称以崔、卢、李、郑为"四姓"，加太原王氏号五姓，此乃流俗不经之说，这固然不谬。不过，隋唐时期人们普遍以崔、卢、李、郑等山东高门等同于"四姓"。这种理解，从一个侧面也反映出了隋唐时期山东士族影响力之

---

① （唐）魏徵等：《隋书》卷三三《经籍志二》，中华书局 1973 年版，第 990 页。

② （宋）司马光等：《资治通鉴》卷一四〇"明帝建武三年条"，中华书局 1956 年版，第 4393—4394 页。

③ 唐长孺：《论北魏孝文帝定族姓》，《魏晋南北朝史论拾遗》，中华书局 1983 年版，第 82 页。

大。实际上，对于王、崔、卢、李、郑等山东士族的地位，柳芳也是承认的。对此，柳芳称：

> 过江则为"侨姓"，王、谢、袁、萧为大；东南则为"吴姓"，朱、张、顾、陆为大；山东则为"郡姓"，王、崔、卢、李、郑为大；关中亦号"郡姓"，韦、裴、柳、薛、杨、杜首之；代北则为"虏姓"，元、长孙、宇文、于、陆、源、窦首之。①

太和定族姓，从制度层面上确认了山东士族的地位。这对于山东士族，特别是山东五姓的发展，起到了极大的促进作用。对此，唐人是有很清楚认识的。《太平广记》卷一八四《李氏》曾载："后魏孝文帝定四姓，陇西李氏大姓，恐不入，星夜乘鸣驼，倍程至洛。时四姓已定讫，故至今谓之驼李焉。"② 这一记载虽未必可信，但由此可见太和定族姓对于士族地位升降的重要意义及其在人们心目中不可替代的地位。

这一点，在唐代墓志中也有不少记载：

崔哲，郡望为清河，卒于久视元年（700年），其墓志载崔哲"冠冕之盛，为海内著族。爰逮后魏，大甄姓氏，衣簪人物，特冠中区"③。

郑氏，卒于开元二十三年（735年），"夫人荥阳人也，以夫贵封同郡原武县君。自后魏定五姓，推为甲族，尔来三百许岁，谱牒存焉"。④ 郑液，卒于大历十一年（776年），"国华人望，男婚女姻，自后魏迄今，代为盛族"。⑤

---

① 《新唐书》卷一九九《柳冲传》，第5677—5678页。
② （宋）李昉等：《太平广记》卷一八四《李氏》，中华书局1961年版，第1377页。
③ 《唐代墓志汇编》久视〇一五，第977页。
④ 《唐代墓志汇编》开元三四九，第1397页。
⑤ 《唐故郑居士（液）墓志铭》，吴钢等《全唐文补遗》第八辑，三秦出版社2005年版，第88页。

崔杲之，卒于贞元，"公博陵人也，讳杲之，字某。自元魏列弟氏姓，崇其名家"。[①]

崔蕃，卒于大和中，"魏郡博陵人也……后魏定姓氏族为第一，风流炽焰。"[②]

可以看到，这些墓志都强调了太和定族姓对山东士族的影响。唐代有禁婚家，"凡七姓十家，不得自为昏"。[③] 而这些禁婚之家尽是北魏定族姓时所定高门的后裔，由此亦可见太和改制对山东士族发展所产生的深远影响。

四 郡望、籍贯、房支等观念

郡望是中古士族除族姓之外，用以标识身份的另一个重要依据。中古士族一般会在其族姓前称其郡望，故而士族对郡望所出一般都极为看重。何启民先生说："在'门第'发展形成的过程中，先有'族姓'，次有'门户'，而后有'地望'的观念。"[④] 上古时期，姓氏本有区隔，所谓"天子建德，因生以赐姓，胙之土而命之氏"。[⑤] 而郡望的观念实则始于战国、秦汉时期，这与当时姓氏关系已经紊乱，以及郡县制度的普遍推行有密切关联。岑仲勉先生曾论及此点：

> 战国撩乱，人户流离。汉高已不自知其姓，后此人各以氏代姓，今所谓"姓"，即古所谓"氏"，是为我国种族混乱之第一次大变。所幸战国至汉，各地陆续建设郡县，郡县大约依古代各氏族之住地为区域，人口即有迁徙，犹能各举其原籍之郡名以作标识，如太原、陇西、安定、南阳、清河等，皆后世所

---

① 《唐故寿州霍丘县主簿崔府君（杲之）墓志铭并序》，吴钢等《全唐文补遗》千唐志斋新藏专辑，三秦出版社 2006 年版，第 270 页。
② 《唐代墓志汇编》大和〇六四，第 2142 页。
③ 《新唐书》卷九五《高俭传》，第 3842 页。
④ 何启民：《中古门第论集》，台湾学生书局 1978 年版，第 1 页。
⑤ 《春秋左传正义》卷四《隐公八年》，（清）阮元校刻《十三经注疏》，中华书局 1980 年版，第 1733 页。

谓郡望也。单举姓氏以为称，未识世系之同异，郡望即别宗支之一法。①

可见，郡望与族姓相联系的，起初主要是作为识别世系同异的一种方式。但事实上，对士族而言，由于他们的不断迁徙；因此，在很多情况下，郡望只是标明其世系所出，进而作为其门第高下的标志，而与他们的居处所在往往并不一致。这一点，岑仲勉先生也指出：

> 自西汉废姓存氏，于是郡望代起，良以公孙之称，徧于列国，王子之后，分自殷周，称其本郡，所以明厥氏所从出也。故就最初言之，郡望、籍贯，是一非二。历世稍远，支胤衍繁，土地之限制，饥馑之驱迫，疾疫之蔓延，乱离之迁徙，游宦之侨寄，基于种种情状，遂不能不各随其便，散之四方，而望与贯渐分，然人仍多自称其望者，亦以明厥氏所从出也。延及六朝，门户益重，山东四姓，彭城三里，簪缨绵缀，蔚为故家，此风逮唐，仍而未革，或久仕江南而望犹河北，或世居东鲁而人曰陇西，于后世极糅错之奇，在当时本通行之习。②

毛汉光先生也曾论及这种现象，他说："大部分士族虽然迁移与分支，仍然保留其原籍之称号，称之为'郡望'，于是乎在唐代常常会出现'郡望'与居住之'籍贯'不能合一之现象。"③可见，到后来，特别是到隋唐时期，士族的籍贯与郡望已经常常不相符合，郡望的存在，在很大程度上只是作为门第高低的标志。

实际上，即使在同一郡望之下，由于家族不断繁衍，还会分出不同房支。房支之间往往也有较大差异，所谓"或一姓之中，更分

---

① 岑仲勉：《隋唐史》，中华书局1982年版，第124页。
② 岑仲勉：《唐史余沈》，中华书局1960年版，第229页。
③ 毛汉光：《中国中古社会史论》，上海书店出版社2002年版，第56页。

某房某眷，高下悬隔"。①

《唐语林》卷四《企羡》即载：

琅邪王氏与太原皆同出于周。琅邪之族世贵，号"馋头王氏"；太原子弟争之，称是己族，然实非也。太原自号"钑镂王氏"。崔氏，博陵与清河亦上下。其望族，博陵三房。第二房虽长，今其子孙即皆拜第三房子弟为伯叔者，盖第三房婚娶晚迟，世数因而少故也。姑臧李氏亦然，其第三房皆受大房、第二房之礼。清河崔氏亦小房最著，崔程出清河小房也。世居楚州宝应县，号"八宝崔氏"。②

崔氏墓志载："自元魏重门户，推四姓为甲族，至今崔氏清河小房为第一。"③ 也涉及对不同房支地位的认识。

以下以《新唐书·宰相世系表》为依据，以图表形式列出崔、卢、（赵）李、郑、王山东五姓的一些重要房支。如表1-1至表1-6所示。

表1-1　　　　　　　　　　清河崔氏主要房支

房名	房支始祖	说明
郑州房	崔蔚	崔蔚自宋奔后魏，居荥阳，故号郑州崔氏
许州鄢陵房	崔彧	崔蔚少子崔彧，居鄢陵
南祖	崔济	
清河大房	崔休	崔逞，少子谌，宋青、冀二州刺史。生灵和，宋员外散骑常侍。生后魏赠清河太守宗伯。生休、寅。休号大房
清河小房	崔寅	崔寅，后魏太子舍人、乐安郡守。生长谦，给事中、青州刺史，生子令、公华

① 《资治通鉴》卷二〇〇"高宗显庆四年条"，第6318页。
② （宋）王谠撰，周勋初校证：《唐语林校证》卷四《企羡》，中华书局1987年版，第376页。
③ 《唐故寿州盐铁李侍御（郁）夫人崔氏墓志铭并序》，《全唐文补遗》第八辑，第166页。

房名	房支始祖	说明
清河青州房	崔辑	琰生钦。钦生京。京孙琼，慕容垂车骑属。生辑，宋泰山太守，徙居青州，号青州房。辑生脩之、目连

表 1 - 2　　　　　　　　博陵崔氏主要房支

房名	房支始祖	说明
大房	崔连	崔骃少子寔，字子真，后汉尚书，生皓。皓生质。质生赞。赞生洪，字良夫，晋大司农，生廓。廓生遘。遘生懿，字世茂。五子：连、琨、格、遘、殊，又三子：怡、豹、偪为一房，号"六房"。为博陵著房
第二房	崔琨	博陵著房
第三房	崔格	博陵著房
第四房	崔遘	
第五房	崔殊	
第六房	崔怡、崔豹、崔偪	

表 1 - 3　　　　　　　　范阳卢氏主要房支

房名	房支始祖	说明
大房	卢阳乌	卢谌字子谅，晋侍中、中书监。五子：勗、凝、融、偃、徵。勗居巷南，号"南祖"。偃居北，号"北祖"。偃仕慕容氏，营丘太守。二子：邈、闿。邈，范阳太守。生玄，字子真，后魏中书侍郎、固安宣侯。二子：巡、度世。度世字子迁，青州刺史固安惠侯。四子：阳乌、敏、昶、尚之，号"四房卢氏"
第二房	卢敏	
第三房	卢昶	
第四房	卢尚之	

表 1 - 4　　　　　　　　赵郡李氏主要房支

房名	房支始祖	说明
东祖	李叡	晋司农丞、治书侍御史李楷之后，号"平棘李氏"
西祖	李芬、李劲	晋司农丞、治书侍御史李楷之后，号"平棘李氏"
南祖	李辑、李晃	晋司农丞、治书侍御史李楷之后，号"平棘李氏"
辽东	李宝	李玑少子齐，赵相，初居中山，十三世孙宝，字君长，后汉玄菟都尉，徙襄平
江夏	李就	汉酒泉太守护次子昭，昭少子就，后汉会稽太守、高阳侯，徙居江夏平春
汉中	李颉	汉东郡太守、太常卿武孙颉，后汉博士，始居汉中南郑

表1-5　　　　　　　　　　　　太原王氏主要房支

房名	房支始祖	说明
大房	王遵业	王慧龙，后魏宁南将军、长社穆侯。生宝兴，龙骧将军。生琼，字世珍，镇东将军。四子：遵业、广业、延业、季和，号"四房王氏"
第二房	王广业	
第三房	王延业	
第四房	王季和	
河东房①	王儒贤	
乌丸房②	王光	王霸长子殷，后汉中山太守，食邑祁县。四世孙寔，三子：允、隗、懋。懋，后汉侍中、幽州刺史。六世孙光，后魏并州刺史。生冏，度支尚书、护乌丸校尉、广阳侯，因号"乌丸王氏"
中山	王叡	中山王氏亦出晋阳。永嘉之乱，凉州参军王轨子孙因居武威姑臧。五世孙桥，字法生，侍御史、赠武威定王。生叡，封中山王，号"中山王氏"，后徙乐陵

表1-6　　　　　　　　　　　　荥阳郑氏主要房支

房名	始祖	说明
北祖	郑晔	著房，郑晔七子号"七房郑氏"
南祖	郑简	著房
中祖	郑恬	

第二节　山东士族文化的传统特质

魏晋南北朝时期，注重文化家传、保持儒素德业是士族群体的普遍特征。这一特点，在山东士族身上表现得也很突出。不过，这

---

① 《古今姓氏书辩证》称河东王氏源于琅邪王氏（见《古今姓氏书辩证》卷十四，第204页）。案《旧唐书》卷一九〇下《王维传》，王维"太原祁人。父处廉，终汾州司马，徙家于蒲，遂为河东人"（《旧唐书》卷一九〇下《王维传》，第5051页）。《新唐书》卷七二《宰相世系表二中》亦载河东王氏出于太原王氏。其世系见《王维年谱》所载《家族世系表》（张清华：《王维年谱》，学林出版社1988年版，第1页）。因此，河东王氏当出于太原王氏。

② 姚薇元先生考证太原王氏之乌丸房实际上出于鲜卑人之后。参见姚薇元《北朝胡姓考》，中华书局1962年版，第254—256页。

一时期，在特定的环境之下，不同地域，特别是江左与山东士族群体间的学风与家风也有明显的差别。而山东士族在学风家风方面也逐渐形成了一些较为明显的自身特征，这突出体现在以下几个方面。

一　以传统经学为核心的学风

东汉以来，士人读书多以学经为主。魏晋南北朝时期，经学仍是士族文化传承中的重要内容。《颜氏家训》中就曾记载："士大夫子弟，数岁已上，莫不被教，多者或至《礼》《传》，少者不失《诗》《论》。"① 赵翼也称："六朝人最重三礼之学。"② 可见学经，特别是学礼学仍是魏晋士人的普遍习尚。不过，从总体上说，北朝社会对经学的重视程度要大于南朝。赵翼就曾言北朝虽为"偏安窃据之国，亦知以经术为重。在上者既以此取士，士亦争务于此以应上之求，故北朝经学较南朝稍盛，实上之人有以作兴之也"。③ 又称"六朝人虽以词藻相尚，然北朝治经者，尚多专门名家"。④ 即反映此状。

永嘉之乱后，中原士族大量南迁，经学发展也出现了南北差异。相比而言，北学更多地保留了汉代经学的特征。《北史》卷八一《儒林上》评论南北经学差异时称："南人约简，得其英华；北学深芜，穷其枝叶。"⑤ 概括地指出了南北经学的差异。对于北朝经学的特征，皮锡瑞也称："由于北人俗尚朴纯，未染清言之风、浮华之习，故能专宗郑、服，不为伪孔、王、杜所惑。此北学所以纯正胜南也。"⑥

---

① （北齐）颜之推撰，王利器集解：《颜氏家训集解》卷三《勉学第八》，中华书局1993年版，第143页。

② （清）赵翼：《廿二史札记》卷二〇《唐初三礼汉书文选之学》，商务印书馆1987年版，第399页。

③ 《廿二史札记》卷十五《北朝经学》，第285页。

④ 同上书，第283页。

⑤ （唐）李延寿：《北史》卷八一《儒林传上》，中华书局1974年版，第2709页。

⑥ （清）皮锡瑞：《经学历史》，中华书局2004年版，第127页。

也指出了北朝经学较多继承了汉儒传统，而较少受虚玄之习影响的特点。

牟仲鉴先生总结南北经学差异时也认为：（南方经学是）"综合采纳以往经学各派，郑玄、王肃、王弼的经学及晋代新经学都受重视，学风较为开放，其中以玄学经学影响最大，但都受到筛选。""更加重视经学在宗法礼制方面的应用，即《礼》学。""在治经的方式方法上，讲疏或义疏体最为流行。它的兴起，初缘于讲经之风。"故而可称之为"开放型经学"。"北朝经学主要是训诂经学和实用经学，具体地说，它经由河西文化和关陇文化直接承接了汉代经学特别是郑玄之学，而南方玄风在北方影响不大。"在治经的方式上则多"谨守郑学与训诂章句"。① 在这里牟仲鉴先生从学风、治经的方式等方面对经学南、北两宗作出了具体阐释，对这一问题的认识有很大的参考意义。

对于魏晋北朝的山东士族来说，研习经学是他们在学术追求方面的基本特征。这一时期，尽管其间不乏南北经学的交流，有的山东士族也受到了南学的某些影响②；但从总体上看，其所传经学仍以北学传统为主流。关于这一点，唐长孺先生就说："北朝经学亦即河北之学，大抵笃守汉代以来的传统……'北学'的中心地区在河北，而北朝儒学最盛的地区亦在河北。"③ 陈寅恪先生论及北魏崔玄伯、崔浩父子之礼律传统时曾说："其家世所传留者实汉及魏晋之旧物。"④ 即阐明了山东士族在学风方面多遵循汉儒的特点。

山东士族在学风方面的这些特点，在史料中多有记述。如，北朝山东士族的代表人物崔浩，"博览经史，玄象阴阳，百家之言，无

---

① 牟仲鉴：《南北朝经学述评》，《孔子研究》1987 年第 3 期。
② 王永平：《中古士人迁移与文化交流》，社会科学文献出版社 2005 年版，第 176—224 页。
③ 唐长孺：《魏晋南北朝隋唐史三论》，武汉大学出版社 1992 年版，第 226 页。
④ 陈寅恪：《隋唐制度渊源略论稿》，《隋唐制度渊源略论稿·唐代政治史述论稿》合订本，生活·读书·新知三联书店 2011 年版，第 115 页。

不关综"。① 高允，"博通经史天文术数，尤好《春秋公羊》"。② 再如，李孝伯父李曾，"少治《郑氏礼》《左氏春秋》"。③ 李灵曾孙李元忠，"少厉志操，粗览书史及阴阳术数，有巧思"。④ 北齐时赵郡人李公绪，"通经史，善阴阳"。⑤ 北朝末年人李士谦，"遂博览群籍，兼善天文术数"。⑥

以上这些史料显示出崔浩、李曾等人具有明显的传统经学特征，也反映出了这一时期，山东士族所习经学以北学为主流的状况。

此外，还应注意到，魏晋北朝时期，士族学风虽以研习经学，特别是以礼学为核心，但其学术传统还体现在其他一些门类上面，如文学、史学、艺术乃至宗教等方面。钱穆先生在论及这一点时曾说"惟此二者（文史、孝德），乃为当时门第所尚"，又说"继此尚有一事当附述者，乃为当时门第中人之看重艺术"。⑦ 即是论及士族家传文化中的文学、史学、艺术的传承情况。钱穆先生虽然主要是针对南方士族而言，但在一定程度上也反映了士族的普遍特点。

以书法为例，北魏之初，崔、卢二家善书法，史称："魏初工书者，崔卢二门。"⑧ 崔、卢二门的书法也是以家学形式传承。

卢氏家族长于书法，其源则出于卢志。史载："初，谌父志法钟繇书，传业累世，世有能名。"⑨

崔氏书法则源于崔玄伯祖父崔悦，史载："玄伯祖悦与范阳卢谌，并以博艺著名。谌法钟繇，悦法卫瓘，而俱习索靖之草，皆尽其妙。谌传子偃，偃传子邈；悦传子潜，潜传玄伯。世不替业。"崔玄伯在

---

① 《魏书》卷三五《崔浩传》，第 807 页。
② 《魏书》卷四八《高允传》，第 1067 页。
③ 《魏书》卷五三《李孝伯传》，第 1167 页。
④ 《北史》卷三三《李灵传》，第 1202 页。
⑤ 《大正新修大藏经》52 册《广弘明集》卷七，新丰出版公司 1983 年版，第 133 页。
⑥ 《隋书》卷七七《李士谦传》，第 1752 页。
⑦ 钱穆：《魏晋南北朝学术文化与当时门第之关系》，《中国学术思想史论丛》（三），台北东大图书有限公司 1981 年版，第 183、197 页。
⑧ 《魏书》卷四七《卢玄传》，第 1050 页。
⑨ 同上。

书法方面很有造诣，他"尤善草隶行押之书，为世摹楷"。[①] 其子崔浩也擅长书法，史称："太祖以其工书，常置左右。"[②] 对此陈寅恪先生指出，清河崔氏书法在北方"居最高地位"，[③] 对其评价颇高。

由此可见，崔、卢二门的书法艺术累代相传，已经成为其家学传统的重要组成部分。

再如史学，山东士族在史学方面的家学传承也值得重视。

崔光长于史学，史载："光与李彪共撰国书，太和之末，彪解著作，专以史事任光。"

崔光其侄崔鸿亦以修史知名，而崔光亦推荐崔鸿代替自己修国史，史称："（崔鸿）少好读书，博综经史。……光撰魏史，徒有卷目，初未考正，阙略尤多。每云此史会非我世所成，但须记录时事，以待后人。临薨言鸿於肃宗。""诏鸿以本官修缉国史"。后崔鸿又撰《十六国春秋》"勒成百卷"。[④] 可见，崔光、崔鸿皆以修史见长。

魏收家族中，除魏收修撰《魏书》外，魏彦、魏长贤父子也先后修《晋书》。[⑤] 其家族在修史方面也表现出了继承性。

而北朝末年到唐初的李德林、李百药、李安期三代，李大师、李延寿父子也都以史学代传，从中即可看到他们家传文化的状况。

二　更重宗亲乡里关系

山东士族从其先人始即多为宗族聚居，其内部成员间的相互联系也较为密切。东汉崔寔所著《四民月令》十月条载："五谷既登，家储蓄积，乃顺时令，敕丧纪。同宗有贫窭久丧不堪葬者，则纠合宗人，共兴举之。以亲疏贫富为差，正心平敛，毋或逾越，务先自

---

① 《魏书》卷二四《崔玄伯传》，第 623 页。

② 《魏书》卷三五《崔浩传》，第 807 页。

③ 陈寅恪：《崔浩与寇谦之》，《金明馆丛稿初编》，生活·读书·新知三联书店 2001 年版，第 141 页。

④ 《魏书》卷六七《崔光传》，第 1501—1502 页。

⑤ 《北史》卷五六《魏长贤传》，第 2040—2041 页。

竭,以率不随。"① 记载了宗族间相互扶助的情况。魏晋南北朝时期,山东士族所居处的北方地区,社会情势可谓严峻而复杂。与江左士族相比,山东士族也更为注重以血缘为纽带,建立牢固的宗族、乡土关系,为自身提供生存、发展的基础。对于这一特点,钱穆先生即指出大家庭聚居"多在北方"的状况。② 陈寅恪先生也曾说:"南朝士族与城市相联系,北朝士族与农村相联系","南朝商业的发达,大家族制度的破坏,带来的一个结果是,士族喜欢住到城市中去","北方大家族制度的继续维持,又决定了北方的士人与宗族的难分的关系"。③ 在此,陈寅恪先生的论断剖析了魏晋北朝时期北方士族中大家庭较多的原因,指出了北方士人与宗族间的密切关系。显然,山东士族注重宗亲乡里关系,其原因也主要在于此。

为保持宗乡间的密切关系,山东士族多较为注重维护宗族内部秩序、重视宗亲、乡里间的相互扶助。《宋书》卷四六《王懿传》即载:"北土重同姓,谓之骨肉,有远来相投者,莫不竭力营赡,若不至者,以为不义,不为乡里所容。"④ 颜之推也曾记载了南北两地对宗族关系看法的差异:

　　凡宗亲世数,有从父,有从祖,有族祖。江南风俗,自兹已往,高秩者,通呼为尊,同昭穆者,虽百世犹称兄弟;若对他人称之,皆云族人。河北士人,虽三二十世,犹呼为从伯从叔。梁武帝尝问一中土人曰:"卿北人,何故不知有族?"答云:"骨肉易疏,不忍言族耳。"⑤

① (东汉)崔寔著,石声汉校注:《四民月令校注》,中华书局1965年版,第68页。
② 钱穆:《略论魏晋南北朝学术文化与当时门第之关系》,《中国学术思想史论丛》(三),台北东大图书有限公司1981年版,第176页。
③ 陈寅恪:《陈寅恪魏晋南北朝史讲录》,黄山书社1987年版,第329—330页。
④ (南朝·梁)沈约:《宋书》卷四六《王懿传》,中华书局1974年版,第1391页。
⑤ 《颜氏家训集解》卷二《风操第六》,第86—87页。

从上述记载中可看到，魏晋南北朝时期，南北士人在看待宗族、乡里关系方面的确存在一定差异。山东士族注重宗族、乡里关系的具体事例在文献中也颇有反映，如表 1 －7 所示。

表 1 －7　　　　北朝山东士族宗族乡里关系举隅

姓名	概况	资料来源
郑琼	琼兄弟雍睦，其诸娣姒亦咸相亲爱，闺门之内有无相通，为时人所称美	《魏书》卷五六《郑义传》第 1245 页
崔挺	少敦学业，多所览究，推人爱士，州闾亲附焉。每四时与乡人父老书相存慰，辞旨款备，得者荣之。三世同居，门有礼让	《魏书》卷五七《崔挺传》第 1264 页
张烈	兄弟同居怡怡然，为亲类所慕	《魏书》卷七六《张烈传》第 1686 页
卢度世	父母亡，然同居共财，自祖至孙，家内百口。在洛时有饥年，无以自赡，然尊卑怡穆，丰俭同之。亲从昆弟，常旦省谒诸父，出坐别室，至暮乃入。朝府之外，不妄交遊。其相勗以礼如此。又一门三主，当世以为荣	《魏书》卷四七《卢玄传》第 1062 页
崔谦	谦性至孝，少丧父，殆将灭性。与弟说特相友爱，虽复年事并高，名位各重，所有资产，皆无私焉	《周书》卷三五《崔谦传》第 613—614 页
邢邵	率情简素，内行修谨，兄弟亲姻之间，称为雍睦	《北齐书》卷三六《邢邵传》第 478 页

魏晋南北朝时期，士族普遍重视礼法。钱穆先生就曾指出，“南北朝时，经学亦分南北，所重各不同。就礼学言，南方重丧服”；“北方学者亦重礼”；“北人治丧服者亦多”。[①] 可见，注重礼法修养乃为南北士族所共同推崇。不过，尽管如此，南朝礼法传统中有一个特点却颇值得重视，那就是南朝社会比较注重礼学方面的整理与著述。钱穆先生以《隋书·经籍志》为证，指出：“若以著作数量作为当时对经学中某一部分重视与否之衡量标准，则此时代之经学

① 钱穆：《略论魏晋南北朝学术文化与当时门第之关系》，《中国学术思想史论丛》（三），台北东大图书有限公司 1981 年版，第 139—140 页。

最重礼。"① "唐杜佑通典引晋宋以下人礼议，多达二百余篇。"② 值得注意的是，魏晋南北朝时期，上述礼仪著述大都出自南方士人之手，而由北方人撰写的礼学著述则明显偏少。

魏晋北朝以来，与南方相比，北方的礼学著述虽然较少，但由于北方的大家庭较多，因此他们颇为注重发挥礼法传统在调整规范家族、宗族间复杂人际关系方面的功能。而在危难之际，则重视发扬宗族间的救赡、扶助作用。这些显然与山东士族聚族而居的现象较多、生存环境复杂有密切关系。北朝以来，山东士族宗族间救赡、扶助亦多有记述。

《魏书》卷四七《卢玄传》载：

> 国家初平升城。无盐房崇吉母傅氏，度世继外祖母兄之子妇也。兖州刺史申纂妻贾氏，崇吉之姑女也，皆亡破军途，老病憔悴。而度世推计中表，致其恭恤。每觐见傅氏，跪问起居，随时奉送衣被食物，亦存赈贾氏，供其服膳。青州既陷，诸崔坠落，多所收赎。及渊、昶等并循父风，远亲疏属，叙为尊行，长者莫不毕拜致敬。闺门之礼，为世所推。谦退简约，不与世竞。③

从上述记载中可见，卢度世曾供养贾氏、傅氏，而二人实则为其宗族远支。卢度世子卢渊、卢昶也都注重家庭礼法的保持，均表现出了山东士族重宗族关系的特征。

崔挺其家中，"于后频值饥年，家始分析"。但即使在分家的情况下，崔挺与弟崔振仍"推让田宅旧资，惟守墓田而已。家徒壁立，

---

① 钱穆：《略论魏晋南北朝学术文化与当时门第之关系》，《中国学术思想史论丛》（三），台北东大图书有限公司 1981 年版，第 139 页。

② 同上。

③ 《魏书》卷四七《卢玄传》，第 1062 页。

兄弟怡然"。①

张烈为保持家门礼法，曾著《家诫》千余言，为其子所遵行。史载："并自叙志行及所历之官，临终敕子姪不听求赠，但勒《家诫》立碣而已。其子质奉行焉。"②

李敷为李顺之子，史称："敷兄弟敦崇孝义，家门有礼，至于居丧法度，吉凶书记，皆合典则，为北州所称美。"③

李士谦，"家富于财，躬处节俭，每以振施为务"。他曾"出粟数千石，以贷乡人"。其后有大饥之年，多有死者，李士谦则"罄竭家资，为之糜粥，赖以全活者将万计。收埋骸骨，所见无遗。至春，又出粮种，分给贫乏"。故而赵郡农民甚德之。④

由上述史料可见，山东士族由于聚族而居的情况较多，为维护宗族乡里间的亲和联系，处理复杂的宗党关系，也更为需要在宗族乡里间保持礼法规范，以及在相互间实施扶助救赡。这些，我们从卢度世等人对宗党关系的处理当中就看得十分清楚。

三　清俭之风

除重视宗族乡里关系之外，魏晋北朝，山东士族也多承袭了汉代名士的清俭之风。这与南朝江左的一些士人"贱经尚道，以玄虚宏放为夷达，以儒术清俭为鄙俗"的风气⑤颇多差异。对此，《颜氏家训集解》卷一《治家第五》中称："今北土风俗，率能躬俭节用，以赡衣食；江南奢侈，多不逮焉。"⑥对于魏晋北朝以来山东士族的清俭之风，文献之中亦多见记述。

郑冲，为荥阳开封人，亦为清恬寡欲，不营资产。史载郑冲：

---

① 《魏书》卷五七《崔挺传》，第 1264 页。
② 《魏书》卷七六《张烈传》，第 1686 页。
③ 《魏书》卷三六《李顺传》，第 834 页。
④ 《隋书》卷七七《李士谦传》，第 1752—1753 页。
⑤ 《晋书》卷七〇《应詹传》，第 1858 页。
⑥ 《颜氏家训集解》卷一《治家第五》，第 43 页。

"起自寒微，卓尔立操，清恬寡欲，耽玩经史，遂博究儒术及百家之言……冲以儒雅为德，莅职无干局之誉，箪食缊袍，不营资产，世以此重之。"①

卢钦，"并素清贫，身没之后，居无私积"。"钦历宰州郡，不尚功名，唯以平理为务。禄俸散之亲故，不营资产"。②

崔玄伯，"立身雅正，与世不群，虽在兵乱，犹励志笃学，不以资产为意，妻子不免饥寒"。③

陆丽也曾经对孝文帝谈及高允清俭之状，陆丽言："'高允虽蒙宠待，而家贫布衣，妻子不立。'高宗怒曰：'何不先言！今见朕用之，方言其贫。'是日幸允第，惟草屋数间，布被缊袍，厨中盐菜而已。高宗叹息曰：'古人之清贫岂有此乎！'"④

郑孝穆，荥阳开封人，"孝穆幼而谨厚，以清约自居"。⑤

日本学者谷川道雄在论及这一时期士族的清俭风尚时认为，名望家乃是当时"宗族、乡党的精神依据"。名望家与宗族、乡党间联系的重要纽带，"不用说就是名望家的德行。例如赈恤，正像'轻财重义''轻财好施'所表现的那样，是以对于财产所有的淡泊精神作为前提的"，"赈恤行为与俭约生活是不可分离的"，而"支撑他们这种生活态度的，乃是所谓'先王之道'或'雅道'那样的'道'的世界。所谓'道'，就是超越现实诸相的普遍原理，也就是支撑这些名望家人生的根据"。⑥ 谷川道雄对这一现象的研究，从现实角度与精神世界两个方面进行了分析，并认为士族对"先王之道"的追求是支撑他们这种生活态度的精神根基，其论述可谓精当。

山东士族的清俭风尚不仅体现在家居生活之中，也反映在仕宦

---

① 《晋书》卷三三《郑冲传》，第 991 页。
② 《晋书》卷四四《卢钦传》，第 1255 页。
③ 《魏书》卷二四《崔玄伯传》，第 620 页。
④ 《魏书》卷四八《高允传》，第 1076 页。
⑤ （唐）令狐德棻等：《周书》卷三五《郑孝穆传》，中华书局 1971 年版，第 609 页。
⑥ ［日］谷川道雄：《六朝时代的名望家支配》，《日本学者研究中国史论著选译》第二卷，中华书局 1993 年版，第 166—167 页。

生涯之上，即山东士族为官多尚清廉耿介，这在史料之中也有不少记载。

崔洪，博陵安平人，《晋书》卷四五《崔洪传》载其仕宦清正之状："洪少以清厉显名，骨鲠不同于物，人之有过，辄面折之，而退无后言……选吏部尚书，举用甄明，门无私谒。……洪口不言货财，手不执珠玉。"①

《魏书》卷四八《高允传》也载高允为官清平。史载："神䴥三年（430 年），世祖舅阳平王杜超行征南大将军，镇邺，以允为从事中郎，年四十余矣。超以方春而诸州囚多不决，乃表允与中郎吕熙等分诣诸州，共评狱事。熙等皆以贪秽得罪，唯允以清平获赏。"②

崔亮，清河东武城人，仕于北魏，史称以清慎闻名。

> 亮虽历显任，其妻不免亲事舂簸。高祖闻之，嘉其清贫，诏带野王令。世宗亲政，迁给事黄门侍郎，仍兼吏部郎，领青州大中正。亮自参选事，垂将十年，廉慎明决，为尚书郭祚所委，每云："非崔郎中，选事不办。"③

崔昂、崔劼、崔暹都曾仕于北齐，在北齐政治浑浊的环境之下，其为政风尚仍皆能保持山东士族的清正之状，应当说，殊为可贵。

崔昂，出于博陵崔氏，"昂本性清严，凡见黩货辈，疾之若仇"。④

崔劼，本清河人，史载：

> 劼少而清虚寡欲，好学有家风。魏末，自开府行参军历尚

---

① 《晋书》卷四五《崔洪传》，第 1287—1288 页。
② 《魏书》卷四八《高允传》，第 1067 页。
③ 《魏书》卷六六《崔亮传》，第 1476 页。
④ （唐）李百药：《北齐书》卷三〇《崔昂传》，中华书局 1972 年版，第 411 页。

书仪曹郎、祕书丞，修起居注，中书侍郎。兴和三年（541年），兼通直散骑常侍，使于梁。天保初，以议禅代，除给事黄门侍郎，加国子祭酒，直内省，典机密。清俭勤慎，甚为显祖所知。[①]

崔暹在仕宦中的表现亦如此，史载：

> 显祖初嗣霸业，司马子如等挟旧怨，言暹罪重，谓宜罚之。高隆之亦言宜宽政网，去苛察法官，黜崔暹，则得远近人意。显祖从之。及践祚，谮毁之者犹不息。帝乃令都督陈山提等搜暹家，甚贫匮，唯得高祖、世宗与暹书千余纸，多论军国大事。帝嗟赏之。[②]

山东士族在仕宦生涯之中较多地保持了清廉耿介的风尚，显然，这与其在家庭、宗族、乡里间所显示出的清俭之风是相一致的。而支撑他们这种行为的精神动力无疑也是来自士族业已形成重义轻财的人格特质，及其对理想世界的执著追求。

四 政治参与中的"用夏变夷"

永嘉之乱后，北方地区的各王朝政权，尽管其统治集团大多以胡人为核心，但他们也大都重视利用汉族士人。对于有深厚文化传统和乡土背景的山东士族，更是其努力争取的对象。

事实上，十六国时期，尽管时局还较为动荡，山东士族中已有不少人参与了北方各王朝政权。而这一时期，后燕等慕容氏诸燕统治区域，占据河北大部，山东士族多在其政权统治范围之内，因此，效命于慕容政权的山东士族也较多。如表1-8所示：

---

① 《北齐书》卷四二《崔劼传》，第558页。
② 《北齐书》卷三〇《崔暹传》，第405—406页。

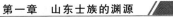

表 1 - 8　　　　　　后燕等慕容氏诸燕政权山东士族任职情况

姓名	在胡人政权仕宦状况	资料来源
卢谌子卢偃，孙卢邈	卢偃、卢邈"并仕慕容氏，为郡太守，皆以儒雅称"	《魏书》卷四七《卢玄传》第 1045 页
郑羲曾祖郑豁	郑豁曾为"慕容垂太常卿"	《魏书》卷五六《郑羲传》第 1237 页
崔琼	慕容垂车骑属	《魏书》卷二四《崔玄伯传》第 628 页
李顺父李系	李系"慕容垂散骑侍郎，东武城令，治有能名"	《魏书》卷三六《李顺传》第 829 页
崔潜	崔潜，"仕慕容晀，为黄门侍郎，并有才学之称"	《魏书》卷二四《崔玄伯传》第 620 页
高庆、高泰、高湖	高允曾祖高庆，仕慕容垂司空。祖父高泰为北燕吏部尚书。高允叔父高湖则在慕容氏政权中官至征虏将军、燕郡太守	《魏书》卷三二《高湖传》第 751 页
高允父高韬	高韬"少以英朗知名，同郡封懿雅相敬慕。为慕容垂太尉从事中郎"	《魏书》卷四八《高允传》第 1067 页

　　北魏在统一北方的过程中，颇为注意延揽汉族士人。原效力于其他政权，特别是仕于慕容氏的山东士族，也常为其所用，如以下几例：

　　李系，即李顺之父，出于赵郡平棘，"太祖（拓跋珪）定中原，以系为平棘令"。①

　　高允父高韬，"太祖平中山，以韬为丞相参军"。②

　　高湖，"遂率户三千归国。太祖赐爵东阿侯，加右将军，总代东诸部。世祖（拓跋焘）时，除宁西将军、凉州镇都大将，镇姑臧，甚有惠政"。③

　　此外，北魏也多次征辟士人，其中不乏山东士族。史载："太祖征慕容宝，次于常山，玄伯弃郡，东走海滨。太祖素闻其名，遣骑

---

① 《魏书》卷三六《李顺传》，第 829 页。
② 《魏书》卷四八《高允传》，第 1067 页。
③ 《魏书》卷三二《高湖传》，第 751—752 页。

追求，执送于军门，引见与语，悦之，以为黄门侍郎。"① 即记述了崔玄伯为拓跋珪所用的经历。

神麚四年（431 年），太武帝拓跋焘下诏征辟士人，更是网罗了大批山东士族，其中就包括了范阳卢玄、博陵崔绰、赵郡李灵、河间邢颖、勃海高允等山东士族中的知名人物。②

山东士族多为衣冠世家，对于参与胡风弥漫的北方各王朝政权，其心态十分复杂，抵触之情不可避免。卢谌系范阳卢氏，出身儒学世家，史载：

> 谌名家子，早有声誉，才高行洁，为一时所推。值中原丧乱，与清河崔悦、颍川荀绰、河东裴宪、北地傅畅并沦陷非所，虽俱显于石氏，恒以为辱。谌每谓诸子曰："吾身没之后，但称晋司空从事中郎尔。"③

卢谌虽为石氏所重用，但却"恒以为辱"，这种复杂的心态在仕于胡人政权的山东士族中颇有普遍性。

再如，李孝伯亦曾对宋人张畅言："我是中州人，久处北国，自隔华风。"④

南朝士族王融也曾说："前中原士庶，虽沦慑殊俗，至于婚葬之晨，犹巾褠为礼。"⑤

《北齐书》卷二四《杜弼传》也载高欢之言："江东复有一吴儿老翁萧衍者，专事衣冠礼乐，中原士大夫望之以为正朔所在。"⑥

从这些记述中可以看到，不少山东士族虽在北方政权中颇受重

① 《魏书》卷二四《崔玄伯传》，第 620 页。
② 《魏书》卷四上《世祖纪第四上》，第 79 页。
③ 《晋书》卷四四《卢谌传》，第 1259 页。
④ 《宋书》卷五九《张畅传》，第 1603 页。
⑤ （南朝·梁）萧子显：《南齐书》卷四七《王融传》，中华书局 1972 年版，第 818 页。
⑥ 《北齐书》卷二四《杜弼传》，第 347 页。

用，但在他们内心深处，夷夏之别的情绪仍然不同程度的存在。这种心理状态既让其对北方政权心存隔膜，也使得他们对以华夏正朔为号召的江左政权产生了精神上的归属感。

然而，尽管心存抵触，但永嘉之乱后，各少数民族政权控制北方的局面已不可回避。事实上，对于夷夏之争，儒家虽强调夷夏之辩，但同时也主张用华夏文化去改造异族。孔子就曾言："居处恭，执事敬，与人忠。虽之夷狄，不可弃也。"① 孟子也说："吾闻用夏变夷者，未闻变于夷者也。"② 因此，山东士族参与政权，实际上也在充分利用自身的文化优势，积极用儒学传统改造这些少数民族政权，而这在北魏前期表现得尤为明显。

北魏初期，崔玄伯积极以儒学改造拓跋政权，而北魏初期典章制度的制定，就多藉其力。史称：

> 诏尚书吏部郎中邓渊典官制，立爵品，定律吕，协音乐；仪曹郎中董谧撰郊庙、社稷、朝觐、飨宴之仪；三公郎中王德定律令，申科禁；太史令晁崇造浑仪，考天象；吏部尚书崔玄伯总而裁之。③

崔玄伯也常向魏主灌输儒家治乱之道。《魏书》卷二四《崔玄伯传》载："太祖常引问古今旧事，王者制度，治世之则。玄伯陈古人制作之体，及明君贤臣，往代废兴之由，甚合上意。"④ 北魏国号也是由崔玄伯所定，其寓意也是继承华夏正统，史载：

> 时司马德宗遣使来朝，太祖将报之，诏有司博议国号。玄

① 《论语注疏》卷十三《子路第十三》，《十三经注疏》，第2507页。
② 《孟子注疏》卷五下《滕文公章句上》，《十三经注疏》，第2706页。
③ 《魏书》卷二《太祖道武帝纪》，第33页。
④ 《魏书》卷二四《崔玄伯传》，第621页。

伯议曰："……国家虽统北方广漠之土，逮于陛下，应运龙飞，虽曰旧邦，受命惟新。是以登国之初，改代曰魏。又慕容永亦奉进魏土。夫'魏'者大名，神州之上国，斯乃革命之征验，利见之玄符也。臣愚以为宜号为魏。"太祖从之。于是四方宾王之贡，咸称大魏矣。①

从中可以看到，崔玄伯对以华夏传统改造北魏政权的确是颇费心机。崔玄伯之子崔浩在改造北魏政权方面表现得更为积极，而崔浩后来被诛杀，其原因虽然不止一端，但这与其推行激进的汉化措施是有一定关系的。史称："浩大欲齐整人伦，分明姓族。（卢）玄劝之曰：'夫创制立事，各有其时，乐为此者，讵几人也？宜其三思。'浩当时虽无异言，竟不纳，浩败颇亦由此。"② 即透露出这方面的一些内情。

事实上，崔浩被诛杀并没有真正改变山东士族在北魏政权中的影响力。崔浩死后，山东士族李孝伯继为太武帝所重用。③ 而崔浩之后，高允也颇受倚重，史载："自高宗迄于显祖，军国书檄，多允文也。"④ 更重要的是，高允也以儒学为基点创制、厘定了北魏的多项制度。

高允曾上表请立官学，史称："郡国立学，自此始也。"⑤

北魏刑律的儒学化也是始自高允，史载："魏初法严，朝士多见杖罚。允历事五帝，出入三省，五十余年，初无谴咎。初，真君中以狱讼留滞，始令中书以经义断诸疑事。允据律评刑，三十余载，内外称平。"⑥

---

① 《魏书》卷二四《崔玄伯传》，第620—621页。
② 《魏书》卷四七《卢玄传》，第1045页。
③ 《魏书》卷五三《李孝伯传》，第1172页。
④ 《魏书》卷四八《高允传》，第1086页。
⑤ 同上书，第1078页。
⑥ 同上书，第1089页。

高允也曾上疏要求改革婚丧制度，史载："允以高宗纂承平之业，而风俗仍旧，婚娶丧葬，不依古式。"① 允乃谏曰：

> 前朝之世，屡发明诏，禁诸婚娶不得作乐，及葬送之日歌谣、鼓舞、杀牲、烧葬，一切禁断。虽条旨久颁，而俗不革变。将由居上者未能悛改，为下者习以成俗，教化陵迟，一至于斯。昔周文以百里之地，修德布政，先于寡妻，及于兄弟，以至家邦，三分天下而有其二。明为政者先自近始。……今陛下当百王之末，踵晋乱之弊，而不矫然釐改，以厉颓俗，臣恐天下苍生，永不闻见礼教矣。允言如此非一，高宗从容听之。②

高允上疏要求厘定婚丧礼仪，禁绝旧俗。应该说，他所提出的各项改革措施无不以传统礼法为基点，这也突出反映了他以礼教改造北魏政权，促其汉化的心机。

孝文帝改制，虽有南方因素的影响，但亦有山东士族的参与。如崔亮就曾参与"创革旧制，选置百官"③。高闾亦曾参与了孝文帝法律改革，史载："先是以律令不具，奸吏用法，致有轻重。诏中书令高闾集中秘官等修改旧文，随例增减。"④

北朝中后期，山东士族在各王朝制度的儒学化过程中仍发挥作用。

北齐时，崔昂、邢邵等山东士族曾参与厘定典制：

> 齐受禅，迁散骑常侍，兼太府卿、大司农卿。二寺所掌，世号繁剧，昂校理有术，下无妄伪，经手历目，知无不为，朝

---

① 《魏书》卷四八《高允传》，第 1073 页。
② 同上书，第 1074—1075 页。
③ 《魏书》卷六六《崔亮传》，第 1476 页。
④ 《魏书》卷一一一《刑罚志》，第 2877 页。

廷叹其至公。又奏上横市妄费事三百一十四条，诏下，依启状速议以闻。其年，与太子少师邢邵议定国初礼，仍封华阳男。又诏删定律令，损益礼乐。①

北周建国，典章制度自成一统，这带有浓郁的胡人特性。陈寅恪先生认为，其"即阳传周礼经典制度之文，阴适关陇胡汉现状之实而已"②。不过其表面上却仍是依《周礼》定职官典章，而其具体的谋划亦主要出自山东士族卢辩。史称：

> 初，太祖欲行《周官》，命苏绰专掌其事。未几而绰卒，乃令辩成之。于是依《周礼》建六官，置公、卿、大夫、士，并撰次朝仪，车服器用，多依古礼，革汉、魏之法。事并施行。③

以此可见，卢辩依《周礼》为北周制定官制是受命而为；就他本人而言，固然并无能力去左右这一事件的本质。但尽管如此，他"撰次朝仪，车服器用，多依古礼"，还是尽量让北周官职的制定披上了华夏传统文化的外衣。

小　结

关于士族的出现，学界公认其源于东汉大族。但对于士族的内涵，则存在着各种不同的观点。本书中对士族概念的理解不过多考虑其政治、经济方面的特征，而倾向于从广义的角度出发，将士族

---

① 《北齐书》卷三〇《崔昂传》，第411页。
② 陈寅恪：《隋唐制度渊源略论稿》，《隋唐制度渊源略论稿·唐代政治史述论稿》合订本，生活·读书·新知三联书店2001年版，第101页。
③ 《周书》卷二四《卢辩传》，第404页。

解读为具有相同或近似文化背景的特定世家大族成员，并将此作为研究对象。通过对文献的考察，可以看到，山东士族的先祖多可以追溯到远古时期。不过，其迁于后来郡望发祥地的时间则大都在战国至秦汉之际。东汉至魏晋之交，在士族逐渐形成的背景之下，山东大族在学术与仕宦方面也出现了累代相传的趋势。太和定族姓，则从制度层面上确认了山东士族的地位。这对山东士族，特别是山东五姓的发展，起到了极大的促进作用。郡望是中古士族除族姓之外，用以标识身份的另一个重要依据；中古士族一般均会在其族姓前称其郡望，故而士族一般均极为看重。对士族而言，由于他们的不断迁徙。因此，在很多情况下，郡望只是标明其世系所出，进而作为其门第高下的标志，而与他们的居处所在往往并不一致。即使在同一郡望之下，由于家族不断繁衍，还会分出不同房支，房支之间往往也有较大差异。

魏晋南北朝时期，注重文化家传、保持儒素德业是士族的普遍特征。这一特点，在山东士族身上表现得也很突出。不过，这一时期，在特定的环境之下，不同地域，特别是江左与山东士族群体间的学风与家风也有明显的差别。而山东士族在学风家风方面也逐渐形成了一些较为明显的自身特征，这突出地体现以传统经学为核心的学风、更重宗亲乡里关系、多承袭了汉代名士清俭之风等几个方面。山东士族参与北朝政权，实际上也在充分利用自身的文化优势，积极用儒学传统改造这些政权，而这在北魏前期表现得尤为明显。

第二章　隋唐之际的社会变局与
山东士族的文化境遇

第一节　选举制度与关中本位政策变革影响下的
社会角色转换

魏晋以降，九品中正制的实施对于门阀制度的确立与巩固起到了重要作用。而西魏、周、隋直至唐初这一时期，关中本位政策也是当时统治阶级的重要政治策略。隋唐之际，选举制度与关中本位政策出现了一些明显变化，这对山东士族的社会角色与地位产生了显著影响，本节即对此作出探讨。

一　选举制度变革与山东士族的社会角色转换

众所周知，魏晋以降，九品中正制度的实施对于门阀制度的确立与巩固起到了重要作用。对此，唐长孺先生即言："九品中正创立时尽管有将选举权收归中央的企图，事实上却加重了大族在地方上的威权，从而巩固了门阀的统治。"① 在此，唐长孺先生明确肯定了九品中正制度巩固门阀体制的作用。

---

① 唐长孺：《九品中正制试释》，《魏晋南北朝史论丛》，生活·读书·新知三联书店 1955 年版，第 118 页。

关于九品官人之法的发端，《三国志》卷二二《魏书·陈群传》载："（陈）群转为侍中，领丞相东西曹掾。在朝无适无莫，雅杖名义，不以非道假人。文帝在东宫，深敬器焉，待以交友之礼，常叹曰：'自吾有回，门人日以亲。'及即王位，封群昌武亭侯，徙为尚书。制九品官人之法，群所建也。"①

《通典》卷第十四《选举二》也载："魏文帝为魏王时，三方鼎立，士流播迁，四人错杂，详覈无所。延康元年（220年），吏部尚书陈群以天朝选用不尽人才，乃立'九品官人之法'，州郡皆置中正，以定其选，择州郡之贤有识鉴者为之，区别人物，第其高下。"②

上述史料均指明"九品官人之法"出现的时间为魏文帝曹丕时期，而具体的建策者则是陈群。可见，在经历了汉代以来门阀势力发展的长期准备之后，到此时门阀体制终于以制度的形式确立了下来。

唐长孺先生认为："九品中正制配合汉代门阀的发展而起了巩固门阀制度的作用，但在门阀制度业已确立并为士庶区别制造了理论根据之后，这一种制度已不重要，只是例行公事而已。"③ 从整个魏晋南北朝这一时间段来看，唐长孺先生的观点无疑是正确的。不过也应看到，魏晋南北朝时期，特别是前期，九品中正制对门阀体制的保障还是显示出了一定的作用，九品中正制仍不失为维持门阀制度存在的重要制度性保障。故而《通典》卷十四《选举二》在评价九品中正制时即称"中正所铨，但在门第"。④

魏晋南北朝时期，时人对九品中正制维持门阀体制的作用也有明确的认识。晋人段灼就称："九品访人，唯问中正。故据上品者，

---

①　《三国志》卷二二《陈群传》，第634—635页。

②　《通典》卷十四《选举二》，第326页。

③　唐长孺：《九品中正制试释》，《魏晋南北朝史论丛》，生活·读书·新知三联书店1955年版，第126页。

④　《通典》卷十四《选举二》，第337页。

非公侯之子孙，则当涂之昆弟也。"① 《晋书》卷四五《刘毅传》也载："今立中正，定九品，高下任意，荣辱在手。操人主之威福，夺天朝之权势。爱憎决于心，情伪由于己。"②

《宋书》卷九四《恩幸传序》评论道：

> 汉末丧乱，魏武始基，军中仓卒，权立九品，盖以论人才优劣，非为世族高卑。因此相沿，遂为成法。自魏至晋，莫之能改，州都郡正，以才品人，而举世人才，升降盖寡。徒以冯藉世资，用相陵驾，都正俗士，斟酌时宜，品目少多，随事俯仰，刘毅所云"下品无高门，上品无贱族"者也。岁月迁讹，斯风渐笃，凡厥衣冠，莫非二品，自此以还，遂成卑庶。③

以上史料均论及九品中正制与门阀士族的关系，肯定了这一制度对保证门阀士族在政治上的优势地位所起的作用。显然，魏晋南北朝时期，九品中正制作为一种制度性保障，对维持门阀体制还是有其价值的。

不过南北朝后期，选举制度已开始出现变化。在北方，北周时期的苏绰就曾建议："今之选举者，当不限资荫，唯在得人。"④《隋书》卷五六《卢恺传》中也载："自周氏以降，选无清浊。"⑤ 从这些史料中，已经可见门阀大族在政治上的优势地位开始有所消弱的迹象。

隋代立国后，废除九品中正制，进一步延续了消弱士族势力的趋势。史载："旧周、齐州郡县职，自州都、郡县正已下，皆州郡将县令至而调用，理时事。至是不知时事，直谓之乡官。别置品官，

---

① 《晋书》卷四八《段灼传》，第 1347 页。
② 《晋书》卷四五《刘毅传》，第 1273 页。
③ 《宋书》卷九四《恩幸传序》，第 2301—2302 页。
④ 《周书》卷二三《苏绰传》，第 386 页。
⑤ 《隋书》卷五六《卢恺传》，第 1384 页。

皆吏部除授，每岁考殿最。"① 《文献通考》卷三十九《选举考十二》
也载："按自隋时，海内一命之官，并出于朝廷，州郡无复有辟署之
事。"② 对于九品中正制废止的具体时间，日本学者滨口重国经过对
史料分析后指出，应当为开皇十五年（595 年）。③ 隋代废除九品中
正制的措施，对士族的政治特权地位无疑有明显的打击作用。对于
这一点，唐长孺先生指出"隋文帝统治时综合了周齐之制，在政治
上削弱郡姓。这时明确废除了州郡辟举权"，"这一些措施明确剥夺
了魏晋以来的士族殊权"。④ 与之相应，科举制度开始引入选举体制
之中。开皇十八年（598 年），"诏京官五品已上，总管、刺史，以
志行修谨、清平干济二科举人"。⑤ 炀帝时期又"始建进士科"。⑥ 显
然，科举制度的确立，也从制度层面上进一步瓦解了门阀士族在政
治上的优势地位。

　　九品中正制的废止与科举制的实施对传统士族的影响是相当显
著的，史载："隋氏罢中正，举选不本乡曲，故里闾无豪族，井邑无
衣冠，人不土著，萃处京畿，士不饰行，人弱而愚。"⑦ 显然，隋唐
之际，由于选举制度的变革，对士族而言，其政治、经济、社会、
文化等各方面的境遇都不可避免地面临变化。作为士族群体的重要
组成部分，这一点，山东士族自然亦不会例外。

　　房彦谦为房玄龄之父，出于清河房氏，为北齐士族，其墓志记
载："是时齐朝资荫，不复称叙，鼎贵高门，俱从九品释褐。"⑧ 《贞
观政要》也记载："市朝既迁，风俗陵替。燕、赵古姓，多失衣冠之

① 《隋书》卷二八《百官志下》，第 792 页。
② （元）马端临：《文献通考》卷三九《选举考十二》，中华书局 1986 年版，第 368 页。
③ ［日］滨口重国：《所谓隋的废止乡官》，《日本学者研究中国史论著选译》第四卷，
中华书局 1992 年版，第 333 页。
④ 唐长孺：《门阀的形成及其衰落》，《武汉大学人文科学学报》1959 年第 8 期。
⑤ 《隋书》卷二《高祖纪下》，第 43 页。
⑥ 《通典》卷十四《选举二》，第 343 页。
⑦ 《通典》卷十七《选举五》，第 417 页。
⑧ （清）王昶：《金石萃编》卷四十三《唐三》，中国书店 1985 年版。

绪，齐、韩旧族，或乖德义之风。名不著于州间，身未免于贫贱，自号膏粱之胄，不敦匹敌之仪，问名唯在于窃赀，结褵必归于富室。"①从中可看到，在隋代选举制度变革的背景下，山东士族所受到的影响同样也是非常明显的。就这些旧族来说，同样面临着社会地位急剧变化的冲击。

二 隋代"关中本位政策"对山东士族的影响

西魏、北周、隋以及唐代初期，关中本位政策一直是统治集团的重要政治策略，隋唐之际，关中本位政策也处于不断演变之中，其对这一时期山东士族的发展也有重要影响。关于"关中本位政策"的内涵及其发端，陈寅恪先生指出："魏孝文以来，文化之正统仍在山东，遥与江左南朝并为衣冠礼乐之所萃，故宇文泰所不得不深相畏忌，而与苏绰之徒别以关陇为文化本位。"② 具体而言，陈寅恪先生认为：

> 宇文泰率领少数西迁之胡人及胡化汉族割据关陇一隅之地，欲与财富兵强之山东高氏及神州正朔所在之江左萧氏共成一鼎峙之局，而其物质及精神二者力量之凭借，俱远不如其东南二敌，故必别觅一途径，融合其所割据关陇区域内之鲜卑六镇民族，及其他胡汉土著之人为一不可分离之集团，匪独物质上应处同一利害之环境，即精神上亦必具同出一渊源之信仰，同受一文化之熏习，始能内安反侧，外御强邻。……此宇文泰之新途径今姑假名之为"关中本位政策"。③

---

① （唐）吴兢撰，谢保成集校：《贞观政要集校》卷七《论礼乐第二十九》，中华书局2003年版，第397页。

② 陈寅恪：《隋唐制度渊源略论稿》，《隋唐制度渊源略论稿·唐代政治史述论稿》合订本，生活·读书·新知三联书店2001年版，第49页。

③ 陈寅恪：《唐代政治史述论稿》，《隋唐制度渊源略论稿·唐代政治史述论稿》合订本，生活·读书·新知三联书店2001年版，第198页。

从陈寅恪先生的论述来看，"关中本位政策"的形成有其特定的历史背景；即宇文泰集团出于对抗山东、江左势力的需要，在胡汉融合的基础之上，着力培养塑造了这样一个体系，借以达到自身的政治目的。对于隋及唐初关中本位政策的演进状况，陈寅恪先生曾指其"继承宇文氏之遗业，仍旧施行'关中本位政策'，其统治阶级自不改其歧视山东人之观念"。① 当然，值得注意的是，陈寅恪先生此言应当是针对这一时期的总体状况而言。还应看到的是，与东魏、北周政局有极大不同的是，隋唐两代俱为统一王朝。因此，这一时期，虽然关中本位政策在一定程度上得以继续保持，但统治者对山东士族的态度还是较为复杂的，尚不能概以"歧视"言之，而实际上多是兼利用与防备两个方面。②

隋文帝称帝，即有崔仲方、郑译、卢贲等山东士族谋划，而这些人也在隋代建国后俱为文帝所重用。

崔仲方出于博陵崔氏，"少好读书，有文武才干"。他早年即结识杨坚，后"高祖为丞相，与仲方相见，握手极欢，仲方亦归心焉。其夜上便宜十八事，高祖并嘉纳之。又见众望有归，阴劝高祖应天受命，高祖从之"。③ 可见杨坚后来称帝，崔仲方起到了重要作用。

郑译，出于荥阳郑氏，也参与了文帝称帝的活动。史载：

> 初，高祖与译有同学之旧，译又素知高祖相表有奇，倾心相结……遂与御正下大夫刘昉谋，引高祖入受顾托。既而译宣诏，文武百官皆受高祖节度……高祖为丞相，拜译柱国、相府长史、治内史上大夫事。及高祖为大冢宰，总百揆，以译兼领天官都府司会，总六府事。出入卧内，言无不从，赏赐玉帛不

① 陈寅恪：《唐代政治史述论稿》，《隋唐制度渊源略论稿·唐代政治史述论稿》合订本，生活·读书·新知三联书店 2001 年版，第 200 页。
② 参见陈金凤、梁琼《山东士族与隋朝政治论略》，《山东师范大学学报》（人文社会科学版）2003 年第 6 期。
③ 《隋书》卷六〇《崔仲方传》，第 1447—1448 页。

可胜计。每出入，以甲士从。拜其子元璹为仪同。时尉迥、王谦、司马消难等作乱，高祖逾加亲礼。俄而进位上柱国，恕以十死。①

可见，郑译也是杨坚的旧交。杨坚从入受顾托，位居丞相，直到为大冢宰，总百揆，郑译都是直接的谋划者，而杨坚也曾一度对其较为倚重。

卢贲，出于范阳卢氏，其父为西魏北周重臣卢光。卢贲也曾参与杨坚夺周建隋的活动，史载：

> 时高祖为大司武，贲知高祖为非常人，深自推结。宣帝嗣位，加开府。及高祖初被顾托，群情未一，乃引贲置于左右。……贲恒典宿卫，后承间进说曰："周历已尽，天人之望实归明公，愿早应天顺民也。天与不取，反受其咎。"高祖甚然之。及受禅，命贲清宫，因典宿卫。贲于是奏改周代旗帜，更为嘉名。其青龙、驺虞、朱雀、玄武、千秋、万岁之旗，皆贲所创也。寻拜散骑常侍，兼太子左庶子、左领军、右将军。②

从卢贲这段经历中可以看到，他与崔仲方、郑译有很多相似之处。他们都是较早看到了杨坚的政治潜质，在推动杨坚称帝时，也恰当地把握了当时的政治形势，故而能襄助杨坚一举成功称帝。崔仲方等山东士族虽久居关中，但对于关陇集团来说，他们毕竟还是外来人。他们多方结交杨坚，无疑体现了他们在政治上的敏锐眼光。但从另一个角度看，实际上也反映出置身关陇的山东士族由于缺乏根基，势力不强，而必须寻找奥援的处境。

对隋文帝杨坚来说，郑译、卢贲等人虽有定策之功，但他并不

---

① 《隋书》卷三八《郑译传》，第1136—1137页。
② 《隋书》卷三八《卢贲传》，第1141—1142页。

完全信任郑译、卢贲等人，所以他们后来都没有逃脱被文帝惩戒的命运。

隋代建国后不久，郑译即被文帝疏远，史载："译性轻险，不亲职务，而赃贷狼籍。高祖阴疏之，然以其有定策功，不忍废放，阴敕官属不得白事于译。译犹坐厅事，无所关预。译惧，顿首求解职。"①

卢贲后来也因事除名，史载：

> （卢贲）后从幸洛阳，上从容谓贲曰："我始为大司马时，卿以布腹心于我。及总百揆，频繁左右，与卿足为恩旧。卿若无过者，位与高颎齐。坐与凶人交构，由是废黜。言念畴昔之恩，复当牧伯之位，何乃不思报效，以至于此！吾不忍杀卿，是屈法申私耳。"贲俯伏陈谢，诏复本官。后数日，对诏失旨，又自叙功绩，有怨言。上大怒，顾谓群臣曰："吾将与贲一州，观此不可复用。"……（后）遂废于家。②

从郑译等人的命运中可看到，尽管一些山东士族尽力结交文帝，并对其有大功。但文帝对山东人的防备心理依然明显，而这还能从隋代其他一些山东士族的经历中看出来。

高颎，出于渤海高氏，亦是为隋文帝所引用的重臣，史载："高祖得政，素知颎强明，又习兵事，多计略，意欲引之入府。遣邗国公杨惠谕意，颎承旨欣然曰：'愿受驱驰。纵令公事不成，颎亦不辞灭族'。"可见文帝朝，高颎出将入相，甚为文帝所倚重，即使如此最终亦不免"上由是疏颎"以及"竟坐免"的命运。③

李德林为山东著名士人，他入隋后，也曾一度为隋文帝所重用。但文帝后来对李德林也颇为猜忌，并借机对其指斥并加以惩

---

① 《隋书》卷三八《郑译传》，第 1137 页。
② 《隋书》卷三八《卢贲传》，第 1143—1144 页。
③ 《隋书》卷四一《高颎传》，第 1179—1183 页。

戒。史载：

> （文帝称）"公为内史，典朕机密，比不可豫计议者，以
> 公不弘耳。宁自知乎？朕方以孝治天下，恐斯道废阙，故立五
> 教以弘之。公言孝由天性，何须设教。然则孔子不当说《孝
> 经》也。又谲冒取店，妄加父官，朕实忿之而未能发。今当
> 以一州相遣耳。"因出为湖州刺史。……（后）为考司所贬。
> 岁余，卒官。①

李孝贞出于赵郡李氏，为山东著姓，其经历与李德林也有类似
之处。史载李孝贞：

> 赵郡栢人也。父希礼，齐信州刺史，世为著姓。孝贞少好
> 学，能属文。……（后）征拜内史侍郎，与内史李德林参典文
> 翰。然孝贞无干剧之用，颇称不理，上谴怒之，勅御史劾其事，
> 由是出为金州刺史。卒官。②

可见，隋代，特别是文帝朝，山东士族虽也常被利用，但文帝
却始终不改对其的戒备心理。就文帝而言，他对山东士族的猜忌，
虽然有其性情"天性沉猜"③的因素，但"齐亡后，衣冠士人多迁
关内"④。其中多数人为周、隋所用，这导致山东势力在周、隋也有
相当的影响。在此背景之下，作为关陇集团的代表，文帝在一定程
度上抑制山东士族也是必然的。

事实上，尽管文帝对山东士族多加抑制，但直到大业初，山东

---

① 《隋书》卷四二《李德林传》，第 1208 页。
② 《隋书》卷五七《李孝贞传》，第 1404—1405 页。
③ 《隋书》卷二《高祖纪下》，第 54 页。
④ 《隋书》卷七三《梁彦光传》，第 1675 页。

势力在隋代中央政府仍有不小影响。特别是山东人群体意识强烈，这对其他势力无疑是一个威胁。史载：

> 大业初，（韦云起）改为通事谒者，又上疏奏曰："今朝廷之内多山东人，而自作门户，更相剡荐，附下罔上，共为朋党。不抑其端，必倾朝政，臣所以痛心扼腕，不能默已。谨件朋党人姓名及奸状如左。"炀帝令大理推究，于是左丞郎蔚之、司隶别驾郎楚之并坐朋党，配流漫头赤水，余免官者九人。①

韦云起为关中士族，他指责山东士族"自作门户，更相剡荐，附下罔上，共为朋党"。显然也是从关陇集团角度加以评价的。而从另一方面看，这也反映出了山东士族虽居关陇，但他们的山东意识仍然浓郁，地域的迁移并没有让其完全融入关陇集团之中。

由此有理由认为，隋代统治者对山东士族的态度较为复杂。一方面，西魏北周以来，特别是北齐亡国之后，大批山东士族进入关中；他们之中多有才俊之士，并常入周、隋政权任职。因此，一定程度上对山东士族加以利用，发挥他们的价值，对隋代统治者来说是必不可少的。但另一方面，山东士族封闭性、传统性强，群体意识浓厚，而这也常导致统治者对其采取抑制之举。

三　唐初"关中本位政策"的延续与太宗、高宗、武后时期的山东政策调整

唐代建国，高祖开国之臣，虽不乏山东、江左士族的参与，但关陇集团仍占重要地位。《唐会要》卷三十六《氏族》载：

> 创业君臣，俱是贵族，三代以后，无如我唐。高祖，八柱

---

① 《旧唐书》卷七五《韦云起传》，第2631页。

国唐公之孙，周明懿、隋元真二皇后外戚，娶周太师窦毅女，毅则周太祖之婿也。宰相萧瑀、陈叔达，梁、陈帝王之子；裴矩、宇文士及，齐隋驸马都尉。窦威、杨恭仁、封德彝、窦抗，并前朝师保之裔；其将相裴寂、唐俭、长孙顺德、屈突通、刘政会、窦轨、窦琮、柴绍、殷开山、李靖等，并是贵胄子弟。比夫汉祖萧、曹、韩、彭门第，岂有等级以计言乎？①

可以看到，在高祖的功臣集团之中，宇文士及、长孙顺德、屈突通、窦轨、窦琮、窦威、杨恭仁、窦抗等都出自关陇集团，而这些人也正是帮助高祖建立帝业的骨干力量。

太宗在一定程度上也表现出了"关中本位"的思想，这在修《氏族志》时表现得尤为明显。唐太宗下诏修《氏族志》时要求："欲崇重今朝冠冕"，"遂以崔（民）干为第三等"。② 太宗还在诏书中宣称：

氏族之盛，实系于冠冕；婚姻之道，莫先于仁义。自有魏失御，齐氏云亡，市朝既迁，风俗陵替，燕、赵古姓，多失衣冠之绪，齐、韩旧族，或乖德义之风。名不著于州闾，身未免于贫贱，自号膏粱之胄，不敦匹敌之仪，问名唯在于窃赀，结褵必归于富室。乃有新官之辈，丰财之家，慕其祖宗，竞结婚媾，多纳货贿，有如贩鬻。或自贬家门，受屈辱于姻娅；或矜其旧望，行无礼于舅姑。积习成俗，迄今未已，既紊人伦，实亏名教。朕夙夜兢惕，忧勤政道，往代蠹害，咸已惩革，唯此弊风，未能尽变。自今已后，明加告示，使识嫁娶之序，务合典礼，称朕意焉。③

---

① （宋）王溥：《唐会要》卷三六《氏族》，中华书局1955年版，第663—664页。
② 《旧唐书》卷六五《高士廉传》，第2444页。
③ 《贞观政要集校》卷七《论礼乐第二十九》，第397页。

在这里，太宗对山东士人表现出了轻视之意，对其婚俗尤为指斥，甚至将其婚俗称为"既紊人伦，实亏名教"。对于唐太宗重修《氏族志》的真正目的，汪籛先生明确指出，"太宗重修氏族志之命，乃是为了提升西魏北周人物之社会地位"。① 由此可见，唐太宗的这些言行虽以"崇重今朝冠冕"为号召，但实际上，却为抑制山东士族之举。而从根本上讲，这还是关陇本位的意识在起支配作用。

不过值得注意的是，唐太宗虽存有一定关中本位的意识，但作为有远见卓识的统治者，他也注意到了在政治格局中保持地域平衡的重要性。

史载："太宗尝言及山东、关中人，意有同异，行成正侍宴，跪而奏曰：'臣闻天子以四海为家，不当以东西为限；若如是，则示人以隘陋。'太宗善其言，赐名马一匹、钱十万、衣一袭。"②

唐太宗在《采访孝悌儒术等诏》中也说：

> 然则齐赵魏鲁，礼义自出；江淮吴会，英髦斯在。山川所感，古今宁殊？载伫风猷，实劳梦想。宜令河北淮南诸州长官于所部之内，精加采访，其有孝悌淳笃，兼闲时务，儒术该通，可为师范，文词秀美，才堪著述，明识治体，可委字民，并志行修立，为乡间所推者，举送洛阳宫。③

在这里，唐太宗也承认山东、江左地区的文化优势，并表示要"精加采访"，搜罗当地人物，为其所用。可见，在国家一统的背景下，作为有远见的统治者，唐太宗虽不能完全跳出"关中本位"的窠臼。但他还是意识到了地域平衡的重要性，并为此采取了一定的

---

① 汪籛：《唐太宗树立新门阀的意图》，《汪籛隋唐史论稿》，中国社会科学出版社 1981 年版，第 154 页。
② 《旧唐书》卷七八《张行成传》，第 2703—2704 页。
③ （宋）宋敏求：《唐大诏令集》，中华书局 2008 年版，第 518 页。

措施。

贞观时期，对于山东士族中的才俊之士，太宗也颇注意延揽奖拔。

李玄道"为山东冠族"。史载李玄道："仕隋为齐王府属。李密据洛口，引为记室。及密破，为王世充所执。……东都平，太宗召为秦王府主簿、文学馆学士。"①

卢庄道，出于范阳卢氏，因为具有才华而为高士廉所知，经高士廉引荐而为太宗所用，史载：

> 士廉具以闻，太宗召见，策试，擢第十六，授河池尉。满，复制举擢甲科。召见，太宗识之曰："此是朕聪明小儿耶？"授长安尉。太宗将录囚徒，京宰以庄道幼年，惧不举，欲以他尉代之。庄道不从。但闲暇，不之省也。时系囚四百余人，令丞深以为惧。翌日，太宗召囚，庄道乃徐状以进，引诸囚入。庄道评其轻重，留系月日，应对如神。太宗惊异，即日拜监察御史。②

李慈，"赵郡人也"，少年时以通经学为太宗所嘉奖，可作为唐太宗对山东士族态度的一个佐证，其墓志称其：

> 君幼乃岐嶷，生而敏悟。因心孝敬，雅怀沉郁。年甫五岁，俊彩过人。十一，诵孝经、论语、周易、毛诗、尚书，便抗表自陈，明试擢第。家称伟器，时号神童。虽榛□之言，日食之对，方兹蔑如也。太宗嘉之，特下明旨，授将仕郎，仍赐物卅段。惟师及父，并同锡焉。③

---

① 《旧唐书》卷七二《李玄道传》，第 2583 页。
② （唐）刘肃：《大唐新语》卷八《聪敏第十七》，中华书局 1984 年版，第 118 页。
③ 《唐故雍州栎阳县丞李君（慈）墓志铭并序》，《全唐文补遗》千唐志斋新藏专辑，第 74 页。

卢承庆、卢承业、卢承基兄弟为卢思道孙,为山东士族中的著名房支,史载:

> 承庆美风仪,博学有才干,少袭父爵。贞观初,为秦州都督府户曹参军,因奏河西军事,太宗奇其明辩,擢拜考功员外郎。累迁民部侍郎。太宗尝问历代户口多少之数,承庆叙夏、殷以后迄于周、隋,皆有依据,太宗嗟赏久之。寻令兼检校兵部侍郎,仍知五品选事。承庆辞曰:"选事职在尚书,臣今掌之,便是越局。"太宗不许,曰:"朕今信卿,卿何不自信也?"俄历雍州别驾,尚书左丞。①

卢承庆"弟承业,亦有学识。贞观末,官至雍州长史、检校尚书左丞。兄弟相次居此任,时人荣之"。②

卢承基,起家于贞观时期,也曾受唐太宗命,参与修《晋书》。③

从上述可见,卢承庆、卢承业、卢承基兄弟具有才干,并为太宗所用。

据汪篯先生统计,在太宗朝的 28 位宰相中,各个地域人物分布见表 2 - 1④:

表 2 - 1　　　　　　　太宗朝宰相地域来源情况

总数	关陇	山东	江左
28	9	12	7

诚然,在贞观朝的宰相中,关陇集团的人物数量虽少,但实际地位却较为重要。这一点正如吴宗国先生所说:"我们不能以贞观时

---

① 《旧唐书》卷八一《卢承庆传》,第 2748—2749 页。

② 同上书,第 2749 页。

③ 《大唐故使持节郧州诸军事郧州刺史卢君(承基)墓志》,《全唐文补遗》千唐志斋新藏专辑,第 18—19 页。

④ 汪篯:《唐太宗之拔擢山东微族与各集团人士之并进》,《汪篯隋唐史论稿》,中国社会科学出版社 1981 年版。

宰相中关陇贵族人数较少而否认关陇贵族在唐初的存在及其在政治上的作用。"① 而对于这其中多有山东人物,汪篯先生指出:"太宗多用山东人为相,骨子里还有缓和山东人对唐室恶感的用意。"②

汪篯先生认为,从家世仕宦的角度而言,太宗所用山东籍宰相多为小族,尤其缺乏一流高门③;因此,这说明唐太宗并不是完全放弃"关中本位政策"。但从数据之中也可以看出,随着大一统国家的建立,统治者寻求更加平衡的地域政策也不可避免。

高宗武后时期,"关中本位政策"正式退出历史舞台。对此,陈寅恪先生就指出:

> 李唐皇室者唐代三百年统治之中心也,自高祖、太宗创业至高宗统御之前期,其将相文武大臣大抵承西魏、北周及隋以来之世业,即宇文泰"关中本位政策"下所结集团体之后裔也。自武曌主持中央政权之后,逐渐破坏传统之"关中本位政策",以遂其创业垂统之野心。④

可见,在经过太宗时期山东政策的某些调整后,武则天在其主政后,面对新的政治局面,正式抛弃了"关中本位政策",转而主要依赖科举等途径选拔为己所用之人。对山东士族而言,高宗、武后时期的政策转变,其意义不仅仅在于山东士族入仕机会的扩大;其重要性还在于他们与最高统治者互信程度的提升,从而促使了一些在前期对入仕持观望态度的山东士族选择入仕。

如以下两则墓志:

---

① 吴宗国:《唐代士族及其衰落》,《唐史学会论文集》,陕西人民出版社1986年版,第14页。

② 汪篯:《唐太宗之拔擢山东微族与各集团人士之并进》,《汪篯隋唐史论稿》,中国社会科学出版社1981年版,第143页。

③ 同上。

④ 陈寅恪:《唐代政治史述论稿》,《隋唐制度渊源略论稿·唐代政治史述论稿》合订本,生活·读书·新知三联书店2001年版,第202页。

郑绩，卒于开元十五年（727 年），"洎王大父德政，隋工部侍郎。王父玄珪，隋左千牛。严考大力，唐衡州攸县令……（郑绩）藏器于身，待时而动。属圣后诏郡国举贤良，公对策天朝，海内莫比，授越州永兴主簿。"①

王齐丘，卒于景龙三年（709 年），其墓志载：

> 本太原人。八代祖遵业，为魏黄门侍郎……大周有制，察天下文儒，朝廷荐君，词标文苑，对策高第。解褐越州会稽县尉，寻为右拾遗。时皇上龙飞在天，诞敷声教，选众而举，俾康下人。神龙初，以君为右御史台监察御史。……属西戎未康，师出于外，迺以君为殿中侍御史，充赤水军司马，又勅监凉府仓库。②

这些墓志的主人，都是山东士族，他们所历官职并不显赫，但墓志中却无一例外地提及了高宗武后时期的政策转变举而入仕的经历，颇能反映这种状况。

高宗、武后以后，山东士族的中兴之势已经引起了当时人们的注意。史载："（李）敬玄久居选部，人多附之。前后三娶，皆山东士族，又与赵郡李氏合谱，故台省要职，多是其同族婚媾之家。高宗知而不悦。"③ 实际上，李敬玄是否确为山东士族颇为可疑，但他却以赵郡李氏自居。从李敬玄"台省要职，多是其同族婚媾之家"，并引发高宗不满的状况来看，这一时期，山东士族势力的上升势头是颇为明显的。唐玄宗时期，亦因崔氏族大，而拒绝用崔琳为相，史载：

---

① 《大唐故中散大夫尚书比部郎中郑公（绩）墓志铭并序》，吴钢《全唐文补遗》第一辑，三秦出版社 1994 年版，第 116 页。
② 《唐代墓志汇编》景龙〇二九，第 1101 页。
③ 《旧唐书》卷八一《李敬玄传》，第 2755 页。

　　（崔）神庆子琳，明政事，开元中，与高仲舒同为中书舍人。……其群从数十人，自兴宁里谒大明宫，冠盖驺哄相望。每岁时宴于家，以一榻置笏，犹重积其上。琳与弟太子詹事珪、光禄卿瑶俱列棨戟，世号"三戟崔家"。开元、天宝间，中外宗属无缌麻丧。……时两人（崔琳、卢从愿）有宰相望，帝（玄宗）欲相之数矣，以族大，恐附离者众，卒不用。①

　　从以上记载中可见，唐玄宗曾因为崔氏族大而拒绝用崔琳为相。以此来看，玄宗时期山东士族中兴的趋势仍得以延续，而且其发展程度已经引起了最高统治者的警觉。

　　崔湛，清河之胤，卒于天宝年间，其墓志载：

　　初，公以文儒进，后以武略用，褒功则厚，雅尚素乖，夷犹斾旌，倔俛从事。南阳公尝欲表公为渔阳守，恳辞荐举，愿守谦挒。犹是请摄常山郡司马、恒阳军副使……诏迁朝请大夫、颍川郡长史……尝与众子诸婿宴德星台，泛颍谷水，簪组辉映，琳琅挺秀，议者以为太丘星聚，元礼仙舟，数百年盛事复存于崔氏矣。②间二岁，迁中散大夫、荥阳郡长史。

　　崔湛墓志载其家"簪组辉映"，由此可见其家族仕宦之盛。而众人则称其为"数百年盛事复存于崔氏"，也从旁观者的角度折射出山东士族自高宗、武后以后在仕宦方面所出现的复兴趋势。

　　从以上史料可以看到，高宗、武后之后，在统治者逐渐放弃"关中本位政策"的背景之下，山东士族获得了更为充分的政治参与机会，这也使得他们的政治地位得到了提升。尽管这种地位的上升与魏晋南北朝时期的特权地位不可同日而语，但也明显反映出了这

① 《新唐书》卷一〇九《崔义玄传》，第4097—4098页。
② 《唐代墓志汇编》天宝一八〇，第1657页。

个群体的一些复兴趋势。

第二节　社会文化环境的若干特征

一个时期的社会文化环境是影响这个时代人们文化面貌的重要因素。与魏晋南北朝相比，隋唐之际的文化环境有了一些富有时代色彩的特征，其中一些与山东士族的文化发展还有紧密联系。故而，对隋唐之际社会文化环境若干特征的考察也是必要的。

一　文化控制加强与多元思潮共存

隋唐之际，大一统王朝建立。与之相应的是，对思想文化的控制乃至统一也随之成为时代发展的应有之义。这一时期，统治集团采取了多种措施试图控制思想文化领域，较为重要的举措有。

其一，对儒学正统地位的维护。

魏晋以来，在多种因素的影响下，儒学的正统地位受到了一定冲击。隋唐之际，虽然不同君主对儒学的态度有所差别，但总体而言，儒学作为国家正统意识形态的地位还是得到了确认和巩固。

隋文帝杨坚被称为"素无学术""又不悦诗书"。[①] 但实际上，文帝在建隋后颇重儒学，他曾下诏称："建国重道，莫先于学，尊主庇民，莫先于礼。……然其维持名教，奖饰彝伦，微相弘益，赖斯而已。王者承天，休咎随化，有礼则祥瑞必降，无礼则妖孽兴起。人禀五常，性灵不一，有礼则阴阳合德，无礼则禽兽其心。治国立身，非礼不可。"[②] 可见，他对儒学的地位和作用有清醒的认识。

文帝时期儒学发展也曾一度繁荣，史载：

---

① 《隋书》卷二《高祖纪下》，第 54 页。
② 《隋书》卷四七《柳机传附柳昂传》，第 1278 页。

高祖膺期纂历，平一寰宇，顿天网以掩之，贲旌帛以礼之，设好爵以縻之，于是四海九州强学待问之士靡不毕集焉。天子乃整万乘，率百僚，遵问道之仪，观释奠之礼。博士罄悬河之辩，侍中竭重席之奥，考正亡逸，研覈异同，积滞群疑，涣然冰释。于是超擢奇隽，厚赏诸儒，京邑达乎四方，皆启黉校。齐、鲁、赵、魏，学者尤多，负笈追师，不远千里，讲诵之声，道路不绝。中州儒雅之盛，自汉、魏以来，一时而已。①

从以上记述来看，文帝相当注重延揽强学待问之士，发展儒学教育。而值得注意的是，这一时期，在官学之中，"齐、鲁、赵、魏，学者尤多"，这突出反映了山东地区重视儒学的传统；也体现出了在文帝发展儒学的政策之下，山东士人积极保持儒学学风的文化态度。唯隋文帝晚年对儒学有所抑制，史载："及高祖暮年，精华稍竭，不悦儒术，专尚刑名，执政之徒，咸非笃好。暨仁寿间，遂废天下之学，唯存国子一所，弟子七十二人。"②

不过，文帝即使在晚年废学的诏书中，仍然有称道儒学之语："儒学之道，训教生人，识父子君臣之义，知尊卑长幼之序，升之于朝，任之以职，故能赞理时务，弘益风范。"③ 可见，文帝晚年虽称"不悦儒术"，但实际上他对儒学的价值还是有充分认识的。

隋炀帝杨广受江左文辞之风影响较大，不过，他也注意维持儒学为本的政策取向。继位之初，炀帝即征辟儒生，恢复官学教育。史称："炀帝即位，复开痒序，国子郡县之学，盛于开皇之初。征辟儒生，远近毕至，使相与讲论得失于东都之下，纳言定其差次，一以闻奏焉。"④

---

① 《隋书》卷七五《儒林传》，第 1706 页。
② 同上书，第 1706—1707 页。
③ 《隋书》卷二《高祖纪下》，第 46—47 页。
④ 《隋书》卷七五《儒林传》，第 1707 页。

隋炀帝大业元年（605 年）下诏倡导尊师重道，敦奖儒学，其诏书称："君民建国，教学为先，移风易俗，必自兹始。……朕纂承洪绪，思弘大训，将欲尊师重道，用阐厥繇，讲信修睦，敦奖名教。"①而大业四年（608 年），隋炀帝更下诏封孔子后人为"绍圣侯"。②

虽然从传统儒家的角度来看，隋炀帝并非明主。但隋炀帝对儒学的价值还是能够理解的；这一点诚如唐太宗所说，隋炀帝"亦知是尧、舜而非桀、纣"。③炀帝统治时期，特别是大业初年，在国家统一、文化交融的背景下，他还是颇为注重对儒学的利用与维护。

唐高祖李渊亦重儒学。史载高祖太原起兵后，"初定京邑，虽得之马上，而颇好儒臣"。④

有唐建国，高祖李渊在武德二年（619 年）即下诏称："朕君临区宇，兴化崇儒，永言先达，情深绍嗣。宜令有司于国子学立周公、孔子庙各一所，四时致祭。仍博求其后，具以名闻，详考所宜，当加爵土。是以学者慕向，儒教聿兴。"⑤

高祖也曾下诏称劝学：

> 自古为政，莫不以学，则仁、义、礼、智、信五者俱备，故能为利博深。朕今欲敦本息末，崇尚儒宗，开后生之耳目，行先王之典训。……朕今亲自观览，仍征集四方胄子，冀日就月将，并得成业，礼让既行，风教渐改。使期门介士，比屋可封；横经痒序，皆遵雅俗。诸王公子弟，并皆率先，自相劝励。⑥

---

① 《隋书》卷三《炀帝纪上》，第 64 页。
② 同上书，第 72 页。
③ 《资治通鉴》卷一九二"太宗贞观二年条"，第 6053 页。
④ 《旧唐书》卷一八九上《儒学传上》，第 4940 页。
⑤ 同上。
⑥ （唐）李渊：《赐学官胄子诏》，《全唐文》卷三，中华书局 1983 年版，第 36 页。

作为有深谋远虑的统治者，唐太宗更懂得儒学的价值。太宗称："朕今所好者，惟在尧、舜之道，周、孔之教，以为如鸟有翼，如鱼依水，失之必死，不可暂无耳。"① 因此，贞观时期的儒学也得到了统治者的大力支持。

史载："始太宗既平寇乱，留意儒学，乃于宫城西起文学馆，以待四方文士。"② 武德三年（620 年），李世民"讨平东夏，海内无事，乃锐意经籍"。贞观二年（628 年），"始立孔子庙堂于国学，以宣父为先圣，颜子为先师。大征天下儒士，以为学官。数幸国学，令祭酒、博士讲论"。③

同时，"太宗又以经籍去圣久远，文字多讹谬，诏前中书侍郎颜师古考定《五经》，颁于天下，命学者习焉。又以儒学多门，章句繁杂，诏国子祭酒孔颖达与诸儒撰定《五经》义疏，凡一百七十卷，名曰《五经正义》，令天下传习。"④

在这里，太宗对于儒学的政策就表现得十分明确：一方面，尊崇儒学，维护儒学正统意识形态的地位；另一方面，改造儒学，将其纳入国家一统的框架之内。

高宗之后，儒学有所衰落，史载："高宗嗣位，政教渐衰，薄于儒术，尤重文吏。"⑤ 中宗神龙中，甚至出现"时有墨敕授方术人郑普思秘书监"之事。⑥

唐玄宗继位，其时文学之风盛行，玄宗"性英断多艺，尤知音律"⑦，颇有文艺修养。不过，与此同时，玄宗也"好经术"⑧，力图改变儒学不振的局面，故而儒学复受重视。史载："玄宗在东宫，亲

① 《贞观政要集校》卷六《慎所好第二十一》，第 331 页。
② 《旧唐书》卷七二《褚亮传》，第 2582 页。
③ 《旧唐书》卷一八九上《儒学传上》，第 4941 页。
④ 同上。
⑤ 同上书，第 4942 页。
⑥ 《旧唐书》卷九一《桓彦范传》，第 2930 页。
⑦ 《旧唐书》卷八《玄宗纪上》，第 165 页。
⑧ 《新唐书》卷二〇一《文艺志上》，第 5725 页。

幸太学，大开讲论，学官生徒，各赐束帛。及即位，数诏州县及百官荐举经通之士。又置集贤院，招集学者校选，募儒士及博涉著实之流。以为《儒学篇》。"①

玄宗也曾下诏选拔儒学之士，史载：

> 朕闻以道得人者谓之儒，切问近思者谓之学，故以阳礼教让，则下不争；以阴礼教亲，则远无怨，岂非习无不利，教所縠生者乎！朕以厚儒林，辟书殿，讨论易象，研覈道源，冀淳朴大行，华胥非远，而承平日久，趋竞岁积。谓儒士为冗列，视之若遗，谓吏职为要津，求如不及。顷亦开献书之路，观扬己之人，阙下之奏徒盈，席上之珍盖寡，岂宏奖之义，或有未孚？将敦本之人，隐而未见？天下官人百姓，有精于经史，道德可尊，工于著述，文质兼美，宜令本司本州长官，指陈艺业，录状奏闻。②

玄宗时期，崇尚文学之风盛行，玄宗本人亦不免受到影响。不过，作为较有远见的统治者，他也看到"谓儒士为冗列，视之若遗，谓吏职为要津"的现象对唐王朝的统治显然是不利的。而他奖掖儒学、维护儒学正统思想地位之举，其目的无非是为了防止思想发展过于脱离正统轨道，以危及政权基础，而上述史实也明显地印证了这一点。

总之，隋唐之际，尽管统治者对儒学的价值认识有所不一；但他们多数都采取兴立官学、奖掖儒学之士等方式促进儒学发展，从而维护了儒学正统意识形态的地位，也使得儒学在官方思想体系中仍占有基础地位。

其二，隋唐之际，特别是唐初，中央政府对文化的控制还表现

---

① 《旧唐书》卷一八九上《儒学传上》，第4942页。
② （唐）李隆基：《令本州长官举人敕》，《全唐文》卷三五，第383页。

在国家制定制度、设置机构管理、参与学术文化的发展等方面。

隋唐之际，特别是唐初，伴随着大一统国家的建立，统治者也采取了多种政策促进文化的统一。对此，业师王永平先生作了全面的总结，其具体表现为：

1. 建立完备的学校制度。唐代的学校制度承续隋制而又有所创新，形成较为完善的"六学二馆"（国子学、太学、四门学、律学、书学、算学、弘文馆、崇文馆）中央官学体系。另外在州县乡里也建立了完善的地方官学体系，为科举培养和输送了大批人才。

2. 设立史馆和实行宰相监修制度。隋文帝时曾下诏禁止私人修撰史书，到唐代正式设立史官，聚众修史，以重臣统领，从而强有力地以政权力量统领史学，把握修史权。

3. 设立官立天文研究制度。唐政府设有太史局（亦称浑天监、司天台、太史监等），掌管天文，制定历法，其规模远远超过前代，仅属员就有千余人。集中了李淳风、梁令瓒、傅仁均、僧一行等名流学者，利用天文官署所提供的种种便利条件，开展了一系列卓有成效的天文历算研究工作。

4. 开办太医署。太医署归太常寺领导，主管全国的医学教育和培养医学人才，唐时有 300 多人。太医署的分科细密，组织完备，在各州还普设医药学校。唐高宗时，由政府出面组织 20 余人修成《新修本草》，这是世界上第一部由国家修定颁布的药典。此外，唐代的医学机构还有归门下省领导的尚药局，负责宫廷医药事务。

5. 设置乐舞管理机构。主要有太乐署、鼓吹署、教坊和梨园，兼具有行政、教育、研究职能。

6. 建立宗教管理机构。唐代管理宗教事务的机构屡有变动，唐初由鸿胪寺管理佛道事务，武则天时佛教归礼部下属机构祠部管理，唐玄宗时将道教归宗正寺管理。同时设立崇玄署和崇玄馆，开展道教研究工作。由政府出面组织宗教界人士、文人、学者，开展宗教典籍的整理和收集工作。①

其三，通过科举制度推广统治集团的文化意志。

隋代，科举制度取代了九品中正制。这不仅是选举制度方面的重大改革，也对隋唐之际，乃至整个隋唐时期的文化发展产生了深远影响。《唐摭言》卷一记载："修身慎行，虽处子之不若；其有老死于文场者，亦所无恨。故有诗云：'太宗皇帝真长策，赚得英雄尽白头！'"② 由此可见科举考试对文化取向的影响之大。显然，对统治集团而言，通过对科举制考试内容的调控，可以有效地体现统治集团的文化意志，引导应试者走向国家所希望的方向。因此，通过科举制度推广统治集团文化意志，也就成为其文化控制的必备手段。

永徽四年（653 年），唐政府"颁孔颖达《五经正义》于天下，每年明经令依此考试"。③ 以官方统一的经学成果作为科举考试内容，就是典型例证。

高宗、武后以后，为改变进士过于注重文辞的倾向，也不断有人要求强化对进士科在经史方面的要求，其导向性可谓明显。

乾元初，中书舍人李揆兼礼部侍郎，史载：

> 揆尝以主司取士，多不考实。徒峻其隄防，索其书策。殊不知艺不至者，居文史之圃，亦不能摘其词藻，深昧求贤意也。及其试进士文章日，于中庭设五经及各史，及《切韵》本于牀，而引贡士谓之曰："国家进士，但务得才。经籍在此，各务寻检。"由是数日之间，美声上闻。④

---

① 王永平：《论唐代的文化政策》，《思想战线》1999 年第 3 期。
② 《唐摭言》卷一《散序进士》，第 5 页。
③ 《旧唐书》卷四《高宗纪上》，第 71 页。
④ 《唐会要》卷七六《贡举中》，第 1379 页。

开元二十四年（736 年），礼部侍郎姚奕亦"请进士帖《左氏传》《周礼》《仪礼》，通五与及第"。①

可以看到，随着科举制度在社会上的影响日益增加，唐初的主政者已经意识到通过对科举考试内容进行调整，可以有效地引导士子的文化倾向。而高宗、武后以后，面对进士科影响逐渐扩大及文辞之风盛行的状况，亦不时有人要求改革进士科，增加经史考试内容。显然，在这些建策者看来，利用改变科举考试内容的方式来引导士人的风尚是一个有效的选择。

隋唐之际，统治者所推行的文化统一政策，其影响无疑是显著的。不过应当注意的是，这种文化一统并非是绝对的文化独尊，它并不是要实施思想文化的一元化。相反，在文化一统的过程中，这一时期多种思潮同时存在并具有一定的影响，有些还得到统治者的鼓励。在这其中，以统治者所采取的三教并用政策最为典型。

隋唐以降，儒学虽然还占有正统意识形态的地位，但同时，佛道信仰对当时社会也有着深刻的影响；统治者在以儒学为本的基础之上，有意运用儒、佛、道三教并用的政策，以巩固自身统治。

事实上，南北朝时期三教并用的趋势已经出现。《周书》卷三一《韦琼传》载："武帝又以佛、道、儒三教不同，诏琼辨其优劣。琼以三教虽殊，同归于善，其迹似有深浅，其致理殆无等级。乃著《三教序》奏之。帝览而称善。"②《周书》卷四五《沈重传》也载："天和中，复于紫极殿讲三教义。朝士、儒生、桑门、道士至者二千余人。"③

到隋代，隋文帝"雅信佛法"。④ 他曾称："朕位在人王，绍隆三宝，永言至理，弘阐大乘。"⑤ 对佛教信奉之坚定可见一斑。不过，

---

① 《唐会要》卷七六《贡举中》，第 1379 页。
② 《周书》卷三一《韦琼传》，第 545 页。
③ 《周书》卷四五《沈重传》，第 810 页。
④ 《隋书》卷三五《经籍志四》，第 1094 页。
⑤ 《大正新修大藏经》49 册《历代三宝纪》卷一二，第 108 页。

文帝对道教也加以利用，他曾下诏称：

> 法无内外，万善同归；教有浅深，殊途共致。朕伏膺道化，念存清静，慕释氏不贰之门，贵老生得一之义，总齐区有，思至无为，若能高蹈清虚，勤求出世，咸可奖劝，贻训垂范。山谷闲远，含灵韫异，幽隐所好，仙圣攸居。学道之人，趣向者广。石泉栖息，岩薮去来，形骸所待，有须资给。其五岳之下，宜各置僧寺一所。①

在这一诏书中，文帝将佛道两教相提并论，称它们是"殊途共致"，对二者都予以奖劝。

文帝也与道士有来往，魏郡道士仇岳"洞晓庄老"。文帝对其钦重，召其"入京造展，共谈玄理"。②

隋炀帝在位期间，亦采取三教并用政策，他提出"孔老释门，咸资镕铸"。③ 隋炀帝"在两都及巡游"，就"常以僧、尼、道士、女官自随，谓之四道场"。④

唐代以降，统治者三教并用的政策运用得更为全面。业师王永平先生在《论唐代的文化政策》一文中指出：

> 为了适应政策上的大一统局面，唐代统治阶级及时调整了思想文化上的政策，改变了以往独尊一教的文化格局，实行了三教并用的政策。虽然在个别时期和个别问题上有所偏重，如武周时期的佞佛政策和会昌年间的灭佛兴道，但从总体而言，

---

① （隋）杨坚：《全隋文》卷一《五岳各置僧寺诏》，（清）严可均编《全上古三代秦汉三国六朝文》，中华书局 1958 年版，第 4016 页。

② 《大正新修大藏经》50 册《续高僧传》卷一八《释昙迁传》，第 573 页。

③ （隋）杨广：《全隋文》卷七《受菩萨戒疏》，《全上古三代秦汉三国六朝文》，第 4054 页。

④ 《资治通鉴》卷一八一"炀帝大业六年条"，第 5649—5650 页。

利用三教、调和三教的总政策和总趋势基本上没有变。①

综上可见,三教并用的政策实际上从南北朝后期就已经出现了苗头。隋唐之际,在新的历史环境下,统治者继承了这一政策,并且将其作为官方思想文化的重要补充。除此之外,崇尚文学、尚武精神、外域文化等在隋唐之际也都有相当的影响,而这些思潮的存在也使得这一时期的官方意识形态具有了一些多元化的色彩。

二 地域文化政策与南北文化影响力的消长

魏晋以来,尽管不乏南北文化交流,但至隋唐以降,地域文化,特别是南北文化的差别依然明显。

《隋书》卷七五《儒林传序》称南北经学:"大抵南人约简,得其英华,北学深芜,穷其枝叶。"②《隋书》卷七六《文学》则言南北文学:"江左宫商发越,贵于清绮,河朔词义贞刚,重乎气质。"③

唐代柳芳在论及不同地域人物的差别时,也曾说:

> 山东之人质,故尚婚娅,其信可与也;江左之人文,故尚人物,其智可与也;关中之人雄,故尚冠冕,其达可与也;代北之人武,故尚贵戚,其泰可与也。④

可见,隋唐以降,国家虽然走向统一,地域文化间的贯通也成为总体的趋势,但长久以来形成的地域间的文化差别还是明显存在的。对于统治者来说,用什么样的眼光看待不同的地域文化,又采取何种政策以应对具有不同文化背景的各色人物,则是其必须要面

---

① 王永平:《论唐代的文化政策》,《思想战线》1999 年第 3 期。
② 《隋书》卷七五《儒林传》,第 1706 页。
③ 《隋书》卷七六《文学传》,第 1730 页。
④ 《新唐书》卷一九九《柳芳传》,第 5679 页。

对的问题。

隋代开国，隋文帝为树立正朔王朝的形象，其典章制度曾一度多用山东、江左之制。陈寅恪先生在论及隋代礼仪时曾指出，隋文帝"虽受周禅，其礼制多不上袭北周，而转仿北齐或更采江左萧梁之旧典，与其政权之授受，王业之继承，迥然别为一事，而与后来李唐之继杨隋者不同"。① 不过，文帝秉性谨严，"素不悦学，不知乐"。② 对江左文化总体上采取了较为抑制的态度。

史载："开皇二年（582 年），齐黄门侍郎颜之推上言：'礼崩乐坏，其来自久。今太常雅乐，并用胡声，请冯梁国旧事，考寻古典。'高祖不从，曰：'梁乐亡国之音，奈何遣我用邪?'"③ 开皇十一年（591年），"以平陈所得古器多为妖变，悉命毁之"④，即是其例。

隋文帝甚至试图以北方文化统驭南方，史载：

> 江表自东晋以来，刑法疏缓，世族陵驾寒门；平陈之后，牧民者尽更变之。苏威复作《五教》，使民无长幼悉诵之，士民嗟怨。民间复讹言隋欲徙之入关，远近惊骇。于是婺州汪文进、越州高智慧、苏州沈玄憺皆举兵反，自称天子，署置百官。……陈之故境，大抵皆反，大者有众数万，小者数千，共相影响，执县令，或抽其肠，或脔其肉食之，曰："更能使侬诵《五教》邪!"⑤

从上述事例不难看出文帝对江左文化的压制态度。王永平先生曾说："隋文帝时期从关陇本位出发，对江南军事征服后，仍采取高压政策，对其士人予以抑制和歧视，基本上把他们排除在政治权力

---

① 陈寅恪：《隋唐制度渊源略论稿》，《隋唐制度渊源略论稿·唐代政治史述论稿》合订本，生活·读书·新知三联书店 2001 年版，第 57 页。
② 《隋书》卷一四《音乐志中》，第 347 页。
③ 同上书，第 345 页。
④ 《隋书》卷二《高祖纪下》，第 36 页。
⑤ 《资治通鉴》卷一七七"文帝开皇十年条"，第 5529—5530 页。

中心之外。"① 可谓是对隋文帝江南政策的总结。

不过，对于山东士人，隋文帝的态度则较为复杂。一方面，隋代建国后，"仍旧施行'关中本位政策'，其统治阶级自不改其歧视山东人之观念"②，对于所用的山东士族亦有猜忌③。但是，从另一方面，即从文化的角度来看，山东文化自有其优势。陈寅恪先生曾言"山东礼学远胜于关陇也"。④ 隋文帝时期，特别是文帝前期对山东士族颇为倚重，尤其是一些入周隋较久的山东士族，如崔仲方、郑译、高颎、李谔等还在制定典章制度、文化政策方面发挥了较大影响。

隋代开国之初，崔仲方就曾力劝文帝废除西周旧制，恢复汉魏传统：

> 及受禅，上召仲方与高颎议正朔服色事。仲方曰："晋为金行，后魏为水，周为木。皇家以火承木，得天之统。又圣躬载诞之初，有赤光之瑞，车服旗牲，并宜用赤。"又劝上除六官，请依汉、魏之旧。上皆从之。⑤

史载："高祖既受命，改周之六官，其所制名，多依前代之法。"⑥ 陈寅恪先生认为："所谓前代之法即所谓汉魏之制，实则大抵自北魏太和传授北齐之制。"⑦

郑译、卢贲是杨坚称帝的重要谋士，后皆参与修乐，文帝"诏

---

① 王永平：《隋代江南士人的浮沉》，《历史研究》1995 年第 1 期。
② 陈寅恪：《唐代政治史述论稿》，《隋唐制度渊源略论稿·唐代政治史述论稿》合订本，生活·读书·新知三联书店 2001 年版，第 200 页。
③ 参见陈金凤、梁琼《山东士族与隋朝政治论略》，《山东师范大学学报》2003 年第 6 期。
④ 陈寅恪：《隋唐制度渊源略论稿》，《隋唐制度渊源略论稿·唐代政治史述论稿》合订本，生活·读书·新知三联书店 2001 年版，第 53 页。
⑤ 《隋书》卷六〇《崔仲方传》，第 1448 页。
⑥ 《隋书》卷二八《百官志下》，第 773 页。
⑦ 陈寅恪：《隋唐制度渊源略论稿》，《隋唐制度渊源略论稿·唐代政治史述论稿》合订本，生活·读书·新知三联书店 2001 年版，第 94 页。

译参议乐事。译以周代七声废缺，自大隋受命，礼乐宜新，更修七始之义，名曰《乐府声调》，凡八篇。奏之，上嘉美焉"。①

"（卢）贲以古乐宫悬七八，损益不同，历代通儒，议无定准。于是上表（请改定乐）……诏贲与仪同杨庆和删定周、齐音律。"②

李谔上表请求改变江左文风，也得到文帝的赞同，"上以谔前后所奏颁示天下，四海靡然向风，深革其弊"。③

高颎、李德林也曾参修律令，史载："开皇元年（581 年），敕令与太尉任国公于翼、高颎等同修律令。事讫奏闻，别赐九环金带一腰，骏马一匹，赏损益之多也。"④

总之，隋文帝不喜南方士人，对江左文化也多持排斥的态度。对于山东士族，隋文帝虽亦有猜忌，但由于山东士族在传统文化，尤其是儒学方面具有优势。因此，在文帝朝，特别是其统治前期，在建立典章制度等方面，文帝也常利用山东士族的文化优势为其服务。

隋炀帝杨广具有与其父不同的文化取向。他"好学，善属文"⑤，又"熏染于江南奢靡之俗"⑥，好尚江左文化，着力于提升江左文化的地位。这表现在用人政策上就是："炀帝突破了关陇本位的局限，废除了魏、周勋爵荫及后代的旧制，一再下诏选拔新锐官僚，从年龄、地域、阶层等方面改变官僚队伍的构成。在这一历史性变革中，关陇集团受损最大，而江南士人得益最多，不仅入仕道路较前畅通，而且一些人成为炀帝朝的核心成员。"⑦

内史舍人窦威及起居舍人崔祖睿等曾撰《区域图志》，又著丹阳郡风俗，以吴人为东夷。隋炀帝不悦，斥责二人说：

① 《隋书》卷三八《郑译传》，第 1138 页。
② 《隋书》卷三八《卢贲传》，第 1142—1143 页。
③ 《隋书》卷六六《李谔传》，第 1546 页。
④ 《隋书》卷四二《李德林传》，第 1200 页。
⑤ 《隋书》卷三《炀帝纪上》，第 59 页。
⑥ 岑仲勉：《隋唐史》，中华书局 1982 年版，第 39 页。
⑦ 王永平：《隋代江南士人的浮沉》，《历史研究》1995 年第 1 期。

昔汉末三方鼎立，大吴之国，以称人物。故晋武帝云："江东之有吴会，犹江西之有汝颍，衣冠人物，千载一时。"及永嘉之末，革夏衣缨，尽过江表，此乃天下之名都。自平陈之后，硕学通儒，文人才子，莫非彼至。尔等著其风俗，乃为东夷之人，度越礼义，于尔等可乎？①

在此倾向之下，南方士人的文化地位也得到提升。而隋炀帝时期，在经学发展与礼乐制度建设方面，南方士人的参与也明显增加，其影响也越来越大。② 对此，皮锡瑞就认为："隋平陈而天下统一，南北之学亦归统一，此随世运为转移者也；天下统一，南并于北，而经学统一，北学反并于南，此不随世运为转移者也。"③

王永平先生在论及隋炀帝奖掖南方士人以及对南北文化整合时也说："隋炀帝以其对南人的奖掖及对南学的倡导，不仅顺应了当时学风转变的趋势，而且积极地推动了这一转变，促成了中古经学史的巨大变革。尽管由于隋炀帝短祚，未及完成整合南北文化之使命，然其奠基之功实不可漠视。"④ 即概括了隋炀帝时期注重南方文化的倾向性。

不过，杨广继位后，虽重江左士人，但他出于一国之君的责任，也曾致力于推动南北文化的交流，力图实现南北文化的贯通。

隋炀帝大业三年（607 年）下诏安抚山东：

古者帝王观风问俗，皆所以忧勤兆庶，安集遐荒。自蕃夷内附，未遑亲抚，山东经乱，须加存恤。今欲安辑河北，巡省

---

① （隋）杨广：《全隋文》卷五《敕责窦威、崔祖濬》，《全上古三代秦汉三国六朝文》，第 4043 页。

② 王永平：《隋炀帝之文化趣味与江左文风、学风之北渐》，《学习与探索》2005 年第2 期。

③ （清）皮锡瑞：《经学历史》，中华书局 2004 年版，第 135 页。

④ 王永平：《中古士人迁移与文化交流》，社会科学文献出版社 2005 年版，第 292 页。

赵、魏。所司依式。①

隋炀帝也曾下诏广求人才：

> 夫孝悌有闻，人伦之本，德行敦厚，立身之基。或节义可称，或操履清洁，所以激贪厉俗，有益风化。强毅正直，执宪不挠，学业优敏，文才美秀，并为廊庙之用，实乃瑚琏之资。才堪将略，则拔之以御侮，膂力骁壮，则任之以爪牙。爰及一艺可取，亦宜采录，众善毕举，与时无弃。以此求治，庶几非远。文武有职事者，五品已上，宜依令十科举人。有一于此，不必求备。朕当待以不次，随才升擢。②

在山东士人之中，文士薛道衡、于仲文、杜正玄以诗文为隋炀帝所重。刘焯、刘炫因"拔萃出类，学通南北"也为炀帝所用。③

可见隋代，特别是隋炀帝时期，随着贯通南北文化措施的实行，到隋末，南北文化融会的趋势已经较为明显。而由于江左文化所具有的内在优势，在南北学术融会贯通的背景之下，南学成为学术文化主流已成为必然之势。事实上，唐初尽管有局部的调整和变化，但这一趋势也一直延续了下去。对此，唐长孺先生就指出："唐代学术风尚的变化也呈现出南朝化倾向。早在南北朝后期，南学已开始北渐。隋唐间，经学尊南抑北乃至舍北从南蔚为时尚，贞观中孔颖达奉命撰定《五经正义》，《周易》《尚书》《左传》皆舍北从南。不妨说，隋唐间南北文化的重新统一，南方文化占据着主要地位。""至于文学的南朝化则更早也更显著"，"进士科最重文学，而重视文学正是南朝的风气"。"关于唐代书法艺术方面十分显著的南朝

---

① 《隋书》卷三《炀帝纪上》，第67页。
② 同上书，第68页。
③ 《隋书》卷七五《儒林传》，第1707—1723页。

化倾向，则为人所熟知"。① 在这里，唐长孺先生总结了隋及唐初南方化的诸种表现。他指出唐初南方化倾向在很大程度上也正是追随南北朝以来，特别是为隋代所光大的历史趋势，并在此基础之上继续得以发展；而唐先生此论可以说也是对唐初文化特征的重要揭示。

三　走向普及的文化风尚

魏晋以来，注重学术与礼法的风尚多集中体现于士族群体之中。隋唐以降，在多种因素的影响之下，一些以往多为士族所标榜的文化风尚开始扩散到更广大的范围，出现了普及化倾向。而这种士族文化风尚的扩散倾向又可以从学术与礼法普及这两个视角来观察，具体而言：

首先，科举制度推动下的学术普及趋势明显。

隋唐之际，乃至整个隋唐时期，学术文化得到了明显普及。尽管学术的普及得益于多种因素，但极为关键的一项则是科举制度的实施对学术文化推广的有力推动。

在科举制度之下，读书人可以通过"皆怀牒自列于州、县"②的方式参与科举考试。对于那些没有门资背景者来说，这种制度设置开辟了入仕的新途径，从而极大激发了人们读书入仕的积极性，同时，对于学术普及也起到了巨大的推动作用。

高宗、武后时期，由于进士科受到推崇，极大地促进了人们对文化的渴慕。沈既济称：

> 故太平君子，唯门调户选，征文射策，以取禄位，此行已立身之美者也。父教其子，兄教其弟，无所易业。大者登台阁，小者任郡县，资身奉家，各得其足，五尺童子，耻不言文

---

① 唐长孺：《魏晋南北朝隋唐史三论》，武汉大学出版社 1992 年版，第 490—491 页。
② 《新唐书》卷四四《选举志上》，第 1161 页。

墨焉。①

　　从这里面，我们可以看到进士科对人们读书所产生的推动功效。傅璇琮先生曾指出：唐代，参与进士科考者，其身份多种多样。其中有出身于县吏、工商市井之家，僧道、节镇衙将前将校之子、方镇幕府、外国籍、贫寒士人等。这些人的家族在以往多不具备学术传统，但在参与科举考试的信念之下，苦心读书，进而参与科举考试。而在这一过程中，他们也实现了自身向文化人的转变。与此同时，以前文化事业不够发达的地区，如福建、荆南、江西等地，在科举制度的有力推动下，其文化水平也有了明显的提升。② 吴宗国先生亦曾指出：到了唐代中后期，读书科考之风出现了进一步扩大的趋势。在科举制度的影响之下，以往缺乏文化传统的阶层，如贫寒者、胥吏、工商子弟等也纷纷选择读书一途。③

　　从傅璇琮先生和吴宗国先生的研究来看，唐代，特别是在进士科大行其道的高宗、武后时期之后，在科举制度的有力推动之下，读书的风气浸染于各个阶层，同时也促进了一些滞后地区的学术文化发展。显然，这种学术普及现象的存在，若无科举制度的激励作用是无法想象的。

　　隋唐之际，在科举制度下，学术普及情势在墓志当中也多有反映，如以下几个：

　　康敬本，出于康居，为胡人之后，他"览孔□之书"，"以贞观年中乡贡光国，射策□第"。④

　　倪泉，其家数代无仕宦，倪泉"年甫七岁，口诵万言。诗书礼乐之英，黼黻鞶帨之妙。曾未弱冠，声已芬于河朔矣。应八道使举，

------

　　①　沈既济：《词科论并序》，《全唐文》卷四七六，第4868页。
　　②　傅璇琮：《唐代科举与文学》第八章"进士出身与地区"，陕西人民出版社1986年版。
　　③　吴宗国：《唐代科举制度研究》第十三章"唐后期应举及第范围的扩大"，辽宁大学出版社1992年版。
　　④　《唐代墓志汇编》咸亨〇二九，第530页。

射□诠科"①。

贾整，本出于尚武世家，而其少年即苦心力学，墓志载其："公三冬成学，九岁作文，金门待诏，云台射策。"②

上述这些人均不是出自高门士族，他们苦心力学，其目的自然是参与科举考试。从这里面可以看到，科举制对点燃人们读书的热情，促进人们对学术文化的追求起到了巨大的推动作用。

敦煌写卷中也载："庶人者，白屋之士也，家无轩冕，世（疑缺字）缙绅，既旷士风，或不知礼……或有业在典坟，心惟孝悌，竞从乡赋，自致青云，谨身节用，以养父母，此庶人之本也。"③ 也体现了在科举制度之下，普通人以读书为入仕途径，进而改变自身社会与文化地位的这一普遍现象。

其次，士族礼法的普遍化。

隋唐时期，士族的礼法风尚，仍为人所重，而"唐为国久，传世多，而诸臣亦各修其家法，务以门族相高"。④ 可见，唐代仕宦之家多重家风。而在一些非士族出身的官宦身上，注重礼法的风尚也得到了一定程度的体现。

李勣即颇重礼法，史载："（李勣）与弟弼特存友爱，闺门之内，肃若严君。"⑤《大唐新语》也载："李勣既贵，其姊病，必亲为煮粥，火爇其须。姊曰：'仆妾幸多，何为自苦若是？'勣对曰：'岂无人耶，顾姊年长，勣亦年老，虽欲长为姊煮粥，其可得乎？'"⑥

韩休"性方直，不务进趋"，开元间"拜黄门侍郎、同中书门下

---

① 周绍良、赵超：《唐代墓志汇编续编》开元〇二八，上海古籍出版社 2001 年版，第470—471 页。

② 《唐代墓志汇编》仪凤〇〇八，第 631 页。

③ 敦煌写卷，法 pel. chin. 2518 号，《法藏敦煌西域文献》第 15 册，上海古籍出版社 2001年版，第 68 页。

④ 《新唐书》卷七一上《宰相世系表一上》，第 2179 页。

⑤ 《旧唐书》卷六七《李勣传》，第 2489 页。

⑥ 《大唐新语》卷六《友悌第十二》，第 84 页。

平章事"①，他"家训子姓至严"。史称："贞元间，言家法者，尚韩、穆（宁）二门云。"②

李勣、韩休并非出身于传统的世家大族，但他们的行止注重门风礼法，俨然有以往士族的风范。应当说，这也反映出了士族风尚对于部分官宦家庭的影响。

值得注意的是，魏晋以来，士族女性多受教育，而隋唐以降，士族女性的风尚也出现了向其他阶层扩散的趋势。对此，张国刚先生在言及唐代女性礼法风尚时，就认为其存在明显的普世化趋势。他说："从唐代寡居妇女的生活世界中，我们发现，儒家礼法文化仍在进一步的向下渗透。"③ "唐代女性的女则、妇道、母仪教育，以塑造淑女、孝妇、慈母为目的，体现了女性教育的阶段性和完整性。在整个教育过程中，不同的教育阶段对应着不同的角色要求，教育与女性在社会家庭中的角色转变相联系，女性的家庭教育与自我修养密切结合。唐代妇女家庭教育总体上体现了士族伦理价值普世性发展的历史趋向。"④ 在这里，张国刚先生肯定了唐代士族女性风尚逐渐扩散、普及的趋势。

隋唐时期，传统士族妇道母仪的普及之状，可以从数量可观的女则、女训方面的著述看出来。这其中《新唐书》卷五八《艺文志二》就载有十余种：辛德源、王劭等《内训》二十卷，徐湛之《妇人训解集》十卷，《女训集》六卷，长孙皇后《女则要录》十卷，魏徵《列女传略》七卷，武后《列女传》一百卷，又《孝女传》二十卷，《古今内范》一百卷，《内范要略》十卷，《保傅乳母传》七卷，《凤楼新诫》二十卷，王方庆《王氏女记》十卷，《王氏王嫔传》五卷，《续妒记》五卷，尚宫宋氏《女论语》十篇，薛蒙妻韦

① 《旧唐书》卷九八《韩休传》，第 3078 页。
② 《新唐书》卷一六三《穆宁传》，第 5015 页。
③ 张国刚：《唐代寡居妇女的生活世界》，《安徽师范大学学报》（人文社会科学版）2007 年第 3 期。
④ 张国刚：《中国家庭史》第二卷，广东人民出版社 2007 年版，第 335 页。

氏《续曹大家女训》十二章，王抟妻杨氏《女诫》一卷。[①]

唐代一些女性所著女则、女训虽并无多少新意，但注重实用的特点却较为明显，如郑氏著《女孝经》即言：

> 妾侄女特蒙天恩，策为永王妃。……今戒以为妇之道，申以执经之礼，并述经史正义，无复载乎浮词。总一十八章，各为篇目，名曰《女孝经》。上至皇后，下及庶人，不行孝而成名者，未之闻也。妾不敢自专，因以曹大家为主，虽不足藏诸岩石，亦可以少补闺庭。[②]

从郑氏所言可知，她著《女孝经》本为训诫其侄女所作，同时也希望其书能够"少补闺庭"，而从中也可以看到《女孝经》明显的实用特点。

宋若莘、宋若昭所著《女论语》更是多文辞浅近，易于理解，很适合普及之用。高世瑜指出："《女论语》得以流传，得益于其文字通俗易懂、朗朗上口；而且讲述的是普通百姓人家的生活，切近实际，具体易行，很适合没有很高文化的民间妇女，尤其是对幼女进行启蒙教育。"[③] 日本学者山岐纯一也说《女论语》："有依照各种生活的场景，有现实生活的针对性。其规劝也不必是顽固的礼教之训条，而是富有常识性。"[④]

章学诚对《女孝经》《女论语》模拟经书的方式颇不以为然："宋氏之《女孝经》、郑氏之《女论语》，以谓女子有才，嘉尚其志可也。但彼如欲明女教，自以其意立说可矣，假设班氏、惠姬与诸

---

① 《新唐书》卷五八《艺文志二》，第 1486—1487 页。

② （唐）郑氏：《进女孝经表》，《全唐文》卷九四五，第 9817 页。

③ 高世瑜：《宋氏姐妹与〈女论语〉论析——兼及古代女教的平民化趋势》，《唐宋女性与社会》，上海辞书出版社 2003 年版，第 151 页。

④ ［日］山岐纯一：《关于唐代两部女训书，〈女论语〉、〈女孝经〉的基础研究》，《唐宋女性与社会》，上海辞书出版社 2003 年版，第 162 页。

女相问答，则是将以书为训典，而先自托于子虚、亡是之流，使人何所适从？彼意取其似经传耳，夫经岂可似哉？"① 但郑氏与宋若昭采用这种方式，也从另一个角度说明了她们为推广其女教所用的心机。戚逍遥，冀州南宫人，《太平广记》卷七〇《戚逍遥》载："父以女诫授逍遥，逍遥曰：'此常人之事耳。'"② 可见，戚逍遥将学女戒称为"常人之事"，从这里也能看到唐代以《女诫》教人，已经是较为普遍的事情了。

此外，唐代非士族女性在孀居之后，长期守节者也多见于记载，这从一个侧面可以看出礼法传统的普及状况。如以下墓志所载：

"而（齐氏夫）张氏早丧，誓心自守。属圣朝崇年尚德，板授崇政乡君。"③ 侯氏丧夫后，"上奉尊堂，下提孤幼，绝甘攻苦将卅年"。④ 齐氏"孀居将四十年，而端严自饰，为宗族之规范焉"⑤。郜氏"丹石生平，孰能渝变；……遂抚遗孤，恩加断织，学成覆篑"，"一从只影，四十余年，不御铅华"。⑥ 云氏"及（夫）李君殁，夫人面绝粉黛，身去绮罗，防忌猜嫌，佩服节行。诲男以典，使导先贤；诫女以箴，令齐昔媛。皆能率由慈训，克荷家声，士大夫家咸以之为镜"⑦。梁氏"及所天云丧，遂守志穷居，女尚未笄，男才志学，家悬半菽，门罕尺童，生人伶俜，备常之矣。夫人躬亲顾育，诱以义方，克乎成人，有声宗邑"⑧。兰氏其夫"不幸早终"，教子则"终始礼经，既勖之以义方。"⑨

---

① （清）章学诚：《文史通义》卷一·内篇一《经解下》，上海书店出版社 1988 年版，第 29 页。

② 《太平广记》卷七〇《戚逍遥》，第 438 页。

③ 《唐代墓志汇编》贞观一二〇，第 84 页。

④ 《唐代墓志汇编》咸亨〇八一，第 569 页。

⑤ 《唐代墓志汇编》大中一六四，第 2379 页。

⑥ 《唐代墓志汇编》久视〇〇四，第 969 页。

⑦ 《唐故亳州真源县令李君夫人（云氏）墓志铭并序》，《全唐文补遗》千唐志斋新藏专辑，第 260 页。

⑧ 《唐代墓志汇编》乾封〇一六，第 452 页。

⑨ 《隋唐五代墓志汇编》陕西第 4 册，第 116 页。

从这些墓志中可以看到，上述这些女性也都不是出自传统的士族大姓。她们多数在丈夫去世后长期守节，有的孀居时间长达40余年。在其寡居生活中，她们一般都能做到严守妇道，抚育诸孤。其妇道母仪方面的表现亦多有士族女性的色彩，以此也可以看到士族女性风尚在其他阶层女性身上的体现。

小　结

魏晋以降，九品中正制的实施对于门阀制度的确立与巩固起到了重要作用。而西魏、周、隋、唐初，"关中本位政策"也是当时统治阶级的重要政策。隋唐之际，选举制度与关中本位政策出现了一些明显变化，这对山东士族的社会角色与地位产生了显著影响。作为士族群体的重要组成部分，这一点，山东士族自然亦不会例外。对这些旧族来说，他们也同样面临着社会地位急剧变化的冲击。

与魏晋南北朝相比，隋唐之际的文化环境有了一些富有时代色彩的特征，其中一些与山东士族的文化发展还有紧密联系。隋唐之际，大一统王朝建立，与之相应的是，对思想文化的控制乃至统一也随之成为时代发展的应有之义。魏晋以来，尽管不乏南北文化交流。但至隋唐以降，地域文化，特别是南北文化的差别依然明显。隋代，特别是隋炀帝时期，随着贯通南北文化措施的实行，到隋末南北文化融会的趋势已经较为明显。而由于江左文化所具有的内在优势，在南北学术融汇贯通的背景之下，南学成为学术文化主流已成为必然之势。事实上，唐初尽管有局部的调整和变化，但这一趋势却也一直延续了下去。魏晋以来，注重学术与礼法的风尚多集中体现于士族群体之中。隋唐以降，在多种因素的影响之下，一些以往多为士族所标榜的文化风尚也开始扩散到更广阔的范围，出现了普及化倾向。

第三章　文化融合背景下的儒学重塑
与史学实践

第一节　士族中央化背景下的经学转向
——以崔暟墓志为中心

山东士族先祖大多出现于两汉时期，其传人多以经学闻世而累世不坠。这一点，诚如钱穆先生所言，自东汉以来，"门第与儒学传统有其不解缘"[①]。魏晋以来，经学"大抵南北所为章句，好尚互有不同"[②]。而山东士族的学风则多属于典型的北统。隋唐之际，面临新的社会变局，山东士族的经学传统亦随之发生了某些变化。对此，唐人崔暟（《旧唐书》卷一八八《崔沔传》等文献中写作崔皑）墓志[③]，则为此问题的研究提供了重要而直接的依据。因此，本节试图以崔暟墓志为线索，辅之以其他材料，对此作出探讨。

一　崔暟其人与家世背景

崔暟是唐代前期人，系博陵崔氏之胤，其子崔沔、孙崔佑甫俱

---

① 钱穆：《略论魏晋南北朝学术文化与当时门第之关系》，《中国学术思想史论丛》（三），台北东大图书有限公司1981年版，第169—170页。
② 《北史》卷八一《儒林传序上》，第2709页。
③ 《唐代墓志汇编》大历○六二，第1802—1803页。

为唐代名臣。文献之中对崔暟的记载十分简略，较多者如《旧唐书》卷一八八《崔沔传》中亦仅载其曾任"库部员外郎、汝州长史"，不过寥寥数语。然而崔暟墓志的文字却不下千言，内容丰赡；不仅介绍其生平家世，还较为详尽地反映了其文化面貌，对于理解与把握这一时期其家族经学传统观念的变迁具有重要意义。

对于崔氏的起源与早期世系，夏炎曾有较为详尽的考证。① 参考其研究成果，以及结合其他资料，我们可以对崔暟的世系作出梳理。

关于崔氏之先，文献和墓志都一致认为崔氏源于姜姓。《元和姓纂》卷三载崔氏为："姜姓。齐太公生丁公伋，生叔乙，让国居崔邑，因氏焉。"② 值得注意的是，《元和姓纂》载叔乙让国而居崔，应当有误，因为其他材料多认为让国者当为丁公伋嫡子季子。《新唐书》卷七二下《宰相世系表下》云："崔氏出自姜姓。齐丁公伋嫡子季子让国叔乙，食采于崔，遂为崔氏。"③ 《古今姓氏书辩证》载崔氏："出自姜姓，齐丁公伋嫡子季子逊国叔乙，食采于崔，遂以为氏。"④

《通志》卷二七《氏族略三》亦载："崔氏：姜姓。出齐丁公嫡子季子让国于叔乙，食采于崔，遂为崔氏。"⑤

《史记》卷三二《世家第二》则载："丁公卒，子乙公得立。"⑥

综合上述史料可知，丁公卒后，叔乙才得立；而叔乙之立，确由季子让国而得。季子让国后食采于崔，则为崔氏之先。

对于崔氏渊源，墓志之中亦有记载，唐人崔漪墓志载其为："博陵安平人。在唐为姜姓，炎帝之孙也；在周为崔氏，齐侯之允也。"⑦ 崔孚墓志则言其"今博陵人也。唐虞之际，因生为姜姓。暨周封

① 夏炎：《中古世家大族清河崔氏研究》第一章"崔氏溯源"，天津古籍出版社2004年版。
② 《元和姓纂》卷三，第331页。
③ 《新唐书》卷七二下《宰相世系表二下》，第2729页。
④ 《古今姓氏书辩证》卷五，第73页。
⑤ 《通志》卷二七《氏族略三》，志第456页。
⑥ 《史记》卷三二《世家第二》，第1481页。
⑦ （唐）张说：《唐故瀛州河间县丞崔君神道碑》，《全唐文》卷二二九，第2318页。

齐，分类曰崔氏"①。崔相墓志也言其为"清河人也，神农之苗胄，太公之胤绪。原夫鱼吞吕钓，应同载以归周；龙跃崔津，表嘉名以诞庆"②。

博陵崔氏与清河崔氏是崔氏的两大分支，也是山东士族中的著名郡望。史料记载，博陵崔氏与清河崔氏的分野始于秦汉之交，《新唐书》卷七二下《宰相世系表下》载："季子生穆伯。穆伯生沃。沃生野。八世孙夭生杼，为齐正卿。生子成、子明、子疆，皆为庆封所杀。子明奔鲁，生良，十五世孙意如，为秦大夫，封东莱侯。二子：业、仲牟。业字伯基，汉东莱侯，居清河东武城。"③

《元和姓纂》卷三也载："伯基居清河东武城，仲牟居博陵安平，并为著姓。"④《古今姓氏书辩证》卷五载崔氏："十五世孙意如，为秦大夫，封东莱侯，二子：业、仲牟。业字伯基，汉东莱侯，居清河东武城……仲牟为汉汶阳侯，始居博陵安平。"⑤

《新唐书》卷七二下《宰相世系表二下》载有从博陵崔氏始祖崔仲牟至崔楷的世系沿革：

> 仲牟生融。融生石。石生廓，字少通，生寂。寂生钦。钦生朝，汉侍御史。生舒，汉四郡太守。二子：发、篆。篆，郡文学，生毅。毅生骃……骃少子寔，字子真，后汉尚书，生皓。皓生质。质生讃。讃生洪，字良夫，晋大司农，生廓。廓生遄。遄生懿，字世茂。五子：连、琨、格、邈、殊，又三子：怡、豹、侃为一房，号"六房"。……第二房崔氏：琨字景龙，饶阳令，行本郡太守。二子：经、郁。经生辩，字神通，后魏武邑

---

① （唐）白居易：《唐故湖州长城县令赠户部侍郎博陵崔府君神道碑铭并序》，《全唐文》卷六七八，第6929页。
② 《唐代墓志汇编》开元一四七，第1258页。
③ 《新唐书》卷七二下《宰相世系表二下》，第2729页。
④ 《元和姓纂》卷三，第331页。
⑤ 《古今姓氏书辩证》卷五，第73—76页。

太守、饶阳侯，谥曰恭。二子：逸、楷。①

崔楷即为崔暟的高祖，系博陵崔氏第二房。崔楷以下的世系，可依《魏书》《周书》《新唐书·宰相世系表》等文献加以考辨。

崔楷为崔辩之子，据《魏书》卷五六《崔辩传》载："崔辩，字神通，博陵安平人。……年六十二，卒。赠安南将军、定州刺史。"崔辩有三子：

长子景儁，"历侍御史、主文中散。受敕接萧颐使萧琛、范云，高祖赐名为逸"。

次子崔模，其文云"逸弟模，字叔轨"。

三子即崔楷，"模弟楷，字季则"。"释褐奉朝请，员外散骑侍郎、广平王怀文学。正始中，以王国官非其人，多被刑戮，惟楷与杨昱以数谏获免。后为尚书左主客郎中、伏波将军、太子中舍人、左中郎将。"

此处，应当纠正《新唐书》卷七二下《宰相世系表二下》的一处纰漏：《宰相世系表》载崔辩，"字神通，后魏武邑太守、饶阳侯，谥曰恭。二子：逸、楷。"而据《魏书》卷五六《崔辩传》载，崔辩应有三子，除崔逸、崔楷之外，还应有崔模。

崔楷曾任北魏伏波将军、左中郎将等职，死于王事。之后其子士约与其兄士廉辗转迁居关中，对此，《魏书》卷五六《崔辩传》载：

> 葛荣自破章武、广阳二王之后，锋不可当。初楷将之州，人咸劝留家口，单身述职。楷曰："贪人之禄，忧人之事，如一身独往，朝廷谓吾有进退之计，将士又谁肯为人固志也？"遂合家赴州。（孝昌）三年春（527 年），贼势已逼……速战半旬，死者相枕。力竭城陷，楷执节不屈，贼遂害之，时年五十一。

---

① 《新唐书》卷七二下《宰相世系表二下》，第 2773—2792 页。

长子士元举茂才，平州录事参军、假征虏将军、防城都督，随楷之州，州陷，亦战殁。……士元弟士谦、士约，并殁关西。①

崔士约即为崔暟曾祖。《周书》卷三五《崔谦传附崔说传》载："说本名士约，少鲠直，有节概，膂力过人，尤工骑射。"后被周太祖"赐姓宇文氏，并赐名说焉"，"加授大将军，改封安平县公"。②崔暟祖父为崔弘峻，对此，崔沔墓志载："曾祖讳弘峻府君，隋银青光禄大夫、赵王长史。"③《新唐书》卷七二下《宰相世系表》亦载崔弘峻为"隋赵王府长史"④，崔暟之父为崔俨，对此，崔沔墓志称"祖讳俨府君，皇朝益州洛阳令"。《新唐书》卷七二下《宰相世系表二下》亦载"俨，雒令"。

综上所述，自崔楷至崔暟的具体世系如次：崔楷—崔士约（又名说，崔暟墓志中作"崔讹"）—崔弘峻—崔俨—崔暟。

二 崔暟的中央化背景

据墓志记载，崔暟早年随父宦游蜀地，18 岁时曾游学于太学，次年以精《春秋左氏传》登科。他曾历任雍州参军事、左骁卫兵曹、蒲州司法等职，官终守汝州长史，卒于神龙元年（705 年），时年 74 岁。

崔暟郡望虽号博陵，但实际籍贯却是关中。对此，墓志载："初安平公（暟）之曾祖凉州刺史自河朔违葛荣之难，仕西魏，入宇文周，自凉州以降，二代葬于京兆咸阳北原。"⑤《旧唐书》卷一八八《孝友·崔沔传》也载沔为"京兆长安人，周陇州刺史士约玄孙也。

---

① 《魏书》卷五六《崔辩传》，第 1256 页。
② 《周书》卷三五《崔谦传附崔说传》，第 614 页。
③ 《唐代墓志汇编》大历〇六〇，第 1799 页。
④ 《新唐书》卷七二下《宰相世系表二下》，第 2799 页。
⑤ 《唐代墓志汇编》大历〇六二，第 1803 页。

自博陵徙关中，世为著姓"①。不过因官宦原因，崔暟一支后又东迁，其墓志云"安平公之仕也，属乘舆多在洛阳，故家复东徙"②。显然，崔暟家族体现了北朝以至隋唐之际山东士族中央化的特点，而对崔暟学风的认识也应当置于这一背景之下来加以考虑。

总体而言，北方士族乡土观念较强，聚族而居的情状比较多见。不过，也应当注意到，由于各种原因，北朝以来，山东士族脱离乡土，迁徙他处的进程也一直在进行。毛汉光先生就认为"在北魏后半期，汉士族中央化已有开始的痕迹"③。对山东士族来说，北朝以来，士族中央化也有一定的显现，如：卢光，系卢辩之弟，"大统六年（540年），携家西入"。仕于西魏北周。④ 卢光子卢贲，"周武帝时，袭爵燕郡公"。后也仕于北周。⑤ 郑道邕，出于荥阳郑氏，"魏孝昌初，解褐太尉行参军，累以战功进至左光禄大夫、太师咸阳王长史。及孝武西迁，从入关"。⑥ 郑道邕子郑译，"尚魏平阳公主"，"少为太祖（宇文泰）所亲，恒令与诸子游集"。后亦仕于周隋。⑦ 崔敦礼，为唐初人，隋礼部尚书崔仲方之孙，"其先本居博陵，世为山东著姓，魏末徙关中"。⑧

从以上史料中我们可以看到，北朝以来，由于仕宦、战乱等原因，一些山东士族开始离开故土，迁居他处；特别是迁徙于关中、洛阳等政治中心，他们也成为山东士族中较早实现中央化的群体。

隋末唐初，山东士族所处的社会境遇更是发生了极大变化，中央化趋势更为显著。

史载："隋氏罢中正，举选不本乡曲，故里闾无豪族，井邑无衣

---

① 《旧唐书》卷一八八《崔沔传》，第4927页。

② 《唐代墓志汇编》大历○六二，第1803页。

③ 毛汉光：《中国中古社会史论》，上海书店出版社2002年版，第93页。

④ 《周书》卷四五《卢光传》，第807页。

⑤ 《隋书》卷三八《卢贲传》，第1141页。

⑥ 《北史》卷三五《郑羲传》，第1311页。

⑦ 《隋书》卷三八《郑译传》，第1135—1138页。

⑧ 《旧唐书》卷八一《崔敦礼传》，第2747页。

冠，人不土著，萃处京畿，士不饰行，人弱而愚。"① 段氏，卒于唐初，其墓志也载："属大业之初，营都浐洛。衣冠□族，多有迁移。"② 可见，隋代开始，士族向两京的迁徙已经有相当规模。

史睿曾研究了隋代山东士族向两京的迁徙，史睿认为："炀帝即位之初，关陇集团与山东士族间的分歧和冲突并未消解……为了限制山东士族的发展，炀帝继承了乃父强行迁徙士族的政策。""由此看来，将山东士族迁至洛阳是炀帝的既定政策。山东士族原本根深蒂固的宗族乡里基础经过周隋数代帝王的打击，几近瓦解。"③

从史睿的研究成果来看，隋代山东士族向两京迁徙的规模是较为可观的，已经对山东士族的空间分布产生了重大影响。

隋代山东士族向两京的迁移也可以从一些墓志中得到印证。

崔登，卒于贞观三年（629 年），其墓志载他：

> 博陵人也……祖暹，齐太宰司徒右仆射。父波，随（隋）荥阳郡赞治、徐州司马。并英华倜傥，志艺绝伦，言德载扬，轨范当世。君挺邓林之孤秀，滋茂豌之芳苏。风格端凝，神情散朗。技兼六艺，才擅九能。独步词林，高视文囿。声华籍甚，远降弓旌。以大业之初，俯牵人爵，任吏部给事郎，转并州于县令。有随（隋）失驭，天命有归。君以人英时望，克复前职，转宁州罗川令。仕经二代，官仍百里。材高命舛，斯志不申。贞观之初，迁西平王长史……以贞观三年（629 年）六月廿日，卒于洛阳县，春秋五十有四。若干夫胡氏，以廿二年（648 年）八月卅日，卒于洛阳。即以其年十月十四日，合葬于北邙之原平乐乡。④

---

① 《通典》卷一七《选举五》，第 417 页。
② 《唐代墓志汇编》永徽〇〇五，第 134 页。
③ 史睿：《北周、隋、唐初的士族政策与政治秩序的变迁》，《首都师范大学学报》（社会科学版）1998 年第 3 期。
④ 《崔登墓志》，《全唐文补遗》千唐志斋新藏专辑，第 6 页。

王岐，卒于贞观十八年（644 年），其墓志载他：

> 太原人也，因官宅土，今为河南人□。……以明经擢第，释褐施州录事参军，又授师州录事参军……夫人京兆孙氏……合葬于北邙山之平乐乡界。①

崔冲，其墓志载他：

> 博陵安平人也。……曾祖长恭，齐中散大夫、沧州长史、安北将军、北海郡守；祖君□，隋本州州都瀛州平舒县令；父逸元，皇朝冀州武邑县尉……（崔冲）起家任梓州盐亭县尉，又转恒州行唐县主簿。……迁窆于洛州河南县平乐乡之北原礼也。②

崔泰，其墓志载他：

> 字元平，博陵安平人也。……高祖秉……后魏释褐奉朝请光禄大夫、燕州刺史、冀州刺史、左光禄大夫、骠骑大将军、仪同三司、使持节瀛定相三州诸军事、定州刺史、侍中、尚书令、司徒公、谥曰静穆公。曾祖仲哲，后魏龙骧将军、主客侍郎、镇远将军、营州□□、安平男，谥曰忠……祖长瑜，浮阳郡守，太常卿，袭爵安平男……父子博，隋户部虞部侍郎、四州刺史……（崔泰）仁寿元年（601 年），应诏举，射策甲第……（入唐后，贞观初）迁洛州长水县令……（后）终于官所……故乡绝人，先茔辽远，上下诺谋，改斯宅兆，爰卜邙洛，用定终居。③

---

① 《唐代墓志汇编》文明〇〇八，第718—719页。
② 《唐代墓志汇编》乾封一〇四，第451页。
③ 《唐代墓志汇编》永徽一三九，第222页。

崔忠，卒于贞观十五年（641 年），其墓志载他：

> 博陵安平人也……祖谦，周荆州总管、武康庄公。父晔，虔芦二州刺史、义丰郡开国公。君幼而聪慧，长而敦雅。口无择言，身无择行。加以翱翔六艺，不忘于心。历览百家，若指诸掌。释褐为朔州司仓。俄迁侍御史。君志怀忠亮，奉国情深。乘骢以肃权豪，衣绣而除贪暴。既而一同任重，百里务繁。以君有制锦之材，乃擢为昌阳县令。……（贞观十五年）卒于洛阳私第，春秋六十。即以七月廿五日，窆于洛州偃师县亳邑乡覆舟山之原。①

从上述几方墓志来看，崔登等人在隋末唐初均有入仕经历。卒后，其葬地也均在两京，从这一点也可以印证隋代以来山东士族向两京的迁徙趋势。

毛汉光先生曾研究了包括山东士族在内唐代士族阶层的中央化趋势。他认为"河北大士族著支向两京一带迁移的迹象甚为明显"，其高潮是在高宗、武后及玄宗时期，而主要动因则是入仕的需求。②可见，及至唐代前期，士族的中央化已成主流。

关于中央化趋势对唐代山东士族的影响，唐代史料中也有记述。

《唐国史补》卷上载："四姓唯郑氏不离荥阳，有冈头卢，泽底李，士门崔，家为鼎甲。"③

崔玄亮也曾言："山东士人利便近，皆葬两都。"④

《唐阙史》卷下载："长安鼎甲之族，有荥阳郑氏。"⑤

---

① 《大唐前莱州昌阳县令故崔君（忠）墓志》，《全唐文补遗》千唐志斋新藏专辑，第4 页。

② 毛汉光：《中国中古社会史论》，上海书店出版社 2002 年版，第 330—333 页。

③ 李肇：《唐国史补》卷上，《唐国史补·因话录》合订本，上海古籍出版社 1979 年版，第 21 页。

④ 《新唐书》卷一六四《崔玄亮传》，第 5052 页。

⑤ （五代）高彦休：《唐阙史》卷下《郑少尹及第》，中华书局 1985 年版，第 22 页。

从这些记载中可以看到，北朝后期以来，尤其是隋唐以降，在中央化趋势的影响之下，山东士族的空间分布已经出现了显著变化。崔暟家族在北魏末年就已离开乡土迁徙到关中地区，这应当是士族中央化过程中的较早个案。

士族迁徙两京，很重要的一个原因是仕宦的需要。崔暟一支自其曾祖崔士约西迁关中后，从西魏至唐初，仕宦态度颇为积极，数代官宦不坠。崔士约屡有战功，北周时"进骠骑大将军、开府仪同三司，加侍中，进爵万年县公。再迁总管、凉州刺史"①。崔弘峻为"隋银青光禄大夫、赵王长史"。崔俨唐初则为"益州洛阳令"②，直至崔暟亦有官职。

儒家有"天下有道则见，无道则隐"③之语，但实际上对士人而言，其入仕与否并不仅仅取决于政治环境，而是常常会受到多重因素的影响，因此从其入仕态度之中往往能够品味出士人的许多基本价值取向。自东汉以来，士族形成了"通经义、励名行以致从政"④的政治文化模式，故而士族入仕观念与家学传统之间亦有密切联系。

值得注意的是，在隋唐之际，虽有一些山东士族在仕宦方面表现得较为沉寂，但以中央化趋势加速为契机，部分山东士族入仕态度也渐趋积极，重又回归原有的政治主线。毛汉光先生就指出，由于"唐代官僚制度中的选制对地方人物产生巨大的吸引力，使郡姓大族疏离原籍、迁居两京，以便于投身官僚层"⑤。可见，对山东士族而言，迁居两京有利于其对新社会环境的适应，而这又不可避免地会反映在他们的政治态度、文化观念方面。崔暟家族早在西魏时即已

---

① 《北史》卷三二《崔辩传》，第 1168 页。

② 《唐代墓志汇编》大历〇六〇，第 1799 页。

③ 《论语注疏》卷八《泰伯第八》，《十三经注疏》，第 2487 页。

④ 陈寅恪：《唐代政治史述论稿》，《隋唐制度渊源略论稿·唐代政治史述论稿》合订本，生活·读书·新知三联书店 2001 年版，第 261 页。

⑤ 毛汉光：《中国中古社会史论》，上海书店出版社 2002 年版，第 333 页。

迁居关中，原因虽不同于唐代，但事实上却属于较早实现所谓中央化者，而这大大有利于其对隋唐之际社会变局的适应。事实也的确证明，由于类似的背景，崔暟家族这一时期的家学传统较快地适应了社会变化，也较早实现了某种程度的转型，这一点在山东士族之中颇具有先行意义。

三　经学的传统与转向

中古士族虽以血统确定其身份，但要获取社会认同又须具备学术品行等文化要素。诚如陈寅恪先生所言："所谓士族者，其初并不专用其先代之高官厚禄为其唯一之表征，而实以家学及礼法等标异于其他诸姓。"① 而士族家学主要是指其经学传统。

引人关注的是，崔暟墓志所载经学的相关篇幅虽然不多，但以山东士族经学发展的历程为参照，却能看到其中所蕴含的隋唐之际经学传统的明显转折。

汉代开独尊儒术先河，经学渐成学术主流，山东士族的经学传统多形成于此时，而博陵崔氏自汉代始亦不乏经学世家。

博陵崔氏先祖之一的崔骃，"年十三能通《诗》《易》《春秋》，博学有伟才，尽通古今训诂百家之言，善属文。少游太学，与班固、傅毅同时齐名。常以典籍为业，未遑仕进之事"。其子瑗"早孤，锐志好学，尽能传其父业。年十八，至京师，从侍中贾逵质正大义，逵善待之，瑗因留游学，遂明天官、历数、《京房易传》、六日七分。诸儒宗之。与扶风马融、南阳张衡特相友好"。孙寔亦"好典籍"。②

魏晋以降，国家分裂，经学发展也南北分殊。魏晋直至隋初，尽管其间也不乏南北文化交流，但从总体上看，以山东士族为代表

---

① 陈寅恪：《唐代政治史述论稿》，《隋唐制度渊源略论稿·唐代政治史述论稿》合订本，生活·读书·新知三联书店 2001 年版，第 259 页。

② 《后汉书》卷五二《崔骃传》，第 1708—1725 页。

的北方经学较多地保留了汉儒学风，重章句训诂，其间杂有阴阳、谶纬之术，与受玄学影响较大的南方经学迥然不同。北朝山东士族的代表人物崔浩"少好文学，博览经史，玄象阴阳，百家之言，无不关综"①。高允"博通经史天文术数，尤好《春秋公羊》"②。再如卢光"性温谨，博览群书，精于《三礼》，善阴阳，解钟律"③，就颇为典型。《隋书》卷七五《儒林传》言南北经学差异时云："南北所治，章句好尚，互有不同。江左《周易》则王辅嗣，《尚书》则孔安国，《左传》则杜元凯。河、洛《左传》则服子慎，《尚书》《周易》则郑康成。《诗》则并主于毛公，《礼》则同遵于郑氏。大抵南人约简，得其英华，北学深芜，穷其枝叶。"④ 应当说深得其要旨。

隋代伴随着国家的统一，南北经学交流也日趋频繁。唐初，儒学正统地位得以强化，儒学之士颇受重视。史载："始太宗既平寇乱，留意儒学，乃于宫城西起文学馆，以待四方文士。"⑤ 与此相呼应，经学的整理与统一也随之进行。《旧唐书》卷一八九上《儒学上》载："太宗又以经籍去圣久远，文字多讹谬，诏前中书侍郎颜师古考定《五经》，颁于天下，命学者习焉。又以儒学多门，章句繁杂，诏国子祭酒孔颖达与诸儒撰定《五经》义疏，凡一百七十卷，名曰《五经正义》，令天下传习。"⑥ 《五经正义》编纂颇具象征意义，以此为标志，南北经学已呈逐渐合流之势。

值得注意的是，唐初的经学建构虽称博采南北，然而以南学为圭臬的痕迹却十分明显。皮锡瑞在评论《五经正义》时即言："其所定五经疏，《易》主王注，《书》主孔传，《左氏》主杜解；郑注《易》《书》，服注《左氏》，皆置不取。论者责其朱紫无别，真赝莫

---

① 《魏书》卷三五《崔浩传》，第 807 页。
② 《魏书》卷四八《高允传》，第 1067 页。
③ 《周书》卷四五《卢光传》，第 807 页。
④ 《隋书》卷七五《儒林传》，第 1705—1706 页。
⑤ 《旧唐书》卷七二《褚亮传》，第 2582 页。
⑥ 《旧唐书》卷一八九上《儒林传》，第 4941 页。

分。"① 不过，唐初的经学整理虽带有明显的国家意志色彩，但倚重南学却大体依然符合学术发展的趋势。毕竟南方儒学在经过东晋以下一两百年的礼玄双修，再加上佛教的整合力量，已使名教的危机基本得以化解。② 唐初，在南北文化融合的整体氛围之下，南学虽任情违礼之事偶然尚有所见；但与北学相比，仍具有更多可接受的内涵，故而皮氏才有"北学既并于南，人情各安所习"之语。③

然而山东士族，特别是以学行闻世的崔、卢、李、郑、王等士族毕竟有悠远的经学传统。在中央化逐渐展开的背景之下，面对唐初经学的重新构建，他们的态度很值得关注。

对此，崔暟墓志的记载颇为明确。由其墓志相关内容可知，崔暟早年随父宦游蜀中时，虽也就学讲肆学经，但其自有家学传统。其墓志云："初公皇考洛县府君俨在蜀之岁，公年始登十，而黄门郎齐璿长己倍之，与公同受《春秋》三传于成都讲肆。公日诵数千言，有疑问异旨不能断者，公辄为之辩精，齐氏之子未尝不北面焉。由是博考五经，纂乃祖德，则我烈曾凉州刺史大将军訧（说）、烈祖银青光禄大夫弘峻之世业也。"④

墓志中提到崔暟年少时所习家传经学。实际上，崔士约的祖父崔辩就以经史等学术传统为当道所重。史载崔辩："学涉经史，风仪整峻。显祖徵拜中书博士。散骑侍郎、平远将军、武邑太守。政事之余，专以劝学为务。"⑤ 其父崔楷："美风望，性刚梗，有当世干具。"⑥ 崔士约伯兄崔景儁（逸），亦以学术见长，史载景儁："梗正有高风，好古博涉。以经明行修，徵拜中书博士。……后为员外散骑侍郎，与著作郎韩兴宗参定朝仪。雅为高祖所知重，迁国子博士，

---

① （清）皮锡瑞：《经学历史》，中华书局 2004 年版，第 139 页。
② 余英时：《东汉政权之建立与士族大姓之关系》，《士与中国文化》，上海人民出版社 1987 年版，第 437 页。
③ （清）皮锡瑞：《经学历史》，中华书局 2004 年版，第 139 页。
④ 《唐代墓志汇编》大历〇六二，第 1802 页。
⑤ 《魏书》卷五六《崔辩传》，第 1250—1251 页。
⑥ 同上书，第 1253 页。

每有公事，逸常被诏独进。博士特命，自逸始。"景儁子巨伦，亦"历涉经史"。① 崔士约长兄士元则"沈雅有学尚"②。

由此可见，这一家族具有良好的经学传统。墓志所言崔暟早年所承曾祖崔士约、祖父崔弘峻之世业，应该就是这一传统的延续，其学术取向当属于北学系统。

但在之后，崔暟的经学旨趣却有了明显转向。其墓志云："（崔暟）尝诫子监察御史浑、陆浑主簿沔曰：吾之诗书礼易，皆吾先人于吴郡陆德明、鲁国孔颖达重申讨覈，以传于吾，吾亦以授汝。汝能勤而行之，则不坠先训矣。"③ 崔暟一族本有家学传统，但此处却言及其"诗书礼易"由先人取自陆、孔处，这应当是其经学走向发生转变的明证。

陆德明、孔颖达二人均为隋唐之际经学主流学派的代表人物。陆德明系吴郡人，历仕陈、隋、唐三朝，深受玄理影响，是典型的南学硕儒。褚亮曾赞陆德明："经术为贵，玄风可师。励学非远，通儒在兹。"④《旧唐书》卷一八九上《儒学上·陆德明传》载其主要学术活动：

> 初受学于周弘正，善言玄理。陈太建中，太子征四方名儒，讲于承光殿，德明年始弱冠，往参焉。国子祭酒徐克开讲，恃贵纵辩，众莫敢当，德明独与抗对，合朝赏叹。解褐始兴王国左常侍，迁国子助教。陈亡，归乡里。隋炀帝嗣位，以为秘书学士。大业中，广召经明之士，四方至者甚众。遣德明与鲁达、孔褒俱会门下省，共相交难，无出其右者。授国子助教。……王世充平，太宗征为秦府文学馆学士，命中山王承乾

---

① 《魏书》卷五六《崔辩传》，第 1251 页。
② 《北史》卷三二《崔辩传》，第 1165 页。
③ 《唐代墓志汇编》大历〇六二，第 1802 页。
④ 《大唐新语》卷三《公直第五》，第 41 页。

从其受业。寻补太学博士。后高祖亲临释奠，时徐文远讲《孝经》，沙门惠乘讲《波若经》，道士刘进喜讲《老子》，德明难此三人，各因宗指，随端立义，众皆为之屈。高祖善之，赐帛五十匹。贞观初，拜国子博士，封吴县男。寻卒。撰《经典释文》三十卷、《老子疏》十五卷、《易疏》二十卷，并行于世。①

陆德明因早卒而未参与《五经正义》的编纂，但其对当时学人的影响则是深远的。史载："（贞观）十六年（642 年）四月甲辰，太宗阅陆德明《经典音义》，美其弘益学者，叹曰：'德明虽亡，此书足可传习。'因赐其家布帛百疋。"②

孔颖达是《五经正义》的主要编纂者，其学术倾向自不待言。孔氏虽然在隋代即以知名，但主要学术活动却是在唐初，史载孔颖达：

（贞观）六年（632 年），累除国子司业。岁余，迁太子右庶子，仍兼国子司业。与诸儒议历及明堂，皆从颖达之说。又与魏徵撰成《隋史》，加位散骑常侍。十一年（637 年），又与朝贤修定《五礼》，所有疑滞，咸谘决之。书成，进爵为子，赐物三百段。庶人承乾令撰《孝经义疏》。……先是，与颜师古、司马才章、王恭、王琰等诸儒受诏撰定《五经》义训，凡一百八十卷，名曰《五经正义》。③

可见，其主要学术活动皆在贞观年间。

---

① 《旧唐书》卷一八九上《陆德明传》，第 4944—4945 页。

② （宋）王钦若等：《册府元龟》卷九七《帝王部·奖善》，中华书局 1960 年版，第 1154 页。

③ 《旧唐书》卷七三《孔颖达传》，第 2602 页。

　　崔暟曾祖崔士约为西魏、北周时人，生活年代早于陆、孔二人，不可能受其影响。墓志中所说的崔暟先人，应当是指祖父崔弘峻或是其父崔儼。但无论是谁，其接受陆、孔二人经学成果并传于崔暟，这一事实已充分说明隋唐之际，随着经学的交流与统一，经学主流学派已开始对山东士族产生影响。崔暟既受家学传统的熏陶，又受陆、孔二人的影响，可谓正处于两种不同学术风格相互碰撞的关口，而结局以其经学传统纳入主流学派框架而告终。

　　以此，亦可窥见当时山东士族经学传统的流变趋势。考虑到其家族数代以来迁居关中的背景，崔暟家族的这种变化应稍早于其他固守乡土者，而山东士族的主流其后也应该不同程度地出现此种经学方面的转向。

第二节　家风的坚守与流变

　　家风是中古士族重要的文化特征。隋唐之际，在不断变化的社会环境之下，山东士族的传统家风表现出了固守传统与适应变迁相交织的特点，而本节即以此为研究内容。

一　注重传统家风仍是隋唐之际山东士族的重要特征

　　家风是中古士族重要的文化特征，陈寅恪先生曾言："夫士族之特点既在其门风之优美，不同于凡庶。"[①] 关于家风之义，钱穆先生曾言："则可谓当时门第传统共同理想，所希望于门第中人，上自贤父兄，下至佳子弟，不外两大要目：一则希望其能具孝友之内行，一则希望其能有经籍文史学业之修养。此两种希望，并合成为当时共同之家教。其前一项之表现，则成为家风。后一项之表现，则成

---

　　① 陈寅恪：《唐代政治史述论稿》，《隋唐制度渊源略论稿·唐代政治史述论稿》合订本，生活·读书·新知三联书店 2001 年版，第 260 页。

116

为家学。"①

可见，士族所言家风实则为儒学修身观念与家族意识相结合的产物；而家风与家学之间又密切相关，家风与家学同为士族文化传统的重要组成部分。

王永平先生在此基础上，对家风的内涵也作出了阐释。他认为："家风就是世族精神文化传统。一种精神或行为方式在某一宗族内延续三代以上，便可视为某一家族之文化传统，构成其家风。家风是世族文化的基调和底色，具有相当的稳定性，世代相承。家风的承传主要有赖于家教。"② 应当说，这是对家风内涵作出的更为具体的解释。

儒学素重修身，故孔子有君子当"守死善道"③、"忧道不忧贫"④ 之语。实际上，早在汉代，道德修养已与家世观念相联结形成所谓"家风"，但此时士人的国家观念依然牢固，因此多有"欲以天下风教是非为己任"⑤ 者。魏晋之际，士人关注的焦点转向家族与个体，修身观念与家族意识结合得更为紧密，家风也由此而兴盛。

不过魏晋以来，士风嬗变，士族家风总体上虽仍处于儒学伦理观照之下，却也在一定程度上呈现出了多元色彩。

然而与江左士族有所不同，山东士族家风则较多承袭了汉代名士的清俭之风；同时更注重血缘亲情，形成了较为质朴的道德风尚并累世相传，故有"山东之人质"⑥ 之说。这与南朝江左"贱经尚道，以玄虚宏放为夷达，以儒术清俭为鄙俗"⑦ 之风有颇多差异。

---

① 钱穆：《略论魏晋南北朝学术文化与当时门第之关系》，《中国学术思想史论丛》（三），台北东大图书有限公司 1981 年版，第 171 页。
② 王永平：《论中古时期世族家风、家学之特质——以江东世族为中心的历史考察》，《河南科技大学学报》（社会科学版）2003 年第 3 期。
③ 《论语注疏》卷八《泰伯第八》，《十三经注疏》，第 2487 页。
④ 《论语注疏》卷一五《卫灵公第十五》，《十三经注疏》，第 2518 页。
⑤ 袁宏撰，周天游校注：《后汉纪校注》卷二一《孝桓皇帝纪上》，天津古籍出版社 1987 年版，第 587 页。
⑥ 《新唐书》卷一九九《柳冲传》，第 5679 页。
⑦ 《晋书》卷七〇《应詹传》，第 1858 页。

故颜之推言："今北土风俗，率能躬俭节用，以赡衣食；江南奢侈，多不逮焉。"①

《宋书》卷四六《王懿传》亦载："北土重同姓，谓之骨肉，有远来相投者，莫不竭力营赡，若不至者，以为不义，不为乡里所容。"②

对此，魏晋以来，史料之中多见记述，而本书在"山东士族文化的传统特质"一节中对此也有涉及。

隋唐之际，注重孝友清俭的传统家风仍然是山东士族重要的文化特征。陈寅恪先生称唐代山东士族："降及唐代，历年虽久，而其家风礼法尚有未尽沦替者。"③ 可谓是对唐代山东士族文化面貌的总体概括。

而在隋唐之际的文献中亦多有此类记载，如以下几端：

崔彭，出于博陵崔氏，史载："彭少孤，事母以孝闻。"④

郑善果，出于荥阳郑氏，"性至孝笃慎"⑤。

崔敦礼，出于博陵崔氏，史载："世为山东著姓……颇涉文史，重节义。"⑥

李至远，出于赵郡李氏，"天后时李昭德荐为天官侍郎"，"以志行名重一时"。

李至远子李畬，"开元时为考功郎中，事母孝谨，母卒，不胜丧死"⑦。

崔沔也以孝谨闻名，史载："沔淳谨，口无二言，事亲至孝。"⑧

由此可见，重孝悌仍是隋唐之际山东士族重要的文化特征。事

---

① 《颜氏家训集解》卷一《治家第五》，第 43 页。
② 《宋书》卷四六《王懿传》，第 1391 页。
③ 陈寅恪：《唐代政治史述论稿》，《隋唐制度渊源略论稿·唐代政治史述论稿》合订本，生活·读书·新知三联书店 2001 年版，第 267 页。
④ 《隋书》卷五四《崔彭传》，第 1368—1369 页。
⑤ 《大唐新语》卷三《清廉第六》，第 49 页。
⑥ 《旧唐书》卷八一《崔敦礼传》，第 2747 页。
⑦ 《旧唐书》卷一四八《李藩传》，第 3997 页。
⑧ 《旧唐书》卷一八八《崔沔传》，第 4927 页。

实上，中唐之后，山东士族注重孝友的记载仍然多见于史籍之中，如以下几例：

李珏，赵郡赞皇人，"早孤。居淮南，养母以孝闻"①。

李藩，"少恬淡修检，雅容仪，好学。父卒，家富于财，亲族弔者，有挈去不禁，逾务散施，不数年而贫。年四十余未仕，读书扬州，困于自给，妻子怨尤之，晏如也"②。

卢迈，范阳人，"少以孝友谨厚称，深为叔舅崔祐甫所亲重"③。

崔倕，出于博陵崔氏，其家仍然保持大家庭同居的传统，家法严明，为时人所称道，史载崔倕："缌麻亲同爨。贞元以来，言家法者，以倕为首。"④

从以上这些记载可见，中唐之后，注重礼法，保持孝友清俭的传统风尚在一些山东士族身上仍得到较好延续。

魏晋北朝以来，在仕宦生涯之中，保持清正之风亦为山东士族的显著特征。隋唐之际，山东士族中也多有保持此种风尚者。

郑善果，入仕之后，"励己为清吏，所在有政绩，百姓怀之。及朝京师，炀帝以其居官俭约，莅政严明，与武威太守樊子盖考为天下第一"⑤。

崔玄暐，为博陵安平人，史载其入仕后："以清谨见称。寻授天官郎中，迁凤阁舍人。长安元年（701 年），超拜天官侍郎，每介然自守，都绝请谒。"⑥ 对于崔玄暐为官清谨之状，他的墓志中也载："公魁垒成器，清明在躬"，"惟公倜傥奇节，深沉远量，直哉惟清，介如贞吉"。⑦

卢从愿，出于范阳卢氏，"世为山东著姓"，其为政也颇为清俭，

---

① 《唐语林校证》卷三《识鉴》，第 263 页。
② 《旧唐书》卷一四八《李藩传》，第 3997 页。
③ 《旧唐书》卷一三六《卢迈传》，第 3753 页。
④ （宋）钱易：《南部新书》戊，中华书局 2002 年版，第 63 页。
⑤ 《旧唐书》卷六二《郑善果传》，第 2378 页。
⑥ 《旧唐书》卷九一《崔玄暐传》，第 2934 页。
⑦ 《唐代墓志汇编》开元〇二六，第 1168—1169 页。

史载："景云元年（710年），卢从愿为侍郎，精心条理，大称平允。"① 卢怀慎遗表称卢从愿："清贞谨慎，理识周密，始终若一，朝野共知，简要之才，不可多得。"② 卢怀慎本人以清白之风著称，他言卢从愿"清贞谨慎"，显然是可信的。

在唐代墓志之中，山东士族注重传统家风的记载也颇为多见。如以下几合墓志：

崔睦，其所传门风带有典型的山东士族特质，其墓志载其孝友清俭之风："公之姊婿，以主客郎中终，而兄亦早殁。公奉嫂及姊，尽禄无匮。其后相次沦亡，公家贫，庀丧莫给，乃鬻僮马以葬。群甥呱呱，开口待哺，公之数子，咸孺慕焉，彼餐而厌，以餬予子。时咸通岁，关辅大饥，阖门不粒，几乎毕毙。朝廷嘉之。"③

崔师，出于博陵崔氏，卒于景龙三年（709年），其墓志载："君祖德与简牒相辉，家声与衣冠不坠。"④

郑遵，卒于调露元年（679年），其家"并孝友基身，温恭植性，以道德显父母，以清白遗子孙"⑤。

崔哲，卒于久视元年（700年），墓志中称崔哲："清河东武城人也。……府君珪组盛门，膏腴贵胄，幼陶名教之乐，长擅风流之美。仁而有己，孝实因心，蕴众妙以研几，总多能而成器。贞标峻节，不屈于势利之途；素履清规，独安乎虚淡之境。由是士林称叹，咸以远大许之。"⑥

从上述史料中，我们可以很清楚地看到，在隋唐之际，大量山东士族仍重视清俭孝友，注重保持传统家风特质，而这也成为当时山东士族身上的重要文化特征。应当注意的是，这其中虽不排除有

---

① 《太平广记》卷一八六《卢从愿》，第1390页。
② 《旧唐书》卷九八《卢怀慎传》，第3068页。
③ 《唐代墓志汇编》大历〇六二，第1802页。
④ 《唐代墓志汇编续集》神龙〇二二，第423页。
⑤ 《唐代墓志汇编》圣历〇五二，第966页。
⑥ 《唐代墓志汇编》久视〇一五，第977页。

某些"谀墓"的成分；但考虑到山东士族的家族传统与文化特质，因此作为整体而言，这也在一定程度上反映了山东士族对传统家风的注重。而在隋唐之际不断变化的社会环境之下，保持传统家风也成为山东士族保持社会声望的重要途径。对此，岑仲勉先生就曾谈到唐代山东士族："其所以得到一般仰慕，要点在于能保持'礼教'，'礼'即汉族相传之习俗，所以能够保持，就在于少混血。简言之，'山东门第'者比较未大接受五胡族的熏染之姓氏而已。"① 在这里，岑仲勉先生的概括可谓精到。

二 学风转换与家风坚守

传统上，山东士族的家风与学风联系紧密。陈寅恪先生就曾言："而优美之门风实基于学业之因袭。"② 隋唐之际，乃至整个隋唐时期，由于入仕等方面的需求，山东士族的学风实际上处于一个不断吸收与转换的过程之中。然而，尽管学术传统正在走向变化，不少山东士族仍有能力维持家风旧规。

高宗、武后之后，随着辞赋在科举之中的影响越来越大，一些山东士族子弟亦以文辞入仕。对长于文辞之士，素有所谓"观古今文人，类不护细行，鲜能以名节自立"③ 之说。隋唐以降，某些士族子弟亦浸染其风。陈寅恪先生在论及受文辞影响的山东士族与家风保持间的关系时亦曾言其："虽号称士族，即使俱非依托，但旧习门风沦替殆尽，论其实质，亦与高宗、武后由进士词科进身之新兴阶级无异。"④ 可见，在学风转换的过程之中，一些旧族的门风保持亦受到影响。

---

① 岑仲勉：《隋唐史》，中华书局 1982 年版，第 123 页。
② 陈寅恪：《唐代政治史述论稿》，《隋唐制度渊源略论稿·唐代政治史述论稿》合订本，生活·读书·新知三联书店 2001 年版，第 260 页。
③ 《三国志》卷二一《王粲传》，第 602 页。
④ 陈寅恪：《唐代政治史述论稿》，《隋唐制度渊源略论稿·唐代政治史述论稿》合订本，生活·读书·新知三联书店 2001 年版，第 268 页。

不过，对于这一点也不能做机械的理解。日本学者谷川道雄就曾注意到六朝时期，士族中间就存在德与知"两者有乖离的现实"。① 事实上，我们也应注意到，唐代在以文辞进身的山东士族身上也有此类现象，即在他们中间仍不乏能传习家风者。

崔沔，"有才章。擢进士。举贤良方正高第，不中者诵訾之，武后敕有司覆试，对益工，遂为第一"②。可见其以文辞知名，且以进士科进身。不过，崔沔虽以文学知名，但传统家风却依然保持不坠，史载崔沔：

> 沔淳谨，口无二言，事亲至孝，博学有文词。初应制举，对策高第。俄被落第者所援，则天令所司重试，沔所对策，又工于前，为天下第一，由是大知名……沔为人舒缓，讷于造次，当官正色，未尝挠沮。
>
> 睿宗时，征拜中书舍人。时沔母老疾在东都，沔不忍舍之，固请闲官，以申侍养，由是改为虞部郎中。③

从这里可以看到，崔沔事其亲孝谨，为政正直。不仅如此，崔沔在保持山东士族清俭传统方面也很突出。《新唐书》卷一二九《崔沔传》载其："俭约自持，禄稟随散宗族，不治居宅，尝作《陋室铭》以见志。"④ 当时，崔沔"家以清俭礼法，为士流之则"⑤。《大唐传载》亦云："开元、天宝之间，传家法者，崔沔、崔均之家法。"从中可知，在玄宗时期，崔沔在保持礼法家风方面是非常知名的。

---

① ［日］谷川道雄：《六朝时代的名望家支配》，《日本学者研究中国史论著选译》第二卷，中华书局1993年版，第168页。
② 《新唐书》卷一二九《崔沔传》，第4475—4476页。
③ 《旧唐书》卷一八八《崔沔传》，第4927—4928页。
④ 《新唐书》卷一二九《崔沔传》，第4478页。
⑤ 《旧唐书》卷一一九《崔祐甫传》，第3437页。

崔沔子崔祐甫亦通过进士科入仕，也依然保持良好的礼法家风，史载当时士人即多"重祐甫家法"。①

崔祐甫墓志载其：

> 年廿五，乡贡进士高第，时辈多朋党请谒，以务声华，公独不然，端居以得之。调补秘书省校书郎，转寿安尉。属禄山构祸，东周陷没，公提挈百口，间道南迁，讫于贼平，终能保全，置于安地。②

崔祐甫墓志载其进士及第后，卓尔不群，不务奢华，正是其力求保持士族传统风尚的具体表现。而在安史之乱中，崔祐甫"提挈百口，间道南迁"，则又突出反映了山东士族注重宗族亲情的特征。

再如卢怀慎，其经历亦如此。卢怀慎也以进士及第而入仕，《旧唐书》卷九八《卢怀慎传》载其"为山东著姓"，"少清谨，举进士，历监察御史、吏部员外郎。景龙中，迁右御史台中丞"。但其清俭之风在唐代山东士族之中却颇为典型。史载：

> 怀慎清俭，不营产业，器用服饰，无金玉绮文之丽。所得禄俸，皆随时分散，而家无余蓄，妻子匮乏。及车驾将幸东都，四门博士张星上言："怀慎忠清直道，终始不亏，不加宠赠，无以劝善。"乃下制赐其家物壹伯段、米粟贰伯石。明年，上还京师，因校猎于城南，经怀慎别业，见家人方设祥斋，悯其贫匮，赐绢百匹。仍遣中书侍郎苏颋为其碑文，上自书焉。③

卢怀慎的清俭家风也影响到了其子卢奂、卢奕。卢奂以恪守家

---

① 《旧唐书》卷一一九《崔祐甫传》，第3441页。
② 《唐代墓志汇编》建中○○四，第1823页。
③ 《旧唐书》卷九八《卢怀慎传》，第3069页。

风著称，其被称为"为国之宝，不坠家风"①。史载卢奂：

> 早修整，历任皆以清白闻。开元中，为中书舍人、御史中丞、陕州刺史。二十四年（736年），玄宗幸京师，次陕城顿，审其能政，于厅事题赞而去，曰："专城之重，分陕之雄，人多惠爱，性实谦冲。亦既利物，在乎匪躬。斯为国宝，不坠家风。"②

《开元天宝遗事》卷一也载："卢奂累任大郡，皆显治声，所至之处，畏如神明。"③

卢弈，怀慎少子："谨重寡欲，斤斤自修。与兄奂名相上下，而刚毅过之。天宝初为鄠令，所治辄最，积功擢给事中，拜御史中丞。自怀慎、奂及弈，三居其官，清节似之，时传其美。"④

从中可见，卢怀慎虽然也以进士进身，但这对他保持山东士族传统的清俭家风并没有产生什么影响。而他后人中也多有以清白显世者，似乎也说明其家风的延续机制依然完好。在这里，学风转换只是为卢怀慎提供了进身的基础，而固守并延续传统家风则仍被其作为核心价值观而保持着。

郑余庆，荥阳人，也以进士科入仕，而山东士族风尚俨然留存。史载：

> 余庆少勤学，善属文。大历中举进士……（为政）尤以清俭为时所称……余庆受诏撰《惠昭太子哀册》，其辞甚工……余庆砥名砺行，不失儒者之道，清俭率素，终始不渝。四朝居将相之

---

① （唐）李隆基：《卢奂赞》，《全唐文》卷四一，第450页。
② 《旧唐书》卷九八《卢怀慎传》，第3069页。
③ （五代）王仁裕：《开元天宝遗事》卷上《记恶碑》，中华书局2006年版，第15页。
④ 《新唐书》卷一九一《卢弈传》，第5526页。

任，出入垂五十年，禄赐所得，分给亲党，其家颇类寒素……专欲振起儒教，后生谒见者率以经学讽之，而周其所急，理家理身，极其俭薄。①

郑余庆善文，以进士进身，但却"清俭率素，终始不渝"，"禄赐所得，分给亲党"，其山东士族的家风特征相当鲜明。宪宗下诏即称郑余庆："始以衣冠礼乐，行于山东，余力文章，遂成志学。"② 对其文化特质的评价可谓准确。郑余庆之子郑澣"贞元十年（794 年）举进士"③，"以俭素自居"④。《唐阙史》卷上也载郑澣"以清规素履，嗣续门风"。⑤ 由此可见，郑余庆父子在家风保持方面也颇有延续性。

郑絪与郑余庆父子情势亦相类似，史载："（郑）絪擢进士第，登宏词科……絪以文学进……而守道敦笃，耽悦坟典，与当时博闻好古之士，为讲论名理之游，时人皆仰其耆德焉。"⑥ 可见，他亦以进士进身，而亦保持儒者之道。

山东士族通过进士进身，而同时又能保持家风者，在唐代墓志中亦有相应记载。

如郑虔，卒于大历四年（769 年），"世为著族。……公神冲气和，行纯体素，精心文艺，克己礼乐。弱冠举秀才，进士高第"。⑦

再如崔元立，卒于宝历二年（826 年），乡贡进士，"代习儒业，门承孝义。……公早修文学，未冠而通明经史"。⑧ 也都反映出在学

---

① 《旧唐书》卷一五八《郑余庆传》，第 4163—4166 页。
② 同上书，第 4166 页。
③ 同上书，第 4167 页。
④ 《太平广记》卷一六五《郑澣》，第 1204 页。
⑤ （五代）高彦休：《唐阙史》卷上《荥阳公清俭》，中华书局 1985 年版，第 3 页。
⑥ 《旧唐书》卷一五九《郑絪传》，第 4180—4181 页。
⑦ 《大唐故著作郎贬台州司户荥阳郑府君（虔）并夫人琅琊王氏墓志铭并序》，《全唐文补遗》千唐志斋新藏，第 249 页。
⑧ 《故乡贡进士博陵崔公（元立）墓志铭并序》，《全唐文补遗》千唐志斋新藏专辑，第 342 页。

风转换的背景之下，山东士族固守传统家风的特征。

从上述史料中可以看到，隋唐以降，特别是从高宗、武后时期开始，在以进士进身，长于文学的山东士族中，虽有"旧习门风沦替殆尽"① 现象的存在。但同时，在他们之中能够较好保持传统家风特质的也不乏其人。从这里，我们也能够看到隋唐以来一些山东士族在文化适应方面的一种特有表现形式，即一方面固守其传统家风的主要特质，另一方面又在学风方面有所变化以适应科举考试，并以此作为入仕途径。

在学风转换的同时，不少山东士族对传统家风的固守，在某种意义上，这也是一种传统熏陶下的文化保守主义。而这种文化保守主义的倾向不仅体现在山东士族的家风方面，有时也反映到他们对国家礼制的态度之上。如卢履冰、崔沔，在讨论父在为母服丧期限方面，就表现得比较明显。

卢履冰，出于范阳卢氏，"元魏都官尚书义僖五世孙"②。曾反对父在为母服丧三年，其议论就很典型，《旧唐书》卷二七《礼仪志七》：上元元年（674 年），天后上表……"请父在为母终三年之服"。高宗下诏，依议行焉。开元五年（717 年），右补阙卢履冰上言：

> "准礼，父在为母一周除灵，三年心丧。则天皇后请同父没之服，三年然始除灵。虽则权行，有紊彝典。今陛下孝理天下，动合礼经，请仍旧章，庶叶通典。"……至七年（719 年）八月，下敕曰："惟周公制礼，当历代不刊；况子夏为《传》，乃孔门所受。格条之内，有父在为母齐衰三年，此有为而为，非尊厌之义。与其改作，不如师古，诸服纪宜一依《丧服》文。"

---

① 陈寅恪：《唐代政治史述论稿》，《隋唐制度渊源略论稿·唐代政治史述论稿》合订本，生活·读书·新知三联书店 2001 年版，第 268 页。

② 《新唐书》卷二〇〇《卢履冰传》，第 5698 页。

自是卿士之家，父在为母行服不同。①

《礼记》丧服四制载："故父在为母齐衰期者，见无二尊也。"②
在这里，卢履冰明确表示不赞成"父在为母终三年之服"的礼制改
革。而其态度归结为一点，即为"周公制礼，当历代不刊"，故而
"与其改作，不如师古"。

开元二十年（732 年），"中书令萧嵩与学士改修定五礼，又议
请依上元敕，父在为母齐衰三年为定"③。关于这一问题的讨论又再
次浮现，崔沔对萧嵩的建议就表示反对：

> 开元初，补阙卢履冰尝进状论丧服轻重，敕令佥议。于时
> 群议纷拏，各安积习，太常礼部，奏依旧定。陛下运稽古之
> 思，发独断之明，至开元八年（720 年）［应为开元七年（719
> 年）］，特降别敕，一依古礼。事符故实，人知向方，式固宗
> 盟，社稷之福。更图异议，窃所未详。愿守八年明旨，以为万
> 代成法。④

魏晋以来，缘情制礼一直是南方儒学的重要命题，所谓"即
情变礼，非革旧章"⑤。隋唐之际，缘情制礼仍有一定的影响。如
魏徵就认为"夫孝因心生，礼缘情立"⑥。卢履冰、崔沔出于山东士
族，在讨论父在为母服丧期限方面，均持较为持重而略显保守的态
度，对传统礼制的改变颇为抵触。这种恪守传统礼法制度的态度，
无疑也是山东士族文化保守心态的体现。这一点，正如美国学者坎

---

① 《旧唐书》卷二七《礼仪志七》，第 1023—1031 页。
② 《礼记正义》卷六三《丧服四》，《十三经注疏》，第 1695 页。
③ 《旧唐书》卷二七《礼仪志七》，第 1031 页。
④ 同上书，第 1032 页。
⑤ 《宋书》卷一五《礼志二》，第 397 页。
⑥ 《旧唐书》卷二二《礼仪志二》，第 850 页。

托在谈到文化传统对个体的影响时所分析的："一个人所经历的文化熏陶，也以特定的方式使他的审美反应受到显著的影响。""诸个体以不同方式接受文化熏陶，道德行为也避免不了由此而带来的极度限制。"① 显然，卢履冰、崔沔在此的表现就体现出了这种状况。

三　家风的流变

山东士族家风是一种建立在高度道德自觉基础之上的生活方式，其保持也需要对道德追求有近乎宗教般的虔诚和炽烈。然而，随着社会环境的不断变迁，这一点并非是所有士族成员都能做到的。

李孝贞是隋代人，为赵郡人，"世为著姓"，在这方面，他的经历就较为典型，史载：

> （李孝贞）少好学，能属文。在齐，释褐司徒府参军事。简静，不妄通宾客，与从兄仪曹郎中骚、太子舍人季节、博陵崔子武、范阳卢询祖为断金之契……高祖为丞相，尉迥作乱相州，孝贞从韦孝宽击之，以功授上仪同三司。开皇初，拜冯翊太守，为犯庙讳，于是称字。后数岁，迁蒙州刺史，吏民安之。自此不复留意于文笔，人问其故，慨然叹曰："五十之年，倏焉而过，鬓垂素发，筋力已衰，宦意文情，一时尽矣，悲夫！"然每暇日，辄引宾客弦歌对酒，终日为欢。②

李孝贞早年"简静，不妄通宾客"，对自己要求严格，颇有士族风尚。而到晚年，面对人生流逝，李孝贞却"引宾客弦歌对酒，终日为欢"，其人生态度变化可谓明显。可见，在现实环境之下，面临

---

① ［美］坎托：《文化心理学》，王亚南等译，云南人民出版社 1991 年版，第 284—285 页。

② 《隋书》卷五七《李孝贞传》，第 1404—1405 页。

各种利益选择，若无强烈的信念支撑，固守家风并非易事。事实上，李孝贞对于传统家风的态度并非孤例。隋唐以来，在山东士族中，家风的固守与变迁一直交织在一起，在一些山东士族身上，传统家风的变迁表现得还比较明显。这与另外一些山东士族恪守家风礼法也形成了鲜明的对照。而关于山东士族家风变化的情况，在以下几个方面体现得较为明显。

（一）礼法陵替

实际上，北朝时期山东士族之中即有礼法门风陵替者。北魏卢玄是当时的知名儒士，"神麚四年（431 年），辟召儒俊，以玄为首"，其子卢度世"与从兄遹俱以学行为时流所重"，其孙卢渊"性温雅寡欲，有祖父之风，敦尚学业，闺门和睦"，曾孙卢道将"涉猎经史，风气謇谔"，尚能保持门风。然而，"渊兄弟亡，及道将卒后，家风衰损，子孙多非法，帷薄混秽，为论者所鄙"。①

卢玄是北魏山东士族中的著名人物，其子卢度世、孙卢渊、曾孙卢道将都还能保持门风，但"及道将卒后，家风衰损"。可见，即使在卢玄这样具有良好家风传统的家族内，数代之后，家风变化有时也是不可避免的。

郑道邕，出于荥阳郑氏，主要活动于西魏、北周时期。郑道邕有士族风范，史载其："幼谨厚，以清约自居，年未弱冠，涉历经史。父叔四人并早殁，昆季之中，道邕居长，抚训诸弟，有如同生，闺庭之中，怡怡如也。"郑道邕以"清约自居"，又"抚训诸弟"，郑道邕后入关中，颇为西魏北周所重用，北周时"拜中书令"，"入为少司空"。②

郑道邕之子郑译，在隋代时亦知名，曾是杨坚夺取北周政权的重要筹划者。隋建国后，曾一度为隋文帝所信任。不过，在保持山东士族传统家风方面，与其父郑道邕相比，却显得差异极大，史载：

① 《魏书》卷四七《卢玄传》，第 1045—1062 页。
② 《北史》卷三五《郑羲传》，第 1311 页。

　　　　译性轻险，不亲职务，而赃贷狼籍……译又与母别居，为
　　宪司所劾，由是除名。（隋文帝）下诏曰："译嘉谋良策，寂尔
　　无闻，鬻狱卖官，沸腾盈耳。若留之于世，在人为不道之臣，
　　戮之于朝，入地为不孝之鬼。有累幽显，无以置之，宜赐以
　　《孝经》，令其熟读。"仍遣与母共居。①

　　从以上记述来看，郑译为官贪渎，已无山东士族的清俭之风。
更值得注意的是，郑译竟然因为"与母别居"而为隋文帝杨坚所斥
责，且被"赐以《孝经》，令其熟读"。郑译是来自具有礼法传统家
庭的名门之后，出现这种情况，无论如何也是令人非常诧异的，而
这也足以说明一些山东士族在家风方面松弛的状况。这种现象固然
不是山东士族中的主流，但作为其文化变迁的一种形式亦时有其例，
因此也颇值得关注。
　　崔损，唐代中期人，出于博陵崔氏，在其经历中也可以看到他
不遵礼法之状，史载崔损：

　　　　损大历末进士擢第，登博学宏词科……南北两省清要，损
　　皆历践之，在位无称于人者。身居宰相，母野殡，不言展墓，
　　不议迁祔；姊为尼，殁于近寺，终丧不临，士君子罪之。②

　　崔损"身居宰相，母野殡"，却不为其迁祔，其姊将亡，也"终
丧不临"，其违背礼法之举为士大夫所鄙薄。可见，山东士族注重礼
法的风尚在崔损身上已经有了很大变化。
　　唐代卢杞为卢弈之子，卢怀慎侄孙，但他素被视为佞臣。史载：
"卢杞作相三年，矫诬阴贼，退弃忠良。朋附者咳唾登青云，眭眦者

────────

①　《隋书》卷三八《郑译传》，第 1137 页。
②　《旧唐书》卷一三六《崔损传》，第 3754—3755 页。

顾盼挤沟壑。致使銮舆播越，天下疮痍，皆杞之为也。"① 以致后人更有"卢杞之言无一不误国"之语②。卢杞的经历亦足以说明，在复杂的利益格局之中，一旦山东士族将个人权益置于优先考虑的位置，则必与传统礼法风尚相冲突。而在这样的情况之下，其礼法操守的陵替也就是必然的了。

（二）仕宦中的通变

传统上，山东士族仕宦生涯注重以儒学为从政基点；虽多清正之风，但也正因为如此，由于过于拘泥于一些原则，一些人在吏道上的机变就显得非其所长。特别是在不断变化的环境之下，有时显得不尽合时宜。

卢怀慎主政的经历就颇为典型。史载："先天二年（713年），（卢怀慎）与侍中魏知古于东都分掌选事，寻征还同中书门下三品。开元三年（715年），迁黄门监。怀慎与紫微令姚崇对掌枢密，怀慎自以为吏道不及崇，每事皆推让之，时人谓之'伴食宰相'。"③

卢怀慎虽以进士进身，但他实际上却保留了较多山东士族的传统风尚。不过从中也能看出，卢怀慎虽以清廉为其所长，但在处理政务方面则较为缺乏灵活性。姚崇则与卢怀慎不同，他的特点是"长于吏务"。④

卢怀慎与姚崇关于灭蝗之争也突出地反映了这一点，史载：

开元四年（716年），山东蝗虫大起……黄门监卢怀慎谓崇曰："蝗是天灾，岂可制以人事？外议咸以为非。又杀虫太多，有伤和气。今犹可复，请公思之。"崇曰："楚王吞蛭，厥疾用瘳；叔敖杀蛇，其福乃降。赵宣至贤也，恨用其犬；孔丘将圣

① 《唐会要》卷八二《当直》，第1517页。
② 《资治通鉴》卷二二九"德宗建中四年条注"，第7370页。
③ 《旧唐书》卷九八《卢怀慎传》，第3068页。
④ 汪篯：《唐玄宗时期吏治与文学之争——玄宗朝政治史发微之二》，《汪篯隋唐史论稿》，中国社会科学出版社1981年版，第196页。

也，不爱其羊。皆志在安人，思不失礼。今蝗虫极盛，驱除可得，若其纵食，所在皆空。山东百姓，岂宜饿杀！此事崇已面经奏定讫，请公勿复为言。若救人杀虫，因缘致祸，崇请独受，义不仰关。"①

应当说，卢怀慎与姚崇关于是否该灭蝗这番论争，突出反映了儒学与吏道在从政观念上的分野。

崔祐甫为政与卢怀慎也有诸多相似之处。史载："始，帝（德宗）即位，以崔祐甫为相，专以道德导主意，故建中初纲纪张设，赫然有贞观风。"② 点明崔祐甫"以道德导主意"的儒家式施政风格。不过，崔祐甫虽廉洁至公，但他也缺乏干练老到的政治手段。史载："宰相崔祐甫不晓兵家，胶柱於常态，以至复失河朔。"③ 可见其为宰相时就曾因不谙练藩镇事务，缺乏机变，而复使河朔局面恶化。

然而，与卢怀慎、崔祐甫等人风格相对应的是，隋唐以来，随着政治情势的变化，也有一些山东士族在仕宦生涯中，为适应现实，采取机变之举。

崔日用，出于博陵崔氏，就颇能临时机变，史称：

> 日用才辩过人，见事敏速，每朝廷有事，转祸为福，以取富贵。及先天已后，复求入相，竟亦不遂。常谓人曰："吾一生行事，皆临时制变，不必重专守始谋。每一念之，不觉芒刺在於背也。"④

以此来看，崔日用虽也出于山东士族，但他在政治上并没有什

---

① 《旧唐书》卷九六《姚崇传》，第3023—3025页。
② 《新唐书》卷二二三下《卢杞传》，第6354页。
③ 《旧唐书》卷一四二《王廷凑传》，第3887页。
④ 《旧唐书》卷九九《崔日用传》，第3089页。

么既有的原则，一切行事皆以自身利益为转移。若以崔日用的政治理念与卢怀慎、崔沔、崔祐甫这些人相比，就不难看出其中的巨大落差。清人王鸣盛评论说："观日用之为人，一片权谋诡道，多杀为功，是其所长。"① 其评价可谓精当。

卢徵，范阳人，家于中牟，曾遭贬官，为求复用就曾求助于宦官。史载卢徵："永泰中，江淮转运使刘晏辟为从事，委以腹心之任，累授殿中侍御史。晏得罪，贬珍州司户。……徵冀复入用，深结托中贵，厚遗之。"② 即可见其状。

李德裕为图实现自身政治抱负，也曾凭借宦官。史载：

> 初，德裕在淮南，敕召监军杨钦义，人皆言必知枢密，德裕待之无加礼，钦义心衔之。一旦，独延钦义，置酒中堂，情礼极厚；陈珍玩数床，罢酒，皆以赠之，钦义大喜过望。行至汴州，敕复还淮南，钦义尽以所饷归之。德裕曰："此何直！"卒以与之。其后钦义竟知枢密；德裕柄用，钦义颇有力焉。③

李德裕"深恶进士之科也"，"其学术趣向殆有关家世遗传"④，是唐代中期山东士族的代表人物。不过，从这一记载中，我们也可以看到，在仕宦生活中，为达到政治目的，李德裕亦不惜以财赂的方式结交宦官，可见其已深通机变灵活的为政之道。

在与牛党的党争中，李德裕亦有监军王践言的帮助，史载：

> （大和）五年（831 年）九月，吐蕃维州守将悉怛谋请以城

① （清）王鸣盛：《十七史商榷》卷八十八《崔日用多杀为功》，商务印书馆 1937 年版，第 961—962 页。
② 《旧唐书》卷一四六《卢徵传》，第 3966—3967 页。
③ 《资治通鉴》卷二四六"文示开成五年条"，第 7946 页。
④ 陈寅恪：《唐代政治史述论稿》，《隋唐制度渊源略论稿·唐代政治史述论稿》合订本，生活·读书·新知三联书店 2001 年版，第 264 页。

降……德裕乃发兵镇守，因陈出攻之利害。时牛僧孺沮议，言新与吐蕃结盟，不宜败约……乃诏德裕却送悉怛谋一部之人还维州……会监军王践言入朝知枢密，尝於上（文宗）前言悉怛谋缚送以快戎心，绝归降之义，上颇尤僧孺。其年冬，召德裕为兵部尚书，僧孺罢相，出为淮南节度使。七年（833年）二月，德裕以本官平章事，进封赞皇伯，食邑七百户。六月，宗闵亦罢，德裕代为中书侍郎、集贤大学士。①

关于悉怛谋入降事件处理的反应，史载："僧孺素与德裕仇怨，虽议边公体，而怙德裕者以僧孺害其功，谤论沸然。"② 可见，这一事件在当时普遍被认为是牛僧孺有意对李德裕的压制之举。李德裕从西川入朝执政，这其中原因固然不止一端，但王践言借机向文宗进言悉怛谋事件，增加了文宗对牛僧孺的恶感，这对于李德裕入朝，牛党失势，无疑是起到了一定的作用。虽然在这里，我们还不能确定王践言此举一定是出于李德裕的谋划。但考虑到李德裕曾凭借监军杨钦义的事实，则亦可以推断王践言之所以对文宗言牛僧孺失策事，很可能也与李德裕的指使有关。

（三）佛道援入并且成为山东士族家传风尚的重要成分

从魏晋直至隋唐，尽管时有家风陵替的现象，但对于大多数山东士族而言，不管社会环境如何变化，基于血缘与文化基础上的群体意识依然强烈，保持家风不坠也是其固有信念。现实的问题只是如何在保持家风严谨的同时消解人生终极的空漠感，而此时佛道信仰正弥漫于世间，不少山东士族也从佛道思想之中找到了统一这二者的桥梁。

北朝时，佛道思想在山东士族中即有渗透。崔浩虽排斥佛教，但却信奉天师道，并与寇谦之来往密切。史载其"因欲修服食养性之

---

① 《旧唐书》卷一七四《李德裕传》，第4519—4520页。
② 《旧唐书》卷一七二《牛僧孺传》，第4471页。

术，而寇谦之有《神中录图新经》，浩因师之"。① 高允"又雅信佛道，时设斋讲，好生恶杀"②。卢景裕"又好释氏，通其大义"③。至唐代，佛道与儒学相互渗透更为频繁，山东士族中的佛道信仰也趋于普遍。据墓志载崔暟即"尤好老氏道德，金刚般若"④，其子崔沔也承其风，"注老子道德经……顷以依于佛"⑤。从中可看到其父子皆受佛道思想影响。

值得关注的是，在山东士姓家族中，不唯男性，一些女性成员的佛道信仰亦十分浓厚。崔暟之妻王媛出身太原王氏，亦为山东高门，就笃信佛教。其墓志云："长子监察御史浑，直指清立，庆长运短，丁安平府君忧，浑居丧孝闻，既练而殁。夫人雅好释理，会通众妙，虽哭无昼夜，而心照玄空。"⑥

与男性相比，士族女性的生活空间更为狭小，而家学与家风要求却依然严格。对于山东士族女性而言，世俗对其人格期待则更是高企，以致唐代有所谓"始不以进士擢第，不娶五姓女，不得修国史"为平生三恨之说。⑦ "七岁读女史，十一就妇功，岂织纴组纫，不废事业……属家本好俭，岁仍不登，不厌糟糠，不辞浣濯，以身率下，以悦使人，屡报农收，遂安反侧。而亲授诸子，夙兴不息。"⑧ 可以说是这些女性人生的标准写照。

然而在恪守家学门风与佛道信仰弥漫的双重社会氛围之下，对她们有些人而言，纯粹的道德追求固然不可避免，但佛道信仰提供的来世救赎前景对生活在单调空间中的这些女性似乎更有吸引力。因此对她们来说，恪守士族家风已非其生活的全部意义，而通过佛

---

① 《魏书》卷三五《崔浩传》，第 815 页。
② 《魏书》卷四八《高允传》，第 1089 页。
③ 《魏书》卷八四《卢景裕传》，第 1860 页。
④ 《唐代墓志汇编》大历〇六二，第 1802 页。
⑤ 《唐代墓志汇编》大历〇六〇，第 1800 页。
⑥ 《唐代墓志汇编》大历〇六三，第 1804 页。
⑦ 《唐语林校证》卷四《企羡》，第 384 页。
⑧ 《唐代墓志汇编》天宝一九七，第 1668—1669 页。

道信仰实现从现实世界到彼岸世界的跨越倒成为不少山东士族女性乐于追求的人生终极选择。赵郡李氏适荥阳郑道，"自作嫔君子，厥有令声；睽偶良人，载敷稚训；克励恭姜之节，聿遵孟母之言。及诸子冠成，遂屏绝世事曰：吾平生闻王母瑶池之赏，意甚乐之，余可行矣。是乃受法箓，学丹仙，高丘白云，心眇然矣"①。郑氏卒于元和三年（808年），其墓志亦载："夫人在家，诵女史，服姆教，修德容，功言箴管线纩，而咸备有。故廿有二，而为庶子之夫人。始嫁，庶子尉南陵，官薄斗食，时屯室空。实黾俛求之，辅佐以道……晚节乃黄老为师，涵泳道机。"② 可谓都是这方面的典型。由此可见，由于影响日益深远，佛道信仰已渐成唐代山东士族家庭文化传统一个不可分割的部分。

第三节　儒佛兼修与唐代山东士族
女性的家风演进
——以唐代墓志为例

有唐一代，佛教影响深远，在山东士族女性之中，信奉者也颇为众多。山东士族女性素以家风自持③，信仰佛教者也以儒佛兼修居多，这在唐代墓志中反映得尤为突出。关于唐代女性与佛教的关系，目前已有多方面研究。④ 然而，对于山东士族女性这一群体中的佛学

① 《唐代墓志汇编》景龙〇〇三，第1079页。
② 《唐右庶子韦公（聿）夫人故荥阳县君郑氏墓志铭并序》，吴钢主编《全唐文补遗》第七辑，三秦出版社2000年版，第79—80页。
③ 钱穆先生在《略论魏晋南北朝学术文化与当时门第之关系》中曾指出家风即为"孝友之内行"，在本书中，家风是指山东士族女性以女学女训为基础的生活方式与文化底色。
④ 如：万军杰《从墓志看唐代女性佛道信仰的若干问题》，《魏晋南北朝隋唐史资料》2002年版；严耀中《佛教戒律与唐代妇女家庭生活》，《学术月刊》2004年第8期；《墓志祭文中的唐代妇女佛教信仰》，《唐宋女性与社会》，上海辞书出版社2003年版；张国刚《中国家庭史》隋唐五代卷，广东人民出版社2007年版等。

信仰状况及其对传统家风的影响，学界则较少涉及。有鉴于此，本节以唐代墓志为线索，对此问题作初步探讨。

一　儒风坚守下的佛学渗透

魏晋北朝时期，佛教在山东士族之中虽有传播，但尚不普遍。及至唐代，佛教影响至深，信奉者众多。在如此的社会氛围之下，不少山东士族女性也深受其影响，信奉者不在少数。在唐代墓志之中，此类记载屡见不鲜，而以下几合墓志，可对唐代山东士族女性的佛教信仰状况管窥一斑。

清河崔氏适李庭训，卒于天宝十年（751年），其墓志云："常绝荤辛，持般若经，诵陁罗尼咒。"① 赵郡李琰墓志云："姊妹出家，悟因缘而归道。不尝荤茹，稍却铅华。数岁诵经，六时行道。金刚般若，草契于心；妙法莲华，常指于掌。口资法味，身得道腴。虽非落发比丘，直是在家菩萨。"② 太原王氏："苦行持斋，精勤戒道。"③ 范阳卢氏墓志言："夫人奉教空门，信崇释理。"④

值得注意的是，魏晋以来，山东士族多以家学门风闻世，其家族中的女性成员亦受儒风熏陶，多注重女训女则教育。及至唐代，对山东士族而言，虽然社会环境较之以往有了明显变化，但对于其大多数而言，不管境遇如何变化，基于血缘与文化传统基础上的群体意识依然强烈，保持门风不坠也是其固有信念。"余山东之风，以礼乐自守，褒显爵号，非余始望。"⑤ 即颇能代表山东士族对于自身文化传统的恪守与自信。山东士族女性信奉佛教者，亦多以保持固有家风为基础，以此形成了儒佛兼修的信仰模式，这在多个方面均

---

① 《唐代墓志汇编》顺天〇〇四，第1746页。

② 《唐代墓志汇编》大历〇二〇，第1772页。

③ 张宁、洛阳古代艺术馆等：《隋唐五代墓志汇编》北京卷第1册，天津古籍出版社1991年版，第144页。

④ 《唐代墓志汇编》大和〇四二，第2125页。

⑤ 《唐代墓志汇编》贞元〇九四，第1905页。

有体现。

其一，注重孝悌观念与亲尊之礼。礼法是山东士族家风得以维系的基础，而孝悌观念与亲尊之礼则是这其中的核心价值。对此，《论语》言："孝弟也者，其为仁之本与！"①《孝经》亦云："夫孝，德之本也，教之所由生也。"②《礼记》则言："亲亲、尊尊、长长、男女之有别，人道之大者也。"③ 女性的生活空间以家庭为核心，孝悌观念与亲尊之礼则更是构建其人伦秩序的基石。山东士族女性即使信奉释教者，其行为处事仍多以此为依归。

郑氏"盖以克孝，闻于亲族"，而"奉持释教，深契至真"。④ 范阳卢氏系北祖大房之胤，卒于大和五年（831 年），其墓志言："为女养亲，为妇奉舅，二姓外内，实以孝闻。"又"奉教空门，信崇释理，虔诚经像，悲此幻影"。⑤ 高氏为邠王细人，"于是奉元妃以肃敬，睦诸下以柔谦"，"悟泡幻之有为，遂虔诚于妙观"。⑥ 荥阳郑氏，适裴氏，信佛教，其墓志载："每占熊有期，设弧及月，辄严室斋戒，手写真经，竭力匮财，无非佛事。"而"夫人年未十岁，以恩泽戚属，选为皇后斋郎。能执豆笾，实佐祀事。礼毕，恩诏皆赐一官。其他或受其夫，或受其子。夫人以为家人之道，亲亲尊尊，非常之恩，请让大父。故我郎中有华省之拜"。⑦ 可以说，以上墓志均体现出了这些女性虽信奉佛教，但生活之中仍以孝悌观念与亲尊为圭臬的情状。

其二，家常居处之间妇道母仪。班昭曾言："女有四行，一曰妇德，二曰妇言，三曰妇容，四曰妇功。""此四者，女人之大德，而

---

① 《论语注疏》卷一《学而第一》，《十三经注疏》，第 2457 页。
② 《孝经注疏》卷一《开宗明义章第一》，《十三经注疏》，第 2545 页。
③ 《礼记正义》卷三二《丧服小记第十五》，《十三经注疏》，第 1496 页。
④ 《唐代墓志汇编》开元三四九，第 1397 页。
⑤ 《唐代墓志汇编》大和〇四二，第 2125 页。
⑥ 《唐代墓志汇编续集》开元一四六，第 553—554 页。
⑦ 《唐代墓志汇编续集》天宝一〇八，第 661 页。

不可乏之者也。"① 可谓将女德融化在家常行止之中。山东士族女性重妇道母仪，所循家风在日常居处之间亦多有体现，信奉佛教多亦无碍此风。

王氏"母仪妇道，杰为时望"，又"精意禅寂，深悟空门"。② 清河张氏"克柔母仪，淑慎于家，声闻于里。况乎先觉，早悟色空，斋戒在目，持念闭目"③。荥阳郑氏亦可谓这方面的典型，其墓志言其："又心存释教，早悟缘觉，常诵金刚波若经，住持正法，无忘夙夜。"而"言□崔氏，自盥笄崇礼，淑慎其身，四德聿修，六行□□，不修其服，必亲浣濯之衣；不倦其劳，必恭织纴之事。缉谐女史，敦顺母仪，□□以奉其上，慈爱以率于下，周给恤隐，矜孤悯穷，居厚者不尚其多，处少者不□□薄。与长姒卢夫人深相友敬，执礼游艺，行同言合，□外之间，怡怡如也，古之□□，无以加焉"。④ 皆从不同角度印证了这一点。

其三，文化教育之中的儒风延续。两汉以来，士族女性不仅重礼法亦多通文墨。钱穆先生曾言："盖当时门第既重礼法，又重文艺，即妇人亦然也。"⑤ 及至唐代，山东士族家族之中亦多倡导女性传习文教。李华言："妇人亦要读书解文字，知今古情状，事父母舅姑，然可无咎。……汝等当学读《诗》《礼》《论语》《孝经》，此最为要也。"⑥ 而山东士族女性中，信佛者亦多同时修习儒学经典。

范阳卢氏"克慎言容，载惇经史"，又"坚持戒行，蔬食素服"。⑦ 清河崔氏虽"崇奉释教，深味佛经，诵读讲磨，咸得要妙"，

---

① 《后汉书》卷八四《列女传·曹世叔妻传》，第 2789 页。
② 张宁、洛阳古代艺术馆等：《隋唐五代墓志汇编》洛阳第 10 册，天津古籍出版社 1991 年版，第 109 页。
③ 《唐代墓志汇编》贞元〇四四，第 1868 页。
④ 《唐代墓志汇编》开元〇六〇，第 1196 页。
⑤ 钱穆：《略论魏晋南北朝学术文化与当时门第之关系》，《中国学术思想史论丛》（三），台北东大图书有限公司 1981 年版，第 168 页。
⑥ （唐）李华：《与外孙崔氏二孩书》，《全唐文》卷三一五，第 3195—3196 页。
⑦ 《斛律都水夫人范阳县君卢氏（廉贞）墓志并序》，《全唐文补遗》千唐志斋新藏专辑，第 110—111 页。

却"习礼言诗,尤专论语",又能"洞知声律,不学而能,笔札雅琴,皆所尽善。其识密意周,条理通贯者如此。闺闱礼范,播美六姻"。① 赵郡李氏为李吉甫之胤,"及五六岁,能诵书学书,女工奇妙,尽得之矣。洎七八岁,宛有成人之器,心归释氏,情向玄门,虽颠沛间,亦必于是"②。皆是其例。

此外,在信佛者山东士族女性中,不仅多有修习儒学经典的情况,还不乏以儒义教子者。

士族女性多具儒学修养,故而魏晋以来,女性教子甚为引人注目,在山东士族女性中亦不乏其例。例如,史载:"清河房爱亲妻崔氏者,同郡崔元孙之女。性严明高尚,历览书传,多所闻知。子景伯、景先,崔氏亲授经义,学行修明,并为当世名士。"③ 唐代,士族女性教子亦不少见。史载:"(李)景让母郑氏,性严明,早寡,家贫,居于东都。诸子皆幼,母自教之。"④《旧唐书》卷一七三《李绅传》亦载:"绅六岁而孤,母卢氏教以经义。"

在信奉佛教山东士族女性之中,也仍有不少坚持以儒义训子者。如房氏丧夫后:"训子克家,至于从政,忠孝并矣;教女壸则,迨乎事人,法度备矣。君子谓夫人可以为天下母师已。"同时又"俄通四禅,深入三昧,廖然解脱,湛乎清净"。⑤ 王氏,"受持经论。知六尘是妄,见五蕴皆空。系草降心,传灯得法"。"有男如际、如升,奉□□游处之诚,承孟母断织之慈。孝友为心,谦柔混俗。动不失礼,人皆仰之。"⑥ 清河张厶墓志亦载:"爱自嫠居,方历三纪,因归释化,端向四禅,追恸良人,是有敬姜之德;训导爱子,非无孟

---

① 《唐代墓志汇编》大中一二八,第 2351 页。
② 《唐代墓志汇编》咸通一〇一,第 2457 页。
③ 《魏书》卷九二《列女传》,第 1980 页。
④ 《资治通鉴》卷二四八"武宗会昌六年条",第 8027 页。
⑤ 《唐故荆府户曹参军段府君夫人房氏墓志铭并序》,《全唐文补遗》千唐志斋新藏专辑,第 201—202 页。
⑥ 《母氏故王夫人(清净观)墓志铭并序》,《全唐文补遗》千唐志斋新藏专辑,第 226—227 页。

母之贤。"① 均以实际例证说明这些信佛的女性仍以儒义训子的状况。

事实上，对于山东士族女性而言，儒佛兼修信仰模式的形成并非出于偶然。

一方面，佛学进入中土之后，其本身在发展的历程中就具备了儒佛融合的趋势。尽管从本质上讲佛教理论是一种追求出世的人生哲学，从而与儒学的价值取向大相径庭。但进入中土之后，特别是魏晋以来，佛教一直致力于挖掘与儒学在义理方面的相通之处，以求得主流本土文化对其的接受。故而佛家倡言"周孔即佛，佛即周孔"。② "虽儒典之格言，即佛教之明训。"③ 因之，可以说，中土佛教本身就蕴含着儒佛兼修的因子，而不少以儒学立命的士人也颇为响应这一点。颜之推就言："内外两教，本为一体。""归周、孔而背释宗，何其迷也！"④

另一方面，尽管山东士族较多地继承了汉儒之风，重经术家风，对佛教时有抵触。但魏晋以降，佛教逐渐流行，佛教思想在山东士族中已有渗透，一些名儒亦开始信仰佛教。高允系渤海高氏之胤，是北朝名儒，即 "又雅信佛道，时设斋讲，好生恶杀"⑤。卢景裕"少聪敏，专经为学"，也"又好释氏，通其大义"。⑥ 卢光为北朝名儒卢辩之弟，"性温谨，博览群书，精于《三礼》，善阴阳，解钟律，又好玄言。……光性崇佛道，至诚信敬"。⑦ 唐代，山东士族之中的儒佛兼修则更为普遍。卢寂墓志云："公年高卜性胤天，惟三二宗儒学，一从释氏，虽幼冲而未立，亦训导而可至。"⑧ 就颇具典型意义。因而在这样的环境之中，再加之隋唐三教合流的时代趋势，唐代山

---

① 《唐代墓志汇编》开元二〇八，第 1302 页。
② 《大正新修大藏经》52 册《弘明集》卷三，第 17 页。
③ 《大正新修大藏经》50 册《高僧传》卷一，第 325 页。
④ 《颜氏家训集解》卷五《归心第十六》，第 368 页。
⑤ 《魏书》卷四八《高允传》，第 1089 页。
⑥ 《魏书》卷七二《卢景裕传》，第 1859—1860 页。
⑦ 《周书》卷四五《卢光传》，第 807—808 页。
⑧ 《唐代墓志汇编》贞元〇五六，第 1877 页。

东士族女性形成儒佛兼修的信仰模式也就不足为奇了。

二　佛学渗透与唐代山东士族女性的家风保持

佛学虽以人生解脱、超脱出世的理念呈现于世人之前，但对于大多数信奉佛教的山东士族女性而言，通过佛学与儒风的相互交融，其家风中的一些基本特质也在无形中得到了强化。具体而言：

（一）佛理为山东士族女性恪守家风、努力保持内心澄明的现实人生提供了终极超越前景，从而使其传统家风中的现实性与佛学超越世俗的终极关注得以贯串为一体。

唐代山东士族女性虽多以家风自守，然而在佛教信仰弥漫于世间的背景之下，对她们有些人而言，纯粹的道德追求固然不可避免，但如何在保持门风严谨的同时消解人生终极的空漠感也是不得不面对的问题，而唐代的佛学思想正为这二者提供了统一的桥梁。

唐代佛学的特点是普遍重视心性论，强调修行心性为超脱凡俗的途径。而心性论亦为人生论，它将现实世界与彼岸世界联系了起来，肯定尊重现实秩序在修持中的意义。佛家所谓："以触境皆如，道无不在。"[1] "即心即佛，无法不具，而须积功，遍修万行。"[2] 故此，对礼佛的山东士族女性来说，佛教信仰提供的来世救赎前景固然极具吸引力，但实现从现实世界到彼岸世界的跨越又不可避免地需要现实人生的铺垫。而恪守家风作为其世俗生活的主要体现，也就成为她们实现"临终见佛"的一个必由环节。

太原王氏卒于贞元八年（792年），其墓志载："夫人四德备身，内和外睦，敬上抚下，爱之六姻，一念真如，修持众行，三归净戒，灭即示生。"[3] 郑氏，"安时乐道，曾不屑怀，常泊如也。于是忘形觉路，向晦禅门。……尝宴坐之隙，命族扬言：死者心至之期，吾

---

[1] 《大正新修大藏经》35册《大方广佛华严经疏》卷五三，第900页。

[2] 《大正新修大藏经》36册《大方广佛华严经随疏演义钞》卷二一，第164页。

[3] 《唐代墓志汇编》贞元〇四三，第1867页。

当即世。自服膺释教，垂卅年。深寐真诠，早知浮假"①。李氏，"夫人为相门女，邦君妻，不以华贵骄人，能用恭俭克已（己）。抚下若子，敬夫如宾。衣食之余，傍给五服亲族之饥寒者。又有余，散沾先代仆使之老病者。又有余，分施佛寺僧徒之不足者。瀚衣菲食，服勤礼法。礼法之外，讽释典，持真言，栖心空门，等观生死。故治家之日，欣然自适；捐馆之夕，怡然如归"②。可以说这几合墓志，颇能反映出这些女性在佛学视角之下对现实人生与永恒世界之间关系的体悟。

（二）佛学伦理对山东士族女性道德生活的强化功用。

佛教之中，有"无我"说。"无我"说不免带来对现实人生中道德意义的困惑，即："若无实我，谁能造业？谁受果耶？……谁于生死轮回诸趣？谁复厌苦求趣涅槃？"③ 然而，佛教在发展的过程之中也产生了业报轮回观念与因缘说的学说，其间亦蕴含着对自我道德实践的肯定，以及因此而形成的意志自由前提下的道德因果律。如佛经云："见诸众生死此生彼、从彼生此、形色好丑、善恶诸果、尊贵卑贱、随所造业报应因缘，皆悉知之。"④ 进入中土的佛教为迎合主流文化的旨趣，更将佛学伦理与儒家道德相比附，这与山东士族家族所尊崇的家风传统自然产生了某种契合。更为重要的是，佛教亦强调道德实践本身就是通往彼岸世界的途径，如康僧会就曾言："周孔所言，略示近迹；至於释教，则备极幽微。故行恶则有地狱长苦，修善则有天宫永乐。"⑤ 这对信奉者而言，其意义就更为非同一般了。

1. 关于孝亲

佛教戒律本主张脱离世俗家庭，但在进入中土之后，佛教在传

---

① 《唐故尚书右丞卢府（藏用）夫人荥阳郑氏（冲）墓志铭并序》，《全唐文补遗》千唐志斋新藏专辑，第 220 页。

② （唐）白居易：《海州刺史裴君夫人李氏墓志铭并序》，《全唐文》卷六八〇，第 6952 页。

③ 《大正新修大藏经》31 册《成唯识论》卷一，第 2 页。

④ 《大正新修大藏经》01 册《佛说长阿含经》卷一三，第 86 页。

⑤ 《大正新修大藏经》50 册《高僧传》卷一，第 325 页。

播之中比附儒学，亦将孝亲作为其道德原则。如《弘明集》中即言："佛有十二部经，其四部专以劝孝为事。殷勤之旨，可谓至矣。"① 又言："夫孝理至极，道俗同贯，虽内外迹殊，而神用一揆。"② 对此，山东士族女性的墓志中颇有体现。

崔氏"纯孝睦友"而又"融心禅慧"③，南阳张氏"恒遵孝行，扇席温床"，又"蕴观音于藏间，崇经造像"④，即为其例。太原王氏墓志载："夫人性孝敬，依归佛，喜洁净。恭祀事于先人，谦妇礼于伯仲，未尝违于顷刻间。"⑤ 也颇具代表性。

值得关注的是，从墓志中可以看到，在信奉佛教的山东士族女性中，没有脱离家庭生活者，其孝亲之义不改固然已成普遍现象。即使是出家为尼者亦有孝行者，也可以明显看到佛教中孝亲观的影响。

赵郡李津墓志就很典型："初，公（李津）之卒会公弟深尉临安，公之女子尼子真□从，故公之枢殡于临□复□卒汾水令，还殡临安，而深□□氏先归，营求□卜。尼子泫然流涕曰：古不迁葬者，□□之义；今戈戟未戢，乡□且迁，或虑非常之虞，必从□古之道。若吾涉江登陆，尽□以西，是旅幽魂而孤丘墓也。吾怀衣落发，业已出家，请备□除□□□□薛氏不夺，言于所亲。公季弟江闻之，嗷然而哭曰：兄弟孔怀，吾敢忘哉！又何尼子之起予。遂顺流□□，以正丘首，君子曰：尼子纯孝也，爱其父施及于江。"⑥ 李津墓志载其女虽业已出家，却被赞为"尼子纯孝"，其行止就颇能反映比丘尼的孝行观念。

2. 清俭与克己行善

山东士族素以清俭克己自持，故多有"家以清俭礼法，为士

---

① 《大正新修大藏经》52 册《弘明集》卷三，第 17 页。
② 《大正新修大藏经》52 册《弘明集》卷八，第 50 页。
③ 张宁、洛阳古代艺术馆等：《隋唐五代墓志汇编》洛阳第 12 册，天津古籍出版社 1991 年版，第 40 页。
④ 《唐代墓志汇编》永徽一二七，第 214 页。
⑤ 《唐代墓志汇编续集》咸通○一一，第 1041 页。
⑥ 《唐代墓志汇编》大历○一八，第 1771 页。

流之则"① 者，其女性亦多承此风，而这与佛学的某些戒律颇有契合之处。以佛教七守为例，其文："一守清净，不乐有为。二守无欲，不贪利养。三守忍辱，无所诤讼。四守空行，不入众聚。五守法意，不起众想。六守一心，坐禅定意。七守约损，衣食麤疎，草蓐为床。如是七法，可得久住。"② 再如《法苑珠林》言："在家之人，若能厌舍俗情，欣慕高志，专崇三宝，修持四德，奉行孝悌仁义礼智，贞和爱敬。能行斯行，翻同为内。"③ 这与山东士族的清俭习尚有契合之处。下面以一些山东士族女性的墓志为例，以证明这一点。

崔氏，"恶奢尚俭，好静忘躁，不以外荣为贵，恒以内修为德。……虽处居家，终修其梵行矣"④。卢氏，"志尚佛经，能辩二乘之宗旨，得三教之要妙。……（夫）文应家法清俭，言行立身。业素贫儒，守道自处。夫人虽衣食莫给而无愠嗟，抚视孤藐，出于常意"⑤。崔氏 "克躬节俭"，"然后归心禅门"。⑥ 王媛出身太原王氏，亦为山东高门，笃信佛教。其墓志也提供了一个与此颇有契合的典型例证："咸通之岁，关辅阻饥，府君为率更寺丞，素业清约，位才非隐，禄未充家，孤遗聚居，稚孺盈抱。夫人于是劬劳自嗛，推美分甘，至乐融而且康，众心馁而无怨。府君利用进德，雍容礼闱，睦亲行成，内举义直。……夫人清静无欲，听从有裕，即荆布而安，舍丘园而逸。是知德曜有隐居之具，于陵听箕帚之言，高义充符故也。抑尝深见淳薄，不慕荣盛，胄实称美，姻则唯亲，皆山东素门，罕涉权

---

① 《旧唐书》卷一一九《崔祐甫传》，第 3437 页。
② 《大正新修大藏经》01 册《般泥洹经》卷上，第 176 页。
③ 《大正新修大藏经》53 册《法苑珠林》卷八二，第 894 页。
④ 《唐代墓志汇编续集》天宝一一一，第 663 页。
⑤ 《唐安州都督府法曹参军郭文应亡妻范阳卢氏墓志铭并序》，《全唐文补遗》千唐志斋新藏专辑，第 330 页。
⑥ 张宁、洛阳古代艺术馆等：《隋唐五代墓志汇编》洛阳卷第 10 册，天津古籍出版社 1991年版，第 117 页。

右，亦夫人雅志也。"① 可以看到，这些女性行止既具有山东士族传统家风的特质，又兼有佛学伦理的色彩，显示出了佛学的某些戒律对世俗道德的支持作用。

3. 为寡居女性守节提供精神支持

自北朝以来，北方女性生活空间相对宽松，自由度较高。《颜氏家训》中记载："邺下风俗，专以妇持门户，争讼曲直，造请逢迎，车乘填街衢，绮罗盈府寺，代子求官，为夫诉屈。此乃恒、代之遗风乎？"② 唐代女性不仅多承此风，在婚姻方面也享有较多的自由，改嫁者亦不少见。故朱熹称："唐源流出于夷狄，故闺门失礼之事，不以为异。"③ 山东士族素重婚媾，故称"故尚婚娅，其信可与也"。④ 但即使如此，其中亦有违礼背法者。《大唐新语》就载荥阳郑远女："今日得离书，明日改醮。"⑤

不过，总体而言，唐代"山东士族，例以修持门阀比较姻媾为光大"⑥。"而门风家范为世准程"⑦。其家风要求依然严格。当婚姻出现不幸时，其女性也多遵循从一而终的婚姻传统，故称"大凡士族女郎，无改醮之礼"。⑧

佛家有一定禁欲主义的色彩，在言及女性寡居时，多鼓励其："今当一心，丹诚忏悔，改邪就正，舍身受身，至成佛道。"⑨ 超明，"年二十一，夫亡寡居，乡邻求嫂，誓而弗许。因遂出家，住崇隐寺。神理明彻，道识清悟"⑩。可以说，类似的事例既能吸引那些丧夫寡居的女性皈依释门，又能为其保持传统的守节观念提供精

① 《唐代墓志汇编》大历〇六三，第1804页。
② 《颜氏家训集解》卷一《治家第五》，第48—49页。
③ 黎靖德：《朱子语类》卷一三六《历代三》，中华书局1986年版，第3245页。
④ 《新唐书》卷一九九《柳冲传》，第5679页。
⑤ 《大唐新语》卷三《公直第五》，第43页。
⑥ 《唐代墓志汇编》咸通〇五七，第2422页。
⑦ 《唐代墓志汇编续集》大和〇三九，第912页。
⑧ 孙光宪：《北梦琐言》，中华书局2002年版，第111页。
⑨ 《大正新修大藏经》53册《经律异相》卷三八，第204页。
⑩ 《大正新修大藏经》50册《比丘尼传》卷三，第944页。

神支持。

以下几合墓志就较具代表性。王氏，"不幸良人早背，独守偏孤，鞠稚子之单居，念低徊而不忍。情非再醮，意乐三从，如愚管窥，请令守志。自日来驰诚净土，锐思弥陀，和雅之音，周游娱耳；功德之水，清冷涤心。苦行持斋，精勤戒道，施之非悭，取亦无贪，广运财成，弘敷妙乐"①。太原王氏，"遭公之丧，形影相弔（吊），发罢香油，面绝铅粉，经佛在心"②。魏氏，"即年廿二，府君丧矣，妇德幼彰，母仪夙著，存殁不改其操，寒暑匪易其心。有女一人，法名道峻。夫人年卅四，丁先府君之忧，卅三，丁先太夫人之忧。仰苍昊而罔极，嗟人生如梦幻，欻然自悟，归信释门，斋戒不亏，卅余载"③。崔绩在丈夫卒后，亦抚育子女，"过此则修学大悲，一回解脱"④。以上墓志皆反映了这些女性在丧夫之后，皈依佛门，以此为精神寄托，坚守寡居生活之状。

三　佛学渐入与山东士族女性的家风嬗变

对于众多受到佛教影响的山东士族女性而言，坚守儒风固然仍是其生活的前提，但佛教的援入毕竟会带来一些新因素的影响。在此背景之下，这些女性的传统家风在传承过程中出现某些方面的变异也就不可避免了。

（一）家庭教育方面的变化。山东士族家族多注重女性家学教育，而这种教育又是建立在其深厚的儒学伦理传统基础之上的。因而在言及中古士族家庭女性教育时，钱穆先生就曾言当时"提倡女子教育则仍必尊儒家之传统"。⑤

① 《唐代墓志汇编》开元一九八，第 1295—1296 页。
② 《唐代墓志汇编》贞元〇〇七，第 1842 页。
③ 《唐代墓志汇编》贞元一〇六，第 1914 页。
④ 《唐代墓志汇编》元和〇七六，第 2001 页。
⑤ 钱穆：《略论魏晋南北朝学术文化与当时门第之关系》，《中国学术思想史论丛》（三），台北东大图书有限公司 1981 年版，第 168 页。

　　唐代女性生活虽呈现多元特征，但士族女性的家训依然多保持儒学传统。史载：宋庭芬"世为儒学"，其女若莘、若昭"著《女论语》十篇，其言模仿《论语》"。① 郑氏曾作《女孝经》，其《进女孝经表》亦云："因以曹大家为主，虽不足藏诸岩石，亦可以少补闺庭。"② 即体现出唐代女性仍重视传统女训、女诫的风尚。

　　对此，墓志中亦多有记载。范阳卢静："承母训于兰闱，重传尊师，婉娩十□之教；明诗习礼，尊修四行之规。"③ 李柔墓志："幼而令淑，夙承教义；容范三礼，经纶四德。"④ 王氏，"禀教修立，持身洁静，年既笄而班训已闻，礼从纵而姜勤弥劭。逮事舅姑，备修妇道。"⑤ 也都反映了这种状况。

　　然而，对于众多的佛教信奉者来说，诵持佛经，研习经义是其必备之务。佛家言："能诵持者，一切罪灭。"⑥ 又佛家七教之中："一当数会，讲诵经道，无有懈怠。二当和顺，忠正相教，转相承用。"⑦ 也俱为传习经义的要求。因而在信奉佛教的山东士族家族之中，不少女性在传统家教之外又会注入研习佛经的内容，有些更是从小就生活在浓厚的佛学氛围之中。

　　王氏，"先是，祖夫人深诣释门，久探觉路，顾命之日，手付遗文，夫人孝不忘心，言若在耳，克符宿愿，果证真如。于是脱落尘劳，捐舍饰好，精思圆寂，密契微言，国之大师，屡有印可"⑧。荥阳郑氏适李氏，"尝慕释理，耽读典坟，每获精义，未尝不执卷以召诸幼而教导之，孜孜诲谕，唯曰不足，即可知其训方也"⑨。而李德

---

① 《旧唐书》卷五二《后妃传下》，第 2198 页。
② （唐）郑氏：《进女孝经表》，《全唐文》卷九四五，第 9817 页。
③ 《唐代墓志汇编》长安〇四三，第 1021 页。
④ 《唐代墓志汇编》景龙〇四八，第 1114 页。
⑤ 《唐代墓志汇编》开元三五七，第 1403 页。
⑥ 《大正新修大藏经》07 册《大般若波罗蜜多经》卷五七八，第 991 页。
⑦ 《大正新修大藏经》01 册《般泥洹经》卷上，第 176 页。
⑧ 《唐代墓志汇编》天宝二一六，第 1682 页。
⑨ 《唐代墓志汇编》大中〇九一，第 2320 页。

第三章　文化融合背景下的儒学重塑与史学实践

裕孙女悬黎，十三岁时早丧，也"能讽释氏文字"。①

由此可见，对信奉佛教的山东士族女性家族而言，佛学已渐成其家教传统一个不可分割的部分。

（二）佛教对于山东士族女性的礼法传统亦有一定的影响，这在葬俗方面反映得尤为明显。

儒学重夫妇同穴而葬。《白虎通义》载："合葬者何？所以同夫妇之道也。故《诗》曰：'谷则异室，死则同穴。'"② 《礼·檀弓》亦曰："合葬，非古也，自周公以来，未之有改也。"③ 唐代信仰佛教的山东士族女性，故后合葬者虽不少，但有些则要求身后放弃夫妇同穴的葬法，这种不以形骸为念的做法，突出反映了佛教彼岸世界观念的影响。

王挺卒于龙朔元年（661 年），其墓志云："其先太原人也……宋氏夫人早悟善本，夙植胜因，念诵经行（下泐）大周东寺之僧玄嗣也。夫人每谓诸（下泐）安排，何必同穴，敬尊遗指，别启仲（下泐）绵绵。"④ 李晋适卢氏，信仰佛教，"开元八年（720 年），从微明宰浚仪，崇信释典，深悟泡幻，常口诵金刚般若经"。其遗言亦嘱："夫逝者圣贤不免，精气无所不之，安以形骸为累，不须祔葬，全吾平生戒行焉。"⑤ 郑氏，"变周公之礼，幽隧不同；道释氏之教，灵塔斯起"⑥。范阳张氏寡居后"遂剃发捐华"，去世后"建塔於龙门西原，不从盖祔之仪，行本师之教也"⑦。崔氏，"晚参禅诵，不茹荤血。常谓（子）濛曰：'神理好静，合葬非古道也。'"⑧ 这些都

---

① 《唐代墓志汇编》咸通〇九八，第 2455 页。

② 陈立：《白虎通疏证》卷一一，中华书局 1994 年版，第 558 页。

③ 《礼记正义》卷六《檀弓上第三》，《十三经注疏》，第 1274 页。

④ 《唐代墓志汇编续集》长寿〇〇二，第 320—321 页。

⑤ 《唐代墓志汇编》开元二二一，第 1309 页。

⑥ 《唐代墓志汇编续集》大历〇一二，第 700 页。

⑦ 《唐故长安县尉郑府君（泌）墓志铭并序》，《全唐文补遗》千唐志斋新藏专辑，第 267 页。

⑧ 《故彭城刘府君（谈经）博陵崔夫人（达）墓志铭并序》，《全唐文补遗》千唐志斋新藏专辑，第 361 页。

体现了这种情况。

（三）由于佛教的影响，不少山东士族女性在人生态度和生活方式方面也会发生某些变化。如清河张氏，"逮乎晚节，访道空门。喜愠不形，则季咸无以察其色"①。卢氏，"自宗师大智茂修禅法"，丧子后"以长短有源，置而不问，其割弃情爱，卓拔流俗"。②这些女性在信奉佛教后，其心态行止多有变异，受佛教影响较为显著。王媛墓志载："长子监察御史浑，直指清立，庆长运短，丁安平府君忧，浑居丧孝闻，既练而殁。夫人雅好释理，会通众妙，虽哭无昼夜，而心照玄空。"③对此，佛家亦有类似记述。佛经载有一孤母而丧一子，礼佛后"时彼孤母，内心自责，厌患恩爱。即于佛前，尽诸尘垢，成须陀洹"④。故佛家有偈语："儿孙无量数，因缘和合生。长夜迁过去，我与君亦然。彼所生处处，更互相残食。若知生要者，何足复为忧。我已识出离，是故不复恼。"⑤王瑗丧子后的心境颇近于此，其人生态度受佛教的熏陶可谓明显。

某些山东释门女性，特别是遭际生活重大变故后皈依佛教者，在生活方式上也往往会有明显变化。这在唐代墓志中也有不少记载，如以下几则：王智言"娶清河张氏，配已成德，实为□妻，尚于素纯，不视五色，丧公之后，精心释门，使二子出家，家如梵宇"⑥。荥阳郑夫人适范阳卢知宗，"（病后）化夫人宅心于空门，号曰悟玄，望滋景福矣"⑦。太原王夫人，"三年丧阕，益栖心释氏，每用崇信，荤血不及于口，食粝诵佛经偈"⑧。均体现了她们在生活方式方面的变异。

此外，在山东士族女性之中，信仰佛教者虽为数不少，但大多

---

① 《唐代墓志汇编续集》元和〇七八，第 856 页。
② 《唐代墓志汇编》开元四六八，第 1479 页。
③ 《唐代墓志汇编》大历〇六三，第 1804 页。
④ 《大正新修大藏经》53 册《经律异相》卷三八，第 204 页。
⑤ 《大正新修大藏经》53 册《经律异相》卷二三，第 125 页。
⑥ 《唐代墓志汇编》开元四九七，第 1498 页。
⑦ 《唐代墓志汇编》大中〇八三，第 2312 页。
⑧ 《唐代墓志汇编》乾符〇三〇，第 2493 页。

仍以在家修持的方式居家修行。但是，这其中亦有个别笃信佛教而舍弃尘世，出家为尼者。太原王平，"长女幼慕释门，专精禅律，住修行寺，法号明悟"①。清河崔涣，"长女从桑门为尼，法名玄法"②。卢公弼，其先范阳人，属南祖大房，"长女早禀宿愿，悟佛理，不乐于俗，乃舍割缘爱，披衣就师"③。清河房氏为尼，"释名辩惠"④。即为其中显例，而对于这些出家为尼者而言，她们须遵循寺院戒规，其与传统家风的距离就更大了。

　　总之，由于多重因素的影响，唐代山东士族女性的佛教信仰多处于儒学与佛学相互交融的状态之中，儒佛兼修也成为其流变的基本特征。佛学的渗透一方面使山东士族女性的传统家风中的现实性与佛学超越世俗的终极关注得以贯串为一体，对其传统家风起到了强化作用；另一方面，佛教这一因素的援入又不可避免地对其传统家风产生某些影响，导致这些女性的传统家风在传承过程中出现某些方面的变异。

第四节　史学国家化与山东士族的修史实践

　　魏晋至隋唐之际，史学发展与前代相比有了一些明显的变化。这里面一个重要特点就是史学官修的趋势渐趋明显，而在这其中，山东士族也多有参与，本节以此为探讨主题。

一　北朝官修史学的发展与山东士族的参与

　　魏晋以来，史学发展与前代相比有了一些明显的变化，最主要

---

① 《唐代墓志汇编》贞元〇九八，第 1908 页。
② 《唐代墓志汇编》开成〇一八，第 2180 页。
③ 《唐代墓志汇编》咸通〇五八，第 2424 页。
④ 《唐代墓志汇编续集》天宝一〇三，第 657 页。

的标志就是"史学著作摆脱了隶属于《春秋》、作为经部附属品的地位而独立了。这也就意味着,史学从而成为独立的学科"①。魏晋南北朝时期,一方面私人修史仍较为常见,一方面史学的国家化趋势也在发展。周一良先生就曾谈到这一时期史学国家化的一些显著特征,即"史学作为学科的独立,还从制度上反映出来"。这包括把"史学作为一门学科进行教授",以及"设立专职史官,不再兼管天文历法"等举措。② 事实上,在整个魏晋南北朝时期,北朝的史学国家化趋势表现得相当突出,其不少举措都为隋唐两代所继承。而在北朝的史学国家化这一过程中,山东士族也多受影响,并常有参与。

北魏开国之后,对史学颇为注重,太祖拓跋珪即颇留意史事。史载:"太祖常引问古今旧事、王者制度、治世之则。(崔)玄伯陈古人制作之体,及明君贤臣,往代废兴之由,甚合上意。"③ 可见,北魏早期统治者就已经注意从历史之中汲取经验教训。建国之初,在修史方面,北魏君臣也已注意从制度上加以保障,对此,《史通》记载:

> 元魏初称制,即有史臣,杂取他官,不恒厥职。故如崔浩、高闾之徒,唯知著述,而未列名号。其后始于秘书置著作局,正郎二人,佐郎四人。其佐三史者,不过一二而已。④

可见北魏建国之初,已经设置有专职史官,其后则在秘书省设立著作局,负责修撰国史等事宜。关于著作局设置的大致时间,牛

---

① 周一良:《魏晋南北朝史学发展的特点》,《魏晋南北朝史论集》,北京大学出版社 1997 年版,第 384 页。

② 同上书,第 387—388 页。

③ 《魏书》卷二四《崔玄伯传》,第 621 页。

④ (唐)刘知几撰,(清)浦起龙释:《史通通释》外篇《史官建置第一》,上海古籍出版社 1978 年版,第 315 页。

润珍认为"北魏著作局之置当在和平元年（460年）以后，皇兴五年（471年）之前"①。刘知几称"普泰以来，三史稍替，别置修史局，其职有六人"②。

牛润珍认为此处的修史局并不见于其他记载，从其编制来看与著作局相同，因此，这里所说的修史局，实际上可能亦为著作局。③

有学者已指出："和南朝相比，北朝不重视修撰前代史和研究前代史学，但却很重视当代国史的修撰。"④ 应当说，这的确是北朝史学发展的一个重要特征。实际上，北魏前期，官方已较为注重修撰国史，史载：

> 初，太祖诏尚书郎邓渊著《国记》十余卷，编年次事，体例未成。逮于太宗，废而不述。神䴥二年（429年），诏集诸文人撰录国书，浩及弟览、高谠、邓颖、晁继、范亨、黄辅等共参著作，叙成《国书》三十卷。⑤

此次北魏修撰国史，崔浩负总责，史载北魏太武帝下诏云：

> 公（崔浩）德冠朝列，言为世范，小大之任，望君存之。命公留台，综理史务，述成此书，务从实录。浩于是监秘书事，以中书侍郎高允、散骑侍郎张伟参著作，续成前纪。至于损益褒贬，折中润色，浩所总焉。⑥

除崔浩外，高允也成为这次修国史的核心，史载：

---

① 牛润珍：《汉至唐初史官制度的演变》，河北教育出版社1999年版，第168页。
② 《史通通释》外篇《史官建置第一》，第315页。
③ 牛润珍：《汉至唐初史官制度的演变》，河北教育出版社1999年版，第168页。
④ 王记录：《北朝史学与北朝政治》，《烟台师范学院学报》（哲学社会科学版）1997年第1期。
⑤ 《魏书》卷三五《崔浩传》，第815页。
⑥ 同上书，第823—824页。

初，浩之被收也……世祖召允，谓曰："《国书》皆崔浩作不？"允对曰："《太祖记》，前著作郎邓渊所撰。《先帝记》及《今记》，臣与浩同作。然浩综务处多，总裁而已。至于注疏，臣多于浩。"①

可见，山东士族崔浩、高允、崔览、高谠等参与了神麚时期的国史编纂，并发挥了主导作用。

在这之后的北魏国史案中，崔浩等山东士族被诛杀，之后曾有禁用汉人修国史之议。《史通》载："及洛京之末，朝议又以为国史当专任代人，不宜归之汉士。"② 但实际上，北魏中后期，山东士族仍多有参与修撰国史者。

崔光，东清河鄃人，"太和六年（482 年），拜中书博士，转著作郎，与秘书丞李彪参撰国书"③。

韩子熙，出于昌黎韩氏，也曾"修国史"。④

李同轨，出于赵郡李氏，亦曾"修国史"。⑤

北魏时，官修史学的一个重要发展就是开始编纂起居注。《史通》载："元魏置起居令史，每行幸宴会，则在御左右，记录帝言及宾客酬对。后别置修起居注二人，多以余官兼掌。"⑥ 可见，孝文帝时，已有起居注的出现。牛润珍则具体指出："北魏修起居注官之置当在太和十六年（492 年）或十七年（493 年）。"⑦ 北魏宣武时，"命邢峦追撰《孝文起居注》，书至太和十四年（490 年）。又命崔鸿、王遵业补续焉，下讫孝明，事甚委悉"⑧。封肃，"博涉经史，

---

① 《魏书》卷四八《高允传》，第 1070 页。
② 《史通通释》外篇《史官建置第一》，第 315 页。
③ 《魏书》卷六七《崔光传》，第 1487 页。
④ 《魏书》卷六〇《韩麒麟传》，第 1336 页。
⑤ 《魏书》卷三六《李顺传》，第 848 页。
⑥ 《史通通释》外篇《史官建置第一》，第 320 页。
⑦ 牛润珍：《汉至唐初史官制度的演变》，河北教育出版社 1999 年版，第 173 页。
⑧ 《北史》卷五六《魏收传》，第 2030 页。

太傅崔光见而赏焉。位太学博士，修《起居注》。"① 则属于山东士族参与起居注编纂的较早事例。

北魏时，监修国史的制度也已出现。神麚二年（429 年），北魏修国史，崔浩"监秘书事"。所修国史内容则由"浩所总焉"。② 可见，崔浩实际上处于监修国史的地位。

再如谷纂，"前为著作，又监国史。"③ 元天穆，也曾"监国史"。④

以上这些官修史学的制度多为北周，特别是北齐继承并发展。事实上，到北齐时，设立史馆，重臣监修国史、起居注，已渐成定制。无疑，北朝以来，史学国家化的制度对隋唐，乃至后代官修史学的发展都产生了重要影响。

北朝时期，在监修、修撰国史、起居注方面，山东士族也常参与其中，如表 3 – 1 所列：

表 3 – 1　　　北朝时期山东士族监修、修撰国史、起居注事例

姓名	朝代	监修国史、编撰起居注情况	资料出处
封肃	北魏	位太学博士，修《起居注》	《魏书》卷八五《封肃传》第 1871 页
崔鸿	北魏	（1）崔光"临薨言鸿于肃宗"。后"诏鸿以本官修缉国史" （2）又与王遵业同撰《起居注》	（1）《魏书》卷六七《崔光传》第 1502 页 （2）《魏书》卷三八《王慧龙传》第 878 页
王遵业	北魏	位著作佐郎，与司徒左长史崔鸿同撰《起居注》。迁右军将军，兼散骑常侍，尉劳蠕蠕。乃诣代京，采拾遗文，以补《起居》所阙	《魏书》卷三八《王慧龙传》第 878 页
崔㥄	北齐	天保初，除侍中，监起居	《北齐书》卷二三《崔㥄传》第 335 页

① 《魏书》卷八五《封肃传》，第 1871 页。
② 《魏书》卷三五《崔浩传》，第 824 页。
③ 《魏书》卷三三《谷浑传》，第 782 页。
④ 《魏书》卷一四《神元平文诸帝子孙传二》，第 355 页。

姓名	朝代	监修国史、编撰起居注情况	资料出处
崔季舒	北齐	监撰《御览》。加特进、监国史	《北齐书》卷三九《崔季舒传》第 512 页
魏收	东魏、北齐	（天保）八年（557年）夏，除太子少傅、监国史	《北齐书》卷三七《魏收传》第 489 页
崔劼	魏、北齐	魏末"修起居注"，北齐皇建中，"监国史"	《北齐书》卷四二《崔劼传》第 558 页
阳斐	北魏、北齐	魏时"都官郎中、广平王开府中郎，修起居注"	《北齐书》卷四二《阳斐传》第 553 页

传统上，经史密不可分，章学诚就曾言："古人文无定体，经史亦无分科。"① 因此，史学同样注重"申以劝诫，树之风声"② 的功能。山东士族具有鲜明的文化特质，他们在参与史学著述之中，往往也带有强烈的个人文化取向，这其中以崔浩、高允等在修国史中的表现尤为典型。

崔浩曾参与修撰北魏国史，而崔浩之死也与其所修国史有一定关系。对于崔浩之死的真正原因，学界看法有所不同。如陈寅恪先生在《崔浩与寇谦之》一文中认为："浩之于社会阶级意识，甚于其民族夷夏意识，故利用鲜卑鄙视刘宋，然卒因胡汉民族内部之仇怨致死。"③ 可见，陈寅恪先生认为崔浩之死的根本原因在于其过于强烈的士族门第观念。周一良先生则认为崔浩所修国史暴露了拓跋先人的屈辱经历以及特有风俗④，故其死因的确是修国史所引发。值得注意的是，国史案的当事人高允对此自有评价，高允曾言：

夫史籍者，帝王之实录，将来之炯戒，今之所以观往，后

---

① （清）章学诚：《文史通义》内篇三《传记》，上海书店出版社 1988 年版，第 71 页。
② 《史通通释》内篇《直书第二十四》，第 192 页。
③ 陈寅恪：《崔浩与寇谦之》，《金明馆丛稿初编》，生活·读书·新知三联书店 2001 年版，第 153—154 页。
④ 周一良：《魏晋南北朝史札记》，中华书局 1983 年版，第 342—350 页。

之所以知今。是以言行举动，莫不备载，故人君慎焉。然浩世受殊遇，荣曜当时，辜负圣恩，自贻灰灭。即浩之迹，时有可论。浩以蓬蒿之才，荷栋梁之重，在朝无謇谔之节，退私无委蛇之称，私欲没其公廉，爱憎蔽其直理，此浩之责也。至于书朝廷起居之迹，言国家得失之事，此亦为史之大体，未为多违。①

很明显，在高允看来，崔浩在修史中"至于书朝廷起居之迹，言国家得失之事"，"未为多违"，而崔浩在修史中注入所谓"私欲"则是其败没的重要原因。事实上，崔浩为人廉直，史载："其砥直任时，不为穷通改节。"②而他真正之"大欲"莫过于对"齐整人伦，分明姓族"③的执着追求。实际上，崔浩之败与此也颇有关系。由此似可以推测，崔浩在修国史中，固然因其暴露了拓跋先人的屈辱经历，引发了鲜卑当政者的愤怒。但他同时很有可能也在修史中过于宣扬门第观念等士族崇尚的内容，导致了其他阶层的不满，故而高允才会有崔浩修史"私欲没其公廉，爱憎蔽其直理"之语。

从上述这些史料和推断中，我们也可以看到，这一时期，山东士族在参与官修史学著述时，个人文化趣味仍在很大程度上左右修史取向，而士族在文化上的优越感也不时地在修史的过程中显现了出来。

再如魏收，"位既不遂，求修国史"。④

魏收修《魏书》虽有监修，但个人旨趣仍得以发挥，史载："初，帝令群臣各言志，收曰：'臣愿得直笔东观，早出《魏书》。'故帝

---

① 《魏书》卷四八《高允传》，第1071页。
② 《魏书》卷三五《崔浩传》，第807页。
③ 《魏书》卷四七《卢玄传》，第1045页。
④ 《北齐书》卷三七《魏收传》，第485页。

（文宣帝）使收专其任。又诏平原王高隆之总监之，隆之署名而已。"①
从中可知魏收修《魏书》，其个人的发挥空间仍很宽裕。

赵翼曾称《魏书》是"代人作家谱"之作②。事实上，魏收修
《魏书》的个人倾向也的确是《魏书》成书后引起激烈争议的重要
原因。史载：

> 时论既言收著史不平，文宣诏收于尚书省与诸家子孙共加
> 论讨，前后投诉百有余人，云"遗其家世职位"，或云"其家不
> 见记录"，或云"妄有非毁"。收皆随状答之。范阳卢斐父同附
> 出族祖玄《传》下，顿丘李庶家《传》称其本是梁国蒙人，
> 斐、庶讥议云："史书不直。"③

可见，在对魏收修史不满者中，门第之家的子弟显然居多。其
所称"史书不直"，也从另一个角度明显反映出魏收修史，虽为官
修，但从其个人视角出发的内容仍占有很大分量的事实。刘知几也
对魏收修史，多以个人旨趣为依归的现象有所评论："夫历观自古，
称谓不同，缘情而作，本无定准。……唯魏收远不师古，近非因俗，
自我作故，无所宪章。"④ 从魏收修史来看，北朝时期，官修史学的
规制虽渐趋完备；但真正控制并不严密，特别是个人修史仍为主流，
具体修撰者在著述过程中仍具有很大的自主空间，个人旨趣仍往往
成为左右史书倾向的重要因素。

二　隋唐之际史学国家化对山东士族修史的影响

隋唐之际，山东士族凭藉文化传统，特别是家传优势，在史学

---

① 《魏书》卷一○四《自序》，第2326页。
② （清）赵翼：《廿二史札记》卷三一《明史》，商务印书馆1987年版，第659页。
③ 《北齐书》卷三七《魏收传》，第488—489页。
④ 《史通通释》内篇《称谓第十四》，第108—109页。

修撰方面仍然颇为活跃。如卢彦卿，为卢玄五代孙，"有学尚，仕隋位御史。撰《后魏纪》三十卷"①。卢元福为卢彦卿孙②，亦长于史学，曾撰《帝王编年录》五十一卷、《共和已来甲乙纪年》二卷。③ 事实上，隋唐之际，李德林、李百药、李安期祖孙三代，李大师、李延寿父子，刘知几及其子刘贶、刘𫗧也都是具有家传背景的史家。

然而，隋唐以降，在魏晋南北朝的基础之上，史学国家化的趋势进一步加强。隋文帝就限制私人修史，曾"诏人间有撰集国史、臧否人物者，皆令禁绝"④，力图将史学纳入文化一统的范畴。唐初，又单独建立史馆并确立了宰相监修的制度。

《唐会要》卷六三记载："武德初，因隋旧制，隶秘书省著作局。贞观三年（629 年）闰十二月，移史馆于门下省北，宰相监修，自是著作局始罢此职。"⑤

《通典》卷二一《职官三》也载："至贞观三年（629 年）闰十二月，移史馆于门下省北，宰相监修，自是著作局始罢史职。"⑥

可以说，单独建立史馆以及宰相监修等措施的实施，虽为修史活动提供了一些外在的保障。但同时，它也进一步加强了对修撰史书的控制，使得修史过程更多地反映了统治者的意志，这也反映出了这一时期史学国家化进一步加强的趋势。

在此影响之下，山东士族中虽亦有私人著史者，但其修史的空间已受到很大限制。

隋代王劭，太原晋阳人，出于太原王氏大房。⑦ 王劭长于修

---

① 《北史》卷三〇《卢玄传》，第 1075 页。
② 《新唐书》卷七三上《宰相世系表三上》，第 2885 页。
③ 《旧唐书》卷四六《经籍志上》，第 1996 页。
④ 《隋书》卷二《高祖纪下》，第 38 页。
⑤ 《唐会要》卷六三《史馆上》，第 1089 页。
⑥ 《通典》卷二一《职官三》，第 568 页。
⑦ 《新唐书》卷七二中《宰相世系表二中》，第 2633 页。

史，史载其："志在简直，言兼鄙野，苟得其理，遂忘其文。"① 可见其修史颇具个人色彩。但他亦因违禁撰史，被人检举而引起隋文帝的震怒，史载："高祖受禅，授著作佐郎。以母忧去职，在家著《齐书》。时制禁私撰史，为内史侍郎李元操所奏。上怒，遣使收其书。"②

唐代也有此类记载："天宝初，协律郎郑虔，采集异闻，著书八十余卷。人有窃窥其草稿，告虔私修国史，虔闻而遽焚之。由是贬谪十余年，方从调选，授广文馆博士。"③

与私人修史受到抑制相对应的是，隋唐之际，官方修史较为频繁，一些山东士族则受命参与其中。

这一时期，一些山东士族参与官修史学，起初也有以个人独著形式完成修撰的情况。个人独著虽也在官方的监督之下进行，但毕竟自由度较大，而这也使得修史者在修撰过程中还能在一定程度上保留自身史学取向。如李百药修《北齐书》，刘知几认为其"巨细毕书，洪纤备录"④，"称为实录"⑤。

不过，唐初以后，官修史学中总的趋势是群体著述的倾向明显加强。在此背景下，山东士族虽也常参与此类修撰，但却未必能发挥主导作用，如《晋书》编纂即是如此。

《晋书》的作者，《旧唐书》卷六六《房玄龄传》称："（房玄龄）寻与中书侍郎褚遂良受诏重撰《晋书》，于是奏取太子左庶子许敬宗、中书舍人来济、著作郎陆元仕刘子翼、前雍州刺史令狐德棻、太子舍人李义府薛元超、起居郎上官仪等八人，分功撰录。"⑥

---

① 《史通通释》内篇《论赞第九》，第82页。
② 《隋书》卷六九《王劭传》，第1601页。
③ （唐）封演：《封氏闻见记》卷十，中华书局1985年版，第129页。
④ 《史通通释》内篇《本纪第四》，第38页。
⑤ 《史通通释》内篇《曲笔第二十五》，第198页。
⑥ 《旧唐书》卷六六《房玄龄传》，第2463页。

《新唐书》卷五八《艺文志二》则记载参与修撰《晋书》者为：房玄龄、褚遂良、许敬宗、来济、陆元仕、刘子翼、令狐德棻、李义府、薛元超、上官仪、崔行功、李淳风、辛丘驭、刘引之、阳仁卿、李延寿、张文恭、敬播、李安期、李怀俨、赵弘智等，而名为御撰。①

《唐会要》卷六三《修前代史》载：

> （贞观）二十年（646 年）闰三月四日诏：令修史所更撰《晋书》，铨次旧闻，裁成义类，其所须可依修五代史故事。若少学士，量事追取。于是司空房元（玄）龄、中书令褚遂良、太子左庶子许敬宗掌其事。又中书舍人来济、著作郎陆元仕、著作郎刘子翼、主客郎中卢承基、太史令李淳风、太子舍人李义府、薛元超、起居郎上官仪、主客员外郎崔行功、刑部员外郎辛邱驭、著作郎刘允之、光禄寺主簿杨仁卿、御史台主簿李延寿、校书郎张文恭，并分功撰录。又令前雅州刺史令狐德棻、太子司仪郎敬播、主客员外郎李安期、屯田员外郎李怀俨，详其条例，量加考正。②

综合以上可见，《晋书》编撰是典型的集体著述，南北士人皆有参与。在这其中，属于山东士族的有房玄龄、崔行功、李安期、李延寿、卢承基等人。这里面，房玄龄、崔行功、李安期、李延寿为《新唐书》和《唐会要》所共载，且见于各自传记中。卢承基参与《晋书》编纂则在其墓志之中有明确记载：

> 君讳承基，字子构，范阳人也。……太宗幽求遗册，稽古前言，躬修晋史，以弘劝诫。同耻之画，列圣攸重；引从笔削，

---

① 《新唐书》卷五八《艺文志二》，第 1456 页。
② 《唐会要》卷六三《修前代史》，第 1091 页。

获奉能事。寻转礼部员外郎、守主客郎中。①

不过，应当注意的是，《晋书》编纂虽呈现出了南北士人结合的特征，在这其中，山东士族也有参与，但他们并没有起到主导作用。

在《晋书》的编撰群体中，总其事者为房玄龄、褚遂良、许敬宗，史载：

> （贞观）二十年（646年）闰三月四日诏：令修史所更撰《晋书》，铨次旧闻，裁成义类，其所须可依修五代史故事。若少学士，量事追取。于是司空房元（玄）龄、中书令褚遂良、太子左庶子许敬宗掌其事。②

但是，在《晋书》编撰过程中，房玄龄、褚遂良时为宰相，政务繁钜，具体负责当以许敬宗为主，故《旧唐书》卷八二《许敬宗传》称《晋书》等编纂许敬宗"皆总知其事"。③《晋书》编写体例则多由令狐德棻拟定，史载："当时同修一十八人，并推德棻为首，其体制多取决焉。"④ 可见，《晋书》作者虽延览南北士人，但主要负责者应是许敬宗和令狐德棻。⑤

史学集体著述、监修等史学国家化制度的实施对修撰者的史学取向有明显影响。在此环境下，个人的史学旨趣已不易发挥。史载："初，高祖、太宗两朝实录，其敬播所修者，颇多详直，敬宗又辄以

---

① 《大唐故使持节郓州诸军事郓州刺史卢君（承基）墓志》，《全唐文补遗》千唐志斋新藏专辑，第18页。

② 《唐会要》卷六三《修前代史》，第1091页。

③ 《旧唐书》卷八二《许敬宗传》，第2764页。

④ 《旧唐书》卷七三《令狐德棻传》，第2598页。

⑤ 参见吴钰钰《晋书的编书时间、作者及与其有关的几个问题》，《福建学刊》1992年第3期。

已爱憎曲事删改，论者尤之。"① 可见，作为修史的取向还是由主要负责者裁定，具体编纂者的个人旨趣已难于表现。

刘知几出身于彭城刘氏，曾参与修国史，对此深有体会：

> 知几以监修者多，甚为国史之弊。萧至忠又尝责知几著述无课，知几于是求罢史任，奏记于至忠曰："……古者刊定一史，纂成一家，体统各殊，指归咸别。夫《尚书》之教也，以疏通知远为主；《春秋》之义也，以惩恶劝善为先。《史记》则退处士而进奸雄，《汉书》则抑忠臣而饰主阙。斯并曩贤得失之例，良史是非之准，作者言之详矣。顷史官注记，多取禀监修，杨令公则云'必须直词'，宗尚书则云'宜多隐恶'。十羊九牧，其事难行；一国三公，适从焉在？"②

可见，刘知几在修撰国史时，已经深深感到监修制度对修史者的严重束缚。事实上，刘知几参与官修史学，未能发挥个人旨趣，这也成为刘知几著《史通》的原因之一。

史载："始，子玄修《武后实录》，有所改正，而武三思等不听。自以为见用于时而志不遂，乃著《史通》内外四十九篇，讥评今古。"③

刘知几在《史通》中也说：

> 凡所著述，尝欲行其旧议。而当时同作诸士及监修贵臣，每与其凿枘相违，龃龉难入。故其所载削，皆与俗浮沈。虽自谓依违苟从，然犹大为史官所嫉。嗟乎！虽任当其职，而吾道不行；见用于时，而美志不遂。郁怏孤愤，无以寄怀。必寝而

---

① 《旧唐书》卷八二《许敬宗传》，第2764页。
② 《旧唐书》卷一○二《刘子玄传》，第3168—3170页。
③ 《新唐书》卷一三二《刘子玄传》，第4521页。

不言，嘿而无述，又恐殁世之后，谁知予者。故退而私撰《史通》，以见其志。①

因此可以说，隋唐之际，在史学国家化的举措日益完备的环境下，修史活动被置于严密的监督下。总其责者，往往决定修史的旨趣，其他修撰者发挥的余地则会受到很大限制，这也决定了山东士族参与官方修史，特别是集体撰述的基本方向。

三　隋唐之际山东士族参与官修史学的实践

隋唐之际，在史学国家化的背景之下，山东士族参与了不少官修史学的活动。

1. 官修谱牒

隋唐之际，在政治秩序出现明显变化的背景下，统治集团曾多次组织官修谱牒，并以此作为贯彻自己政治意图的重要手段。在这里面，较重要的几次有太宗时期修撰的《氏族志》、高宗时期修撰的《姓氏录》以及中宗时期修撰的《姓系录》。其中《氏族志》和《姓系录》的编撰，山东士族皆有参与。

《氏族志》的编纂，高士廉参与并负总责，史载："贞观中，太宗命吏部尚书高士廉、御史大夫韦挺、中书侍郎岑文本、礼部侍郎令狐德棻等及四方士大夫谙练门阀者修《氏族志》，勒成百卷。"②《旧唐书》卷四六《经籍志上》也题《大唐氏族志》为高士廉撰，③可见高士廉在修撰中发挥了主要作用。高士廉出于渤海高氏，为山东的著名门第。《氏族志》推崇山东士族，并引发唐太宗不满，这应当与高士廉出于山东高门的背景不无关系。

《姓系录》修于中宗时期，由柳冲动议修撰，史载：

① 《史通通释》内篇《自叙第三十六》，第290页。
② 《旧唐书》卷八二《李义府传》，第2769页。
③ 《旧唐书》卷四六《经籍上》，第2012页。

初，太宗命诸儒撰《氏族志》，甄差群姓，其后门胄兴替不常，冲请改修其书，帝诏魏元忠、张锡、萧至忠、岑羲、崔湜、徐坚、刘宪、吴兢及冲共取德、功、时望、国籍之家，等而次之。夷蕃酋长袭冠带者，析著别品。会元忠等继物故，至先天时，复诏冲及坚、兢与魏知古、陆象先、刘子玄等讨缀，书乃成，号《姓系录》。①

《氏族志》的修撰者中，除刘知几外，出于山东士族的还有崔湜。崔湜以文辞知名，多有才干。《新唐书》卷七二下《宰相世系表二下》载，崔湜出于博陵安平房，其祖父为崔仁师。② 张锡，其郡望则为清河③，亦参与修《姓系录》。可见在《姓系录》的编纂之中，山东士族也有参与。

2. 隋唐之际官修前代史的修撰

隋唐之际，特别是唐初，政府曾组织力量编纂多部前代史，在这一过程中，也有山东士族受命参与修撰。

（1）隋代山东士族参与官修前代史的修撰：

魏澹，由北朝入隋，其家为北朝著名的士族。史载魏澹："巨鹿下曲阳人也。祖鸾，魏光州刺史。父季景，齐大司农卿，称为著姓。"④ 隋文帝因对已有史书不满，诏其重修魏史，史载：

高祖以魏收所撰书，褒贬失实，平绘为《中兴书》，事不伦序，诏澹别成《魏史》。澹自道武下及恭帝，为十二纪，七十八传，别为史论及例一卷，并《目录》，合九十二卷。澹之义例与魏收多所不同。⑤

① 《新唐书》卷一九九《柳冲传》，第5676页。
② 《新唐书》卷七二下《宰相世系表二下》，第2775页。
③ 同上书，第2714页。
④ 《隋书》卷五八《魏澹传》，第1416页。
⑤ 同上书，第1417页。

史称魏澹："撰《后魏书》九十二卷，甚得史体，时称其善云。"①可见，魏澹在修史方面颇具才能。

王劭，在修前代史方面亦有建树，曾自撰《齐书》。后来其书也得到隋文帝的认可，具有了官方史书的性质。②

王庆诜，卒于圣历二年（699 年），为王劭玄孙，其墓志也载王劭修史方面的事迹："太原晋阳人也……曾祖邵，隋秘书少监，修齐隋二国史，撰读书记卅三卷。"③

李德林，出于赵郡李氏的汉中房。④ 李德林曾奉敕修《齐史》，但未修成，史称："敕撰《齐史》未成。"⑤《旧唐书》卷四六《经籍志上》亦载其所修《北齐未修书》共二十四卷。⑥《新唐书》卷五八《艺文志二》的记载亦与之相同。李德林修齐史虽未成，却为其子李百药修《北齐书》奠定了一定的基础。

李大师为李延寿父，其家"本陇西著姓，世居相州"⑦，系陇西李氏中迁于山东的房支。李大师曾修撰南北朝史，未完成。史载：

> （李大师）多识前世旧事，常以宋、齐、梁、陈、齐、周、隋天下参隔，南方谓北为"索虏"，北方指南为"岛夷"。其史于本国详，佗国略，往往訾美失传，思所以改正，拟《春秋》编年，刊究南北事，未成而殁。⑧

显然，李大师修撰南北朝史的举动，也为其子李延寿修《北史》

---

① 《北齐书》卷二三《魏兰根传》，第 333 页。
② 《隋书》卷六九《王劭传》，第 1601 页。
③ 《大唐故朝议郎行罗州司户参军上骑都尉太原王府君（庆诜）墓志铭并序》，《全唐文补遗》千唐志斋新藏专辑，第 123 页。
④ 《新唐书》卷七二上《宰相世系表十二上》，第 2598 页。
⑤ 《隋书》卷四二《李德林传》，第 1208 页。
⑥ 《旧唐书》卷四六《经籍志上》，第 1990 页。
⑦ 《旧唐书》卷七三《李延寿传》，第 2600 页。
⑧ 《新唐书》卷一〇二《李延寿传》，第 3985 页。

《南史》提供了有利条件。

（2）唐初山东士族参与官修前代史的修撰：

唐初，统治集团颇为重视修撰前代史，武德年间，就曾有修魏、齐、梁、陈、周、隋等前朝史之议。①

贞观三年（629年），太宗复敕修撰前代史。史载：

> （太宗）乃令德棻与秘书郎岑文本修周史，中书舍人李百药修齐史，著作郎姚思廉修梁、陈史，秘书监魏徵修隋史，与尚书左仆射房玄龄总监诸代史。众议以魏史既有魏收、魏澹二家，已为详备，遂不复修。德棻又奏引殿中侍御史崔仁师佐修周史，德棻仍总知类会梁、陈、齐、隋诸史。②

可以说，太宗的这一敕书拉开了唐初大规模修撰前代史的序幕。而在唐初官修前代史中，山东士族也多有参与。

《晋书》：集体编撰，有房玄龄、崔行功、李安期、李延寿、卢承基等山东士族的参与。

《北齐书》：作者为李百药，系李德林之子，出于赵郡李氏汉中房。

《周书》：为令狐德棻主修，但崔仁师亦参与编写。崔仁师出于博陵安平房③，史载令狐德棻"奏引殿中侍御史崔仁师佐修周史"④。

此外，崔仁师还"预修梁、魏等史"⑤。

《北史》《南史》：《北史》和《南史》作者为李延寿。此外，李延寿还参与了《晋书》《五代史志》的修撰，史载：

---

① 《唐会要》卷六十三《修前代史》，第1090—1091页。
② 《旧唐书》卷七三《令狐德棻传》，第2598页。
③ 《新唐书》卷七二下《宰相世系表表第一二下》，第2774页。
④ 《旧唐书》卷七三《令狐德棻传》，第2598页。
⑤ 《旧唐书》卷七四《崔仁师传》，第2620页。

贞观中，累补太子典膳丞、崇贤馆学士。尝受诏与著作佐郎敬播同修《五代史志》，又预撰《晋书》，寻转御史台主簿，兼直国史。延寿尝撰《太宗政典》三十卷表上之，历迁符玺郎，兼修国史。……延寿又尝删补宋、齐、梁、陈及魏、齐、周、隋等八代史，谓之《南史》《北史》，凡一百八十卷，颇行于代。①

3. 隋唐之际国史、实录和起居注的编纂

隋代，山东士族亦有参与起居注和国史编纂者：

王劭曾参与"修起居注"②，又编纂隋代国史，史载："邵在著作，将二十年，专典国史，撰《隋书》八十卷。"③

魏澹、李德林也在隋代参与过编修国史，史载二人"俱修国史"。④

唐前期山东士族参与起居注和国史编纂者：

这一时期，一些山东士族曾身居高位，他们之中的一些人曾监修国史、实录的修撰。

房玄龄为唐初重臣，他除参与修前代史外，也曾监修国史、实录的修撰：

> 明年（贞观四年，630年），代长孙无忌为尚书左仆射，改封魏国公，监修国史。……高宗居春官，加玄龄太子太傅，仍知门下省事，监修国史如故。寻以撰《高祖》《太宗实录》成，降玺书褒美，赐物一千五百段。⑤

高季辅，出于渤海高氏，也曾监修国史，史载："（贞观）二十

---

① 《旧唐书》卷七三《李延寿传》，第2600—2601页。
② 《隋书》卷六九《王劭传》，第1601页。
③ 同上书，第1609页。
④ 《隋书》卷五八《魏澹传》，第1416页。
⑤ 《旧唐书》卷六六《房玄龄传》，第2461—2462页。

二年（648年），迁中书令，兼检校吏部尚书、监修国史。"①

睿宗时崔湜为中书令，曾"监修国史"。②

具体参与修撰国史、实录的山东士族也不在少数：

崔敦礼，"世为山东著姓……永徽四年（653年），代高季辅为侍中，累封固安县公，仍修国史。"③

李延寿，贞观中，"兼直国史"，后"尝撰《太宗政典》三十卷表上之，历迁符玺郎，兼修国史。"④

李峤，"圣历初，与姚崇偕迁同凤阁鸾台平章事，俄转鸾台侍郎，依旧平章事，兼修国史。"⑤

崔融，"长安二年（702年），再迁凤阁舍人。三年（703年），兼修国史"⑥。"拜国子司业，兼修国史。神龙二年（706年），以预修《则天实录》成，封清河县子，赐物五百段，玺书褒美。"⑦

刘知几，"长安中累迁左史，兼修国史。擢拜凤阁舍人，修史如故。景龙初，再转太子中允，依旧修国史……后以修《则天实录》功，果封居巢县子。"⑧

刘知几子刘贶，"博通经史，明天文、律历、音乐、医算之术，终于起居郎、修国史。"刘知几另一子刘𫗧，"右补阙、集贤殿学士、修国史。著《史例》三卷。"⑨

李乂，出于赵郡李氏，"开元初，特令乂与中书侍郎苏颋纂集起居注，录其嘉谟昌言可体国经远者，别编奏之。"⑩

刘延祐，出于彭城刘氏，刘知几的从伯父，"永徽初，以著作

① 《旧唐书》卷七八《高季辅传》，第2703页。
② 《旧唐书》卷七《睿宗纪》，第160—161页。
③ 《旧唐书》卷八一《崔敦礼传》，第2747—2748页。
④ 《旧唐书》卷七三《李延寿传》，第2600页。
⑤ 《旧唐书》卷九四《李峤传》，第2994页。
⑥ 《旧唐书》卷九四《崔融传》，第2996页。
⑦ 同上书，第3000页。
⑧ 《旧唐书》卷一○二《刘子玄传》，第3168—3171页。
⑨ 同上书，第3174页。
⑩ 《旧唐书》卷一○一《李乂传》，第3136页。

郎、弘文馆学士与令狐德棻、阳仁卿等撰次国史并实录，以劳封阳城县男。"①

崔知温，"累迁尚书左丞，转黄门侍郎、同中书门下三品，兼修国史。永隆二年（681 年）七月，迁中书令。"②

李玄道，"世居郑州，为山东冠族。"③ 李玄道玄孙李揆，"乾元初，兼礼部侍郎。……（后）迁中书侍郎、平章事、集贤殿崇文馆大学士、修国史。"④

刘胤之，彭城人，为刘知几叔祖，"永徽初，累转著作郎、弘文馆学士，与国子祭酒令狐德棻、著作郎杨仁卿等，撰成国史及实录，奏上之，封阳城县男"⑤。

小 结

山东士族多以经学闻世而累世不坠。魏晋以来，其风尚则大都属于典型的北统。隋唐之际，山东士族的经学传统发生了某些变化；而唐人崔暟墓志则为此问题的研究提供了重要而直接的依据。其墓志充分说明隋唐之际，随着经学的交流与统一，经学主流学派已开始对山东士族产生影响。崔暟既受家学传统的熏陶，又受陆德明、孔颖达等影响，可谓正处于两种不同学术风格相互碰撞的关口，而结局以其经学传统纳入主流学派框架而告终。

隋唐之际，山东士族的传统家风表现出了固守传统与适应变迁相交织的特点。一方面，山东士族仍注重保持传统家风特质；另一方面，由于入仕等方面的需求，山东士族的学风实际上处于一个不

---

① 《新唐书》卷二〇一《刘延祐传》，第 5732 页。
② 《旧唐书》卷一八五上《崔知温传》，第 4791 页。
③ 《旧唐书》卷七二《李玄道传》，第 2583 页。
④ 《旧唐书》卷一二六《李揆传》，第 3559 页。
⑤ 《旧唐书》卷一九〇上《刘胤之传》，第 4994 页。

断吸收与转换的过程中。然而，尽管学术传统正在走向变化，但不少山东士族仍有能力维持家风旧规。隋唐以来，在山东士族中，家风的固守与变迁一直是交织在一起。在一些山东士族身上，传统家风的变迁表现得还比较明显。这突出表现为礼法陵替、仕宦中的通变、佛道援入等方面。唐代，佛教影响深远，在山东士族女性之中，信奉者也颇为众多。山东士族女性信仰佛教者也以儒佛兼修居多，这在唐代墓志中反映的尤为突出。佛学的渗透一方面使山东士族女性传统家风中的现实性与佛学超越世俗的终极关注得以贯串为一体，对其传统家风起到了强化作用；另一方面，佛教这一因素的援入又不可避免地对其传统家风产生某些影响，导致这些女性的传统家风在传承过程中出现某些方面的变异。

　　魏晋至隋唐之际，史学发展与前代相比有了一些明显的变化。这里面一个重要特点就是史学官修的趋势渐趋明显，而在这其中，山东士族也多有参与。其具体表现为山东士族时有参与官修谱牒，隋唐之际的官修前代史的修撰，国史、起居注、实录等的编纂。隋唐之际，在史学国家化的举措日益完备的环境下，修史活动被置于严密的监督下，总其责者，往往决定修史的旨趣，其他修撰者发挥的余地则会受到很大限制。这也决定了山东士族参与官方修史，特别是参与集体撰述时的基本方向。

第四章　文学传统与实践

第一节　儒家文学观与山东士族的文学传统

魏晋以来，特别是北朝时期，山东士族在北方地区的文学创作中亦占有重要地位。作为主要以儒学立身的群体，山东士族的文学传统多受儒家文学观念的影响。不过在文化交流等因素的影响下，这期间山东士族的文学观念与实践也不断有所变化，本节围绕儒家文学观与山东士族的文学传统之间的关系这一问题展开讨论。

一　儒学与文学的关系

魏晋以来，山东士族在文学创作中占有重要的地位，而作为主要以儒学立身的群体，山东士族的文学传统也多受儒家文学观念的影响。

关于文学一词，孔子在评论其弟子的特长时就曾提及："从我于陈蔡者，皆不及门也。德行：颜渊，闵子骞，冉伯牛，仲弓；言语：宰我，子贡；政事：冉有，季路；文学：子游，子夏。"① 此处提到的"德行""言语""政事""文学"，即是所谓的"孔门四科"，而

---

① 《论语注疏》卷十一《先进第十一》，《十三经注疏》，第 2498 页。

"文学"则为其中之一。有学者指出，尽管这里的"文学"与其现代意义未必尽同，但这却是儒家对于"文学"一词的最早表述。①若以《论语》为考察对象，则孔子的文学观突出地体现了以下两方面的特征：

其一，注重文学的实用价值。孔子注重现实，强调积极入世，改造社会。在对文学的态度上，孔子亦将其纳入"学以致用"的范畴，侧重文学的实用价值。《论语》之中有多处此类的表述，如以下几则：

"兴于诗，立于礼，成于乐。"②

"不学诗，无以言"，"不学礼，无以立"。③

"小子！何莫学夫诗？诗，可以兴，可以观，可以群，可以怨。迩之事父，远之事君。多识于鸟兽草木之名。"④

"诵《诗》三百，授之以政，不达；使于四方，不能专对；虽多，亦奚以为？"⑤

可见，孔子充分认识到了文学的社会功能，意识到了文学艺术对于人和社会的发展都有深远的影响。因此，他主张利用文学的实践价值，发挥文学对人的熏陶和塑造功能，使文学服务于人生实践与现实社会。

其二，强调质胜于文。除注重文学的实用价值外，孔子文学观中还有一个重要命题，即质与文之间的关系。所谓质与文的关系实际上是文学的艺术形式与思想价值间的关系；无疑，对孔子而言，"质"当然指的就是儒家的思想规范。

实际上，孔子并不是完全排斥"文"的一面，而是注重文质结

---

① 参见王齐洲《论孔子的文学观念——兼释孔门四科与孔门四教》，《孔子研究》1998年第1期。

② 《论语注疏》卷八《泰伯第八》，《十三经注疏》，第2487页。

③ 《论语注疏》卷十六《季氏第十六》，《十三经注疏》，第2522页。

④ 《论语注疏》卷十七《阳货第十七》，《十三经注疏》，第2525页。

⑤ 《论语注疏》卷十三《子路第十三》，《十三经注疏》，第2507页。

合。《论语》中提出："质胜文则野，文胜质则史。文质彬彬，然后君子。"①

子贡也说："文犹质也，质犹文也。虎豹之鞟，犹犬羊之鞟。"②

但在质与文之间的关系上，孔子坚决反对过于注重"文"，而忽视"质"。如《论语》中说：

"恶紫之夺朱也，恶郑声之乱雅乐也，恶利口之覆邦家者。"③

"巧言令色，鲜矣仁！"④

再如，孔子主张"诗三百，一言以蔽之，曰'思无邪'"⑤；赞赏"乐而不淫，哀而不伤"的文风。⑥

相反，因为"郑音好滥淫志"⑦，孔子在谈到"郑声"时便提出应当"放郑声，远佞人"⑧。

显然，在孔子看来，对于文学而言，"文"与"质"固然都不可或缺。但在这两者关系上，"质"，即文学的思想内容无疑应当是占据主要地位的；"文"，即文学的艺术形式则应当是从属性的，服务于"质"的。

孔子的文学观对后世产生了深远影响，其主要观点为后代儒家继承，并成为其文学评判标准的基本准则。

如孟子说："故说诗者，不以文害辞，不以辞害志。以意逆志，是为得之。"⑨

荀子也说：

① 《论语注疏》卷六《雍也第六》，《十三经注疏》，第 2479 页。
② 《论语注疏》卷十二《颜渊第十二》，《十三经注疏》，第 2503 页。
③ 《论语注疏》卷十七《阳货第十七》，《十三经注疏》，第 2525 页。
④ 《论语注疏》卷一《学而第一》，《十三经注疏》，第 2457 页。
⑤ 《论语注疏》卷二《为政第二》，《十三经注疏》，第 2461 页。
⑥ 《论语注疏》卷三《八佾第三》，《十三经注疏》，第 2468 页。
⑦ 《礼记正义》卷三九《乐记》，《十三经注疏》，第 1540 页。
⑧ 《论语注疏》卷十五《卫灵公第十五》，《十三经注疏》，第 2517 页。
⑨ 《孟子注疏》卷九上《万章章句上》，《十三经注疏》，第 2735 页。

圣人也者，道之管也。天下之道管是矣，百王之道一是矣，故《诗》《书》《礼》《乐》之归是矣。《诗》言是，其志也；《书》言是，其事也；《礼》言是，其行也；《乐》言是，其和也；《春秋》言是，其微也。故《风》之所以为不逐者，取是以节之也；《小雅》之所以为《小雅》者，取是而文之也；《大雅》之所以为《大雅》者，取是而光之也；《颂》之所以为至者，取是而通之也；天下之道毕是矣。①

再如《毛诗·序》言："诗者，志之所之也。在心为志，发言为诗；情动于中，而形于言。言之不足，故嗟叹之……故正得失，动天地，感鬼神，莫近于诗。先王以是经夫妇，成孝敬，厚人伦，美教化，移风俗。"②

可以看到，孔子之后，孟子、荀子等这些儒学的重要人物，在论及文学时，其理念都继承了孔门文学观的基本精神，反映出了儒家注重文学教化作用的特征和理念。

汉魏以来，文学发展出现了重大变化。文学逐渐从其他学科附庸的地位中摆脱出来，开始走上独立发展，表达个人情性的轨道。文学观念的更新引发了文学艺术形态的嬗变，文学的审美特质得以空前张扬。事实上，汉赋中已出现"竞为侈丽闳衍之词，没其风谕之义"的倾向。③ 魏晋以降，曹丕著《典论》，肯定了"诗赋欲丽"审美追求。对此，鲁迅先生指出："曹丕的一个时代可说是'文学的自觉时代'，或如近代所说是为艺术而艺术的一派。"④ 郭绍虞先生也认为："曹丕的《典论·论文》为文学批评之嚆矢。自是以后，始有专门论

---

① 王先谦：《荀子集解》儒效篇第八，中华书局 1988 年版，第 133—134 页。

② 《毛诗正义》卷一《周南·关雎》，《十三经注疏》，第 269—270 页。

③ 《汉书》卷三〇《艺文志第十》，第 1756 页。

④ 鲁迅：《魏晋风度及文章与药及酒之关系》，《而已集》，人民文学出版社 1980 年版，第 100 页。

文的散篇文章。""此所以为中国文学史上之自觉时代也。"①

曹丕之后，陆机、刘勰等人又提出了较为系统化的文艺理念。对此，清人汪师韩亦评论说："魏文帝《典论》曰：'诗赋欲丽。'陆士衡《文赋》曰：'诗缘情而绮靡。'刘彦和《明诗》亦曰：'四言正体，则雅润为本；五言流调，则清丽居宗。'以绮丽说诗，后之君子所斥为不知理义之归也。"② 可见其变化之明显。

对于汉魏之后，儒学与文学的逐渐分野，唐人刘秩亦有一番概述：

> 汉氏失驭，曹魏僭窃，中正取士，权归著姓，虽可以镇伏眊庶，非尚贤之术，盖尊尊之道。于时圣人不出，贤哲无位，诗道大作，怨旷之端也。泊乎晋、宋、齐、梁，递相祖习，其风弥盛。舍学问，尚文章；小仁义，大放诞。谈庄周、老聃之说，诵《楚词》《文选》之言。六经九流，时曾阅目；百家三史，罕闻于耳。撮群钞以为学，总众诗以为资。谓善赋者廊庙之人，雕虫者台鼎之器。下以此自负，上以此选材，上下相蒙，持此为业，虽名重于当时，而不达于从政。③

从刘秩其言中也可见，魏晋之后，"舍学问，尚文章"的趋势的确颇为明显。随着儒学与文学逐渐分野，文学发展已开始走上独立发展的道路。而从中还可看出，对于魏晋之后文学发展"先文后理"的特征，唐人已有明确认识。

不过即使如此，魏晋以降，儒学对文学仍有深刻影响。《抱朴子》中言："文可以废，而道未行，则不得无文。"④ 刘勰在《文心

---

① 郭绍虞：《中国文学批评史》，百花文艺出版社 2008 年版，第 55 页。
② （清）汪师韩：《诗学纂闻》，（清）王夫之等撰，丁福保辑《清诗话》，中华书局 1963 年版，第 441 页。
③ 《通典》卷十七《选举五》，第 416—417 页。
④ （晋）葛洪撰，杨明照校笺：《抱朴子外篇校笺》（下），卷三二《尚博》，中华书局 1997 年版，第 109 页。

雕龙》中也说："辞人爱奇，言贵浮诡，饰羽尚画，文绣鞶帨，离本弥甚，将遂讹滥。盖周书论辞，贵乎体要；尼父陈训，恶乎异端；辞训之异，宜体于要。"① 颜之推也谈道："文章当以理致为心肾，气调为筋骨，事义为皮肤，华丽为冠冕。"② 可以说，这些言论都是这一时期文学发展中，儒家文学观仍具影响力的有力体现，而从中也反映出了儒家文学观念长久以来在潜移默化中对人们的深刻影响。

二　北朝山东士族的文学实践

永嘉以来，北方地区战乱较多，文学发展也受到了极大打击。而北魏立国后，开始延揽儒士，注重文治，文学事业也在这一过程中得到了发展的机会。对此，《魏书》卷八五《文苑传序》记载："永嘉之后，天下分崩，夷狄交驰，文章殄灭。昭成、太祖之世，南收燕赵，网罗俊义。"③ 可见，北魏在统一北方前后，其修文之举的确为北方文学发展带来了一些机遇。

北魏之兴，其文治多有山东士族参与，从事文学创作者，也以山东士族为主体。对于北魏早期文学方面较有造诣之士，《北史》卷八三《文苑传序》曾有总结，其文载：

> 洎乎有魏，定鼎沙朔。南包河、淮，西吞关、陇。当时之士，有许谦、崔宏、宏子浩、高允、高闾、游雅等，先后之间，声实俱茂，词义典正，有永嘉之遗烈焉。④

在这其中，崔宏、崔浩、高允、高闾等都出自山东士族。

北魏文学发展的真正转机是在孝文帝时期。《魏书》卷八五

---

① （南朝·梁）刘勰著，郭绍虞、罗根泽主编，范文澜注：《文心雕龙注》（下），卷十《序志第五十》，人民文学出版社 1958 年版，第 726 页。
② 《颜氏家训集解》卷四《文章第九》，第 267 页。
③ 《魏书》卷八五《文苑传序》，1869 页。
④ 《北史》卷八三《文苑传序》，第 2779 页。

《文苑传序》称:"逮高祖驭天,锐情文学,盖以颉颃汉彻,掩踔曹丕,气韵高艳,才藻独构。衣冠仰止,咸慕新风。"① 《隋书》卷三五《经籍志四》也称"后魏文帝,颇效属辞"。②

显然,北魏太和之后,文学受到重视并得以较大发展,同时也涌现了一批较有造诣的文士。对此,《北史》卷八三《文苑传序》也载:

> 及太和在运,锐情文学,固以颉颃汉彻,跨蹑曹丕,气韵高远,艳藻独构。衣冠仰止,咸慕新风,律调颇殊,曲度遂改。辞罕泉源,言多胸臆,润古雕今,有所未遇。是故雅言丽则之奇,绮合绣联之美,眇历岁年,未闻独得。既而陈郡袁翻、河内常景,晚拔畴类,稍革其风。及明皇御历,文雅大盛,学者如牛毛,成者如麟角。孔子曰:"才难。"不其然也?于时陈郡袁翻、翻弟跃、河东裴敬宪、弟庄伯、庄伯族弟伯茂、范阳卢观、弟仲宣、顿丘李谐、勃海高肃、河间邢臧、赵国李骞,雕琢琼瑶,刻削杞梓,并为龙光,俱称鸿翼。乐安孙彦举、济阴温子昇,并自孤寒,郁然特起。咸能综采繁缛,兴属清华。比于建安之徐、陈、应、刘,元康之潘、张、左、束,各一时也。③

很明显,与前期相比,太和之后,一些北魏君主表现出了较为深厚的文化修养。他们对推动文学发展也持积极态度,而这也导致了其文学发展出现了相对繁荣的局面。在《北史》卷八三《文苑传序》所列当时著名文士中间,卢观、卢仲宣、李谐、高肃、邢臧、李骞、孙彦举等均出于山东士族。可见太和之后,山东士族在北魏文学发展中依然发挥着重要影响。

除上述所引外,北魏山东士族在文学方面见长者还有一些,如

---

① 《魏书》卷八五《文苑传序》,第 1869 页。
② 《隋书》卷三五《经籍志四》,第 1090 页。
③ 《北史》卷八三《文苑传序》,第 2779 页。

表 4 - 1 所示：

表 4 - 1　　　　　北魏部分山东士族的文学才干与实践

姓名、郡望	文学方面的行迹	资料来源
祖莹，其郡望为范阳	以文学见重，常语人云："文章须自出机杼，成一家风骨，何能共人同生活也。"盖讥世人好偷窃他文，以为己用。而莹之笔札，亦无乏天才，但不能均调，玉石兼有，制裁之体，减於衰、常焉。性爽侠，有节气，士有穷厄，以命归之，必见存拯，时亦以此多之。其文集行於世	《魏书》卷八二《祖莹传》第 1800 页
阳尼，郡望为北平	少好学，博通群籍，与上谷侯天护、顿丘李彪同志齐名。幽州刺史胡泥以尼学艺文雅，乃表荐之	《魏书》卷七二《阳尼传》第 1601 页
宋弁，郡望为广平	(1) 才学俱赡，少有美名 (2) 韩显宗、阳尼、河间邢产、广平宋弁等"并以文才见举"	(1)《魏书》卷六三《宋弁传》第 1414 页 (2)《魏书》卷六二《李彪传》第 1397 页
韩显宗，郡望为昌黎；邢产，郡望为河间	(1) 韩显宗"以文才见举" (2) 有《韩显宗集》十卷	(1)《魏书》卷六二《李彪传》第 1397 页 (2)《隋书》卷三五《经籍志四》第 1079 页
崔光，出于清河崔氏	家贫好学，昼耕夜诵……为陕西大使，巡方省察，所经述叙古事，因而赋诗三十八篇。……光太和中，依宫商角徵羽本音而为五韵诗，以赠李彪，彪为十二次诗以报光。光又为百三郡国诗以答之，国别为卷，为百三卷焉	《魏书》卷六七《崔光传》第 1487—1499 页
崔逞，出于清河崔氏	逞少好学，有文才。遭乱，孤贫，躬耕于野，而讲诵不废	《魏书》卷三二《崔逞传》第 757 页
郑道昭，出于荥阳郑氏	好为诗赋，凡数十篇	《魏书》卷五六《郑羲传》第 1242 页
李敷，出于赵郡李氏	敷性谦恭，加有文学，高宗宠遇之	《魏书》卷三六《李顺传》第 833 页
崔鉴，博陵安平人	鉴颇有文学，自中书博士转侍郎	《魏书》卷四九《崔鉴传》第 1103 页
房宣明，出于清河房氏	文学著称	《魏书》卷四三《房法寿传》第 972 页
阳固，其郡望为北平	长于文学，有文集流传	《隋书》卷三五《经籍志四》第 1079 页

再据《隋书》卷三五《经籍志四》载，北魏时期，山东士族有文集流传者：《高允集》二一卷、《李谐集》十卷、《卢元明集》十七卷、《韩显宗集》十卷、《阳固集》三卷。[①]

此外，崔浩还有《赋集》八六卷。[②]

北齐占据山东之地，效力元魏的山东士族多为其所用，山东士族在大多数时间里对文学发展也有明显的影响。[③]《隋书》卷三五《经籍志四》对北齐文学评价颇高："齐宅漳滨，辞人间起，高言累句，纷纭络绎，清辞雅致，是所未闻。"[④] 关于北齐文学发展的概况，《北史》卷八三《文苑传序》亦有记载：

> 有齐自霸业云启，广延髦俊，开四门以宾之，顿八纮以掩之，邺都之下，烟霏雾集。河间邢子才、钜鹿魏伯起、范阳卢元明、钜鹿魏季景、清河崔长儒、河间邢子明、范阳祖孝徵、中山杜辅玄、北平阳子烈并其流也。复有范阳祖鸿勋，亦参文士之列。及天保中，李愔、陆卬、崔瞻、陆元规并在中书，参掌纶诰。其李广、樊逊、李德林、卢询祖、卢思道始以文章著名。皇建之朝，常侍王晞独擅其美。河清、天统之辰，杜台卿、刘逖、魏骞亦参诏敕。自李愔已下，在省唯撰述除官诏旨，其关涉军国文翰，多是魏收作之。及在武平，李若、荀士逊、李德林、薛道衡并为中书侍郎，典司纶绰。
>
> ……后复追齐州录事参军萧悫、赵州功曹参军颜之推同入撰录，犹依霸朝，谓之馆客。放及之推意欲更广其事，又因祖珽辅政，爱重之推，又托邓长颙渐说后主，属意斯文。(武平)三年（572年），祖珽奏立文林馆，于是更召引文学士，谓之待

---

① 《隋书》卷三五《经籍志四》，第1079页。
② 同上书，第1083页。
③ 参见孙光《河北士族对北朝文学的影响》，《北方论丛》2007年第2期。
④ 《隋书》卷三五《经籍志四》，第1090页。

诏文林馆焉。斑又奏撰《御览》，诏斑及特进魏收、太子太师徐之才、中书令崔劼、散骑常侍张雕、中书监阳休之监撰。斑等奏追通直散骑侍郎韦道逊、陆乂、太子舍人王劭、卫尉丞李孝基、殿中侍御史魏澹、中散大夫刘仲威、袁奭、国子博士朱才、奉车都尉眭道闲、考功郎中崔子枢、左外兵郎薛道衡、并省主客郎中卢思道、司空东阁祭酒崔德立、太傅行参军崔儦、太学博士诸葛汉、奉朝请郑公超、殿中侍御史郑子信等入馆撰书，并敕放、恕、之推等同入撰例。复命散骑常侍封孝琰、前乐陵太守郑元礼、卫尉少卿杜台卿、通直散骑常侍杨训、前南兖州长史羊肃、通直散骑侍郎马元熙、并省三公郎中刘珉、开府行参军李师上、温君悠入馆，亦令撰书。后复命特进崔季舒、前仁州刺史刘逖、散骑常侍李孝贞、中书侍郎李德林续入待诏。寻又诏诸人各举所知，又有前济州长史李蒨、前广武太守魏骞、前西兖州司马萧溉、前幽州长史陆仁惠、郑州司马江旰、前通直散骑侍郎辛德源、陆开明、通直郎封孝骞、太尉掾张德冲、并省右户郎元行恭、司徒户曹参军古道子、前司空功曹参军刘颙、获嘉令崔德儒、给事中李元楷、晋州中从事阳师孝、太尉中兵参军刘儒行、司空祭酒阳辟强、司空士曹参军卢公顺、司空中兵参军周子深、开府行参军王友伯、崔君洽、魏师謇并入馆待诏。又勒仆射段孝言亦入焉。《御览》成后，所撰录人亦有不得待诏，付所司处分者。凡此诸人，亦有文学肤浅，附会亲识，妄相推荐者十三四焉。虽然，当时操笔之徒，搜求略尽。其外如广平宋孝王、信都刘善经辈三数人，论其才性，入馆诸贤亦十三四不逮之。①

此段引文较长，从中可见在北齐一代，历时虽然不久，但注重

---

① 《北史》卷八三《文苑传序》，第 2779—2781 页。

延揽文士。其开设文林馆，修撰《御览》之举更促进了文学的发展。故而有齐一代，文学事业颇为繁盛。而在北齐的文学发展中，山东士族也仍为其主体，在这其中，邢邵、阳休之、魏收、卢询祖、魏澹、李德林、卢思道、刘逖等还取得了较大成就。魏澹、李德林、卢思道、李孝贞等还入周、隋，对周、隋文学发展也产生了一定的影响。

《北史》卷八三《文苑传》较为详尽地列举了北齐文学中有影响的山东士族，除此之外，北齐山东士族中还有一些工于文学者，见表4-2。

表 4-2　　　　　　　　北齐部分山东士族的文学才干与实践

姓名	文学方面行迹	资料出处
郑颐	(1) 颐聪敏，颇涉文义 (2) 以文学见知，亦被亲宠	(1)《北齐书》卷三四《郑颐传》第461页 (2)《北齐书》卷三四《宋钦道传》第460页
卢恭道	性温良，颇有文学	《北齐书》卷二二《卢文伟传》第320页
卢昌衡	史载："昌衡与顿丘李若、彭城刘泰珉、河南陆彦师、陇西辛德源、太原王修并为后进风流之士"	《北齐书》卷四二《卢潜传》第557页
卢公顺	早以文学见知。武平中符玺郎，待诏文林馆	《北齐书》卷四二《卢潜传》第557页
卢怀仁	涉学有文辞，情性恬靖，常萧然有闲放之致。历太尉记室、弘农郡守，不之任，卜居陈留界。所著诗赋铭颂二万余言，又撰《中表实录》二十卷	《北齐书》卷四二《卢潜传》第556页

据《隋书》卷三五《经籍志四》所载，北齐山东士族所著文集如下：《邢子才集》三一卷、《魏收集》六八卷、《刘逖集》二六卷。①

《新唐书》卷六〇《艺文志四》所载略有差别：北齐《阳休之集》三十卷、《邢邵集》三十卷、《魏收集》七十卷、《刘逖集》四

---

① 《隋书》卷三五《经籍志四》，第1079页。

十卷。①

西魏北周文学发展的起点较低，本来逊于东魏、北齐。对此，唐长孺先生就说，"西魏建国，极少能文之士"，"文化水平不但不能与南朝相比，而且也远逊邺都"。② 曹道衡先生也曾说："在北魏分裂为东魏与西魏及后来又为北齐和北周所替代之后，出现了一个很可注意的问题，那就是从政治上说，北周比北齐要清明得多；而在文学上却是北齐远比北周为发达。"③ 但在南朝文人王褒、庾信投奔北周后，其吸收江左之风的态度却极为积极，文学南方化的倾向明显。史载："世宗、高祖并雅好文学，信特蒙恩礼。至于赵、滕诸王，周旋款至，有若布衣之交。群公碑志，多相请托。唯王褒颇与信相埒，自余文人，莫有逮者。"④ 苏绰也曾言："近代以来，文章华靡，逮于江左，弥复轻薄。"⑤ 即反映了北周文风变迁的状况。

对此，《北史》卷八三《文苑传序》总结道：

> 周氏创业，运属陵夷，纂遗文于既丧，聘奇士如弗及。是以苏亮、苏绰、卢柔、唐瑾、元伟、李昶之徒，咸奋鳞翼，自致青紫。然绰之建言，务存质朴，遂糠秕魏、晋，宪章虞、夏，虽属辞有师古之美，矫枉非适时之用，故莫能常行焉。既而革车电迈，渚宫云撤，梁、荆之风，扇于关右，狂简之徒，斐然成俗，流宕忘反，无所取裁。⑥

从这一记载所言"梁、荆之风，扇于关右"之中，可知北周受南朝文学影响较大的事实。而在北周文士中，亦有卢柔、李昶等山

①　《新唐书》卷六〇《艺文志四》，第 1595 页。
②　唐长孺：《论南朝文学的北传》，《武汉大学学报》1993 年第 6 期。
③　曹道衡：《南朝文学与北朝文学研究》，商务印书馆 2015 年版，第 259 页。
④　《周书》卷四一《庾信传》，第 734 页。
⑤　《周书》卷二二《柳庆传》，第 370 页。
⑥　《北史》卷八三《文苑传序》，第 2781 页。

东士族较为知名。此外，博陵崔猷"既遭家难，遂间行入关。及谒魏孝武"①，归于西魏北周，其子崔仲方在文学上也较活跃，史载其"早知名，机神颖悟，文学优敏"②，即为证明。

在平定北齐后，原属北齐的一些山东士族，如卢思道等人，为北周、隋所用，使得文学发展有了新的色彩。

《隋书》卷三五《经籍志四》载由北齐入周隋而有文集者：《卢思道集》三十卷、《李元操集》十卷、《李德林集》十卷。③

《新唐书》卷六〇《艺文志四》所载略有不同：《卢思道集》二十卷、《李元操集》二十二卷、《李德林集》十卷、《魏澹集》四卷。④

三　北朝山东士族的文风演进

永嘉之乱后，特别是北朝以来，与江左相比，北方的文学发展出现了一些较为明显的自身特点，《北史》卷八三《文苑传序》称：

> 暨永明、天监之际，太和、天保之间，洛阳、江左，文雅尤盛，彼此好尚，互有异同。江左官商发越，贵于清绮；河朔词义贞刚，重乎气质。气质则理胜其词，清绮则文过其意。理深者便于时用，文华者宜于咏歌。此其南北词人得失之大较也。⑤

可见，北朝文学较多地继承了儒家文学观的传统，从思想价值上讲注重"理胜其词"，从艺术特征上讲则趋向于"词义贞刚，重乎气质"的审美意境，与清绮的江左文风有较大差别。因此，有学者将北朝文学称为"政治文学"，认为"与南朝文学相反，北朝文学始

---

① 《周书》卷三五《崔猷传》，第 615 页。
② 同上书，第 617 页。
③ 《隋书》卷三五《经籍志四》，第 1081 页。
④ 《新唐书》卷六〇《艺文志四》，第 1596 页。
⑤ 《北史》卷八三《文苑传序》，第 2781—2782 页。

终将政治性放在首位"。① 而这实际上也代表了北朝山东士族文学创作的总体取向。

不过尽管如此，北朝的不同阶段，山东士族的文学风格还是有所差异，特别是中后期较为明显地受到了江左文风的影响。

关于北魏前期的文学发展，有学者认为，由于严酷险恶的政治环境等原因，"从鲜卑拓跋氏进兵中原到孝文帝前的一百年左右的时间里，北魏的诗赋创作确实呈现出一种真正彻底的萧条。"② 不过，北朝前期，崔宏、崔浩、高允等山东士族，俱以儒学闻名，他们在文学创作方面也有一定的影响。崔宏等山东士族的文学风格多以儒家传统为圭臬，其文以实用为主，行文较为质朴。如高允在这方面较为典型。

史载高允："性好文学，担笈负书，千里就业。"③《隋书》卷三五《经籍志四》载高允有文集二十一卷。④ 其作品保留至今的也有多篇。高允其文以政论为主，史载："自高宗迄于显祖，军国书檄，多允文也。"⑤

高允的诗赋作品，其内容也大都与国家政务有关，如《北伐颂》是记述从显祖北伐。

《征士颂》，则记述魏帝征辟儒士，其首节：

> 紫气干霄，群雄乱夏，王龚徂征，戎车屡驾。扫荡游氛，克揃妖霸，四海从风，八垠渐化。政教无外，既宁且一，偃武櫜兵，唯文是恤。帝乃旁求，搜贤举逸，岩隐投竿，异人并出。⑥

---

① 周建江：《北朝文学的性质与地位》，《齐鲁学刊》1995 年第 6 期。
② 吴先宁：《北朝文化特质与文学进程》，东方出版社 1997 年版，第 61 页。
③ 《魏书》卷四八《高允传》，第 1067 页。
④ 《隋书》卷三五《经籍志四》，第 1079 页。
⑤ 《魏书》卷四八《高允传》，第 1086 页。
⑥ （北魏）高允：《全后魏文》卷二八《征士颂》，《全上古三代秦汉三国六朝文》，第 3654 页。

　　吴先宁从文学演变的角度出发，认为高允诗歌"全用四言，手法拙直，了无诗味"，"在经过了魏晋时期五言诗的极大发展以后，到北魏前期还有如此质木无文的四言诗出现，这是令人十分惊讶的"。① 不过，从另一个角度看，北朝早期以崔浩、高允为代表的山东士族仍保持了浓厚的汉儒之风。应当说，他们这种质朴古拙的行文风格也是与其整体的文化风尚相一致的。

　　高允《鹿苑赋》是一篇纯文学的作品，从中撷取部分内容：

　　　　启重基于朔土，系轩辕之洪裔。武承天以作主，熙大明以御世。洒灵液以滂沱，扇仁风以遐被。蹑姬文而筑苑，包山泽以开制。植群物以充务，蠲四民之常税。暨我皇之继统，诞天纵之明叡。追鹿野之在昔，兴三转之高义。振幽宗于已永，旷千载而可寄。于是命匠选工，刊兹西岭。注诚端思，仰模神影。庶真容之仿佛，耀金晖之焕炳。即灵崖以构宇，竦百寻而直正。绋飞梁于浮柱，列荷华于绮井。图之以万形，缀之以清永。若祇洹之瞪对，孰道场之涂迥。嗟神功之所建，超终古而秀出。实灵祇之协赞，故存贞而保吉。……固爽塏以崇居，枕平原之高陆。恬仁智之所怀，眷山水以肆目。玩藻林以游思，绝鹰犬之驰逐。②

　　可以看到，高允《鹿苑赋》总体上其文辞仍体现出"词义贞刚，重乎气质"的北朝文风。但一些内容还是具有较强的文学性，如"即灵崖以构宇，竦百寻而直正。绋飞梁于浮柱，列荷华于绮井"，"固爽塏以崇居，枕平原之高陆。恬仁智之所怀，眷山水以肆目。玩藻林以游思，绝鹰犬之驰逐"等都较具文采。

---

　　① 吴先宁：《北朝文化特质与文学进程》，东方出版社1997年版，第62页。
　　② （北魏）高允：《后魏全文》卷二八《鹿苑赋》，《全上古三代秦汉三国六朝文》，第3651页。

　　孝文帝时期是北朝文学的重要发展阶段，而孝文帝本人富有文学才华。史载其："才藻富赡，好为文章、诗赋铭颂，任兴而作。有大文笔，马上口授，及其成也，不改一字。自太和十年（486年）已后诏册，皆帝之文也。自余文章，百有余篇。"①

　　孝文帝极力倡导文学创作，史载：

　　　　萧赜使庾荜来朝，荜见澄音韵遒雅，风仪秀逸，谓主客郎张彝曰："往魏任城以武著称，今魏任城乃以文见美也。"时诏延四庙之子，下逮玄孙之胄，申宗宴于皇信堂，不以爵秩为列，悉序昭穆为次，用家人之礼。高祖曰："行礼已毕，欲令宗室各言其志，可率赋诗。"特令澄为七言连韵，与高祖往复赌赛，遂至极欢，际夜乃罢。②

　　《任城王传》又载："（任城王澄）后从征至悬瓠，以笃疾还京。驾饯之汝渍，赋诗而别。车驾还洛，引见王公侍臣于清徽堂。……高祖曰：'光景垂落，朕同宗则有载考之义，卿等将出无远，何得默尔，不示德音。'即命黄门侍郎崔光、郭祚，通直郎邢峦、崔休等赋诗言志。"③

　　孝文帝在不同的场合，鼓励宗室、大臣作诗言志，以此则可见孝文帝提倡文学的积极态度。

　　更为重要的是，北魏中期之后，南北文学交流增多；特别是北朝后期，北方已经受江左文风的较大影响。曹道衡先生等指出："（太和之后）北魏文人努力向南朝学习写作技巧，南朝人的作品传到北方，很快就在上层人士中广为传颂。"④

---

　　① 《魏书》卷七下《高祖纪第七下》，第187页。
　　② 《魏书》卷一九中《任城王传》，第464页。
　　③ 同上书，第467—468页。
　　④ 曹道衡、沈玉成：《南北朝文学史》，中国社会科学出版社2007年版，第296页。

北齐时，史载："后主虽溺于群小，然颇好讽咏，幼稚时，曾读诗赋，语人云：'终有解作此理不？'及长亦少留意。初因画屏风，敕通直郎兰陵萧放及晋陵王孝式录古名贤烈士及近代轻艳诸诗以充图画，帝弥重之。"① 北周苏绰也曾说："近代以来，文章华靡，逮于江左，弥复轻薄。洛阳后进，祖述不已。"② 可见，北朝后期，江左文风对北方地区亦有强烈影响。

与此相应的是，北朝中后期，在一些山东士族中追求词彩的倾向已相当明显。

祖珽，字孝徵，范阳狄道人，其文注重典丽。史载：

> 珽神情机警，词藻遒逸，少驰令誉，为世所推。起家秘书郎，对策高第，为尚书仪曹郎中，典仪注。尝为冀州刺史万俟受洛制《清德颂》，其文典丽，由是神武闻之。时文宣为并州刺史，署珽开府仓曹参军。神武口授珽三十六事，出而疏之，一无遗失，大为僚类所赏。时神武送魏兰陵公主出塞嫁蠕蠕，魏收赋《出塞》及《公主远嫁诗》二首，珽皆和之，大为时人传咏。③

卢询祖，"有术学，文章华靡，为后生之俊。举秀才入京。李祖勋尝宴文士，显祖使小黄门敕祖勋母曰：'茹茹既破，何故无贺表？'使者伫立待之。诸宾皆为表，询祖俄顷便成。后朝廷大迁除，同日催拜。询祖立于东止车门外，为二十余人作表，文不加点，辞理可观。"④

邢邵，河间鄚人，少年即有才华。史载：

---

① 《北齐书》卷四五《文苑传》，第 603 页。
② 《周书》卷二二《柳庆传》，第 370 页。
③ 《北齐书》卷三九《祖珽传》，第 513—514 页。
④ 《北齐书》卷二二《卢文伟传》，第 320—321 页。

少在洛阳，会天下无事，与时名胜专以山水游宴为娱，不暇勤业。尝因霖雨，乃读《汉书》，五日，略能遍记之。后因饮谑倦，方广寻经史，五行俱下，一览便记，无所遗忘。文章典丽，既赡且速。年未二十，名动衣冠。……孝昌初，与黄门侍郎李琰之对典朝仪。自孝明之后。文雅大盛，邵雕虫之美，独步当时，每一文初出，京师为之纸贵，读诵俄遍远近。①

史称邢邵："词致宏远，独步当时，与济阴温子升为文士之冠，世论谓之温、邢。"②

魏澹，出于巨鹿魏氏，史载其家："称为著姓，世以文学自业。澹年十五而孤，专精好学，博涉经史，善属文，词采赡逸。"③

从史料中对祖珽等人的文风描述来看，这些山东士族的行文已经带有较为明显追求辞彩的痕迹。不过，值得注意的是，一些山东士族在追求艺术形式的同时，依然较为注重文质结合，其文风与单纯的唯美主义取向仍有不同。

如魏收颇以文学见长，但亦注重归于雅正，显示出一定的文质结合特征。史载："（孝武）帝与从官及诸妃主，奇伎异饰，多非礼度。收欲言则惧，欲默不能已，乃上《南狩赋》以讽焉，时年二十七，虽富言淫丽，而终归雅正。帝手诏报焉，甚见褒美。"④ 周一良先生评价魏收修《魏书》的手法时就曾说，"六朝修史最喜载文"，但《魏书》收文多"斯又文词优美，可借以想见其身世与为人者"。而对于"仄艳轻浮之诗文一无取焉"。⑤

邢邵晚年的文学旨趣也有所变化，行文颇以《五经》章句为证。

---

① 《北齐书》卷三六《邢邵传》，第475—476页。
② 同上书，第478页。
③ 《隋书》卷五八《魏澹传》，第1416页。
④ 《北齐书》卷三七《魏收传》，第484页。
⑤ 周一良：《魏收之史学》，《魏晋南北朝史论集》，北京大学出版社1997年版，第279—280页。

史载其："晚年尤以《五经》章句为意，穷其指要。吉凶礼仪，公私谘禀，质疑去惑，为世指南。每公卿会议，事关典故，邵援笔立成，证引该洽。"① 颇能体现出邢邵在文风方面的变化。

此外，阳休之，为文虽爱文藻，但亦求典正。史载："休之俊爽有风概，少勤学，爱文藻，弱冠擅声，为后来之秀。……休之好学不倦，博综经史，文章虽不华靡，亦为典正。邢、魏殂后，以先达见推。……所著文集三十卷，又撰《幽州人物志》并行于世。"②

李德林善属文，其行文也注重"词藁而理畅"，注意将思想价值与艺术形式加以结合。史载其："年十五，诵《五经》及古今文集，日数千言。俄而该博坟典，阴阳纬候无不通涉。善属文，词藁而理畅。"③

以上事实说明，北朝末年，虽然士族在文学创作方面也受到了注重艺术形式风尚的影响，但由于其仍具有较为深厚的儒家文学观传统，故在创作实践中仍较为注重文质结合，具有自身的特点。

第二节　隋唐之际山东士族的文学实践

隋唐之际，尚武之风仍较为浓厚。但随着环境的变迁，好尚文学的风气已经有所表现，在山东士族中，也有不少人受到影响。本节探讨这一时期山东士族渐重文学的历史背景及其文学实践的状况。

一　山东士族渐重文学的历史背景

隋唐之际，崇尚武略的风气虽然仍很浓厚。但随着环境的变迁，好尚文学的风气已经有所显现，而在山东士族中，亦有不少人受其

---

① 《北齐书》卷三六《邢邵传》，第 478 页。
② 《北齐书》卷四二《阳休之传》，第 560—564 页。
③ 《北史》卷七二《李德林传》，第 2504 页。

浸染。这一时期，一些山东士族注重文辞之风渐盛，这显然与当时特定的历史环境密不可分，具体而言：

其一，隋唐之际文学氛围的影响不可忽视。

隋唐以降，文学发展遵循自身内在的演进规律，诗歌、散文、小说等文学样式都有了不同程度的进展。特别是诗歌创作开始进入了黄金时期，其多样化的题材，不同的风格流派带来了丰富的审美体验和强烈的感染力，从而吸引人们参与其中。这一点诚如明代胡应麟在《诗薮》中所言：

> 甚矣，诗之盛于唐也！其体，则三、四、五言，六、七、杂言，乐府、歌行，近体、绝句，靡弗备矣。其格，则高卑、远近、浓淡、浅深、巨细、精粗、巧拙、强弱，靡弗具矣。其调，则飘逸、浑雄、沈深、博大、绮丽、幽闲、新奇、猥琐、靡弗诣矣。其人，则帝王、将相、朝士、布衣、童子、妇人、缁流、羽客，靡弗预矣。①

胡应麟所言虽然是针对整个唐代而言，但实际上也在一定程度上反映了隋唐之际的文学发展，特别是诗歌发展对人们所产生的强烈影响。傅璇琮先生在谈到初唐诗歌时，就曾对其成就予以高度评价："（开元天宝之前）唐诗已经经历了婉丽清新、婀娜多姿的初唐阶段，正以璀灿夺目的光彩，步入盛唐的康庄大道。在这一百余年中，杰出的诗人已络绎出现在诗坛上，写出了历世经久、传诵不息的名篇。"② 而有鉴于唐代，尤其是高宗、武后以后，整个社会受文学的感染与影响之广泛、深切，龚鹏程先生就径直将唐人对文学的热衷称为"文学崇拜"现象。③ 显然，置身于这样的富有感染力的

---

① （明）胡应麟：《诗薮》外编卷三《唐上》，上海古籍出版社 1979 年版，第 163 页。
② 傅璇琮：《唐代科举与文学》，陕西人民出版社 1986 年版，第 408 页。
③ 龚鹏程：《唐代思潮》第四章"文学化社会之形成"，商务印书馆 2007 年版。

文学氛围之中，一些山东士族受其影响也是不足为奇的。

其二，君主态度的影响。

隋唐两朝，开国君主都出自关陇集团，他们本来是属于以军功进身的武人群体，尚武气息较为浓厚。不过，隋唐之际，君主对文学的态度虽有所差异，但受这一时期文学发展的感染，多数在不同程度上受其影响。有些君主对发展文艺，态度还颇为积极，而君主的态度对社会风尚的趋向显然有重要的影响。

隋文帝杨坚出身于关陇军事集团，他"素无学术"，"又不悦诗书"①，因此文帝对崇尚文辞之风多有抑制。史载："高祖初统万机，每念斫雕为朴，发号施令，咸去浮华。然时俗词藻，犹多淫丽，故宪台执法，屡飞霜简。"② 故而，唐人薛登称文帝朝，"风俗改励，政化大行"③。因此，文帝一朝，注重辞彩之风受到抑制，士人为文多从实录。

隋炀帝具有不同其父的文化修养，史载："上好学，善属文，沉深严重，朝野属望。"④

杨广在文学创作上颇具功力，其成就颇为唐初君臣所认可。史称："炀帝初习艺文，有非轻侧之论，暨乎即位，一变其风。其《与越公书》《建东都诏》《冬至受朝诗》及《拟饮马长城窟》，并存雅体，归于典制。虽意在骄淫，而词无浮荡，故当时缀文之士，遂得依而取正焉。"⑤ 可见，《隋书》的编纂者对炀帝的文学造诣评价颇高，即使是处处以炀帝为鉴的唐太宗也承认其文集"文辞奥博"。⑥ 炀帝继位后，一改文帝所为，倡导艺文。故而大业朝，文辞之士，特别是江左文士也颇受重用。如虞世基，"帝重其才，亲礼逾厚，专典机

---

① 《隋书》卷二《高祖纪下》，第 54 页。
② 《隋书》卷七六《文学传》，第 1730 页。
③ 《旧唐书》卷一〇一《薛登传》，第 3138 页。
④ 《隋书》卷三《炀帝纪上》，第 59 页。
⑤ 《隋书》卷七六《文学传》，第 1730 页。
⑥ 《资治通鉴》卷一九二"太宗贞观二年条"，第 6053 页。

密"①。柳䛒则"甚见亲待，每召入卧内，与之宴谑"②。从中可看到隋炀帝对文士的优宠。

及至唐代，文化环境较为宽松，"在文化创造的道路上，禁忌较少，言论著述有较多的自由，鼓励创作道路的多途发展"③。这对文学发展来说显然是重要的前提条件。在此背景之下，君主对文学创作限制也较少。在诗歌创造方面，宋人洪迈在《容斋续笔》卷二《唐诗无讳避》中言："唐人歌诗，其于先世及当时事，直辞咏寄，略无避隐。至宫禁嬖昵，非外间所应知者，皆反复极言，而上之人亦不以为罪。"对于唐代宽松的文学环境流露出了颇多羡慕之意。

唐初，多数君主对文学都较为了解。唐太宗李世民甚有武略，不过太宗虽以戎马取天下，但他却具有相当好的文学修养。史载："初，太宗以武功定海内，栉风沐雨，不暇于诗书。暨于嗣业，进引忠良，锐精思政。数年之后，道致隆平，遂于听览之暇，留情文史。叙事言怀，时有构属，天才宏丽，兴托玄远。"④ 可见太宗属意文学，既有出于平定天下后实施文治的政治需要，也有其自身爱好的因素。而从个人的角度看，太宗对文学风格的好尚不时显露出受江左文风的影响。史称："高祖、太宗，大难始夷，沿江左余风，缔句绘章，揣合低卬，故王、杨为之伯。"⑤ 又如太宗："尝作宫体诗，使赓和。世南曰：'圣作诚工，然体非雅正。上之所好，下必有甚者，臣恐此诗一传，天下风靡。不敢奉诏。'"⑥

从这些记载中可以看到，太宗留心文学，对江左文风也较为倾心。他不仅欣赏南方文风，自己亦能作宫体诗，而虞世南也以此向太宗进谏规劝。以此看来，太宗对江左文学的确是颇为谙熟的。

---

① 《隋书》卷六七《虞世基传》，第 1572 页。
② 《隋书》卷五八《柳䛒传》，第 1423 页。
③ 王永平：《论唐代的文化政策》，《思想战线》1999 年第 3 期。
④ 《旧唐书》卷七三《邓世隆传》，第 2600 页。
⑤ 《新唐书》卷二〇一《文艺传上》，第 5725 页。
⑥ 《新唐书》卷一一五《虞世南传》，第 3972 页。

不过，太宗是有远见卓识的政治家，为政多以隋炀帝为鉴。其即位后，对文学的态度也更多从政治利用的角度考量，因此，也就往往强调文学传统价值的一面。史载：

> 贞观初，太宗谓监修国史房玄龄曰："比见前、后《汉史》载录扬雄《甘泉》《羽猎》，司马相如《子虚》《上林》，班固《两都》等赋，此既文体浮华，无益劝诫，何假书之史策？其有上书论事，词理切直，可裨于政理者，朕从与不从皆须备载。"①

唐太宗《帝京篇·序》也较为典型地反映其文学观念中注重儒家传统的一面，史载：

> 予追踪百王之末，驰心千载之下，慷慨怀古，想彼哲人。庶以尧舜之风，荡秦汉之弊；用咸英之曲，变烂熳之音；求之人情，不为难矣。故观文教于六经，阅武功于七德。台榭取其避燥湿，金石尚其谐神人，皆节之于中和，不系之于淫放。故沟洫可悦，何必江海之滨乎！麟阁可玩，何必两（一作山）陵之间乎！忠良可接，何必海上神仙乎！丰镐可游，何必瑶池之上乎！释实求华，以人从欲，乱於大道，君子耻之。②

贞观十一年（637年），著作佐郎邓隆上表请求编录太宗文章为集，太宗回应道：

> "朕若制事出令，有益於人者，史则书之，足为不朽。若事不师古，乱政害物，虽有词藻，终贻后代笑，非所须也。只如梁武帝父子及陈后主、隋炀帝，亦大有文集，而所为多不

---

① 《贞观政要集校》卷七《论文史第二十八》，第387页。
② （唐）李世民：《帝京篇十首并序》，《全唐诗》卷一，中华书局1960年版，第1页。

法，宗社皆须臾倾覆。凡人主惟在德行，何必要事文章耶？"
竟不许。①

贞观二十二年（648 年）九月，考功员外郎王师旦知举。进士
张昌龄、王公瑾，并有文才而未能及第，太宗询问此事，王师旦对
称："此辈诚有文章，然其体性轻薄，文章浮艳，必不成令器。臣若
擢之，恐后生相效，有变陛下风雅。"太宗以为名言。②

从这几端事例来看，可见贯穿贞观一朝，太宗虽也受到江左文
风的影响，但他更为强调文学在思想性与艺术性上保持儒家传统，
这一态度也是始终一致的。有学者概括唐太宗的文学观："即以'雅
正'为中心，在文学理想上'师古'，在文学主体上'尚德'，在文
学内容上'求雅'，在文学风格上要求'切直'，在文学作用上则强
调'裨政'。"应当说颇具见地。③《隋书》卷七六《文学传》在评价
南北地文学时，颇有感慨地主张两者应"各去所短，合其两长，则
文质斌斌，尽善尽美矣"④。应当说这也在一定程度上反映了贞观君
臣在文学方面的基本态度和审美情趣。

太宗之后，高宗、武后对文学的发展亦有深远影响，特别是武
后时期，对文学的促进更为明显。

一方面，武后本人具备文学素养，喜爱文学，史载："后素多智
计，兼涉文史。"⑤骆宾王为初唐四杰之一，曾参与徐敬业之变，史
载："敬业败，伏诛，文多散失，则天素重其文，遣使求之。有衮州
人郗云卿集成十卷，盛传于世。"⑥武后不因人废言，为反叛者骆宾
王搜求文集，从这一点可看到她对文士与文学的偏爱。

---

① 《贞观政要集校》卷七《论文史第二十八》，第 388 页。
② 《唐会要》卷七六《贡举中》，第 1379 页。
③ 陈顺智：《论唐太宗的雅正文学观及其对贞观诗坛的影响》，《武汉大学学报》（哲学
社会科学版）1999 年第 4 期。
④ 《隋书》卷七六《文学传》，第 1730 页。
⑤ 《旧唐书》卷六《则天皇后纪》，第 115 页。
⑥ 《旧唐书》卷一九〇上《骆宾王传》，第 5007 页。

另一方面，也是更重要的一点，武后通过进士科奖拔文辞之士也是其打击关陇集团，消解关陇本位体制的重要手段。对此陈寅恪先生曾经论证了武则天柄政与进士科见重在时间上的一致性；并进一步分析了进士科地位提高对"关中本位政策"的破坏作用。"盖进士之科虽创于隋代，然当日人民致身通显之途径并不必由此。及武后柄政，大崇文章之选，破格用人，于是进士之科为全国干进者竞驱之鹄的。当时山东、江左人民之中，有虽工于为文，但以不预关中团体之故，致遭屏抑者，亦因此政治变革之际会，得以上升朝列，而西魏、北周、杨隋及唐初将相旧家之政权尊位遂不得不为此新兴阶级所攘夺替代。"①

则天朝以后，中宗亦多用文学之士，李峤、崔湜、崔融、李乂、卢藏用等山东士族都以文学才能受到重用。唐玄宗"性英断多艺，尤知音律"②，也颇有文艺修养。不过，在文学高涨背景之下，玄宗也曾试图加以平衡。他曾下诏称：

> 我国家敦古质，断浮艳。礼乐诗书，是宏文德，绮罗珠翠，深革弊风。必使情见于词，不用言浮于行。比来选人试判，举人对策，剖析案牍，敷陈奏议，多不切事宜，广张华饰。何大雅之不足，而小能之是衒。自今已后，不得更然。③

《新唐书》卷二〇一《文艺志上》也载："玄宗好经术，群臣稍厌雕瑑，索理致，崇雅黜浮，气益雄浑。"④ 然而，尽管如此，在文学渐趋高涨的背景下，玄宗也不能不受到文学风尚的影响。事实上，玄宗虽强调发展儒学，但其对文学与文士仍然还是较为重视的。在

---

① 陈寅恪：《唐代政治史述论稿》，《隋唐制度渊源略论稿·唐代政治史述论稿》合订本，生活·读书·新知三联书店 2001 年版，第 202 页。

② 《旧唐书》卷八《玄宗纪上》，第 165 页。

③ （唐）李隆基：《禁策判不切事宜诏》，《全唐文》卷二十七，第 313 页。

④ 《新唐书》卷二〇一《文艺志上》，第 5725 页。

玄宗一朝，文士的影响力依然显著；其朝中也有张说、张九龄这样的文学之士，在翰林院之中更是多聚文人。应该说，这都是玄宗看重文士与文学的具体体现。这一点，诚如汪篯先生所说："事实上，这时民间看重文学，已经成了风气，干进的人，已经习惯地把文学一途看做鹄的。""玄宗……在爱好文学的风气之下，他受了很深的影响。"①

其三，科举制度，特别是进士科的影响。

科举制，特别是进士科对唐代士人投身文辞之学也有极大的促进作用。这一点，杨绾言及高祖武后以后在进士科等影响下，当时的社会上，"幼能就学，皆诵当代之诗；长而博文，不越诸家之集。递相党与，用致虚声，《六经》则未尝开卷，《三史》则皆同挂壁。"② 在此，杨绾就对在进士科等的影响之下，人们投身于文学的状况作出了生动描绘。

宋人严羽在《沧浪诗话》中也提道："唐以诗取士，故多专门之学，我朝之诗所以不及也。"③ 在这里，杨绾、严羽都言及了进士科等对于唐人参与文学创作的巨大推动作用。进士科始于隋炀帝时期，事实上，唐初进士科与文辞并无太大关联。史称："国初，明经取通两经，先帖本，乃按章疏试墨策十道。秀才试方略策三道。进士试时务策五道。"④ 贞观八年（634 年），"诏加进士试读经史一部"⑤。可见，在唐初，进士仍以经史策论为主。

高宗时期，进士科开始加入文辞内容。史载："调露二年（680 年）四月，刘思立除考功员外郎。先时，进士但试策而已，思立以其庸浅，奏请帖经，及试杂文。自后因以为常式。"⑥《唐摭言》卷一

---

① 汪篯：《唐玄宗时期吏治与文学之争——玄宗朝政治史发微之二》，《汪篯隋唐史论稿》，中国社会科学出版社 1981 年版，第 205—206 页。

② 《旧唐书》卷一一九《杨绾传》，第 3430 页。

③ （宋）严羽：《沧浪诗话》，中华书局 1985 年版，第 33 页。

④ 《封氏闻见记》卷三，第 34 页。

⑤ 《通典》卷一五《选举三》，第 354 页。

⑥ 《唐会要》卷七六《贡举中》，第 1379 页。

也载："后至调露二年（680 年），考功员外刘思立奏请加试帖经与杂文，文之高者放入策。寻以则天革命，事复因循。至神龙元年（705 年）方行三场试，故常列诗赋题目于榜中矣。"① 这一举措，使得进士科开始走上了文学化的道路。永隆二年（681 年）八月高宗又敕："自今已后，明经每经帖十得六已上者，进士试杂文两首识文律者，然后令试策。"② 进一步巩固了进士科中文学所占据的主导地位。

事实上，进士科以诗赋取士，虽有君主意愿的因素，但从根本上说还是文学影响力增强的结果。对此，傅璇琮先生指出："进士科在八世纪初开始采用考试诗赋的方式，到天宝时以诗赋取士成为固定的格局，正是诗歌的发展繁荣对当时社会生活产生广泛影响的结果。"③ 王勋成也认为："以诗赋取士产生于初唐后期，以诗赋选官产生于盛唐前期，它们的产生是有其社会基础的。由于帝王的爱好与提倡，唐诗已经在社会生活中产生了广泛的影响，喜诗爱诗咏诗写诗的社会风气已普遍形成……在这一唐诗星火燎原之势中，以诗赋举士和以诗赋选官的制度也就相继产生并定型了，而且是后者效法借鉴于前者的。"④ 不过，很明显的是，自从在进士科考试中引入诗赋等文学元素后，通晓文学也就成为登科入仕的重要手段。而在进士科日益受到重视的背景之下，其参与者也渐多，科举制度对文学创作的强大推动作用也就此充分显现出来了。

武后时期，大力倡导文章选士取士，进士科地位上升对士人的吸引力大为增加，这可谓是唐代科举发展的一个关键期。对于高宗、武后时期科举制度对文学的促进作用，杨绾说："近炀帝始置进士之科，当时犹试策而已。至高宗朝，刘思立为考功员外郎，又奏进士加杂文，明经填帖，从此积弊，浸转成俗。"⑤

---

① 《唐摭言》卷一《试杂文》，第 9 页。
② 《唐会要》卷七五《贴经条例》，第 1375 页。
③ 傅璇琮：《唐代科举与文学》，陕西人民出版社 1986 年版，第 408 页。
④ 王勋成：《唐代铨选与文学》，中华书局 2001 年版，第 322—323 页。
⑤ 《旧唐书》卷一一九《杨绾传》，第 3430 页。

唐人沈既济也曾言:"太后颇涉文史,好雕虫之艺。永隆中,始以文章选士。及永淳之后,太后君天下二十余年,当时公卿百辟,无不以文章,因循遇久,浸以成风。"①

由此可见,武后注重以文辞选士,这对当时社会形成崇尚文学的习尚,起到了极大的推动作用。对此,陈寅恪先生评论说:"及武后柄政,大崇文章之选,破格用人,于是进士之科为全国干进者竞趋之鹄。"② 其评价确为一语中的。

及至玄宗时期,士子对以进士科入仕更是趋之若鹜。《通典》卷十五《选举三》载:"开元以后,四海晏清,士无贤不肖,耻不以文章达,其应诏而举者,多则二千人,少犹不减千人。"③ 进士科对文学参与的影响可谓显著。

二　山东士族的文学实践

隋代,在文学方面,受江左文士的影响甚大。但山东士族,特别是由北齐入周、隋者,仍占有重要一席。

《隋书》卷七六《文学传》罗列了当时的知名文人:

> 爰自东帝归秦,逮乎青盖入洛,四陬咸暨,九州攸同,江、汉英灵,燕、赵奇俊,并该天网之中,俱为大国之宝。言刈其楚,片善无遗,润木圆流,不能十数,才之难也,不其然乎!时之文人,见称当世,则范阳卢思道、安平李德林、河东薛道衡、赵郡李元操、钜鹿魏澹、会稽虞世基、河东柳䛒、高阳许善心等,或鹰扬河朔,或独步汉南,俱骋龙光,并驱云路。④

---

① (唐)沈既济:《词科论并序》,《全唐文》卷四七六,第4868页。
② 陈寅恪:《唐代政治史述论稿》,《隋唐制度渊源略论稿·唐代政治史述论稿》合订本,生活·读书·新知三联书店2001年版,第202页。
③ 《通典》卷十五《选举三》,第357页。
④ 《隋书》卷七六《文学传》,第1730—1731页。

在这其中，卢思道、李德林、李元操、魏澹都出自由北齐入隋的山东士族。

唐代，文学呈现出全面繁荣的局面，在这其中，山东士族也颇为活跃。明人胡应麟《诗薮》曾论及唐代山东士族，尤其是崔氏在文学方面的显著影响，其论道：

> 唐著姓若崔、卢、韦、郑之类，赫奕天下，而崔尤著。盖自六朝、元魏时，已为甲族，其盛遂与唐终始。文皇首命群臣品第诸族，时以崔民幹为第一。嗣后达官膴仕，史不绝书，而能诗之士弥众，他姓远弗如也。初唐则崔信明、崔融、崔善为、崔日用、崔日知、崔湜、崔液、崔禹锡、崔沔、崔尚、崔翘、崔珪，盛唐则崔颢、崔巨、崔曙、崔兴宗、崔泰之、崔宗之、崔国辅、崔敏童、崔惠童，中唐则崔峒、崔琮、崔护、崔膺、崔咸、崔元翰、崔立之、崔铉、崔群、崔备、崔充、崔子向、崔季卿、崔涯、崔枢、崔郾、崔邠、崔轩、崔郊、崔涤、崔道融、崔子尚，晚唐则崔鲁、崔涂、崔安潜、崔珏、崔总、崔恭、崔庸、崔璐、崔元范、崔公信、崔璞，女子则崔莺、崔公远、崔仲容。初唐之融，盛唐之颢，中唐之峒，晚唐之鲁，皆矫矫足当旗鼓。以唐诗人总之，占籍几十之一，可谓盛矣。他如崔涖、崔璆、崔战、崔琯，群从数十，秉铨列戟，当代所荣，而勋德文章，靡有杰出，吾无取焉。执政玄祎、祐甫差著。自余知温、彦昭，登公相者十余辈，而浮沈史传，后世鲜知。总之，未敌《黄鹤楼》一首也。①

以上胡应麟所列举唐代崔姓文人，数量可观，而他们又多数出身于清河或博陵崔氏；有些如崔信明、崔融、崔湜等还较为知名。由此可见，唐代山东士族在文学创作方面的确是有一定影响力的。

---

① （明）胡应麟：《诗薮》外编卷三《唐上》，上海古籍出版社 1979 年版，第 174 页。

关于唐代山东士族在文学方面的知名人物，李建华有较多研究。[1] 在其研究基础之上，综合《隋书·文学传》《全唐文》《全唐诗》《旧唐书·文苑传》《新唐书·文学传》《新唐书·艺文志》《唐才子传》及墓志等文献，可以列举出隋唐之际山东士族在文学方面较有影响者。范阳卢氏，见表 4-3。

表 4-3　　　　　　　隋唐之际范阳卢氏主要文学人物及成就

姓名	文学方面的重要行迹	资料来源
卢思道	(1) 才学兼著……周武帝平齐，授仪同三司，追赴长安，与同辈阳休之等数人作《听蝉鸣篇》。思道所为，词意清切，为时人所重 (2) 有《卢思道集》三十卷	(1)《隋书》卷五七《卢思道传》第 1397—1398 页 (2)《隋书》卷三五《经籍志四》第 1081 页
卢恺	恺性孝友，神情爽悟，略涉书记，颇解属文。周齐王宪引为记室	《隋书》卷五六《卢恺传》第 1383 页
卢照邻	博学善属文……著《释疾文》《五悲》等诵，颇有骚人之风，甚为文士所重……文集二十卷	《旧唐书》卷一九〇上《卢照邻传》第 5000 页
卢庄道	以文才为"太宗召见"	《大唐新语》卷八《聪敏第十七》第 118 页
卢藏用	(1) 少以辞学著称……有集二十卷 (2) 有《卢藏用集》三十卷	(1)《旧唐书》卷九四《卢藏用》第 3000—3004 页 (2)《新唐书》卷六〇《艺文志四》第 1601 页
卢象	为开元、天宝时期诗人，有《卢象集》十二卷	《新唐书》卷六〇《艺文志四》第 1603 页
卢先之	(1) 开元时擢书判拔萃科，《全唐文》录文一篇 (2) 其孙卢殷墓志称："祖先之，河南府汜水县丞开元中登进士第，有文学，尤长篇□，尝赋铜爵妓诗，为时人所讽咏"	(1)《全唐文》卷三九九第 4080 页 (2)《洛阳新获墓志续编》第 492 页

天宝之后，范阳卢氏又出现了卢肇、卢纶、卢献卿等知名文人。此外，卢处约墓志称"（卢处约曾祖卢朓）年十七，擢进士上第。著龙门篇，播于洛中。……卢处约既冠，遂以文学游于荐绅。贞元

---

① 参见李建华《唐代山东士族与文学》，博士学位论文，南京师范大学，2007 年。

末，策名京师"①。

荥阳郑氏中较为突出者，见表4－4。

表4－4　　　　　　　隋唐之际荥阳郑氏主要文学人物及成就

姓名	文学方面的主要行迹	资料来源
郑世翼	（1）世翼弱冠有盛名……文集多遗失，撰《交游传》，颇行于时 （2）有《郑世翼集》八卷	（1）《旧唐书》卷一九〇上《郑世翼传》第4988—4989页 （2）《新唐书》卷六〇《艺文志四》第1598页
郑蜀宾	长寿中，有荥阳郑蜀宾颇善五言，竟不闻达。年老方授江左一尉，亲朋饯别于上东门，蜀宾赋诗留别曰："畏途方万里，生涯近百年。不知将白首，何处入黄泉？"酒酣自咏，声调哀感，满座为之流涕	《大唐新语》卷八《文章第十八》第127页
郑繇	"工五言诗。开元初，（李）范为岐州刺史，繇为长史，范失白鹰，繇为《失白鹰诗》，当时以为绝唱。"其子郑审"亦善诗咏"	《旧唐书》卷九五《惠文太子范传》第3017—3018页
郑虔	（1）玄宗爱其才，欲置左右，以不事事，更为置广文馆，以虔为博士……尝自写其诗并画以献，帝大署其尾曰"郑虔三绝"。迁著作郎 （2）《太平广记》也载："郑虔工诗嗜酒，性甚闲放" （3）《唐语林》中载："天宝中……广文馆新置，（郑虔）总领文词"	（1）《新唐书》卷二〇二《郑虔传》第5766页 （2）《太平广记》卷八二《郑相如》第531页 （3）《唐语林校证》卷二《文学》第120页
郑叔度	精博儒术，尤工五言，雅量风标，迥冠群粹	《唐故朝议郎都督夔州诸军事守夔州刺史赐绯鱼袋荥阳郑公（叔度）夫人昌黎韩氏合祔墓志铭并序》，载《全唐文补遗》第九册，第388页

中唐之后，荥阳郑氏亦有长于文学者，如以下几例：

郑余庆，"有文集、表疏、碑志、诗赋共五十卷，行于世"②。其子郑澣有《郑澣集》三十卷。③郑絪，存《郑絪集》三十卷。④郑

---

① 《唐故楚州营田巡官将仕郎徐州彭城县主簿范阳卢府君（处约）墓志铭并序》，《洛阳新获墓志续编》，科学出版社2008年版，第477—478页。

② 《旧唐书》卷一五八《郑余庆传》，第4166页。

③ 《新唐书》卷六〇《艺文志四》，1606页。

④ 同上书，第1605页。

畋，"文学优深，器量弘恕，美风仪，神彩如玉，尤能赋诗"①，《玉堂集》五卷②。郑准为唐末人，"以文笔依荆州成中令。常欲比肩陈、阮，自集其所作为三卷，号《刘表军书》"③，郑准《渚宫集》一卷④。

赵郡李氏，见表4-5。

表4-5　　　　　　　　隋唐之际赵郡李氏主要文学人物及成就

姓名	文学方面的主要行迹	资料来源
李元操	《李元操集》十卷	《隋书》卷三五《经籍志四》第1081页
李德林	（1）有《李德林集》十卷 （2）著《霸朝杂集》五卷等	（1）《隋书》卷三五《经籍志四》第1081页 （2）《新唐书》卷六〇《艺文志四》第1620页
李百药	（1）李德林子，史载："百药以名臣之子，才行相继，四海名流，莫不宗仰。藻思沈郁，尤长于五言诗，虽樵童牧坚，并皆吟讽" （2）有《李百药集》三十卷 （3）其子李安期亦善文，有《李安期集》二十卷	（1）《旧唐书》卷七二《李百药传》第2577页 （2）《新唐书》卷六〇《艺文志四》第1598页 （3）《新唐书》卷六〇《艺文志四》第1599页
李怀远	（1）早孤贫好学，善属文 （2）有文集八卷	（1）《旧唐书》卷九〇《李怀远传》第2920页 （2）《新唐书》卷六〇《艺文志四》第1600页
李峤	（1）峤早孤，事母以孝闻。为儿童时，梦有神人遗之双笔，自是渐有学业。弱冠举进士……有文集五十卷 （2）张说等极为赞赏李峤等人的文才，称"皆如良金美玉，无施不可。富嘉谟之文，如孤峰绝岸，壁立万仞，丛云郁兴，震雷俱发，诚可畏乎" （3）有《李峤集》五十卷	（1）《旧唐书》卷九四《李峤传》第2992—2995页 （2）《大唐新语》卷八《文章第十八》第130页 （3）《新唐书》卷六〇《艺文志四》第1600页
李乂	（1）少与兄尚一、尚贞俱以文章见称，举进士。……兄弟同为一集，号曰《李氏花萼集》，总二十卷 （2）有《李乂集》五卷	（1）《旧唐书》卷一〇一《李乂集》第3135—3136页 （2）《新唐书》卷六〇《艺文志四》第1601页

① 《旧唐书》卷一七八《郑畋传》，第4637页。
② 《新唐书》卷六〇《艺文志四》，第1608页。
③ （五代）孙光宪：《北梦琐言》卷七，中华书局2002年版，第157页。
④ 《新唐书》卷六〇《艺文志四》，第1617页。

续表

姓名	文学方面的主要行迹	资料来源
李华	"善属文","文体温丽","有文集十卷,行于时"	《旧唐书》卷一九〇下《李华传》第5047—5048 页

唐代中后期,赵郡李氏中又有李华、李翰、李观、李吉甫、李绛、李德裕、李绅等,皆有文集传世。①

清河崔氏,见表4-6。

表 4-6　　　　　隋唐之际清河崔氏主要文学人物及成就

姓名	文学方面的主要行迹	资料来源
崔儦	少与范阳卢思道、陇西辛德源同志友善。每以读书为务,负恃才地,忽略世人。大署其户曰:"不读五千卷书者,无得入此室。"数年之间,遂博览群言,多所通涉。解属文	《隋书》卷七六《崔儦传》第1733 页
崔信明	博闻强记,下笔成章。乡人高孝基有知人之鉴,每谓人曰:"崔信明才学富赡,虽名冠一时,但恨其位不达耳!"……信明颇褰傲自伐,常赋诗吟啸,自谓过於李百药	《旧唐书》卷一九〇上《崔信明传》第4991—4992 页
崔君实	著《崔君实集》十卷	《新唐书》卷六〇《艺文志四》第1598 页
崔知悌	有《崔知悌集》五卷	《新唐书》卷六〇《艺文志四》第1599 页
崔融	(1) 应八科举擢第,累补宫门丞,兼直崇文馆学士。中宗在春宫,制融为侍读,兼侍属文,东朝表疏,多成其手。圣历中,则天幸嵩岳,见融所撰《启母庙碑》,深加叹美,及封禅毕,乃命融撰朝觐碑文。……(后)张易之兄弟颇招集文学之士,融与纳言李峤、凤阁侍郎苏味道、麟台少监王绍宗等俱以文才降节事之。……融为文典丽,当时罕有其比,朝廷所须《洛出宝图颂》、《则天哀册文》及诸大手笔,并手敕付融。撰哀册文,用思精苦 (2) 有集六十卷	(1)《旧唐书》卷九四《崔融传》第2996—3000 页 (2)《新唐书》卷六〇《艺文志四》第1600 页

---

① 《新唐书》卷六〇《艺文志四》;第1603—1611 页。

续表

姓名	文学方面的主要行迹	资料来源
崔国辅	（1）清河青州房 （2）"开元中，应县令举，授许昌令。累迁集贤直学士，礼部员外郎。后坐事贬晋陵郡司马。诗一卷" （3）有《崔国辅集》	（1）《新唐书》卷七二下《宰相世系表二下》第 2772 页 （2）《全唐诗》卷一一九第 1199 页 （3）《新唐书》卷六〇《艺文志四》第 1603 页

博陵崔氏，见表 4 – 7。

表 4 – 7　　　　　　　　隋唐之际博陵崔氏主要文学人物及成就

姓名	文学方面的主要行迹	资料来源
崔湜	湜少以文辞知名，举进士，累转左补阙，预修《三教珠英》……湜美姿仪，早有才名，弟液、涤及从兄泲并有文翰，居清要……液尤工五言之作……作《幽征赋》以见意，辞甚典丽。……友人裴耀卿纂其遗文为集十卷	《旧唐书》卷七四《崔仁师附崔湜传》第 2622—2624 页
崔玄暐	玄暐少时颇属诗赋……所撰《行己要范》十卷、《友义传》十卷、《义士传》十五卷、训注《文馆辞林策》二十卷，并行于代	《旧唐书》卷九一《崔玄暐传》第 2935 页
崔玄暐子崔璩	颇以文学知名	《旧唐书》卷九一《崔玄暐传》第 2935 页
崔行功	（1）行功前后预撰《晋书》及《文思博要》等。同时又有孟利贞、董思恭、元思敬等，并以文藻知名 （2）有《崔行功集》六十卷	（1）《旧唐书》卷一九〇上《崔行功传》第 4996 页 （2）《新唐书》卷六〇《艺文志四》第 1601 页
崔液	（1）出于博陵安平房 （2）有《崔液集》十卷	（1）《新唐书》卷七二下《宰相世系表二下》第 2774 页 （2）《新唐书》卷六〇《艺文志四》第 1602 页
崔良佐	（1）出于博陵崔氏第三房 （2）《崔良佐集》十卷	（1）《新唐书》卷七二下《宰相世系表二下》第 2814 页 （2）《新唐书》卷六〇《艺文志四》第 1604 页
崔沔	博学有文词	《旧唐书》卷一八八《崔沔传》第 4927 页

中唐之后，崔氏中长于文学者还有：

崔备，出于清河许州鄢陵房①，"建中进士第，为西川节度使判官，终工部郎中。诗六首"②。卒于元和年间，"其先清河人也。……公承茂族之余庆，轩冕之盛烈，而能以学成志，以文著名。举进士□□释褐书判。……博览群籍，尤精内典。荣利不染，孤标自持。因绝肉味，遂其高志。攻于五言，澄虑万象。研文摘字，思清意苦，往往得其句焉。为人讽咏，名满天下。"③

崔峒，出博陵崔氏大房④，为大历十才子之一，有《崔峒诗》一卷。⑤

崔约，博陵人，"年十七，举进士。嗜学属文，尤善词赋。"⑥

太原王氏，见表 4－8。

表 4－8　　　　　隋唐之际太原王氏主要文学人物及成就

姓名	文学方面的主要行迹	资料来源
王绩	(1) 著名的隐逸诗人，其兄为隋代大儒王通 (2)《王绩集》五卷	(1)《旧唐书》卷一九二《王绩传》第 5116 页 (2)《新唐书》卷六〇《艺文志四》第 1598 页
王勃	(1) 王通孙，唐初著名诗人，列名"初唐四杰" (2) 有《王勃集》三十卷	《新唐书》卷六〇《艺文志四》第 1600 页
王勮、王勔	为王勃之兄，与其"才藻相类"	《旧唐书》卷一九〇上《王勃传》第 5005 页
王翰	(1) "翰工诗，多壮丽之词" (2) "集十卷。今存诗一卷"	(1)（元）辛文房：《唐才子传》卷一，古典文学出版社，第 13 页 (2)《全唐诗》卷一五六第 1606 页

---

① 《新唐书》卷七二下，《宰相世系表二下》，第 2735 页。
② 《全唐诗》卷三一八，第 3585 页。
③ 《唐故谏议大长清河崔府君（备）墓志铭并序》，《全唐文补遗》千唐志斋新藏专辑，第 324 页。
④ 《新唐书》卷七二下《宰相世系表二下》，第 2784 页。
⑤ 《新唐书》卷六〇《艺文志四》，第 1611 页。
⑥ 《唐故博陵崔府君（约）墓志铭并序》，《全唐文补遗》第八辑，第 146 页。

续表

姓名	文学方面的主要行迹	资料来源
王维	（1）唐代著名诗人，出于太原王氏河东房。有《辋川集》 （2）《王维集》十卷	（1）《旧唐书》卷一九〇下《王维传》第 5051—5052 页 （2）《新唐书》卷六〇《艺文志四》第 1603 页
王缙，王维弟	与兄维早以文翰著名	《旧唐书》卷一一八《王缙传》第 3416 页
王之涣	开元时期诗人，他的生平文献记载较少，其墓志称："本家晋阳，宦徙绛郡，即后魏绛州刺史隆之五代孙。曾祖信，隋朝请大夫、著作佐郎，皇蒲州安邑县令。祖表，皇朝散大夫、阳翟丞、瀛州文安县令。父昱，皇鸿胪主簿、雍州司士、汴州浚仪县令……（王之涣）以门子调补冀州衡水主簿……复补文安郡文安县尉……以天宝元年（742）二月十四日，遘疾终于官舍，春秋五十有五……尝或歌从军，吟出塞，曒兮极关山明月之思，萧兮得易水寒风之声。传乎乐章，布在人口。至夫雅颂发挥之作，诗骚兴喻之致，文在斯矣，代未知焉"	《唐故文安郡文安县尉太原王府君（之涣）墓志铭并序》，《全唐文补遗》第一册，第 153—154 页

唐中后期，王涯、王泠然、王驾等亦出于太原王氏，他们在文学上也较有影响。

值得注意的是，在唐代，文学的数代家传也成为一些山东士族家庭的文化倾向，这也突出体现了文学对唐代山东士族的影响。

郑畋，为荥阳人郑氏，其家族数代进士及第，郑畋本人也以文辞知名："曾祖邻、祖穆、父亚，并登进士第。亚，字子佐，元和十五年（820 年）擢进士第，又应贤良方正、直言极谏制科，吏部调选，又以书判拔萃，数岁之内，连中三科。聪悟绝伦，文章秀发。……畋年十八，登进士第。"[1]

崔氏，卒于宝应元年（762 年），其墓志也载其父辈"皆以文学登科"，其墓志云："曾祖敬言，皇派王府仓曹。祖福庆，瑕丘县令。烈考希先，滑州灵昌县丞。希先叔仲（二）人，皆以文学登科，当

---

① 《旧唐书》卷一七八《郑畋传》，第 4630 页。

时谓之有道。"①

崔尚，卒于天宝四年（745年），其墓志载曾祖、祖父、父亲数代皆有文集：

> 清河东武城人……曾王父君实，随射策甲科，唐朝请大夫、许州司马。文集十卷，藏于秘府。王父悬解，进士高第，坊州宜君县丞。文集五卷，行于世。考谷神，制举高第，陕州河北县尉。文集三卷。……君国子进士高第。中书令、燕国公张说在考功员外时，深加赏叹。……文集廿卷行于时。②

从这些史料中可以看到，郑畋等家族都注重文学，而这其中又大多数代以文学登科。显然，在唐代文学之风逐渐盛行，进士科又成为科举考试主流的背景下，一些山东士族受到了文学习尚的显著影响，并出现了数代相传的趋势。

第三节 隋、唐初山东士族的辞彩之风与文学复古思潮

隋代及唐初，一些山东士族颇受南朝辞彩之风的影响。但与此同时，亦有另一些山东士族对注重文辞的习尚颇有抵触，他们关注文学的教化功能，要求文学回归儒家传统。本节围绕此点进行探讨。

---

① 《唐谏议大夫裴公（虬）夫人博陵崔氏墓志铭并序》，《全唐文补遗》千唐志斋新藏专辑，第261页。
② 《唐故陈王府长史崔君（尚）志文》，吴钢等《全唐文补遗》第九辑，三秦出版社2007年版，第364—365页。

一　隋、唐初辞彩之风对山东士族的影响

北朝后期以来，江左文风不断北传，到隋唐之际，在文学创作方面，已受到注重辞彩的南朝风尚的较大影响。唐长孺先生在谈到唐初文坛习尚时就曾说："唐初人习用南朝骈骊文格调，这不一定是有意蹈袭，而是习之读之甚熟，随之唾口而出，这就是一代文风。"① 可见，及至唐初，文苑之中，注重雕饰文辞的江左文风仍占据主流地位。

在隋代及初唐江左文风占优势的文学环境下，山东士族中亦有一些人受到浸染，其文学创作亦颇具有注重雕琢文辞的南朝风格。如卢思道为北朝末年入隋的著名文人，他的一些作品受南朝文风影响较深，有的甚至"与《玉台新咏》中作品无别"②；再如隋末唐初，崔信明亦善文，下笔成章，"褰傲自伐，常赋诗吟啸"③；唐初，崔行功也以"文藻知名"④。在山东士族中，这些都是注重文辞而知名的显例。

"初唐四杰"为唐初文人的重要代表，在他们四人中，除骆宾王为南方人外⑤，其余三人都来自北方大族。王勃即隋代大儒王通之孙，其郡望为太原王氏⑥；卢照邻出自范阳卢氏⑦，为山东大族；杨炯则出自华阴杨氏，为关中大族。⑧

卢照邻、王勃这样的山东文人，其文学风格显得较为复杂。一方面，与初唐江左文风盛行背景相对应的是，他们在文学理念与实践上都颇有革新之处。"他们都厌恶当时宫廷中流行的'文律烦苛'

---

① 唐长孺：《论南朝文学的北传》，《武汉大学学报》1993 年第 6 期。
② 曹道衡、沈玉成：《南北朝文学史》，中国社会科学出版社 2007 年版，第 385 页。
③ 《旧唐书》卷一九〇上《崔信明传》，第 4992 页。
④ 《旧唐书》卷一九〇上《崔行功传》，第 4996 页。
⑤ 《旧唐书》卷一九〇上《骆宾王传》，第 5006 页。
⑥ 《旧唐书》卷一九〇上《王勃传》，第 5004 页。
⑦ 《旧唐书》卷一九〇上《卢照邻传》，第 5000 页。
⑧ 《旧唐书》卷一九〇上《杨炯传》，第 5000 页。

的浮艳文风，深恐风雅之道，自兹而丧。为了改革文风，都曾旗帜鲜明地提出了自己的见解，并在创作上走出了新路，各自作出了自己的贡献。"① 葛晓音在谈到"初唐四杰"在文学发展格局中的创新意义及深远影响时也说："四杰在初唐诗歌发展中的作用是复杂的。他们文学革新的主张和部分赋颂的创作迎合了歌颂王化的需要，开创了一种典丽宏博而又夸诞的文风。而四杰所追求的远大人生理想以及因才命不合于时所激发的种种不平之鸣，又开启了盛唐诗歌的基本主题。他们以比兴咏怀融入词旨华靡的齐梁体，也为初盛唐诗歌融合建安气骨和江左文风提供了必要的经验。这些成功的尝试对唐诗的发展有着深远的影响。"② 在这里，葛晓音审视了卢照邻、王勃等人的审美走向与文学格调，肯定他们在初唐文学的格局中所起到的独到作用与价值，其论颇具启发意义。对于这一点，闻一多先生也肯定了"初唐四杰"的革新意义，他将卢照邻等人的作品称为"宫体诗的自赎"③。

不过，另一方面，还要看到的是，作为一个整体，"初唐四杰"的文风虽有变革之处，但他们的作品受江左文风影响的痕迹也依然明显。胡应麟在《诗薮》中曾说："卢、骆歌行，衍齐、梁而畅之，而富丽有余。"④ 陆时雍评论"初唐四杰"等人的诗风时也称其"调入初唐，时带六朝锦色"⑤。都指出了卢照邻等人在文风上明显的江左特色。王世贞在《艺苑卮言》则云："卢、骆、王、杨号称'四杰'，词旨华靡，固沿陈、隋之遗。翩翩意象，老境超然胜之。"⑥ 虽肯定了卢照邻等人有超越陈、隋文风之处，但同时也指出了他们的创作风

---

① 乔象锺、陈铁民主编，王学泰等撰著：《唐代文学史》，人民文学出版社 1995 年版，第 102 页。

② 葛晓音：《初唐四杰与齐梁文风》，《求索》1990 年第 3 期。

③ 闻一多：《宫体诗的自赎》，《闻一多全集》（三），《唐诗杂论》，开明书店 1948 年版，第 11—22 页。

④ （明）胡应麟：《诗薮》内编卷三《古体下》，上海古籍出版社 1979 年版，第 47 页。

⑤ （明）陆时雍：《诗镜总论》，《历代诗话续编》，中华书局 1983 年版，第 1411 页。

⑥ （明）王世贞著，罗仲鼎校注：《艺苑卮言校注》，齐鲁书社 1992 年版，第 159 页。

格源于南方文学的特征。

然而，在初唐江左风尚占优势的文学环境下，卢照邻、王勃这样的山东文人，他们虽然有胸襟、有才华、有远见，在文学创作上力求有所革新，其文风与典型的南朝风格相比也已有了一定的改变。但总体来说，其作品受六朝以来江左绮丽文风影响的痕迹依然是明显存在的，而从中也可以看到唐初江左文风的影响之普遍、之深刻。

高宗、武后时期以后，整个社会好尚文学之风转盛，这对山东士族更有明显影响。我们看到，即使在以明经进阶的山东士族之中，也有一些人受到了文辞习尚的影响。

李志，卒于久视元年（700 年），以明经入仕，对诗赋亦有涉及，其墓志载："（李志）赵郡元氏人也……（李志）五岁诵诗赋数万言，十五举明经。遂博览载籍，无所不究。"①

卢招，卒于天宝十三年（754 年），亦以明经进阶，但也浸染了文辞之风，其墓志称：

> 谈端敏捷，坚白可离；学府精通，经纬咸贯。至若诗含四始，赋列九能，临案牍而剖疑词，布方册而陈大体，靡不征明典要，藻饰清新。……既而来游京都，声华籍甚。吾（崔祐甫）先君礼部尚书孝公见而嘉赏，申以婚姻，俄以乡贡明经，射策上第，调补魏郡冠氏县尉。②

王士宽，出于太原王氏，其墓志也载他在天宝中应明经举及第，并以此而入仕。不过王士宽亦"好学善属文"，有一定的文学修养。③

---

① 《唐故使持节沂州诸军事沂州刺史李府君（志）墓志铭》，《洛阳新获墓志续编》，科学出版社 2008 年版，第 369 页。

② 《唐代墓志汇编》天宝二五二，第 1707 页。

③ 白居易：《唐扬州仓曹参军王府君墓志铭》，《全唐文》卷六七九，第 6940 页。

传统上，多数山东士族并不以文学见长。李志、卢招等人参加明经科考试，可见他们仍具有经学方面的专长。不过即使如此，李志"五岁诵诗赋数万言"，卢招"藻饰清新"，王士宽"善属文"。可见，他们对诗文也颇为好尚。从这一点来说，也能看到唐代文学发展对山东士族所产生的显著影响。

值得注意的是，武后时期，山东士族在政治上出现了一定的复兴趋势。这其中原因固然不止一端，但高宗、武后之后，随着统治集团的政策调整，文士参政的途径被拓宽，一些山东士族凭借学养颇为君主所用也是这其中的重要原因。彦晨华就曾指出："山东士族在高、武时期迅速进入政治上层应归因于文治的历史趋势。武则天当政的四十余年中，沿承太宗既定的政治、经济和文化政策，尤其是在文化方面有重要发展，使唐初文人政治进入一个新的发展阶段。"① 令人瞩目的是，由于武后重视文学，对文学之士多有奖掖，因此这一时期，一些山东士族也凭借文学才能为武后所用。这方面，李峤与崔融可谓典型。

李峤、崔融等人以文学见长，行文亦重典丽。张说曾高度评价李峤、崔融等人之文："皆如良金美玉，无施不可。富嘉蒙之文，如孤峰绝岸，壁立万仞，丛云郁兴，震雷俱发，诚可畏乎！"② 崔融与李峤的仕宦经历亦多有类似之处，他们皆以其良好的文学修养为武后所用。

《旧唐书》卷九四《李峤传》载：

> 峤早孤，事母以孝闻。为儿童时，梦有神人遗之双笔，自是渐有学业。弱冠举进士，累转监察御史。……累迁给事中、时酷吏来俊臣构陷狄仁杰、李嗣真、裴宣礼等三家，奏请诛之，则天使峤与大理少卿张德裕、侍御史刘宪覆其狱。德裕等虽知

---

① 颜晨华：《文治与中兴：唐代士族之再评价》，《学术月刊》1992 年第 12 期。
② 《大唐新语》卷八《文章第十八》，第 130 页。

其枉，惧罪，并从俊臣所奏。峤曰："岂有知其枉滥而不为申明哉！孔子曰：'见义不为，无勇也。'"乃与德裕等列其枉状，由是忤旨，出为润州司马。诏入，转凤阁舍人。则天深加接待，朝廷每有大手笔，皆特令峤为之。①

崔融，出于清河南祖房，史载其：

> 初，应八科举擢第，累补宫门丞，兼直崇文馆学士。中宗在春宫，制融为侍读，兼侍属文，东朝表疏，多成其手。圣历中，则天幸嵩岳，见融所撰《启母庙碑》，深加叹美，及封禅毕，乃命融撰朝觐碑文。自魏州司功参军擢授著作佐郎，寻转右史。圣历二年（699 年），除著作郎，仍兼右史内供奉。四年（700 年），迁凤阁舍人。久视元年（700 年），坐忤张昌宗意，左授婺州长史。顷之，昌宗怒解，又请召为春官郎中，知制诰事。长安二年（702 年），再迁凤阁舍人。三年（703 年），兼修国史。②

从上述记载中可见，高宗武后时期，崔融与李峤为武后所拔擢，他们具有文学才能是一个很重要的原因。

崔沔也是在武后时期以文学优赡而为武后发现并一举知名。史载崔沔："博学有文词。初应制举，对策高第。俄被落第者所援，则天令所司重试，沔所对策，又工于前，为天下第一，由是大知名。"③

高宗武后时期，山东士族以文学而获进用的事例，在唐代墓志中也有记述。

王望之，出于太原大房王氏，其高祖即为王劭，其墓志载王

---

① 《旧唐书》卷九四《李峤传》，第 2992—2993 页。
② 《旧唐书》卷九四《崔融传》，第 2996 页。
③ 《旧唐书》卷一八八《崔沔传》，第 4927—4928 页。

望之：

> 乃从师受学，观览艺文，温故知新，月将日就。微言精义，入灵府而冰开；吐凤怀蛟，下词场而绮合。闭门藏器，漆雕之愿未移；贲帛翘车，公孙之举尚及。大周光膺旦暮，尚想唐虞，求舜阙之昌言，征汉庭之大对，爰降明制，大举五□。君由是被朝散大夫司农寺主簿李昭先举忠孝，景行对策，考盘□则，衰里登科，当三道而茂陈，颙九德而咸事。仲舒首举，别向之致已高；广基延问，一枝之辩斯在。有敕召见湛露殿，特加优礼。①

王齐丘，卒于景龙三年（709 年），"本太原人。八代祖遵业，为魏黄门侍郎……大周有制，察天下文儒，朝廷荐君，词标文苑，对策高第"。②

王望之、王齐丘等均为山东士族之胤，王望之"永怀世业，乃从师受学"，王齐丘"礼乐之则，文章之盛，斯又博学而达也"，都具有较好的文化底蕴。应当说，在武后时期削弱关中集团，广荐人才的背景之下，二人被举荐正是当时山东士族藉文化优势中兴的具体例证。

可见，高宗、武后以后，在文人政治逐渐得到推进的背景下，大量山东士族凭借文化优势，特别是通过科举途径，不断进入仕途。而在这其中，由于武后对文学之士多有垂青，一些山东士族的仕进亦以文学为途径，从而也带动了山东士族在这一时期的复兴。

二 文学复古思潮的开端

北朝后期以来，随着江左文风的不断北传，尽管北方士人中有

---

① 《唐代墓志汇编》圣历〇一八，第 938 页。
② 《唐代墓志汇编》景龙〇二九，第 1101 页。

不少人也逐渐受其浸染；但与此同时，对南朝文风表示不满的声音亦时有出现。北周时，苏绰就对柳庆说："近代以来，文章华靡，递于江左，弥复轻薄。洛阳后进，祖述不已。相公柄民轨物，君职典文房，宜制此表，以革前弊。"① 颜之推在由南朝入北方后也说："自古文人，多陷轻薄……今世文士，此患弥切。"② 亦对南朝文风表达了不满的情绪。

隋唐之际，山东士族中虽也有受江左文风影响者，但作为具有深厚礼法传统的社会群体，山东士族中的一些人也敏锐地意识到了过度的文学化倾向对儒家礼法传统的冲击。因此，他们之中的一些人也要求改革文风，坚守文学中的传统价值，这就形成了早期的文学复古思想。

隋唐之际，王通就提出："学者，博诵云乎哉？必也贯乎道。文者，苟作云乎哉？必也济乎义。"③ 强调了为文应贯彻儒家之道的理念。

崔玄暐主要活动于高宗、武后时期，史载崔玄暐本以明经入仕，"少时颇属诗赋，晚年以为非己所长，乃不复构思，唯笃志经籍，述作为事"④。从崔玄暐的经历来看，他以明经入仕，但又"颇属诗赋"，从这里可以看到文辞之风对他的明显影响。而到晚年，崔玄暐对于诗赋的价值表示出了质疑，并进而"唯笃志经籍，述作为事"。崔玄暐从注重文辞到回归儒学传统的过程，颇值得留意，而从中也反映出了一些具有儒学底色的山东士族对当时文辞之风的反思态度。

在山东士族中，力主反对江左文风、回归儒家文学原则者中，李谔是其中的代表人物。李谔曾详细剖析了江左文风的缺陷，提出了较为具体的以儒家学说为基点的文学改革主张。对此，郭绍虞先

① 《周书》卷二二《柳庆传》，第370页。
② 《颜氏家训集解》卷四《文章第九》，第237—238页。
③ （隋）王通：《中说》卷上《天地篇第二》，中华书局1985年版，第5页。
④ 《旧唐书》卷九一《崔玄暐传》，第2935页。

生曾说："六朝以后骈俪的作风之转移，在隋及初唐已然；所以文坛的复古思想，在隋及初唐也已微露其端倪。今考隋时如李谔、王通诸人所言，已启唐代复古论调之先声。"① 指出了李谔等人的文学特色，充分肯定了他们开启唐代文学变革运动的先声作用。

李谔出于赵郡李氏，为东祖之胤②，李谔善属文，颇为隋文帝杨坚所用。史载其：

> 好学，解属文。仕齐为中书舍人，有口辩，每接对陈使。周武帝平齐，拜天官都上士。谔见高祖有奇表，深自结纳。及高祖为丞相，甚见亲待，访以得失。于时兵革屡动，国用虚耗，谔上《重谷论》以讽焉。高祖深纳之。及受禅，历比部、考功二曹侍郎，赐爵南和伯。谔性公方，明达世务，为时论所推。③

李谔不仅善文，也注重礼法传统，有着较为典型的山东士族文化素养，史载：

> 谔见礼教凋敝，公卿薨亡，其爱妾侍婢，子孙辄嫁卖之，遂成风俗。谔上书曰："臣闻追远慎终，民德归厚，三年无改，方称为孝。如闻朝臣之内，有父祖亡没，日月未久，子孙无赖，便分其妓妾，嫁卖取财。有一于兹，实损风化。妾虽微贱，亲承衣履，服斩三年，古今通式。岂容遽褫缞绖，强傅铅华，泣辞灵几之前，送付他人之室。……无廉耻之心，弃友朋之义。且居家理治，可移于官，既不正私，何能赞务？"上览而嘉之。④

---

① 郭绍虞：《中国文学批评史》，百花文艺出版社 2008 年版，第 113 页。
② 《新唐书》卷七二上《宰相世系表二上》，第 2583 页。
③ 《隋书》卷六六《李谔传》，第 1543 页。
④ 同上书，第 1543—1544 页。

从上述史料中可以看到，李谔对于背离儒家礼法传统的行为极为不满，并力图有所匡正，而从中也反映出他恪守儒学传统的文化底色。李谔的文学主张以儒家文学观为基点，这集中体现在其所上《上书正文体》一文中。史载："谔又以属文之家，体尚轻薄，递相师效，流宕忘反，于是上书。"其文略称：

> 臣闻古先哲王之化民也，必变其视听，防其嗜欲，塞其邪放之心，示以淳和之路。五教六行为训民之本，《诗》、《书》、《礼》、《易》为道义之门。故能家复孝慈，人知礼让，正俗调风，莫大于此。其有上书献赋，制诔镌铭，皆以褒德序贤，明勋证理。苟非惩劝，义不徒然。降及后代，风教渐落。魏之三祖，更尚文词，忽君人之大道，好雕虫之小艺。下之从上，有同影响，竞骋文华，遂成风俗。江左齐、梁，其弊弥甚，贵贱贤愚，唯务吟咏。遂复遗理存异，寻虚逐微，竞一韵之奇，争一字之巧。连篇累牍，不出月露之形，积案盈箱，唯是风云之状。世俗以此相高，朝廷据兹擢士。禄利之路既开，爱尚之情愈笃。于是闾里童昏，贵游总丱，未窥六甲，先制五言。至如羲皇、舜、禹之典，伊、傅、周、孔之说，不复关心，何尝入耳。以傲诞为清虚，以缘情为勋绩，指儒素为古拙，用词赋为君子。故文笔日繁，其政日乱，良由弃大圣之轨模，构无用以为用也。损本逐末，流偏华壤，递相师祖，久而愈扇。

> 及大隋受命，圣道聿兴，屏黜轻浮，遏止华伪。自非怀经抱质，志道依仁，不得引预缙绅，参厕缨冕。开皇四年（584年），普诏天下，公私文翰，并宜实录。①

显然，李谔《上书正文体》一文，其中固然有对江左文风过于

---

① 《隋书》卷六六《李谔传》，第1544—1545页。

注重形式美的指斥。但文中所反映的并不仅仅是文体之争，更重要的是对文学"忽君人之大道"的担忧，对"指儒素为古拙，用词赋为君子"现象的不满，是对文学回归传统价值的强烈诉求。

值得注意的是，李谔是希望借助君主之力以推行其文学主张的。也正是由于隋文帝的支持，泗州刺史司马幼之因"文表华艳，付所司治罪"。而李谔对于"其学不稽古，逐俗随时，作轻薄之篇章，结朋党而求誉"者，则要求"选充吏职，举送天朝"。李谔本人也表示愿意亲自参与对此类事情的究办。他说："臣既忝宪司，职当纠察。若闻风即劾，恐挂网者多，请勒诸司，普加搜访，有如此者，具状送台。"① 从中可看到李谔对打击浮艳文风的坚决态度。不过，文学演进有其自身规律。在李谔时代，江左文风仍富有活力，国家强制力很难真正改变它的发展方向。实际上，李谔本人也颇长于文辞，即便是《上书正文体》本身也是多用骈体，讲求文采；但应当承认的是，李谔在文中的见解还是基本上击中了江左文风的主要缺陷之处。

李谔所言当时文风过于注重文饰雕琢，缺乏儒家道义内涵。他对于文学创作中这方面缺陷的指责，在唐代也引起了共鸣。

薛登《论选举疏》言：

> 开皇中李谔论之於文帝曰："魏之三祖，更好文词，忽君人之大道，好雕虫之小艺。"……伏愿陛下降明制，颁峻科。千里一贤，尚不为少，侥幸冒进，须立堤防。断浮虚之饰词，收实用之良策，不取无稽之说，必求忠告之言。②

在这里，薛登即援引李谔之说为证，提出"断浮虚之饰词，收实用之良策"的主张，其思想脉络与李谔一脉相承。此外，杨绾、

---

① 《隋书》卷六六《李谔传》，第 1545 页。
② 《旧唐书》卷一〇一《薛登传》，第 3138—3140 页。

李廙、李栖筠、贾至、严武等人也表达过类似的观点。①

事实上，中唐之后，振兴儒学逐渐成为重要的时代课题。而与之相应的是，在山东士族中，重古文、强调发挥文学传统的价值者已经渐多。

如郑肃，"世儒家。肃苦心力学。元和三年（808 年），擢进士第……肃能为古文，长于经学，左丘明、《三礼》，仪注疑议，博士以下必就肃决之"。②

再如李德裕也称自己："自后不於私家置《文选》，盖恶其祖尚浮华，不根艺实。"③ 而其为文亦多重实录。

郑覃，"长于经学，稽古守正"。④ 他对进士科的看法也很典型反映了中唐时期，一些山东士族对文辞之风的抵触态度。史载：

> 覃虽精经义，不能为文，嫉进士浮华，开成初，奏礼部贡院宜罢进士科。初，紫宸对，上语及选士，覃曰："南北朝多用文华，所以不治。士以才堪即用，何必文辞？"……上尝于延英论古今诗句工拙，覃曰："孔子所删，三百篇是也。降此五言七言，辞非雅正，不足帝王赏咏。夫《诗》之《雅》《颂》，皆下刺上所为，非上化下而作。王者采诗，以考风俗得失。仲尼删定，以为世规。近代陈后主、隋炀帝皆能章句，不知王者大端，终有季年之失。章句小道，愿陛下不取也。"⑤

可以看到，郑覃请求罢进士科的理由与李谔《上书正文体》中所阐述的内容多有类似，亦反映了山东士族在文学方面重质轻文的传统。显然，盛唐之后，由于形式主义文风的负面作用更显突出，

---

① 《旧唐书》卷一一九《杨绾传》，第 3430—3434 页。
② 《旧唐书》卷一七六《郑肃传》，第 4573—4574 页。
③ 《旧唐书》卷一八上《武宗纪》，第 603 页。
④ 《旧唐书》卷一七三《郑覃传》，第 4490 页。
⑤ 同上书，第 4491 页。

这也更促进了部分山东士族的文学观念向传统的回归，其精神实质与李谔可谓一脉相承。而中唐古文运动有韩愈、李翱这样的士族之胤为主导，应当说很大一部分原因也在于此。

小　结

魏晋以来，特别是北朝时期，山东士族在北方地区的文学创作中亦占有重要地位。作为主要以儒学立身的群体，山东士族的文学传统多受儒家文学观念的熏陶。不过在文化交流等因素的影响下，这期间山东士族的文学观念与实践也不断有所变化。北朝末年，虽然一些山东士族在文学创作方面也受到了注重艺术形式风尚的影响。但由于其仍具有较为深厚的儒家文学观的传统，在创作实践中仍较为注重文质结合，具有自身的特点。隋唐之际，尚武之风仍较为浓厚。但随着环境的变迁，好尚文学的风气也已经有所表现。在山东士族中，也有不少人受其浸染。唐代，文学呈现出全面繁荣的局面，在这其中，山东士族也颇为活跃。隋代及唐初，一些山东士族颇受南朝辞彩之风的影响。但与此同时，作为具有深厚礼法传统的社会群体，山东士族中一些人也敏锐地意识到过度的文学化倾向对儒家礼法传统的冲击。因此，亦有山东士族对辞彩之风颇有抵触，他们关注文学的教化功能，要求文学回归儒家传统。其中的一些人还提出了改革文风的具体诉求，这也就形成了隋唐时期较早的文学复古思想。

第五章　教育模式与婚宦观念局部转换

第一节　走向交流的儒学教育模式

山东士族多注重对家族成员进行儒学教育。在书院兴起之前，中古时期的儒学教育方式无外乎是通过官学与家学私馆。唐初，由于科举制度等因素影响，山东士族的教育模式也随之出现了一些变化，本节围绕此点进行研讨。

一　私学与官学并举的教育传统

山东士族既然以学行闻世，为保持其文化特征，一般均注重对家族成员进行儒学教育。在书院兴起之前，中古时期的儒学教育主要是通过官学与家学私馆这两种渠道来进行。这一点，山东士族大体亦循此途。可以说，魏晋以来，官学与私学教育在强化山东士族的文化传统、巩固其在北方地区的学术优势地位方面发挥了重要作用，并形成了以此为特色的儒学教育模式。

魏晋北朝时期，在各种因素影响之下，私学，特别是家学教育占据了极为重要的地位。陈寅恪先生曾言："盖自汉代学校制度废弛，博士传授之风气止息以后，学术中心移于家族，而家族复限于地域，故魏、晋、南北朝之学术、宗教皆与家族、地域两点不可分离"。"公立学校之沦废，学术之中心移于家族，太学博士之传授变为家人父子之世业，所谓南北朝之家学者是也。"① 此言足以概括当时家学教育与士族儒学传统之间的关系。对此，钱穆先生也说，自东汉以来"因有累世经学，而有累世公卿"②，"自有门第，于是而又有累世之学业"③。也强调了家族与教育之间的密切关系。

魏晋时期，士族无论南北，其儒学教育普遍出现了家族化与地域化的趋势，并以此形成了富有特色的学术传统。具体到山东士族，在家学教育已走向成熟的背景之下，通过其累世相传的特征，正与此时的山东士族重经学的学术特征相辅相成，相互强化，因此家学也就成为延续山东士族学行传统的极好手段。

卢辩为北朝名儒，父静"好学有风度"，兄景裕"少敏，专经为学"④，卢辩本人又"少好学，博通经籍"，因其家学底蕴深厚，故称"累世儒学"。⑤ 北朝魏长贤为魏收族叔，亦言"况仆之先人，世传儒业"⑥，而此类情况在山东士族之中颇具普遍性。

除家学教育外，北朝的山东士族亦参与私馆教育。私馆，就其设置来说，当时有的"设在学者的家中"，有的则"设在学者家的邻近处"。⑦ 因为有私馆教育的存在，一些山东士族也出外就学或结馆教授儒学，高允就曾外出求学，史载其："担笈负书，千里就业。博通经史天文术数，尤好《春秋公羊》。"⑧

《魏书》卷五三《李孝伯传》则载其父李曾结馆教学，史载李曾：

---

① 陈寅恪：《隋唐制度渊源略论稿》，《隋唐制度渊源略论稿·唐代政治史述论稿》合订本，生活·读书·新知三联书店 2001 年版，第 20、23 页。

② 钱穆：《略论魏晋南北朝学术文化与当时门第之关系》，《中国学术思想史论丛》（三），台北东大图书有限公司 1981 年版，第 176 页。

③ 同上。

④ 《北史》卷三〇《卢同传》，第 1098 页。

⑤ 《周书》卷二四《卢辩传》，第 403 页。

⑥ 《北史》卷五六《魏长贤传》，第 2042 页。

⑦ 毛礼锐、沈灌群：《中国教育通史》第二卷，山东教育出版社 2005 年版，第 297 页。

⑧ 《魏书》卷四八《高允传》，第 1067 页。

少治《郑氏礼》《左氏春秋》，以教授为业。郡三辟功曹不就，门人劝之，曾曰："功曹之职，虽曰乡选高第，犹是郡吏耳。北面事人，亦何容易。"州辟主簿，到官月余，乃叹曰："梁叔敬有云：州郡之职，徒劳人耳。道之不行，身之忧也。"遂还家讲授。①

由此可见，这一时期，以私馆为代表的私学教育，亦为山东士族接受教育的重要途径。

事实上，由于陈寅恪先生等人的奠基作用，魏晋时期的私学，特别是家学教育已经较多被学界所重视与研究。不过应该注意的是，魏晋南北朝时期的私学教育固然不可忽视。但实际上，在这一时期的教育环节中，官学也占有重要地位。魏晋南北朝时期，从总体上说，官学有了较大发展，"无论是中央官学抑是地方官学，都是较为发达的。这是因为各族统治者都想利用官学教育，为其培养人才，巩固其统治服务"②。这一时期，官学，尤其是太学、国子学等，从教育体制到教育观念都有了新的发展。③ 而在这样的背景之下，山东士族与官学教育的联系也很紧密。

实际上，汉代以太学为代表的官学教育就曾一度兴盛，山东士族的一些先祖也曾接受太学教育。如崔骃，为东汉时人，出于博陵崔氏，就曾"少游太学，与班固、傅毅同时齐名"。④ 李颉，亦为东汉人，由赵郡迁汉中南郑，为赵郡李氏汉中房始祖⑤；李颉其子李郃也曾游于太学，史载其："父颉，以儒学称，官至博士。郃袭父业，游太学，通《五经》。"⑥

---

① 《魏书》卷五三《李孝伯传》，第1167页。
② 毛礼锐、沈灌群：《中国教育通史》第二卷，山东教育出版社2005年版，第284页。
③ 参见李军《魏晋南北朝高等教育管理体制的演变》，《中国史研究》1996年第2期。
④ 《后汉书》卷五二《崔骃传》，第1708页。
⑤ 《新唐书》卷七二上《宰相世系表二上》，第2598页。
⑥ 《后汉书》卷八二上《李郃传》，第2717页。

自西晋永嘉之乱后，"宇内分崩，群凶肆祸，生民不见俎豆之容，黔首唯睹戎马之跡，礼乐文章，扫地将尽"。① 官学教育亦随之衰落。不过，在有远见统治者的支持下，即使在十六国纷乱之际，北方官学也屡有兴立，至北朝则更具规模。《魏书》卷八四《儒林传》记载："太祖初定中原，虽日不暇给，始建都邑，便以经术为先，立太学，置五经博士生员千有余人。天兴二年（399年）春，增国子太学生员至三千。"② 可见，魏初官学教育，在统治者的鼓励与支持下也有发展。

值得注意的是，在北朝官学发展的过程中，山东士族与其关系也至为密切，这突出表现在以下几点：

其一，官学恢复多借其力。

北朝时期，不少山东士族在恢复官学方面，多有参与。他们或是积极进言，请求统治者恢复官学教育；或是亲自动手，筹建学校，对官学的恢复起到了相当大的作用。如高允就曾上表请立官学，史称："郡国立学，自此始也。"③ 高祐也曾建议广建官学，史载："祐以郡国虽有太学，县党宜有黉序，乃县立讲学，党立小学。"④ 崔孝晖，出于博陵崔氏，也曾"兴立学校，亲加劝笃，百姓赖之"。⑤ 可见山东士族在恢复官学方面，不论是筹策还是实践，都颇为积极。

其二，在北朝官学的学官中，山东士族占有重要地位。

北朝以来，山东士族由于自身具有文化优势，他们中的不少成员曾被统治者延聘于官学中充任博士等学官。《魏书》卷八四《儒林传》曾载："世祖始光三年（426年）春，别起太学于城东，后征卢玄、高允等，而令州郡各举才学。"⑥

---

① 《魏书》卷八四《儒林传》，第1841页。
② 同上。
③ 《魏书》卷四八《高允传》，第1078页。
④ 《魏书》卷五七《高祐传》，第1261页。
⑤ 《魏书》卷五七《崔挺传》，第1270页。
⑥ 《魏书》卷八四《儒林传》，第1842页。

卢玄、高允等人是北魏前期出自山东士族的重要儒士，在这次征辟中，他们被授予博士之职，史载："神䴥四年（431 年），辟召儒俊，以玄为首，授中书博士。"① 反映了卢玄等人被授予博士的情况。

北朝山东士族在官学充任博士者，再如以下几例：

邢臧，"幼孤，早立操尚，博学有藻思。年二十一，神龟中，举秀才，问策五条，考上第，为太学博士"。②

崔逸（景儁）亦曾为国子学博士，史载："（逸）梗正有高风，好古博涉。以经明行修，徵拜中书博士。"③

卢辩，"辩少好学，博通经籍，举秀才，为太学博士"。④

魏收亦"除太学博士"。⑤

由此可见，在北朝官学之中，山东士族的确多有参与。显然，由于这一时期，在北方地区，山东士族在学术文化方面，特别是在儒学修养方面具有优势。一旦北方社会出现较为稳定的局面，官学教育有所恢复和发展的时候，山东士族常被统治者延聘，参与官学教育。正是因为如此，山东士族在这一时期的官学教育中占据了重要地位。这不仅体现在他们多任博士之职方面，也反映在一些山东士族还充任太学或国子学的祭酒之职。如以下几例：

阳尼，"少好学，博通群籍……时中书监高闾、侍中李冲等以尼硕学博识，举为国子祭酒"。⑥

邢晏，"博涉经史，善谈释老，雅好文咏。起家太学博士、司徒东阁祭酒"。⑦

卢诞，西魏时也成为祭酒，史载："博学有词彩……太祖（宇文

---

① 《魏书》卷四七《卢玄传》，第 1045 页。
② 《魏书》卷八五《邢臧传》，第 1871 页。
③ 《魏书》卷五六《崔辩传》，第 1251 页。
④ 《周书》卷二四《卢辩传》，第 403 页。
⑤ 《北齐书》卷三七《魏收传》，第 483 页。
⑥ 《魏书》卷七二《阳尼传》，第 1601 页。
⑦ 《魏书》卷六五《邢峦传》，第 1448 页。

泰）又以诞儒宗学府，为当世所推，乃拜国子祭酒。"①

崔劼，"天保初，以议禅代，除给事黄门侍郎，加国子祭酒，直内省，典机密。"②

邢邵，"除卫将军、国子祭酒。"③

魏晋南北朝时期，国子祭酒是"两学（太学、国子学）的实际总管"④，其对官学，乃至国家的教育发展有重要影响。从上述史料中可以看到，在北朝时期的官学之中，山东士族多在官学中任职，甚至充任祭酒者。无疑，这些山东士族进入官学，不可避免地会将自身学术传统带入其中，使官学教育变成其文化发展与传承的重要手段。

其三，北朝时期，山东士族也常以官学博士等学官起家，进入仕途。如表5-1所示。

表5-1　　　　　　　　北朝部分以学官起家入仕的山东士族

姓名	郡望	官学教职	资料出处
崔鉴	博陵	自中书博士转侍郎	《魏书》卷四九《崔鉴传》第1103页
李顺	赵郡	神瑞中，中书博士，转中书侍郎	《魏书》卷三六《李顺传》第829页
崔季良	博陵	自太学博士……寻除著作佐郎、通直散骑侍郎，转征虏将军、员外散骑常侍、太尉长史	《魏书》卷四九《崔鉴传》第1106页
邢峦	河间	州郡表贡，拜中书博士，迁员外散骑侍郎	《魏书》卷六五《邢峦传》第1437页
封兴之	渤海	起家太学博士、员外郎。出为瀛冀二州平北府长史	《魏书》卷三二《封懿传》第762页
李曚	赵郡	"初除奉朝请，太学博士、司空主簿"。后"拜左军将军"	《魏书》卷三六《李顺传》第845页

---

① 《周书》卷四五《卢诞传》，第807页。
② 《北齐书》卷四二《崔劼传》，第558页。
③ 《北齐书》卷三六《邢邵传》，第476页。
④ 李国钧、王炳照主编，宋大川、王建军著：《中国教育制度通史》第二卷，山东教育出版社2000年版，第100页。

续表

姓名	郡望	官学教职	资料出处
李敷	赵郡	真君二年（441 年），选入中书教学	《魏书》卷三六《李顺传》第 833 页
宋世景	广平	举秀才，对策上第，拜国子助教，迁彭城王勰开府法曹行参军	《魏书》卷八八《宋世景传》第 1902 页
崔悛	清河	释褐太学博士……高祖见之，甚悦，以为咨议参军。寻除给事黄门侍郎，迁将军、右光禄大夫	《北齐书》卷二三《崔悛传》第 333 页

　　魏晋南北朝时期，官学博士，其职责除传授学业外，在政治上也往往起到顾问的作用。正如有学者指出，"魏晋南北朝时期博士的主要职责仍然是官学的教授，不过同时也要兼及'应对殿堂、奉酬顾问'"等方面的责任。[①] 因此，博士也是魏晋南北朝时期，儒士入仕的重要途径。从表 5－1 中可见，在北朝的山东士族之中，一些人亦以博士起步，进入仕途。

　　其四，北朝时期，山东士族子弟，特别是官宦子弟多有进入官学，接受官学教育的经历。如表 5－2 所示。

表 5－2　　　　　　　　北朝部分接受官学教育的山东士族

姓名	郡望	所入官学	出处
祖莹	范阳	中书学	《魏书》卷八二《祖莹传》第 1798 页
崔思叔	清河	中书学	《魏书》卷三二《崔逞传》第 759 页
李孝怡	赵郡	中书学	《魏书》卷三六《李顺传》第 847 页
李仲胤	赵郡	中书学	《魏书》卷四九《李灵传》第 1103 页
郑道昭	荥阳	中书学	《魏书》卷五六《郑羲传》第 1240 页
卢度世	范阳	中书学	《魏书》卷四七《卢玄传》第 1045 页
李安世	赵郡	中书学	《北史》卷三三《李孝伯传》第 1223 页
高祐	渤海	中书学	《北史》卷三一《高允传》第 1135 页

---

　　① 孙德玉、裴士京：《魏晋南北朝博士职责、考选及其变异论略》，《华东师范大学学报》（教育科学版）2007 年第 1 期。

姓名	郡望	所入官学	出处
韩兴宗	昌黎	太学	《魏书》卷六〇《韩麒麟传》第1333页
李骞	赵郡	国子学	《魏书》卷三六《李顺传》第835页

　　山东士族的子弟进入官学就学，这其中有制度设置的因素，如史载："神龟中，将立国学，诏以三品以上及五品清官之子以充生选。"①以法令的形式保障上层官宦子弟能够进入官学学习。不过，北朝官学的发展虽因时局变化而多有波动。但在发展较好的时期，官学教育自身也具有一定吸引力。史载："太武始光三年（426年）春，起太学于城东。后征卢玄、高允等，而令州郡各举才学。于是人多砥尚，儒术转兴。"孝文帝时，"复诏营国学，树小学于四门，大选儒生以为小学博士，员四十人。虽黉宇未立，而经术弥显。时天下承平，学业大盛，故燕、齐、赵、魏之间，横经著录，不可胜数"②。可见，在官学教育的兴盛时期，一些较有才华的儒士也在官学中任教；再加之官府的积极推动，官学教育能够吸引包括山东士族子弟之内的大量学子就学也就不足为奇了。

　　总之，魏晋北朝时期，山东士族的文化正处于强势地位。无论在官学还是私学，山东士族均处于教育主导者的位置，其儒学教育模式也以巩固自身学术传统为依归，而这也使得这一时期的儒学教育呈现出了某些封闭性的特征。然而，山东士族的这一儒学教育模式至隋唐之际，特别是在唐代前期，却由于经学统一的来临和科举制度的推行发生了明显变化。

二　隋唐之际山东士族的官学教育与科举取向

　　唐初，官学教育得以恢复发展并臻于极盛，史载太宗时国学发展的繁荣境况：

---

① 《魏书》卷八四《儒林传序》，第1842页。
② 《北史》卷八一《儒林传上序》，第2704页。

（太宗）大征天下儒士，以为学官。数幸国学，令祭酒、博士讲论，毕，赐以束帛。学生能通一大经已上，咸得署吏。又于国学增筑学舍一千二百间，太学、四门博士亦增置生员，其书算各置博士、学生，以备艺文，凡三千二百六十员。其玄武门屯营飞骑，亦给博士，授以经业，有能通经者，听之贡举。是时四方儒士，多抱负典籍，云会京师。俄而高丽及百济、新罗、高昌、吐蕃等诸国酋长，亦遣子弟请入于国学之内。鼓箧而升讲筵者，八千余人，济济洋洋焉，儒学之盛，古昔未之有也。①

从结构上看，唐代官学教育分为中央与州县两级。其中，中央官学仍为主体，俱隶属于国子监。其结构体系虽有时代特征，但与前代相比并无实质变化②，实为汉晋以来官学教育的细化和扩展。但从教学内容看，唐代官学教育同以往相比则有显著差异。汉代经学教育重师门家法，太学也往往"网罗遗逸，博存众家"。③ 此风长期留存，以致唐初官学尚存各家辩议之风，王德表墓志载："于时太学群才，天下英异，中春释菜，咸肄讨论。"④ 李元确，卒于麟德二年（665 年），"既冠之后，以资齿胄，入室秘文自传于家业，升堂奥义见推于国痒。离经启函杖之容，进德流满籯之议。登甲科于秘府，不让华谭"。⑤ 皆反映出唐初官学之中学术交流的情况。

然而，随着唐代经学统一时代的来临，官学教育亦不可避免地被纳其中。贞观年间，太宗已令将《五经正义》等经学整理的成果作为教材"付国学施行"⑥ 之后，其影响日益增长，至永徽时有

---

① 《旧唐书》卷一八九上《儒学传上》，第 4941 页。
② 李林甫：《唐六典》卷二一《国子监》，中华书局 1992 年版，第 557—563 页。
③ 《后汉书》卷七九上《儒林传上》，第 2546 页。
④ 《唐代墓志汇编》圣历〇二八，第 947 页。
⑤ 《唐代墓志汇编》开元一〇三，第 1225 页。
⑥ 《贞观政要集校》卷七《崇儒学第二十七》，第 384 页。

人甚至称其："囊括百家，森罗万有。比之天象，与七政而长悬；方之地轴，将五岳而永久。"①

此外，更为重要的是，由于科举制的推行，经学统一成果在官学中得到了进一步强化。对唐代官学生徒而言，其基本出路就在于参与科举考试，而明经等以经为主的科目考试又多采用经学整理的成果。永徽四年（653 年）则明确规定："颁孔颖达《五经正义》于天下，每年明经令依此考试。"② 因此，这就更巩固了《五经正义》等官学教材的主导地位。《唐摭言》称唐代前期，"进士不由两监者，深以为耻。"③ 对于这一点，陈青之先生说："隋、唐以前，国家教育制度是学校与选举并行；自隋、唐以后，则变为学校与科举并行。"④ 可见这一时期，官学教育的发展，与科举制度有紧密的联系。

唐代统一教材的出现固然极大地便利了儒学教育的开展，但却在无形中堵塞了官学中不同学派生存与交流的余地。特别是对于山东士族，由于其文化传承的关系，就更难在官学中发挥传统的学术影响。这一时期，山东士族子弟进入官学，多已不是为了自身学术传统的发挥，而更多是着重于对其他学术体系的交流与吸纳，有的甚至就是为了科举仕途而来。

崔暟妻王媛墓志载："夫人次兄曰温之，山东儒艺，国庠游学。"⑤ 已经有入官学交流的意味。崔暟亦曾游学于太学，"岁十有八，以门胄齿太学。明年，精《春秋左氏传》登科"。⑥ 崔暟进入太学时已是贞观末年，正是经学统一的成果进入官学之时，其游于官学的目的很可能就是为了参加科举考试。

---

① 长孙无忌：《进五经正义表》，《全唐文》卷一三六，第 1375 页。
② 《旧唐书》卷四《高宗纪上》，第 71 页。
③ 《唐摭言》卷一《两监》，第 5 页。
④ 陈青之：《中国教育史》，东方出版社 2008 年版，第 157 页。
⑤ 《唐代墓志汇编》大历〇六三，第 1804 页。
⑥ 《唐代墓志汇编》大历〇六二，第 1802 页。

以此来看，唐代前期，一些山东士族的子弟进入官学，固然有当时官学繁荣等方面的原因。但在学术一统与科举考试紧密联系的背景之下，通过官学教育以求带来学风方面的某些变化，进而博取科场，也是客观事实。此类例证在这一时期的还有很多：

崔无固，博陵安平人，卒于圣历三年（700年），其墓志载崔无固：·"九岁而孤。太夫人亲加诲诱，至乎名立。友于成列，诗礼在庭。誉洽闺门，行高乡闾。即夫人之教也。初，补国子生，明经擢第，授汝州参军。"①

李元轨，出于赵郡李氏，其墓志则载李元轨："年廿四，补国子生。□义窟而明经，希马郑而同志。究词场而振藻，庶潘陆以齐风。以龙朔二年（662年）二月廿二日，射策高第。拜国子监大成。"②

崔韶，郡望为清河，其父为崔玄藉（籍）。崔韶卒于上元元年（674年），墓志载："总章元年（668年），补国子监大学生。……属咸亨之岁，炎冗成灾，凡在学□，散归乡第。……寻举□□明经，射策高第。"③

王行俭，卒于上元二年（675年），郡望为太原，王行俭墓志称："幼而志学，弱不好弄。……祁祁国胄，济济生徒。谅儒术之先鸣，得甲科之上第。"④

从上述墓志可见，唐代前期，官学教育是山东士族在教育方面的重要途径。而通过官学教育，有助于他们熟悉学术统一的成果，这又为其参与科举考试提供了一定的有利条件。

唐代前期，一些山东士族也选择入仕，而在社会变迁的境遇之

---

① 《大周故朝议大夫行汴州司马上柱国崔府君（无固）墓志铭并序》，《洛阳新获墓志续编》，第358页。

② 《唐故秘书省校书郎赵郡李君（元轨）墓志铭并序》，吴钢主编《全唐文补遗》第三辑，三秦出版社1995年版，第25页。

③ 《唐代墓志汇编》圣历〇一二，第932页。

④ 《唐故幽州司法参军王君（行俭）墓志并序》，《全唐文补遗》千唐志斋新藏，第111页。

下，通过官学教育，进而科举及第亦成为一些山东士族入仕的途径，如以下几例：

崔同，"博陵安平人也……以太学明经高第，调补定王府参军"。①

崔孝昌，其郡望为清河，卒于景云二年（711年），其墓志称："代为冠族，天下宗之。……（崔孝昌）年甫十三，以门子补修文生，明经上第，解褐洛州参军转率更寺丞、太子通事舍人、城门郎、太子舍人，出拜郑州司马。"②

郑齐丘，郡望为荥阳，卒于开元十二年（724年），"幼以文艺游太学。弱冠，制举贤良方正，对策高第，授秘书省校书郎"。③

崔和，郡望为博陵安平，约卒于开元二十六年（738年），墓志载："弱冠，成均监明经高第，调补相州安阳尉。"④

显然，在唐初，对一些山东士族来说，参与官学教育，已经与争取科举及第，并进而与入仕密切联系起来。陈青之先生曾说："隋、唐以前，国家教育制度是学校与选举并行；自隋、唐以后，则变为学校与科举并行。"⑤ 对于这些通过官学教育，进而参与科举，进入仕途的山东士族来说，其情况亦如此。应当说，这也是他们在新的环境下所产生的文化与政治方面的适应之举。

三 私学教育对科举制度的适应

隋唐以降，尽管有一些山东士族受到了官学教育的影响，但私学教育也仍有一定的影响力，在有些山东士族之中，私学仍是其接受教育的重要途径。

---

① 《唐故朝议郎行冀州枣强县令上柱国崔府君（同）墓志铭并序》，《全唐文补遗》第九辑，第451页。

② 《唐代墓志汇编》太极〇〇三，第1137页。

③ 《唐故朝请大夫守都水使者荥阳郑府君（齐丘）墓志铭并序》，《全唐文补遗》第八辑，第20页。

④ 《唐故朝散大夫婺州长史柱国崔公（和）墓志铭并序》，《全唐文补遗》第九辑，第447页。

⑤ 陈青之：《中国教育史》，东方出版社2008年版，第157页。

隋代房彦谦出于清河房氏，早孤。史载其："长兄彦询，雅有清鉴，以彦谦天性颖悟，每奇之，亲教读书。年七岁，诵数万言，为宗党所异。"① 可见，房彦谦童蒙阶段所受教育为其兄身传的家教，他以私学途径完成了自身的早期教育。

隋末王通亦广收弟子，房玄龄等就曾从师于王通。《文中子世家》曾言房玄龄等，"咸称师，北面受王佐之道焉"②。显然，这也是私学教育的表现。

再如以下两则墓志：

唐初王望之，其墓志载："太原晋阳人也。……谅中州之鼎族。……君爰在幼龄，早丁艰罚，孺慕三载，充穷不胜，柴毁惙然，樂棘逾甚。太夫人亲加保护，用免忧虞。亦既终丧，永怀世业，乃从师受学，观览艺文，温故知新，月将日就。"③

唐代崔杲之，出于博陵崔氏，墓志载："公藉家业素风，勉德艺自强。"④

崔玄隐，卒于开元二十七年（739 年），"博陵安平人也。……（崔玄隐）庭习钟鼓，家传礼仪，敏洽天成，词华代许，射策擢第，拜扬州大都督府参军"。⑤

可以看到，王望之、崔杲之、崔玄隐或外出从师，或内承家传，其所受教育也都是来自私学。

值得注意的是，隋唐之际，由于学术融合和科举制度的影响，不唯官学，即使是山东士族私学教育也在逐渐走向交流与容纳。唐初这一趋势已显端倪。

崔沉，出于博陵安平，其墓志载：

① 《隋书》卷六六《房彦谦传》，第 1561 页。
② 《全唐文》卷一三五，第 1369 页。
③ 《唐代墓志汇编》圣历〇一八，第 938 页。
④ 《唐故寿州霍丘县主薄崔府君（杲之）墓志铭并序》，《全唐文补遗》千唐志斋新藏专辑，第 270 页。
⑤ 《唐代墓志汇编》开元五〇一，第 1500 页。

君七岁诵孝经、论语，十二通毛诗，尚书，皆精义贯理，默而识之。……十六师冀州苏谌，讲左氏春秋，钩深索隐，攒义激滞。谌敛衽牵对，迷向所图。既而叹曰：吾道尽于此矣。岂异人乎哉？由是远近称之，谓为英妙。……贞观十七年（643年），□贡明经高第，授文林郎。①

崔沉墓志称他随冀州苏湛学习经学，贞观十七年（643年）明经及第，可见私学教育已与博取科场相联系。

再如以下两合墓志：

崔讷卒于景龙三年（709年），"（崔讷）服道不倦，从师无远。起家以明经擢第为训教，调补虢州阌乡县主簿，从班列也。"②

崔志道，出于清河崔氏，其墓志载："妙年立节，卓而不群，负笈从师，虽千里而无远；集萤志学，历三冬而有成。逮乎弱冠，声猷籍甚，甫应宾庭，射策高第。"③

崔讷、崔志道墓志所言其情况与崔沉相似，虽言其外出求师，但未载其有官学教育经历，所以也当是以私学形式完成教育。

李慈，出于赵郡李氏，（贞观年间）"十一，诵孝经、论语、周易、毛诗、尚书，便抗表自陈，明试擢第。"④ 从李慈"抗表自陈"来看，其显然不是生徒出身，其教育亦应来自私学。

唐初之后，山东士族入仕态度渐趋积极，通过科举一途入仕的也不在少数。参与科举以求入仕就需要熟悉相应的学术成果，这就使得其家学教育也有必要容纳此类内容。这种状况最明显者，莫过于山东士族中出现的累代进士家族，如以下几则记载：

崔睠（皑）家族以经学为世业，但崔沔与崔祐甫父子在科举考

① 《唐代墓志汇编》神龙〇三五，第1065页。
② 《唐代墓志汇编》景龙〇一七，第1090页。
③ 《唐代墓志汇编》永淳〇二二，第700页。
④ 《唐故雍州栎阳县丞李君（慈）墓志铭并序》，《全唐文补遗》千唐志斋新藏专辑，第74页。

试时皆以文词见长。史载崔沔："博学有文词。初应制举，对策高第。俄被落第者所援，则天令所司重试，沔所对策，又工于前，为天下第一，由是大知名。"① 崔祐甫亦以进士及第②。

再看下面两则史料：

崔氏，卒于宝应元年（762 年），"曾祖敬言，皇派王府仓曹。祖福庆，瑕丘县令。烈考希先，滑州灵昌县丞。希先叔仲（二）人，皆以文学登科，当时谓之有道。"③

郑畋，"曾祖邻、祖穆、父亚，并登进士第。……畋年十八，登进士第。"④

上述史料显示，这些山东士族家族均有多位族人以文学登科的记载。从这一情况来看，重视文学，并以文学参与科举考试成为他们的共同特征。由于数代以文学进身，显然，在这个过程之中，注重文学也必然成为其家学的重要组成部分。

还应注意的是，选择退居读书、自我研习亦为唐代私学的一种形式⑤，而这其中也不乏以科举考试为目的者，这种状况在山东士族身上也有体现。而以科举为目的，隐居读书者，其学风也势必要与科举考试相适应。

崔藏之为博陵崔氏之胤，卒于天宝九年（750 年），其墓志载："飞遯穷谷，结庐嵩山。著书数万言，坐忘四五载。……（后）公以进而无位，退不得隐，遂应进士，一举登科。"⑥ 可见，崔藏之虽曾结庐嵩山，退居著书，但后来却应科举而登科。

---

① 《旧唐书》卷一八八《崔沔传》，第 4927—4928 页。

② 《旧唐书》卷一一九《崔祐甫传》，第 3437 页。

③ 《唐谏议大夫裴公（虬）夫人博陵崔氏墓志铭并序》，《全唐文补遗》千唐志斋新藏专辑，第 261 页。

④ 《旧唐书》卷一七八《郑畋传》，第 4630 页。

⑤ 宋大川：《唐代教育体制研究》第四章 "私学教育的类型及其特点"，山西教育出版社 1998 年版，第 169—170 页。

⑥ 《唐故朝议大夫行尚书膳部员外郎上柱国崔府君（藏之）墓志铭并序》，《全唐文补遗》千唐志斋新藏专辑，第 224 页。

崔慎由退隐山林，苦心力学，时间长达 10 年。史载其："寓居太原，与仲兄能同隐山林，苦心力学。属岁兵荒，至于绝食，弟兄采梠拾橡实，饮水栖衡，而讲诵不辍，怡然终日，不出山岩，如是者十年。"①

崔慎由后来也参与科举考试，并以此入仕。其墓志云："慎由始以习《左氏春秋》《尚书》《论语》《孝经》《尔雅》，随明经试，获第有司；后举进士对直言极谏。"②

郑当，为中唐时人，郡望为荥阳，其墓志载："（郑当）贞元岁，既失所祜，侨寄吴中，与兄邻孺相依，学无师傅，经史究于专习，文字得于天成，骋翰苑而谁敢争先，探词源而我得其奥。年未弱冠，誉洽公卿，及践名场，道宾流辈。故得送超会府，荐首重藩。宝历二年（826年），于今相国杨公下进士升第。"③ 可见由于身陷困顿，郑当及其兄皆依靠自己研习读书，完成自身教育，并以此参与科举考试。

以上几例说明，一些山东士族退隐读书，实际上是作为自我研习的一个过程。而通过读书积累之后，他们中的一些人亦选择科举考试一途，从中亦可以看到科举制度对教育的深远影响。

此外，高宗之后，乡贡地位逐渐重要，山东士族从乡贡参与科举者也渐多。应当说，这从另一个侧面也说明了山东士族的私学教育对科举制度的逐渐适应。

高宗之后官学逐渐衰落，史载：

> 高宗嗣位，政教渐衰，薄于儒术，尤重文史。于是醇醨日去，华竞日彰，犹火销膏而莫之觉也。及则天称制，以权道临下，不吝官爵，取悦当时。其国子祭酒，多授诸王及驸马都尉。……二

---

① 《旧唐书》卷一七七《崔慎由传》，第 4577 页。
② 《唐代墓志汇编续集》咸通〇五三，第 1074 页。
③ 《唐代墓志汇编》开成〇三九，第 2197 页。

十年间，学校顿时隳废矣。①

武后时期，韦嗣立也称："国家自永淳已来，二十余载，国学废散，胄子衰缺，时轻儒学之官，莫存章句之选。贵门后进，竞以侥幸升班；寒族常流，复因凌替弛业。"② 从中可见官学衰落之严重。

官学衰落还表现在才俊之士不愿到官学之中任教，"大唐府郡置经学博士各一人，掌以《五经》教授学生，多寒门鄙儒为之"。③

《封氏闻见记》卷一也载："国朝以来，州县皆有博士，县则州补，州则吏曹授焉。然博士无吏职，唯主教授，多以醇儒处之，衣冠俊乂（人），耻居此任。"④ 从这里也可以看到官学影响力的下降。

对于高宗之后官学的衰落，吴宗国先生指出："（唐代初年）学校与出身入仕直接相联系。学校学习儒家经典，明经考试经义，进士策问中也有关于儒家经典的问目，学习内容也是与科举考试相衔接的。而到调露二年（680年）明经、进士二科加试贴经后，贴经逐步成为明经科录取的主要标准，经义降到了次要地位……进士科沿着文学之科发展，也与经义相去越来越远。学校教授的内容不仅与社会需要严重脱节，与科举考试也开始脱钩。"⑤ 可见，在科举考试出现如此变迁的背景之下，官学的衰落也就是必然的了。

玄宗在位，试图振作官学，曾"数诏州县及百官荐举经通之士。又置集贤院，招集学者校选，募儒士及博涉著实之流"⑥。天宝十二年（753年），甚至"乃敕天下罢乡贡，举人不由国子及郡、县学者，勿举送"⑦。然而，即使玄宗作出了这样的努力，但从整体上看，官

---

① 《旧唐书》卷一八九上《儒学传上序》，第4942页。
② 《旧唐书》卷八八《韦思谦传》，第2866页。
③ 《通典》卷三三《职官十五》，第914—915页。
④ 《封氏闻见记》卷一《儒教》，第3页。
⑤ 吴宗国：《唐代科举制度研究》，辽宁大学出版社1992年版，第128—129页。
⑥ 《旧唐书》卷一八九上《儒学传上序》，第4942页。
⑦ 《新唐书》卷四四《选举志上》，第1164页。

学衰落的趋势已不可避免。①

与官学衰落相对应的是，高宗之后，乡贡地位逐渐重要，而从这里面也可以反映出私学教育对科举制度的适应。

关于乡贡制度，史载："唐制，取士之科，多因隋旧，然其大要有三。由学馆者曰生徒，由州县者曰乡贡，皆升于有司而进退之。"②《通典》卷十五《选举三》亦载："大唐贡士之法，多循隋制。……其不在馆学而举者，谓之乡贡。"③ 可见，举乡贡者多由私学。高宗之后，山东士族由乡贡参与科举者渐多，从中亦可以看到其私学教育模式对科举制度的适应。这方面例证颇有记述，如表5-3所记载。

表5-3 高宗之后山东士族与乡贡举隅

姓名	郡望	参与乡贡情况	卒年	资料来源
崔沔	博陵	（崔沔）公廿四，乡贡进士擢第	卒于开元二十七年（739年）	《唐代墓志汇编》第1799—1800页
卢招	范阳	既而来游京都……俄以乡贡明经，射策上第，调补魏郡冠氏县尉	卒于天宝十三年（754年）	《唐代墓志汇编》第1707页
崔凝	博陵	（崔凝）幼学以孝悌著称，弱冠以器识知名，实为国华，遂从乡荐。咸通六年（865年）一上昇第于故相国李公蔚之下	卒于乾宁二年（895年）	《唐代墓志汇编续集》第1160—1161页
崔程	清河	弱冠，乡举进士，擢第，解褐授秘书省正字	卒于贞元十四年（798年）	《唐代墓志汇编》第1906页
崔可准	博陵	是以经明行修，□举里选。解褐以明经荫第，制授朝散郎，试左卫率府兵曹	卒于贞元间	《唐代墓志汇编续集》第781页
崔秤	清河	弱冠，治鲁春秋与虞夏商周之书。荐于有司，经明上第。释褐参陕州大都督府军事	卒于元和十二年（817年）	《唐故怀州录事参军清河崔府君（秤）故夫人荥阳郑氏合祔墓志铭并序》，载《全唐文补遗》第七辑，第91页

① 参见任爽《科举制度与唐代教育危机》，《中国史研究》1994年第3期。
② 《新唐书》卷四四《选举志上》，第1159页。
③ 《通典》卷十五《选举三》，第353页。

姓名	郡望	参与乡贡情况	卒年	资料来源
卢直	范阳	（卢直）经学精通，乡赋两应，叙录之次，爰授一官	卒于元和十四年（819年）	《唐代墓志汇编》第2074页

从上述事证中，我们可以看到，高宗、武后之后，山东士族中不断有通过乡贡而参加科举者。从这其中，也反映出了山东士族的私学教育不断变化，并与科举制度逐渐适应的历史趋势。

第二节　婚姻模式及其对家庭文化的影响

一　在传承中相对多样的大姓婚姻

魏晋以降，世家大族婚姻多注重门第家世。对此，郑樵称："自隋、唐而上，官有簿状，家有谱系。官之选举，必由于簿状；家之婚姻，必由于谱系。"① 这方面，学界已经有较多研究。② 在北方地区，大姓联姻也渐成趋势，尤其是自孝文帝定族姓以来，婚宦关系也至为密切，有所谓"朝廷每选举人士，则校其一婚一宦，以为升降，何其密也"③ 之语。同时，婚姻之中的门第之选亦日益受到重视。史载太和时"于时，王国舍人应取八族及清修之门，禧取任城王隶户为之"，对此，孝文帝下诏宗室与士族联姻以为表率：

> 夫婚姻之义，曩叶攸崇，求贤择偶，绵代斯慎……至于诸王娉合之仪，宗室婚姻之戒，或得贤淑，或乖好逑。自兹以

---

① 《通志》卷二五《氏族略一》，志第439页。

② 郭善兵《二十世纪八十年代以来魏晋南北朝时期婚丧礼俗研究概述》（《贵州文史丛刊》2001年第4期）对此有概括性的介绍。薛瑞泽《嬗变中的婚姻——魏晋南北朝时期婚姻研究》（三秦出版社2000年版）则提供了大量实例。

③ 《魏书》卷六〇《韩麒麟传》，第1341页。

后，其风渐缺，皆人乏窈窕，族非百两，拟匹卑滥，舅氏轻
微，违典滞俗，深用为叹。以皇子茂年，宜简令正，前者所
纳，可为妾媵。将以此年为六弟娉室。长弟咸阳王禧可娉故
颍川太守陇西李辅女，次弟河南王干可娉故中散代郡穆明乐
女，次弟广陵王羽可娉骠骑谘议参军荥阳郑平城女，次弟
颍川王雍可娉故中书博士范阳卢神宝女，次弟始平王勰可
娉廷尉卿陇西李冲女，季弟北海王详可娉吏部郎中荥阳郑
懿女。①

可见，孝文帝时，北魏皇室婚姻已经注重与士族，特别是与山
东士族联姻。

传统上山东士族皆有自身的传统婚姻圈，对于来自传统姻族之
外的婚姻，他们则比较抵触。如以下几例：

《魏书》卷五六《崔辩传》载："初，（崔）巨伦有姊，明惠有
才行，因患眇一目，内外亲类莫有求者，其家议欲下嫁之。巨伦姑
赵国李叔胤之妻，高明慈笃，闻而悲感曰：'吾兄盛德，不幸早世，
岂令此女屈事卑族！'"②

再如北魏时（赵邕）为幽州刺史，"贪与范阳卢氏为婚，女父早
亡，其叔许之，而母不从。母北平阳氏，携女至家藏避，规免"。③

李孝贞，字元操，赵郡人。"世为著姓。……于时（北齐）黄门
侍郎高乾和亲要用事，求婚于孝贞。孝贞拒之，由是有隙。"④

从上述史料中可见，魏晋北朝时期，山东士族多注重自己的婚
姻传统，对于来自传统姻族之外的婚姻常常持排斥态度。对于这一
时期山东士族婚姻方面的这一特征，有学者也从统计学的角度进行

---

① 《魏书》卷二一上《咸阳王传》，第534—535页。
② 《魏书》卷五六《崔辩传》，第1252页。
③ 《北史》卷九二《赵邕传》，第3026页。
④ 《隋书》卷五七《李孝贞传》，第1404页。

了确认，其结论是建立在定量分析的结果之上，应当说具有很强的说服力。①

隋唐之际，特别是唐初，统治者对山东士族的传统婚姻模式颇有抑制。然而北朝以来，山东士族所形成的大姓联姻模式，在隋唐时期仍表现出了相当顽强的生命力。这一点，赵超先生在对唐代墓志研究的基础上指出："有唐始终，大族门阀间一直密切通婚，形成一定的婚姻纽带（婚姻圈）。"②

隋唐之际，山东士族与大姓的联姻，特别是山东"五姓""七望"间的通婚仍然引人瞩目。史载唐初"禁昏家"，"益自贵，凡男女皆潜相聘娶，天子不能禁，世以为敝云"。③ 即颇见其状。毛汉光先生亦曾指出："至唐前期时，五姓七望著房似乎已均匀地相互通婚"，他们"实际上在隋及初唐已形成很完整的婚姻圈"。④ 事实上，直到唐代中后期，山东士族，特别是在其著房之中，传统的"五姓""七望"间姻族的联姻仍较为常见。对此，墓志之中亦多有此类记述。

范阳卢氏卒于永贞中，"其先有若北中郎植以经术重东汉，固安公度世以才业翊元魏。自固安至夫人十一代，皆出于崔李郑三族"。⑤

清河崔矕卒于大中八年（854 年），其墓志云："与王郑卢皆山东鼎族，宦媾之盛，时无与伦。"⑥

郑氏，卒于大中七年（853 年），其夫给事郎、守国子监国子助教卢知宗。"族望冠冕，揭如崑嵩，维姬与姜，实曰卢郑，历二千祀，代为婚姻。"⑦

---

① 见朱大渭等《魏晋南北朝社会生活史》，中国社会科学出版社 1998 年版，第 246—249 页。

② 赵超：《从唐代墓志看士族大姓通婚》，《周绍良先生欣开九秩庆寿文集》，中华书局 1997 年版，第 65 页。

③ 《新唐书》卷九五《高俭传》，第 3842 页。

④ 毛汉光：《中古大族著房婚姻之研究——北魏高祖至唐中宗神龙年间五姓著房之婚姻关系》，《"中央研究院"历史语言研究所集刊》第五十六本第四分，第 619 页。

⑤ 《唐代墓志汇编》永贞〇〇六，第 1945 页。

⑥ 《唐代墓志汇编》大中〇九〇，第 2319 页。

⑦ 《唐代墓志汇编》大中〇八三，第 2312 页。

郑氏，卒于大中，适于崔氏，郑氏墓志称："自八代祖将军敬德至于仓曹公（郑氏父），门无杂婚。故衣冠名家，时号鼎族。"①

可见，直到唐代中后期，部分山东士族仍相当注重传统的"五姓""七望"间通婚。

然而应当注意的是，隋唐以来，由于社会环境变化等因素的影响，大姓通婚虽然仍是山东士族婚姻的基本模式。但在一些山东士族中，其通婚范围已不止于传统的通婚范畴，而是出现了扩大的趋势。如以下几例：

郑绩，出于荥阳郑氏，卒于开元十五年（727年），"（郑绩）藏器于身，待时而动……夫人吴兴钱氏，汉州刺史节之女也"。②

崔玄籍，卒于圣历元年（698年），"清河东武城人也。……夫人屈突氏，河南人，唐尚书右仆射通之女也"。③

郑扬，卒于开元二十六年（738年），"夫人皇甫氏，安定人也，谏议大夫惇之女"。④

崔玄隐，卒于开元二十七年（739年），"博陵安平人也。……夫人颍川陈氏。陈世祖文皇帝四代孙，文州刺史昭列之女也"。⑤

由以上史料我们可以看到山东士族与江左士族、胡族大姓以及关陇大姓间的联姻，可见在隋唐国家一统的环境下，山东士族的传统婚姻也存在一些多样化的趋势。

卢思道出于北魏著名士族卢玄之后，其祖父卢渊（阳乌）即卢玄嫡孙。⑥ 卢思道在北齐灭亡后迁居关中⑦。卢思道后裔在文献和墓

---

① 《唐乡贡进士崔镇亡妻荥阳郑氏墓志铭》，《全唐文补遗》千唐志斋新藏专辑，第396页。
② 《大唐故中散大夫尚书比部郎中郑公（绩）墓志铭并序》，《全唐文补遗》第一辑，第116页。
③ 《唐代墓志汇编》圣历〇一〇，第929—930页。
④ 《大唐故济州司户参军事郑府君（扬）墓志铭并序》，《全唐文补遗》第一辑，第141页。
⑤ 《唐代墓志汇编》开元五〇一，第1500页。
⑥ 《魏书》卷四七《卢玄传》，第1046—1047页。
⑦ 《隋书》卷五七《卢思道传》，第1398页。

志中都有较多记载，以其为例，则可以更清楚地看到唐代山东士族通婚范围的时代特点，见表5-4。

表5-4　　　　　　　　唐代卢思道后裔通婚范围概况

姓名	辈分	夫人郡望	出处
卢承福	祖卢思道，父卢赤松	彭城刘氏，刑部尚书彭城公之长女	《洛阳新获墓志续编》第333页
卢调	曾祖卢思道，祖卢赤松	琅琊王氏	《唐代墓志汇编》第1171—1172页
卢元衡	曾祖卢思道，祖卢赤松	博陵崔氏，唐光禄卿万石之女	《全唐文补遗》第七册第347—348页
卢全操	高祖卢思道，曾祖卢赤松	弘农杨氏	《唐代墓志汇编》第1447—1448页
卢全贞	高祖卢思道，曾祖卢赤松	赵郡李氏	《唐代墓志汇编》第1661页
卢明远	高祖卢思道，曾祖卢赤松	弘农杨氏	《唐代墓志汇编》第1610页
卢复	卢思道五代孙，高祖卢赤松	宗室，嗣鲁王李道坚之女	《唐代墓志汇编》第1639页
卢寂	卢思道五代孙，高祖卢赤松	河东裴氏	《唐代墓志汇编》第1877页
卢侣	卢思道五代孙，高祖卢赤松	河南独孤氏	《唐代墓志汇编续集》第837—838页
卢嵩	卢思道五代孙，高祖卢赤松	河东裴氏	《洛阳新获墓志续编》第442页
卢翊	卢思道六代孙	高平徐氏	《唐代墓志汇编》第1935页

此表共列有卢思道家族后代11人，时间跨度从唐初到唐代中期。在这11人中，与山东五姓联姻的有2人，与关陇河东士族联姻的达4人，与宗室联姻的1人，与琅琊王氏、彭城刘氏联姻各1人，与高平徐氏联姻1人，与胡族大姓联姻1人。从这些数据中可以明显看到，唐代中前期，卢思道家族的通婚范围虽然仍以大姓为主，但在这其中，关陇河东士族已经居于多数。无疑，卢思道家族的这

种婚姻结构与其离开家乡，迁居关中的背景有关。

由此亦可见，隋唐以降，随着社会环境的变化，特别是在国家统一及士族中央化的背景下，大量士族迁居两京，山东士族的婚姻传统也出现了一些变化。虽然大姓间通婚的传统依然存在，但其通婚范围已经有所多样化。

二　墓志所见与非山东士族大姓联姻的状况

上述郑续、崔玄籍、崔玄隐等人，以及卢思道家族的婚姻状况说明，隋唐时期，在国家统一及士族中央化的背景下，不同士族群体间联姻机会也有所增加。在这一时期，山东士族与江左、关陇等其他大姓间联姻已有不少记载，而这又多反映于墓志之中。兹举较典型者如下，以对上述论点提供进一步的佐证。

（1）墓志所见山东士族与江左大姓的联姻，见表 5 - 5。

表 5 - 5　　　　　墓志所见唐代山东士族与江左大姓联姻状况

郡望 男性姓名	郡望 女性姓氏	资料来源	葬地	备注
吴兴，丘蕴	范阳，卢氏	《唐代墓志汇编》第 102—103 页	丘蕴葬于洛阳县清风乡邙山之阜	
太原，王义	会稽，朱氏	《唐代墓志汇编》第 999—1000 页	墓志出土于山西长治北石槽唐墓	
博陵，崔玄隐	颍川，陈氏	《唐代墓志汇编》第 1500 页	夫妇合葬于卫州卫县	陈氏为陈文帝四代孙
赵郡，李肃	颍川，陈氏	《唐代墓志汇编》第 1947—1948 页	李肃葬于河南县	
范阳，卢积	吴兴，姚氏	《唐代墓志汇编》第 2306—2307 页	卢积家族"因仕孟津"故积代家于河阳	均据卢积之女卢子玉墓志
南朝颍□，陈祎	赵郡，李氏	《唐代墓志汇编续集》第 624 页	合葬于西京	
博陵，崔葛	吴兴，沈氏	《唐代墓志汇编续集》第 769—770 页	崔葛葬于万年县	

续表

郡望 男性姓名	郡望 女性姓氏	资料来源	葬地	备注
赵郡，李群	吴兴，姚氏	《唐代墓志汇编续集》第 875 页	李群墓志出土于洛阳	
赵郡，李某	吴兴，姚氏	《唐代墓志汇编续集》第 1008 页	姚氏与其夫合葬于河南县	
荥阳，郑绩	吴兴，钱氏	《全唐文补遗》第一辑，第 116 页	合葬于杜城	
太原，王守节	会稽，朱氏	《全唐文补遗》第二辑，第 25 页	朱氏为继室，王守节葬于（京兆）临皋	前夫人为斛斯氏
范阳，卢全寿	颍川，陈氏	《全唐文补遗》第六辑，第 72—73 页	陈氏葬于"河南之邙山卢氏先茔"	陈氏为陈叔宝玄孙，改嫔于卢氏
赵郡，李某	吴兴，姚氏	《全唐文补遗》第六辑，第 170 页	姚某葬于河南府河南县	
陈郡，殷中台	荥阳，郑氏	《全唐文补遗》千唐志斋新藏专辑，第 230—231 页	殷中台葬于东京	
庐江，何抚	范阳卢氏赵郡李氏	《洛阳新获墓志续编》第 463 页	葬于河南府偃师县	先娶范阳卢氏后娶赵郡李氏

以上共列有 15 例山东士族与江左士族通婚的事例，其中山东士族娶江左大姓的为 11 例，江左大姓娶山东士族女性的为 4 例。从墓志中可以看到，他们的家族葬地多集中于两京。特别是表中两例江左大姓的男性，其葬地也均在两京，有明显的中央化趋势。应当说，唐代大量山东士族与江左士族聚居两京，他们间相互通婚，地缘因素应该是其中的一个重要原因。

（2）唐代山东士族与关陇河东大姓的联姻较为多见，这在墓志之中多有记载，见表 5－6、表 5－7。

表 5－6　　墓志所见唐代山东士族与关陇河东大姓联姻状况（一）

郡望男性姓名	郡望女性姓名	资料出处	葬地	备注
荥阳，郑仁颖	陇西，董氏	《唐代墓志汇编》第1334—1335 页	洛阳县平阴乡	
范阳，卢全操	弘农，杨氏	《唐代墓志汇编》第1447—1448 页	卢全操"窆北邙平乐原"	
荥阳，郑敞	安定，皇甫氏	《唐代墓志汇编》第1459 页	据其子郑诉墓志，其家族墓地为"洛阳平阴里平乐原"	以上据郑敞其子郑诉墓志
赵郡，李诒	裴氏	《唐代墓志汇编》第1712 页	合葬于北邙山杜郭之原	墓志未注明女方郡望推测应为河东裴氏
博陵，崔澹	薛氏	《唐代墓志汇编》第1968 页	崔澹迁葬于"先茔於广武原"	墓志文字有脱漏，推测为河东薛氏
荥阳，郑镐	天水，赵氏	《唐代墓志汇编》第2269—2270 页	洛阳县平阴乡北淘村	赵氏为丧妻后再娶
荥阳，郑㧑	安定，皇甫氏	《全唐文补遗》第一辑，第141 页	合葬于河南县金谷乡之金谷原	
郑某	天水，赵氏	《全唐文补遗》第一辑，第265 页	赵氏"归葬于河洛之邑"	墓志中未注明男方郡望推测应为荥阳郑氏
清河，崔俭	弘农，杨氏	《全唐文补遗》第一辑，第423—424 页	家族墓地位于河南府洛阳县清风乡	据其子崔植墓志
赵郡，李叔	董氏	《全唐文补遗》第二辑，第306 页	李叔葬于洛阳县	墓志未注明女方郡望推测应为陇西董氏
范阳，卢某	陇西，辛氏	《全唐文补遗》第二辑，第477—478 页	终于河南之归德第后迁于卢某旧茔	
荥阳，郑崇	安定，皇甫氏	《全唐文补遗》第四辑，第91 页	郑崇□葬于伊川	据郑崇□孙郑芬之妻胡氏墓志载
郑芬	安定，胡氏	《全唐文补遗》第四辑，第91—92 页	郑芬葬于河南县	

续表

郡望男性姓名	郡望女性姓名	资料出处	葬地	备注
范阳，卢搏	河东，裴氏	《全唐文补遗》第四辑，第101—102页	裴氏葬于怀州修武县"先代之茔"	卢搏前夫人为郑氏
清河，崔隋	天水，赵氏	《全唐文补遗》第四辑，第174—175页	赵氏葬于北邙，从崔氏之先茔	
范阳，卢曷	河东、裴氏	《全唐文补遗》第七辑，第67页	卢曷葬于"洛城东良原"	
范阳，卢之瀚	京兆，韦氏	《全唐文补遗》第七辑，第69—70页	卢之瀚葬于"万年县洪固乡"	
郑某	京兆，杜氏	《全唐文补遗》第七辑，第104页	杜氏葬于天兴县	墓志中未注明男方郡望推测应为荥阳郑氏
范阳，卢峻	京兆，杜氏	《全唐文补遗》第七辑，第163页		
清河，崔知温	京兆，杜氏	《全唐文补遗》第七辑，第363—364页	杜氏葬于"北邙山之原，先茔之侧"	
卢君	弘农，杨氏	《全唐文补遗》第八辑，第65页	杨氏葬于邙山之北，卢氏先茔	墓志中未注明男方郡望推测应为范阳卢氏
博陵，崔绚	京兆，韦氏	《全唐文补遗》第八辑，第73页	崔绚葬于河南府偃师县	
范阳，卢珉	京兆，韦氏	《全唐文补遗》千唐志斋新藏专辑，第120—121页	后合葬于"河南府洛阳县平阴乡"	后夫人河间邢氏

表5-7 墓志所见唐代山东士族与关陇河东大姓联姻状况（二）

郡望女性姓名	郡望男性姓名	出处	葬地	备注
博陵，崔素	杜洵	《唐代墓志汇编》第255页	崔素葬于耀州三原县之北原	墓志未注明男性郡望，推测为京兆杜氏
荥阳，郑氏	京兆，杜忠良	《唐代墓志汇编》第1172—1173页	合葬于河南府河南县金谷乡	
赵郡，李氏	天水，赵保隆	《唐代墓志汇编》第1175页	合葬于河南府洛阳县之北邙原	

郡望女性姓名	郡望男性姓名	出处	葬地	备注
博陵，崔氏	京兆，杜元颖	《唐代墓志汇编》第 1496—1497 页	葬于河南县	
清河，崔氏	裴简	《唐代墓志汇编》第 1999 页	崔氏葬于北邙山裴简家族墓地	墓志未注明男性郡望，推测为河东裴氏
荥阳，郑氏	京兆，韦署	《唐代墓志汇编》第 2060 页	韦署葬于扬州江阳县	
荥阳，郑氏	河东，裴某	《唐代墓志汇编续集》第 370 页	合葬于绛州闻喜县	
荥阳，郑氏	裴君	《唐代墓志汇编续集》第 660—661 页	裴某葬于神和之原	墓志未注明男性郡望，推测为河东裴氏
博陵，崔氏	河东，薛巽	《唐代墓志汇编续集》第 855 页	薛巽葬于河南，祔于先人之茔	
范阳，卢氏	京兆，韦某	《唐代墓志汇编续集》第 880—881 页	卢氏归葬于京兆府万年县	
荥阳，郑氏	弘农，杨汉公	《唐代墓志汇编续集》第 1036—1038 页	杨汉公归葬于河南县金谷乡	郑氏为前夫人
范阳，卢氏	京兆，韦柏尼	《全唐文补遗》第七辑，第 94 页	合葬于万年县华原	
荥阳，郑氏	弘农，杨思讷	《全唐文补遗》第七辑，第 268—269 页	合葬于咸阳洪度旧茔	
荥阳，郑氏	韦某	《全唐文补遗》第八辑，第 97 页	郑氏葬于偃师县	墓志未注明男性郡望，疑为京兆韦氏
荥阳，郑氏	杨某	《全唐文补遗》千唐志斋新藏专辑，第 3—4 页	郑氏葬于华州之原	墓志未注明男性郡望，疑当为弘农杨氏
荥阳，郑氏	弘农，杨同愿	《全唐文补遗》千唐志斋新藏专辑，第 303—304 页	郑氏葬于虢州阌乡县，祔于先茔之右	
博陵，崔氏	安定，皇甫弘	《全唐文补遗》千唐志斋新藏专辑，第 353 页	夫妇皆葬于洛阳县清风乡	

续表

郡望女性姓名	郡望男性姓名	出处	葬地	备注
范阳，卢氏	燉煌，张澹	《全唐文补遗》千唐志斋新藏专辑，第369—370页	卢氏归葬于河南府偃师县	
博陵，崔氏	韦某	《洛阳新获墓志续编》第383—384页	殡于河南龙门北原	墓志未注明男性郡望，疑为京兆韦氏
郑氏	弘农，杨汉公	《洛阳新获墓志续编》第460—461页	祔子先舅姑之茔	

从上述山东五姓与关陇河东大姓联姻者的墓志材料来看，其归葬地也大多在两京地区。应当说，这进一步印证了地缘因素对山东士族与其他大姓通婚所起到的推动作用。此外，我们还可以选取山东士族与胡族大姓的联姻作进一步印证。

（3）与胡族大姓的联姻。十六国北朝以来，在北方地区，随着大量胡人入居以及胡人政权的建立，一批胡人大姓逐渐兴起。唐代山东士族与这些胡人大姓的后裔也有一些联姻的记载，如表5-8、表5-9所载。

表5-8　　墓志所见唐代山东士族与胡族大姓联姻状况（一）

郡望男性姓名	女性姓名（胡姓）	资料出处	葬地	备注
清河，崔玄籍	屈突氏	《唐代墓志汇编》第929—931页	合葬于洛州合宫县之昭觉原	
赵郡，李元确	河南元氏	《唐代墓志汇编》第1224—1225页	合葬于洛阳县清风乡之原	
荥阳，郑某	万俟氏	《唐代墓志汇编》第1576页	万俟氏葬于洛阳县平阴乡之原	
崔某	窦氏	《唐代墓志汇编》第2017页	窦氏葬于崔氏家族墓地"洛城北邙山之原"	崔某原夫人为卢氏。窦氏为后娶，出于"北部贵族"
清河，崔惟悌	尔朱氏	《唐代墓志汇编续编》第743页		

续表

郡望 男性姓名	女性姓名 （胡姓）	资料出处	葬地	备注
崔哲	源氏	《全唐文补遗》第三辑，第51页	源氏葬于崔氏"洛阳北邙之旧茔"	墓志未注明男性郡望
清河，崔志	渤海刁氏	《全唐文补遗》第四辑，第290页	合葬于洛阳北邙山	刁氏为继室

表5－9　　墓志所见唐代山东士族与胡族大姓联姻状况（二）

男性姓名 （胡姓）	郡望 女性姓名	资料出处	葬地	备注
源某	清河，崔氏	《唐代墓志汇编》第1188页	崔氏葬于洛阳县平阴乡	
源某	荥阳，郑氏	《唐代墓志汇编》第1397页		
元某	荥阳，郑氏	《唐代墓志汇编》第1477页	郑氏葬于洛阳	
元某	荥阳，郑氏	《唐代墓志汇编》第1770页	郑氏葬于龙门东山南原	
元某	博陵，崔氏	《唐代墓志汇编》第2016页	崔氏祔于邙山之先茔	
达奚革	博陵，崔氏	《唐代墓志汇编》第2427—2428页	崔氏合祔于寿州安丰县	
慕容珣	博陵，崔氏	《唐代墓志汇编续编》第555—556页	慕容珣葬于东都北邙之原，崔氏先葬于万年县，后迁祔焉	
独孤寔	博陵，崔氏	《唐代墓志汇编续集》第1031页		据其子独孤禳墓志
独孤禳	赵郡，李氏	《唐代墓志汇编续集》第1031页	独孤禳祔葬于万年县铜人原	
元公	博陵，崔婉	《全唐文补遗》第一辑，第268页	崔氏祔于邙山之先茔	
鱼某	荥阳，郑德柔	《全唐文补遗》第一辑，第339页	郑德柔葬于京兆府万年县崇义乡白鹿原	
窦叔华	博陵，崔氏	《全唐文补遗》第三辑，第95页	崔氏葬于北邙淘村之东原	崔氏依于父母之茔
尔朱杲	清河，崔氏	《全唐文补遗》第七辑，第337页	合葬于洛阳县平阴乡	

续表

男性姓名（胡姓）	郡望女性姓名	资料出处	葬地	备注
格处仁	赵郡，李氏	《全唐文补遗》第七辑，第305—306页	洺州司户参军	
斛律君	范阳，卢廉贞	《全唐文补遗》千唐志斋新藏专辑，第110—111页	卢廉贞葬于河南万安山先茔	

北朝以来，山东士族与胡人大姓，特别是与皇族已有通婚的记载。而从上述唐代墓志资料中，我们能看到唐代山东士族与胡人大族的联姻依然存在。而且从这些夫妇多葬于两京的情况来看，士族中央化的趋势也为此类婚姻提供了一定的前提条件和更多的机会。

（4）山东五姓与其他大姓联姻。在唐代墓志中，山东士族与江左、关陇、胡人大族的联姻颇为多见。除此以外，山东士族与其他大族的通婚也有不少记述，如表5-10、表5-11所载。

表5-10　　墓志所见唐代山东五姓与其他大姓联姻状况（一）

郡望男性姓名	郡望女性姓名	资料出处	葬地	备注
汝南，周藻	太原，王氏	《唐代墓志汇编》第185页	周藻葬于河南县平乐乡	
钜（巨）鹿，魏郎仁	荥阳，郑氏	《唐代墓志汇编》第376—377页	郑氏祔窆于洛阳县清风乡之邙山	
南阳，张祖	赵郡，李氏	《唐代墓志汇编》第544页	合葬于相州滏阳县	
封某	清河，崔柔仪	《唐代墓志汇编》第761—762页	崔氏迁窆于芒（邙）山河阴之原	墓志未注明男性郡望，推测应为渤海封氏
高阳，许琮	赵郡，李氏	《唐代墓志汇编》第834页	李氏葬于合宫县北邙山	
渤海，高隆基	范阳，卢静	《唐代墓志汇编》第1021—1022页	高隆基后被迁窆于洛州合宫县平乐乡	高隆基为北齐高德政玄孙

续表

郡望 男性姓名	郡望 女性姓名	资料出处	葬地	备注
河内， 司马某	范阳，卢氏	《唐代墓志汇编》第 1270—1271 页	卢氏窆于河南府河南 县河阴乡邙山之原	
河内， 司马某	范阳，卢氏	《唐代墓志汇编》第 1290—1291 页	卢氏窆于河南之邙山 伯乐原	
高阳， 许惟新	荥阳，郑氏	《全唐文补遗》千唐 志斋新藏专辑，第 195—196 页	许惟新葬于平阴邙 阜，郑氏祔葬	
彭城， 刘谈经	博陵，崔氏	《全唐文补遗》千唐 志斋新藏专辑，第 361 页	崔氏归葬于东都石桥 邙山之阳	
渤海，封祯	博陵，崔氏	《全唐文补遗》第四 辑，第 16—17 页	封祯后归葬于蓨县之 故里	
琅耶（琊）， 王公	清河，崔氏	《全唐文补遗》第四 辑，第 226 页	崔氏归祔于河南府河 南县平乐乡	墓志文字有脱漏， 推测男性为琅琊王 氏
清河，张岳	荥阳，郑氏	《全唐文补遗》第七 辑，第 336 页	郑氏葬于合宫县平乐 乡	
北平，田诚	博陵，崔氏	《全唐文补遗》第八 辑，第 35 页	田诚葬于洛阳	崔氏为继室

表 5 – 11   墓志所见唐代山东五姓与其他大姓联姻状况（二）

郡望 男性姓名	郡望 女性姓名	资料出处	葬地	备注
荥阳，郑赡	渤海，封氏	《唐代墓志汇编》第 781—782 页	郑赡葬于洛阳县平阴 乡北邙之原	
清河，崔谌	清河，张氏	《唐代墓志汇编》第 1467 页	崔谌迁窆于河南县金 谷之原	续娶广平宋氏
荥阳，郑䜣	清河，张氏	《唐代墓志汇编》第 1459—1460 页	郑䜣迁窆于洛阳县平 阴里平乐原，张氏合 葬	
博陵，崔智	夫人宋氏	《唐代墓志汇编》第 1717 页	崔智葬于邙山之茔	

续表

郡望 男性姓名	郡望 女性姓名	资料出处	葬地	备注
荥阳，郑玉	河间，邢氏	《唐代墓志汇编》第1931—1932页	郑玉葬于莫州	
崔载	彭城，刘氏	《唐代墓志汇编》第2044页	崔载葬于幽州幽都县，祔于先茔	
郑仲连	长乐，冯氏	《唐代墓志汇编》第2092—2093页	郑仲连葬于潞府城东北	续娶扶风窦氏
范阳，卢昂	清河，房氏	《唐代墓志汇编》第2111页	合葬于河南县金谷乡焦古村	
荥阳，郑虔	琅琊，王氏	《全唐文补遗》千唐志斋新藏专辑，第249—250页	郑虔归葬于郑邑新茔	
荥阳，郑叔度	昌黎，韩氏	《全唐文补遗》第九辑，第388—389页	合祔于万安山之南原，从先茔	
清河，崔恕	钜（巨）鹿，魏氏	《全唐文补遗》第四辑，第105—106页	崔恕葬于河南县平乐乡，归祔于先茔	
荥阳，郑少雅	乐安，孙氏	《全唐文补遗》第四辑，第242—243页	夫妻皆葬于青州益都县	
清河，崔泌	琅琊，王氏	《全唐文补遗》第四辑，第447—448页	合葬于邙山	
荥阳，郑洵	琅琊，王氏	《全唐文补遗》第七辑，第61页	郑洵葬于河南万山之北原	
广平，宋瑰	范阳，卢氏	《全唐文补遗》第七辑，第121—122页	家族墓地位于清池县	出于曾孙宋自昌墓志
广平，宋玉	荥阳，郑氏	《全唐文补遗》第七辑，第121—122页	家族墓地位于清池县	出自宋玉孙宋自昌墓志
博陵，崔无固	清河，房氏	《全唐文补遗》第八辑，第9—10页	崔无固葬于万安山之旧茔	
范阳，卢构	琅琊，王氏	《全唐文补遗》第八辑，第85页	卢构移窆于河南之邙原	
范阳，卢倜	渤海，封氏	《全唐文补遗》第六辑，第138—139页	合葬于郑州荥泽县	

253

郡望 男性姓名	郡望 女性姓名	资料出处	葬地	备注
卢某	清河，房氏	《全唐文补遗》第一辑，第 142 页	合祔于河南府邙山之南原	墓志未注明男性郡望，但称房氏"优于高族"，则卢某郡望应为范阳
荥阳，郑铼	乐安，孙氏	《全唐文补遗》第一辑，第 242—243 页	孙氏葬于邙山西原先茔北一里	
博陵，崔贻孙	清河，张氏	《全唐文补遗》第一辑，第 427 页	崔贻孙葬于和州历阳县	
赵郡，李通	渤海，高氏	《全唐文补遗》第二辑，第 395—396 页	合葬于北邙山平阴之原	
荥阳，郑公	广平，宋练	《全唐文补遗》第二辑，第 487—488 页	宋氏原葬于洛阳县清风乡原	
清河，崔澄	琅琊，王氏	《全唐文补遗》第二辑，第 553 页	崔澄葬于北邙山之原	
范阳，卢日进	河内，司马氏	《全唐文补遗》第六辑，第 417 页	司马氏葬于河南县谷阳县之原	
范阳，卢守默	渤海，高氏	《全唐文补遗》千唐志斋新藏专辑，第 155 页	合葬于北邙之原	
清河，崔备	琅琊，颜氏	《全唐文补遗》千唐志斋新藏专辑，第 324—325 页	会葬于洛阳县邙山之原旧茔	

综合梳理以上内容，可以看到隋唐以来，不少山东士族，尤其是对于一些著房来说，保持与以往的姻族通婚，恪守传统的婚姻模式固然不失为他们在婚姻方面的重要特点。然而，在国家统一、特别是士族中央化趋势明显的背景下，各类旧族房支纷纷脱离原籍，移居两京等地。这种旧族聚居两京的状况必然使得这些大族间相互来往的机会增加，新的人际交往圈层也由此产生。显然，这也为他们之间的相互联姻提供了可能性。事实上，在传统"五姓""七姓"的婚姻圈外，我们的确也看到了一些山东士族与江左、关中等大族

群体多有联姻的事实，甚至连卢思道这样著名的山东士族之后也亦然如此。而从这里也能够明显看到，隋唐以来山东士族的婚俗传承中的确经历了一个相对松动的过程。

三　山东士族女性与大姓姻族的风尚保持

魏晋以降，大姓联姻固然有多重原因；但山东士族女性多具备较好的文化素质与礼法修养；通过大姓通婚，保持士族文化的传承无疑应当是其目的之一。对此，钱穆先生言及士族家庭时说："因尚孝友，而连带及于重女教。当时教育，主要在家门之内，兄弟姊妹宜无异视，故女子教育亦同等见重。当时人矜尚门第，慎重婚姻，如沈休文奏弹王源，所谓固宜本其门素，不相夺伦，王满连姻，实骇物听云云，此事极滋后人诟病。然平心论之，女子教育不同，则家风门规颇难维持。此正当时门第所重，则慎重婚配，亦理所宜。"①

隋唐时期，文化风尚的保持对维持士族的社会声望至关重要。在这方面，由于山东士族多有深厚的礼法传统，其活动空间又以家庭为中心，故而山东士族女性对维系大姓姻族的传统风尚有着不可替代的作用，其突出表现在以下两个方面：

其一，山东士族女性具有较强的礼法担当意识。

隋唐女性，其婚后在礼法方面的职责，仍多以传统女诫、女训等为依归，即所谓"外赞君子忠贞之仁，内弘闺门肃穆之义"②。对于多出于礼法之门的山东士族女性来说，其婚后一般都具有较强的礼法担当意识，并且多积极将其转化为实践。

郑氏，卒于长安三年（703 年），其夫为大理卿崔某。郑氏墓志记述了一个典型的山东士族女性在家庭中的礼法角色：

---

① 钱穆：《略论魏晋南北朝学术文化与当时门第之关系》，《中国学术思想史论丛》（三），台北东大图书有限公司 1981 年版，第 166—167 页。

② 《唐故博陵崔公（藏之）夫人文水县君太原王氏墓志》，《全唐文补遗》千唐志斋新藏专辑，第 288 页。

言□崔氏，自盥笄崇礼，淑慎其身，四德聿修，六行□□，不修其服，必亲浣濯之衣；不倦其劳，必恭织纴之事。缉谐女史，敦顺母仪，□□以奉其上，慈爱以率于下，周给恤隐，矜孤悯穷，居厚者不尚其多，处少者不□□薄。与长姒卢夫人深相友敬，执礼游艺，行同言合，□外之间，怡怡如也，古之□□，无以加焉。①

从墓志中可见，郑氏自适于崔氏后，崇礼律己，言行得体，深通妇道母仪，故而其行为得到了很高评价。实际上，此类记载多见于山东士族女性的墓志之中，如以下三合墓志也反映出类似的特点：

崔氏，卒于天宝十四年（755年），其夫太子典设郎郑公，"博陵人……克勤闺门，昼夜如一。捐绮谷之不御，耻铅华而累色。言必柔顺，动合礼容，六姻推其母师，九族高其妇道"②。

卢氏适李君，"夫人酌远近之分，辅惇睦之德。熙熙然长者爱，幼者顺。至于藏获，不知尸其史令者。春秋蘋蘩之严，宾客酒食之洁，柔顺慈惠之道，克协赞成之美，二十年间，为六姻之律度焉"③。

郑娟，卒于咸通六年（865年），其夫河南府阳翟县尉崔君，"荥阳开封人也。……来展妇仪，服勤祀事，以洁敬诚，尽称祇事。先舅以恭顺孝恪闻，处娣姒间无违言过动，遇幼下辈无疾声怍色，动中矩则，欲不逾闲，以晓畅内职，推高于姻属间"④。

从以上不同时期的几则墓志来看，这些山东士族女性在婚后也都表现出了与郑氏类似的特征，即注重礼仪，严守妇道，故多为姻族所称许。

---

① 《唐代墓志汇编》开元○六○，第1196页。
② 《唐代墓志汇编续集》天宝一一一，第663页。
③ 《唐故昭义军节度巡官试太常寺协律郎赵郡李府君故夫人范阳卢氏墓志》，《全唐文补遗》千唐志斋新藏专辑，第328页。
④ 《唐代墓志汇编》咸通○四四，第2412页。

应当注意到，虽然某些墓志不免有些过誉之嫌，但考虑到山东士族女性的礼法传统，总体上应当说这些墓志所载内容还是反映了山东士族女性在婚后所具有的较强的礼法担当意识。特别是一些山东士族女性深通礼制，在婚后姻族有礼法方面的疑惑或问题，她们往往也能应对裕如，这在唐代墓志中也有反映。

郑氏，其郡望为荥阳，卒于元和元年（806年），适于元氏，是唐代诗人元稹之母。白居易所撰《唐河南元府君夫人荥阳郑氏墓志铭并序》载：

> 初，夫人为女时，事父母以孝闻。友兄姊，睦弟妹，以悌闻。发自生知，不由师训，其淑性有如此者。夫人为妇时，元氏世食贫，然以丰洁家祀，传为贻燕之训。夫人每及时祭，则终夜不寝，煎和涤濯，必躬亲之。虽隆暑沍寒之时，而服勤亲馈，面无怠色，其诚敬有如此者。元氏、郑氏皆大族好合，而姻表滋多，凡中外吉凶之礼有疑议者，皆质于夫人，夫人从而酌之，靡不中礼，其明达有如此者。①

在这个例子中，郑氏的行止也表现出了山东士族女性的良好修养。需要特别注意的是，墓志中称，郑氏适于元氏，而元氏、郑氏皆为大族，"凡中外吉凶之礼，有疑议者，皆质于夫人，夫人从而酌之，靡不中礼"。可见，由于郑氏为女时就有较好的礼法修养，深通礼数，故而婚后其夫族有在礼法方面的疑惑，多由郑氏定夺，且皆符合规制。从这一点来看，显然郑氏对于维持姻族的士族风尚有着不可替代的作用。

在这方面，卢氏亦与郑氏类似。卢氏卒于大中年间，其丈夫为清河崔君，卢氏墓志载："吾家（其夫崔家）族大礼肃，而夫人处

---

① （唐）白居易：《唐河南元府君夫人荥阳郑氏墓志铭并序》，《全唐文》卷六八〇，第6950页。

之，无不得其所焉，可谓妇德之高标，母仪之令范矣。"① 在这里，墓志中也强调卢氏夫族虽然"族大礼肃"，但她的处置都能适宜得当，也肯定了卢氏对维持夫族士族风尚的作用。

此外，山东士族女性在姻族礼法中的角色担当，也表现在襄助丈夫保持家风与礼法传统方面，不少文献中都提及了这一点。

如隋代李士谦妻范阳卢氏，"亦有妇德，及夫终后，所有赙赠，一无所受，谓州里父老曰：'参军平生好施，今虽殒殁，安可夺其志哉！'于是散粟五百石以赈穷乏。"②

郑氏，其夫崔某，"荥阳人也。自有魏之弹射人伦，摧扬氏族，天下许其右地，海内以为名宗。……□欲深思古人，克佐君子。"③

卢氏，其夫郑某，其墓志也载卢氏"辅佐君子，动不涉私"④。

从这些记述中，能够看到山东士族女性在帮助丈夫保持恪守士族风尚、保持礼法传统方面，也都有其独特的作用。

无疑，山东士族女性在礼法方面具有的这些特征，与她们多出自礼法之家，自幼便接受礼法传统的训导有密切关系。以下两则墓志所载即如此：

郑氏，卒于天宝十四年（755年），其夫尚书祀部员外郎裴公。郑氏，"雅好丝桌，尤工组细。礼教殆乎饰情，诗书幸于余力。调绹度曲，乐师辩其铿锵，落纸成文，诸兄惎其笔砚。……（婚后）淑慎其仪，温恭在志。宜家宜室，类君子之鼓琴，于涧于滨，掩诗人之采藻。至若勤于奉上，惠于逮下，以承宗庙，以睦闺门。"⑤

郑氏适崔载，其墓志称："允有贤德，称其门风。幼而孤，育于相府夫人之室，以淑质而被善训，由女仪而得妇道。亦既归我，遂安穷居。食艰糟糠，衣至补缀。而雅度深远，果相晓察。且有芳讯，

① 《唐代墓志汇编》大中〇八〇，第2310页。
② 《隋书》卷七七《李士谦传》，第1754页。
③ 《唐代墓志汇编》开元五一六，第1510页。
④ 《唐代墓志汇编》贞元〇六八，第1885页。
⑤ 《唐代墓志汇编续集》天宝一〇八，第661页。

惠然广余。因而益随，不慢其贱。"①

上述两合墓志记载，两位郑氏女性在婚前就培养了礼乐方面的良好修养，而这对于其婚后在夫族之中承担好自身礼法角色显然有极大的促进作用。

值得注意的是，一些山东士族女性婚后对自身礼法角色的自觉还至为强烈，在维护自己的礼法传统时甚至会以激烈的方法来实现。

如房玄龄妻卢氏，"玄龄微时，病且死，谓曰：'吾病革，君年少，不可寡居，善事后人。'卢泣入帷中，剔一目示玄龄，明无它。会玄龄良愈，礼之终身。"② 卢氏为明其志，以剔一目的方式以示房玄龄，其维护礼法传统的方式可谓激烈。

《朝野佥载》卷三载卢氏因其夫早亡，为拒绝再醮，亦激烈的加以对抗，其文载：

> 文昌左丞卢献女第二，先适郑氏，其夫早亡，誓不再醮。姿容端秀，言辞甚高。姊夫羽林将军李思冲，姊亡之后，奏请续亲，许之，兄弟并不敢白。思冲择日备礼，赍币甚盛。执贽就宅，卢氏拒关，抗声詈曰："老奴，我非汝匹也。" 乃逾垣至所亲家截发。思冲奏之，敕不夺其志。③

从卢氏身上，可见其维护礼法观念的坚定态度。

卢氏，葬于天宝七年（748 年），其墓志载卢氏：

> 年有十四，作嫔于崔。幼有玉色，聪明柔婉。敬事舅姑，义承娣姒。周旋必备于礼，喜怒不形于貌；服澣濯而致美织纴，甘

---

① 《唐前黔中观察推官试太常寺协律郎卢载妻郑氏墓志铭并序》，《全唐文补遗》千唐志斋新藏专辑，第 309 页。

② 《新唐书》卷二○五《列女传》，第 5817 页。

③ （唐）张鷟：《朝野佥载》卷三，《隋唐嘉话·朝野佥载》合订本，中华书局 1979 年版，第 58 页。

蔬菲而是仪酒食。亲族号为女宗焉。有淑女之丽容，慕古人之高志。每览孝子之传、列女之迹，未尝不激愤义而动于色，勇仁孝而形于言。①

卢氏，"每览孝子之传、列女之迹，未尝不激愤义而动于色，勇仁孝而形于言。"从其态度来看，亦反映出她对礼法传统的强烈自觉。

总之，由于山东士族女性本来就多受过较好的礼法传统教育，自身具备良好的修养，婚后在夫族家庭中往往能自觉地承担起对礼法家风维系的责任。而通过在这些方面角色的积极担当，山东士族女性在维系其姻族的礼法风尚方面也发挥了不可替代的作用。

其二，对子女的塑造。

训育子女是传统母仪中的重要内容。在家庭之中，山东士族女性往往会通过教育子女的方式，对子女进行人格与学识方面的训导，使得子女能够保持家庭的传统风尚。

在训导子女保持清俭家风方面，山东士族女性的作用颇为显著。

郑善果母，出于清河崔氏②，就对郑善果多加训导，要求他保持清白家风。史载：

郑善果父诚周为大将军，讨尉迟迥遇害。善果性至孝笃慎，大业中为鲁郡太守。母崔氏甚贤明，晓正道。尝于阁中听善果决断，闻剖析合理，悦；若处事不允，则不与之言。善果伏床前，终日不敢食。母曰："吾非怒汝，乃愧汝家耶。汝先君清恪，以身殉国，吾亦望汝及此。汝自童子承袭茅土，今致方伯，岂汝自能致之耶？安可不思此事。吾寡妇也，有慈无威，使汝

---

① 《唐故卢夫人（谈）墓志铭并序》，《全唐文补遗》第九辑，第367—368页。
② 《隋书》卷八〇《列女传》，第1804页。

不知教训，以负清忠之业。吾死之日，亦何面目见汝先君乎？"①

郑善果受其母教诲的影响极大，入仕后以清廉自居，史载："善果由是励己清廉，所莅咸有政绩。炀帝以其俭素，考为天下第一，赏物千段，黄金百两。入朝，拜左庶子，数进忠言，多所匡谏。迁工部尚书，正身奉法，甚著劳绩。"②

由此可见，崔氏的训导对郑善果的价值观及人格模式的形成有重要意义。

崔玄暐，博陵安平人也。其母卢氏，亦以"忠清"教育崔玄暐，史载：

> （崔玄暐）龙朔中，举明经，累补库部员外郎。其母卢氏尝诫之曰："吾见姨兄屯田郎中辛玄驭云：'儿子从宦者，有人来云贫乏不能存，此是好消息。若闻赀货充足，衣马轻肥，此恶消息。'吾常重此言，以为确论。比见亲表中仕宦者，多将钱物上其父母，父母但知喜悦，竟不问此物从何而来。必是禄俸余资，诚亦善事。如其非理所得，此与盗贼何别？纵无大咎，独不内愧于心？孟母不受鱼鲊之馈，盖为此也。汝今坐食禄俸，荣幸已多，若其不能忠清，何以戴天履地？孔子云：'虽日杀三牲之养，犹为不孝。'又曰：'父母惟其疾之忧。'特宜修身洁己，勿累吾此意也。"玄暐遵奉母氏教诫，以清谨见称。③

卢氏对崔玄暐的训导以"忠清"为核心，而崔玄暐"奉母氏教诫，以清谨见称"。可见，母训对崔玄暐保持士族风尚亦有重要影响。

《唐语林》卷一中也载有卢氏对其子李道枢严格管教之事："刘

---

① 《大唐新语》卷三《清廉第六》，第49页。
② 同上。
③ 《旧唐书》卷九一《崔玄暐传》，第2934页。

敦儒事亲以孝闻。亲心绪不理，每鞭之见血，则一日悦畅；敦儒常敛衣受杖，曾不变容。宪宗朝旌表门闾。又赵郡李公道枢先夫人卢氏性严，事亦类此。道枢名声已闻，又在班列，宾至门，往往值其受杖。"① 李道枢入仕时，名声已闻，其母卢氏依然对他严以管束。由此可见，山东士族女性对其子女保持家风的强烈愿望。

在墓志之中，山东士族女性对子女训育，以保持家风的事例也多见记载，如以下几则：

崔无固，卒于圣历三年（700 年），其墓志载："（崔无固）博陵安平人也……九岁而孤……友于成列，诗礼在庭。誉洽闺门，行高乡闾。即夫人之教也。"②

郑氏，其夫崔公，郑氏丧夫后，"柏舟自誓，一志不移。训男以义方，示女以柔顺"。③

卢氏，其夫为清河崔君，其墓志载："攻苦食淡，以成家业，劝僮仆以艺植，训子弟以诗礼，劬老俭克，仅三十载。"④

王氏，其夫杨某，王氏出于太原王氏。王氏训导其子："汝家儒墨不乏於世，汝身将嗣将立。不患食之恶，而患学不成；不患门之衰，而患名不彰。"⑤

综合上述史料所载可见，山东士族女性对于子女保持传统家风，一般都较为重视。在这方面，她们往往耳提面命，多方诱导。有时，一些山东士族女性甚至为此采取严厉的方法，以促使子女保持家风。由此可见，在训育子女保持家风操守方面，这些女性的确扮演了重要角色。

除教导子女保持家风外，不少山东士族女性颇具儒学修养，在

---

① 《唐语林校证》卷一《德行》，第 15 页。
② 《大周故朝议大夫行汴州司马上柱国崔府君（无固）墓志铭并序》，《洛阳新获墓志续编》，第 358 页。
③ 《唐代墓志汇编》开元五一六，第 1510 页。
④ 《唐代墓志汇编》开元〇八〇，第 2310 页。
⑤ 《唐故杞王府谘议分司东都弘农杨公府君夫人太原王氏玄堂记并序》，《全唐文补遗》千唐志斋新藏专辑，第 411 页。

家学传承方面往往起着启蒙与督促的作用。子女无法就学者，有些还亲身施教。如以下几例：

隋代元务光母，出于范阳卢氏，"少好读书，造次以礼。盛年寡居，诸子幼弱，家贫不能就学，卢氏每亲自教授，勖以义方，世以此称之"。①

柳宗元在其母卢氏墓志中称："某始四岁，居京城西田庐中。先君在吴，家无书，太夫人教古赋十四首，皆讽传之。以诗礼图史及翦制缕结授诸女，及长，皆为名妇。"②

郑氏丧夫后，"训育男女，若全师父"。③

博陵崔氏适赵郡李氏，"而亲授诸子，夙兴不怠，能修业者存以燠休，未成功者先之夏楚。故累岁之后，登孝廉者数人，诗礼所至，比之严父矣"。④

这些史料显示，在困难的环境及子女不能就学的情况下，山东士族女性往往也承担起亲自教子的责任，传授学识礼法。特别是丧夫之后，多导致家贫，母亲亲自施教，对子女学业就显得更加重要。

白居易所撰《唐河南元府君夫人荥阳郑氏墓志铭并序》也载郑氏在丈夫去世后对其子亲身施教：

夫人为母时，府君既殁，积与稹方龆龀，家贫无师以授业。夫人亲执《诗》《书》，诲而不倦。四五年间，二子皆以通经入仕。稹既第，判入等，授秘书省校书郎；属今天子始践阼，策三科以拔天下贤俊，中第者凡十八人，稹冠其首焉。⑤

---

① 《隋书》卷八〇《列女传》，第1810页。
② （唐）柳宗元：《先太夫人河东县太君归祔志》，《全唐文》卷五九〇，第5969页。
③ 《唐代墓志汇编》开元三四九，第1397页。
④ 《唐代墓志汇编》天宝一九七，第1669页。
⑤ （唐）白居易：《唐河南元府君夫人荥阳郑氏墓志铭并序》，《全唐文》卷六八〇，第6950页。

在白居易所撰的墓志中，郑氏教子之状，在其他传世文献中也有记载，《旧唐书》卷一六六《元稹传》就记载："稹八岁丧父。其母郑夫人，贤明妇人也，家贫，为稹自授书，教之书学。稹九岁能属文。十五两经擢第。"① 元稹家贫不能就学，其母亲自教书授业，而元稹也以此科举及第。由此可见，其母对元稹的文化教育是卓有成效的。

四　婚姻与士族文化的传播

唐代士族风尚，在一定程度上有向其他阶层扩散的趋势。事实上，唐代这种士族文化的渗透趋势不仅面向社会下层，也面向社会上层之中受礼法传统拘束较少者。而通过与士族的联姻，一些以往礼法传统意识较为薄弱的群体也往往能受到熏陶。

（一）对皇族宗室家庭风尚的影响

学界研究认为，一般而言，唐代士人在与皇族联姻方面，多并不积极。② 唐代山东士族在与皇族通婚的态度上，也常出现此类状况。如《唐语林》卷七记载：

> 万寿公主，宣宗之女。将嫁，命择良婿。郑颢，宰相子，状元及第，有声名，待婚卢氏。宰臣白敏中奏选尚，颢深衔之。大中五年（851 年），敏中免相，为邠宁行营都统。将行，奏曰："顷者公主下嫁，责臣选婿。时郑颢赴婚楚州，行次郑州，臣堂帖追回，上副圣念。颢不乐为国婚，衔臣入骨髓。"③

《太平广记》卷一八四《庄恪太子妃》亦载："文宗为庄恪选

① 《旧唐书》卷一六六《元稹传》，第 4327 页。
② 参见王寿南《唐代公主之婚姻》，李又宁、张玉法编《中国妇女史论文集》第二集，商务印书馆 1988 年版。
③ 《唐语林校证》卷七《补遗》，第 646 页。

妃，朝臣家子女者悉被进名，士庶为之不安。帝知之，召宰臣曰：
'朕欲为太子婚娶，本求汝郑门衣冠子女为新妇，闻在外朝臣，皆不
愿共朕作亲情，何也？朕是数百年衣冠，无何神尧打家罗诃去。'因
遂罢其选。"①

可见，一些唐代山东士族对于与宗室联姻，态度的确较为消极。
对此，已有学者指出，唐代山东士族在与皇族通婚方面并不积极，
其中原因固然不止一端，但唐代皇族之中多有不遵礼法者，诚为其
中的重要因素。②

不过亦有学者已注意到，唐代皇族的礼法模式并非一成不变。
实际上，唐代中后期，皇族风尚有明显变化，礼法成分显著增加。③

事实上，我们也注意到，在唐代山东士族与皇族通婚方面，虽
部分人时有抵触之状，但也有一些山东士族与宗室联姻的记载：

崔恭礼，出于博陵崔氏第二房④，史载其："状貌丰硕，饮酒过
斗。贞观中，拜驸马都尉，尚神尧馆陶公主。"⑤

郑沛娶纪国公主，郑沛之子郑何墓志载："惟公之族，代为著
姓。故婚姻亲戚，皆冠冕之雄、士林之秀者。非门传鼎甲、代袭公
族，则不得预焉。由是肃宗宣皇帝以先府君（郑沛）庆承华胄，行
为表仪，选尚纪国公主。"⑥

卢复，卢思道之五代孙，娶嗣鲁王李道坚之女。⑦

郑氏，则为嗣曹王妃。⑧

以此来看，从唐初以来，虽然不少山东士族对与宗室通婚态度

① 《太平广记》卷一八四《庄恪太子妃》，第 1379 页。
② 程国赋：《唐代士族之家不愿娶公主之原因考述》，《文学遗产》2000 年第 6 期。
③ 参见段塔丽《唐代妇女地位研究》，人民出版社 2000 年版。
④ 《新唐书》卷七二下《宰相世系表二下》，第 2794 页。
⑤ 《旧唐书》卷一一五《崔器传》，第 3373 页。
⑥ 《□□故银青光禄大夫检校左散骑常侍兼少□□□□□□□□□□□□□□□（郑
何）墓志铭并序》，《全唐文补遗》第八辑，第 139 页。
⑦ 《唐代墓志汇编》天宝一五四，第 1639 页。
⑧ 《唐代墓志汇编》贞元〇〇五，第 1840 页。

消极，但与之相对的是，在唐代不同时期，也有一些山东士族选择了与皇族联姻。

值得注意的是，唐初之后，特别是从唐代中期开始，一些宗室出现文化风尚方面的变化，其行为中礼法成分的增加，这其中原因固然不止一项。但在这里面，山东士族与皇族通婚，对于宗室礼法风尚的养成也颇有促进作用，这从一些史料中可以明显看到。

《资治通鉴》卷二四八载万寿公主适起居郎郑颢，万寿公主在婚后多受夫族士族礼法传统的影响：

> （宣宗）诏公主执妇礼，皆如臣庶之法，戒以毋得轻夫族，毋得预时事。又申以手诏曰："苟违吾戒，必有太平、安乐之祸。"（郑）颢弟顗，尝得危疾，上遣使视之，还，问："公主何在？"曰："在慈恩寺观戏场。"上怒，叹曰："我怪士大夫家不欲与我家为婚，良有以也！"亟命召公主入宫，立之阶下，不之视。公主惧，涕泣谢罪。上责之曰："岂有小郎病，不往省视，乃观戏乎！"遣归郑氏。由是终上之世，贵戚皆兢兢守礼法，如山东衣冠之族。[1]

可见，皇室与山东士族通婚，士族家庭风尚对其影响明显，士族礼法也成为这些宗室自我规范的准则。

大长公主李淑，其夫为荥阳郑沛。李淑墓志载其也颇有士族家庭的礼法之风：

> 公主讳淑，字上玄。睿宗大圣真皇帝之曾孙，玄宗明皇帝之孙，肃宗宣皇帝之第六女……乾元二年（759 年），年二十有四，许笄从周，筑馆于鲁。辒辌将其百两，环佩出于九重。以

---

① 《资治通鉴》卷二四八"宣宗大中二年条"，第 8036 页。

降于驸马都尉荥阳郑君曰沛，官至特进、左散骑常侍……公主辅佐君子，周旋礼经。尽志以奉舅姑，降心以谐姻族，夙兴夜寐，能服澣濯之衣；殷祭大宾，必躬蕴藻之事。恒自砥砺，未尝以箫歌废日；动循法度，曾不以嚬笑为容。事叶母仪，言成内则。考诸图史，罕见其伦。洎乎曳杖晨歌，帷堂昼哭。誓柏舟之志，尽去繁华；洗青莲之心，坐归空寂。①

李淑适于郑沛后，"周旋礼经""动循法度"，可见，其已具有士族家族女性的文化特征。

在史料中，也有一些山东士族女性适于宗室的记载，她们也不同程度地将自身风尚带入夫族。

郑氏为嗣曹王妃郑氏，早寡，其墓志载：

年十有四，归于公族。居廿四岁而先嗣王即世。王屋天坛之下，有别墅焉，太妃挈今之嗣王与女子子，洎夫族之叔妹未冠笄者，与本族凋丧之遗无告者，合而家之。居无生资，勤俭自力，仁以卹，智以图，使夫饥待我粒，寒待我纩，婚姻宦学蒸尝之礼，待我以时。嗣王年甫及弁，其所以导成慈训者，则以父严师敬之道兼而济之。于时天下晏然而事有将乱之兆，太妃念嗣王之状，必及经纶，不患不贵，患不更贱；不患不闻先王之训，患不知下人之生；率以仲尼鄙事为教。及其长也，见其为龚黄，见其为方召，享其孝敬、勋庸、禄位三者日跻之报焉。②

郑氏 14 岁适于嗣曹王，24 岁丧夫寡居，其后勤俭自力，以经义教子，表现出较为典型的山东士族女性的家风特质。墓志称及其子

---

① 《大唐故纪国大长公主（李淑）墓志铭并序》，《全唐文补遗》第七辑，第 81 页。
② 《唐代墓志汇编》贞元〇〇五，第 1840—1841 页。

成年，郑氏，"享其孝经、勋庸、禄位三者日跻之报也焉"。由此可见山东士族家风对宗室家族产生的明显影响。

高氏系渤海高氏后裔，为邠王细人，其墓志称：

> 年十八，开元五年（717 年）七月廿七日归于我。自结褵朱邸，甫艳青春，一偶坐于筐床，便假词于同辈。乃退而称曰：女谒上僭，则棻不修；冒宠专房，则胤嗣不广。于是奉元妃以肃敬，睦诸下以柔谦，淑慎其身，先人后己，演贯鱼之序，陈授环之仪，喜愠亡怀，与物无竞。随珠耀掌，方欣母贵之荣；夭桃在颜，遄兴爱驰之诚。固辞恩幸，退处幽闲。①

显然，墓志所载高氏也显示出了士族女性注重礼法的文化特征。

嗣曹王妃清河崔氏墓志则更为典型地提供了山东士族与李唐宗室通婚，在宗室家庭中发挥文化影响的实例。崔氏墓志云：

> 故妃年十有九归于我氏，事太妃以孝闻。弘娴瑟以自牧，馈奠之慎，光而有仪；衿鞶之诚，敬如不及。洎嗣王四任分忧，五膺联帅，言扶衰俗，色励抂朝，金鼓建东至之勋，彤弓锡河间之德，望以为重，依以为强，则妃承方伯之花庆，袭真王之配，礼敬逾下，家邦有闻，故耳不容于郑卫之音，目不悦于组绣之丽，符彩润色，金华发挥，熙熙善心，专一忠恕。俾仁良自泰，慅鸷且柔，惠训多方，听聆知劝。其容止也，若青莲出水，映红紫而破彩；秋月澄晖，照单市而逾静。盈正之信，观盥之微，纵心不逾，亡礼必中，实壸训之仪表也。若乃务中馈鸡鸣之弼，保嗣王龙节之尊，事不外明，道弘内赞，则语于粢盛笾豆而军令补焉，顾于组纴琴瑟而邦政刑焉。曲突祸先，滥

---

① 《唐代墓志汇编续集》开元一四六，第 553—554 页。

筋福始，威仪之则，视显而褒微；言笑之欢，誉一而诚百。莫
不总于心极，制在清衷，通而有方，柔不可夺。贞元初，因视
子疾，至于京师，天子褒重令仪，特加封号，宠光宣于旧邸，
礼命崇于本朝，优问降临，好赐相望。妃乃曰：余山东之风，
以礼乐自守，褒显爵号，非余始望。况德不及于先姑，行无光
于后嗣，岂余之福也！①

墓志载崔氏自谓"余山东之风，以礼乐自守"。从中可以看到，
山东士族女性对自身文化传统有强烈的自觉意识。崔氏自适于嗣曹
王后，保持孝悌勤俭，礼敬逾下，注重容止言辞，故墓志称其"亡
礼必中，氏壸训之仪表也"。可以说，崔氏也充分将其文化传统注入
到了婚后的生活之中。

（二）对部分非传统大姓家庭风尚的影响

隋唐之际，一些山东士族亦与非传统大姓家庭通婚。特别是一
些权势之门，对于与山东士族联姻颇为热衷。史载："初，太宗疾山
东士人自矜门地，婚姻多责资财，命修《氏族志》例降一等；王妃、
主婿皆取勋臣家，不议山东之族。而魏徵、房玄龄、李勣家皆盛与
为婚，常左右之，由是旧望不减。"② 这里面，房玄龄尚为旧族，李
勣则全以军功起家。程知节原配夫人为孙氏，在孙氏于贞观初年去
世后，程知节也与山东士族联姻，其"后夫人清河崔氏"。③《大唐
新语》卷三亦载："来俊臣弃故妻，奏取太原王庆诜女。侯思正亦奏
娶赵郡李自挹女。"④ 由此可见，与山东士族，特别是山东五姓通婚，
对于非士族出身者来说的确具有很大的吸引力。

通过对墓志的对比我们发现，从山东士族与非大姓联姻的状况

---

① 《唐代墓志汇编》贞元〇九四，第1904—1905页。
② 《资治通鉴》卷二〇〇"高宗显庆四年条"，第6318页。
③ 《唐代墓志汇编续集》麟德〇一九，第152页。
④ 《大唐新语》卷三《公直第五》，第44页。

来看，其数量明显少于他们与大姓联姻的数量。这说明，唐代山东士族，其婚姻主流还是与大姓的联姻。但山东士族与非大姓的通婚也有一定的数量，因此也不可忽视。特别是从家庭文化的角度看，由于唐人普遍推崇山东士族的修养风尚，因此，山东士族与其他大姓的联姻，也势必对姻族的家庭文化产生影响；从这个意义上说，山东士族与非大姓家庭的通婚也是值得注意的。

《唐语林》卷一曾载："王咸少监，旧族之后。少入仕，遭丧，服除数年，不饮食酒肉。后因会聚，人劝勉之，咸捧肉欲啖，泪下盈盘，竟不食而离席，一坐为慘怛。后有人传于独孤公者，慕其独行，遂聘其女。"①

独孤氏为胡人之后，与王咸的联姻，显然是独孤氏"慕其独行"的结果。可见，唐世人与士族通婚，而士族身上所具有礼法风尚，这显然是他们与其联姻时的重要考量。

唐代，一些山东士族也与传统大姓之外的家庭通婚。而对于这类婚姻来说，一个重要结果是，山东士族身上所具有的礼法风尚也往往会就此进入姻族家庭，并产生一定的影响。如以下两则墓志所载：

王氏，其郡望为太原，其夫仇公，其墓志载王氏："及先夫下世，未亡主家。以严谧居高堂，以礼乐诲诸子，三从成教，百虑是图，是以器用资物，不丧其旧，男仕女嫁，各得其荣。"②

王氏丈夫并非传统大姓。王氏孀居之后谨守妇道母仪，她以礼乐教子，训育儿女，保证子女终得"男仕女嫁，各得其荣"。这显然也显示出了山东士族女性的文化特征，也体现出了其对夫族的文化影响。

再如下面三则墓志，其墓志亦有类似记述：

崔氏，其郡望为清河，适于源君，孀居后，以家传风尚训育子

---

① 《唐语林校证》卷一《德行》，第21页。
② 《唐代墓志汇编续集》大中〇二四，第986页。

女，其墓志称"夫人始孀，年方三十"，"二子孩孺，皆自褓育，比逮成人，犹勤训导，兼父之敬，尽师之范，礼乐自取于家，名义不资于外"。①

崔氏，出于博陵崔氏，其夫为前楚州司马独孤公，崔氏墓志载：

> 夫人讳某，博陵安平人也……夫人少孤，在家以纯孝称。既笄，庄明而贤，柔顺有识。年若干，归于独孤氏。奉苹藻，供祭祀，事长抚幼，纠合宗族。敬恭而诚，孝爱备至，动必由礼，非法度未尝践也。生子四人，教之以义方；夙夜贞励，家道以正。娣姒服其义，亲戚称其慈。②

郑氏，郡望为荥阳，适源君，其墓志则称：

> （郑氏）盖以克孝，闻于亲族，是用问名，以聚乡党，授以室事，无不宜家。有奉舅姑之严，而移父母之孝。每一善也，荐美于君子；有遗事也，引愿于厥躬。未尝不流谦自卑，蕴饰于内也，故能成君子之孝，服勤于亲；成君子之忠，尽节于主；成君子之友，睦于弟兄；成君子之仁，爱于万姓；是以贤妇之目，世人称之……洎君子永终，夫人昼哭，训育男女，若全师父。承淑妹之意，居娣姒之和，无改君子之道。③

从以上三则墓志来看，崔氏等三人有一个共同点，即她们的夫族源氏、独孤氏都出自胡姓。源氏、独孤氏虽是胡人中的大姓，但却不属于以文化见长的传统士族。崔氏等三人的墓志，其内容记述

---

① 《唐代墓志汇编》开元〇五〇，第1188页。
② （唐）独孤及：《唐前楚州司马河南独孤公故夫人博陵崔氏墓志铭》，《全唐文》卷三九一，第3978页。
③ 《唐代墓志汇编》开元三四九，第1397页。

崔氏、郑氏等在其夫族恪守礼仪，训育子女之状。而崔氏教子，其"礼乐自取于家，名义不资于外"，尤其可见山东士族女性在文化修养上的优势。显然，这些女性将其文化传统带入夫族家庭之中，也必然使得山东士族的礼法传统在更广阔的范围之内得以传播。

值得注意的是，对于以尚武起家者，也不乏与山东士族通婚的事例。如程知节续娶即为山东士族，其墓志载程知节："后夫人清河崔氏，齐郡公逊之孙，父隋任齐州别驾信之长女。"[1] 凤翔陇州节度使李宝臣亦娶博陵崔氏，其妻"博陵郡崔氏，河阳尉镐之孙，大理评事可观之女，贤有法度"。[2] 张伾，"始自龆龀，已若老成。抱忠勇果敢之姿，仰祖宗勋重之业，而乃饰以书剑，励其锋芒。"有武风，其"夫人清河崔氏。清门淑德，婉娩听从"。[3]

一些以武职起家者通过与山东士族联姻，其家庭风尚往往会产生某些变化，礼法成分在其家庭文化中的影响也有所增加。如李勣家风颇严，所谓"闺门之内，肃若严君"。[4] 李勣热衷于与山东士族通婚，史载："王妃、主婿皆取当世勋贵名臣家，未尝尚山东旧族。后房玄龄、魏徵、李勣复与昏，故望不减。"[5] 李勣家风尚整肃，颇有士族风尚，而这与其婚姻模式间的关系值得注意。可以想见，李勣与山东士族的联姻，一方面士族风范也必然会被带入其家门；而另一方面，与山东士族联姻，士族风范也自然会在一定程度上成为其家庭行为的重要参照。显然，李勣家风严整，这与他同山东士族的联姻是否存在关联是值得深思的。

---

① 《唐代墓志汇编续集》麟德〇一九，第 152 页。
② （唐）韩愈：《凤翔陇州节度使李公墓志铭》，《全唐文》卷五六五，第 5721 页。
③ 《唐代墓志汇编》大和〇二〇，第 2110 页。
④ 《旧唐书》卷六七《李勣传》，第 2489 页。
⑤ 《新唐书》卷九五《高俭传》，第 3842 页。

第三节　隋末唐初山东士族的入仕与隐居求志

隋末唐初，山东士族的仕宦观念与行为是研究他们这一时期文化态度的一个重要视角，本节以此为研究对象。

一　隋末唐初山东士族的仕宦追求

隋末唐初，对于士人的入仕态度，《新唐书》卷四五《选举志下》曾有概括：“初，武德中，天下兵革新定，士不求禄，官不充员。有司移符州县，课人赴调，远方或赐衣续食，犹辞不行。至则授用，无所黜退。不数年，求者寖多，亦颇加简汰。”[1] 以此来看，这一时期不少士人的仕宦态度虽因时局动荡而有一度的犹疑，但总体上还是呈渐趋积极的趋势。不过，实际上在隋末唐初，士人在仕宦方面的态度与表现并不仅止于此；在隋末唐初多变的社会环境之下，士人们的仕宦心态、行为事实上更为复杂。对此，李鸿宾先生在对墓志等材料进行分析后认为，一方面“他们对新旧王朝的态度多数是跟从新王朝”，“多数都与唐朝结好，为新朝出力，并获取新的官职”；但另一方面，“另一种现象就是大量的隋朝官员或官员子弟，他们既不为旧政权而挣扎，也不参与新政权的建设，他们试图超脱或逃避现实”。[2] 可见，隋末唐初，对众多士人的仕宦态度而言，入仕与隐逸、进取与逃避，这样的心理和行为交织而行，构成了一幅复杂的图景。应当说，由于处于同样的历史背景之下，李鸿宾先生的研究结论对于分析隋末唐初山东士族的仕宦观念也很有借鉴意义。

---

[1]　《新唐书》卷四五《选举志下》，第 1174 页。
[2]　李鸿宾：《隋唐嬗代之际官吏士人群体走向之分析——以墓志铭为例》，《隋唐对河北地区的经营与双方的互动》，中央民族大学出版社 2008 年版，第 159 页。

　　事实上，这一时期的士族，特别是山东士族的仕宦观念的确是比较复杂的。一方面引人注意的是，隋末唐初的山东士族多数与中央政权的核心权力层较为疏离。其中某些人还选择了隐逸不仕，太宗所言山东士族"其世代衰微，全无官宦"①之语，固然不免过甚其词，但这一时期一些山东士族仕宦状况与前代有明显落差却是事实。隋末唐初，由于山东士族所处的社会环境发生了较大变化，这导致了他们与中央王朝间出现了需要相互适应的问题。而这一时期，山东士族，特别是崔、卢、李、郑、王等山东高门进入政权核心的人数较少也是事实。李光霁先生曾统计唐代崔氏入相者共26人，其中"安史之乱以前任相者九人，安史之乱，天宝、至德之际及以后任相者十七人"，而"高祖、太宗时代基本无任宰相者"。②由此可佐证唐代前期，特别是唐初，山东士族进入核心权力层人数较少的状况。

　　然而，另一方面也应当注意到，隋末唐初山东士族的仕宦观念实际上呈现出了多元化趋势。虽然这一阶段山东士族进入政权核心的人数较少，但山东士族之中积极入仕、锐意求进者也不乏其例。这一点在史料中有不少记述，如文献中所载的以下例证：

　　郑世翼，郑州荥阳人，"世为著姓。祖敬德，周仪同大将军。父机，司武中士。世翼弱冠有盛名，武德中，历万年丞、扬州录事参军。"③

　　崔敦礼，"其先本居博陵，世为山东著姓"，"武德中，拜通事舍人。（武德）九年（626年），太宗使敦礼往幽州召庐江王瑗。瑗举兵反，执敦礼，问京师之事，敦礼竟无异词。太宗闻而壮之，迁左卫郎将，赐以良马及黄金杂物。贞观元年（627年），擢拜中书舍人，迁兵部侍郎，频使突厥。累转灵州都督。二十年（646年），征

---

　　①　《贞观政要集校》卷七《论礼乐第二十九》，第396页。
　　②　李光霁：《简论唐代山东旧士族》，《唐史学会论文集》，陕西人民出版社1986年版，第27页。
　　③　《旧唐书》卷一九〇上《郑世翼传》，第4988页。

为兵部尚书"。①

崔敦礼子崔余庆，孙崔贞慎亦官宦不坠，"（崔余庆）官至兵部尚书。敦礼孙贞慎，神龙初为兵部侍郎。"②

隋末唐初，类似郑世翼、崔敦礼等有入仕经历的山东士族，在墓志之中也有记载，如以下几则：

崔震，博陵人，其墓志记载崔震在隋末唐初的入仕过程：

> 高祖□，少有盛名，与范阳卢玄俱被征，拜尚书郎，稍迁秘书监。六房之始祖也。祖方和，平西将军。有子三人：长□西，入关为宇文太祖长史；第二子，齐中□将军，即君之考也。……（崔震）隋末扰攘之际，家贫亲逃，以无能为狂狡所逼，前后历两州刺史，所至莫不嗟□，□□夹□至皇朝武德四年（621 年）□月十三日，淮安王补任泰州刺史、上柱国。圣人将出，欲归有道。③

崔穆，郡望为清河，北朝史学家崔鸿曾孙，其墓志载崔穆与其父崔树在隋末唐初皆有入仕经历，崔穆墓志载："父树，隋任甲水县丞、并州司士……公皇朝初任募团校尉。"④

崔谌，卒于开元二十五年（737 年），崔谌墓志载其："清河人也……曾祖君宙，中书舍人；祖千里，贝州长史；考元绪，寿州司马……弱冠以诸亲出身，解褐补洺州参军□汴州参军，稍迁左骁卫冑曹。"⑤

依墓志可知，崔谌从其曾祖到崔谌本人亦仕宦不坠。

崔惟悌卒于贞元五年（789 年），郡望为清河，崔惟悌墓志中称

---

① 《旧唐书》卷八一《崔敦礼传》，第 2747 页。
② 同上书，第 2748 页。
③ 《唐代墓志汇编续集》贞观〇六二，第 44—45 页。
④ 《唐代墓志汇编续集》总章〇〇一，第 172 页。
⑤ 《唐代墓志汇编》开元四四九，第 1467 页。

其："曾祖子纯，隋莱州刺史；祖义起，银青光禄大夫、岐王宫监、岐州刺史，封清河公……父玄鉴，相州林虑县令，袭清河公。"① 可见，在隋末唐初，其家族亦官宦不坠。

从上述史料中可以看到，隋末唐初，尽管有战乱等因素的影响，但一些山东士族仍然选择入仕，与统治集团合作。这其中，尽管身居高位者较少，但也反映了这一时期，一些山东士族在仕宦方面还是秉持较为积极的态度。

此外，隋末唐初山东士族的入仕情势，还可以从一些家族的仕宦状况中看得更为清晰。

崔沔、崔祐甫父子，出于博陵崔氏，俱为唐代名臣，其家族数代仕宦状况见表 5 - 12。

表 5 - 12　　　　北周至唐大历、建中年间崔士约家族仕宦状况

姓名	辈分	重要任职	资料出处
崔士约		北周骠骑大将军、开府仪同三司、侍中、总管、凉州刺史	《北史》卷三二《崔辩传附崔楷传》第 1167—1168 页
崔弘峻	崔士约子	隋赵王府长史	《唐代墓志汇编》大历〇六〇，第 1799 页　《新唐书》卷七二下《宰相世系表二下》第 2799 页
崔俨	崔弘峻子	唐益州雒令	《新唐书》卷七二下《宰相世系表二下》第 2799 页，《唐代墓志汇编》大历〇六〇，第 1799 页
崔暟	崔俨子	雍州参军事、左骁卫兵曹、蒲州司法、守汝州长史等	《唐代墓志汇编》大历〇六二，第 1802—1803 页
崔沔	崔暟子	殿中侍御史、充都畿按察使、检校秘书少监，秘书少监、礼部侍郎、中书侍郎、魏州刺史、左散骑常侍兼判国子祭酒、太子宾客兼怀州刺史、东都副留守	《唐代墓志汇编》大历〇六〇，第 1799—1800 页、《旧唐书·崔沔传》

---

① 《唐代墓志汇编续集》贞元〇一三，第 743 页。

姓名	辈分	重要任职	资料出处
崔祐甫	崔沔子	起居舍人、司勋、吏部员外郎、中书舍人、河南府少尹、门下侍郎、同中书门下平章事、中书侍郎等	《唐代墓志汇编》建中〇〇四，第1823页 《旧唐书》卷一一九《崔祐甫传》第3437—3441页

表5－12共列有这一家族的六代成员，即崔士约、崔弘峻、崔俨、崔暟、崔沔、崔祐甫。时间跨度从北周到唐代大历、建中年间。从表中所反映他们的仕宦状况来看，从崔士约到崔祐甫这六代都有入仕经历，可谓仕宦不坠。不过应注意的是，隋代及唐初的崔弘峻、崔俨、崔暟三代，其官职明显较为低微，与前后时期相比，其反差都较为明显。

崔隐甫在玄宗时颇受重用，其行迹在包括两《唐书》在内的多种史料中都有记述。依据两《唐书》以及墓志等材料，从崔隐甫曾祖崔俨开始，其四代仕宦状况见表5－13。

表5－13　　　　　　　　隋、唐前期崔俨家族仕宦状况

姓名	主要官职	与崔隐甫关系	资料来源
崔俭（俨）	隋散骑常侍、内史舍人	曾祖	《新唐书》卷一三〇《崔隐甫传》第4497页、《新唐书》卷七二下《宰相世系二下》第2752页
崔（世）济	唐任太子洗马	祖父	《旧唐书》卷一八五下《崔隐甫传》第4821页、《唐代墓志汇编》第2180页、《唐代墓志汇编续集》第462页
崔元彦	绛州太平县令	父亲	《旧唐书》卷一八五下《崔隐甫传》第4821页、《唐代墓志汇编》第2180页
崔逸甫	岐州岐阳县主簿、左□□卫兵曹参军、御史台主簿、河南府仓曹参军	兄	《唐代墓志汇编续集》开元〇一五，第462页
崔隐甫	洛阳令、华州刺史、太原尹、河南尹、御史大夫、刑部尚书、东都留守		《旧唐书》卷一八五下《崔隐甫传》第4821页、《唐代墓志汇编》第2180页

从崔儇、崔世济、崔元彦、崔逸甫、崔隐甫共四代五人的仕宦状况看，从隋代到唐玄宗时期，这一家族亦为数代仕宦，其较为积极的入仕态度也可由此略见一斑。

崔善福，其郡望为清河，唐初曾被招入秦王幕府，墓志中记载了崔善福和他后人在唐代前期的仕宦状况，具体见表5－14。

表 5 – 14　　　　　　　　　隋、唐前期崔善福家族仕宦状况

姓名、郡望	主要任职	入仕途径	资料出处
崔善福，清河东武城人	"武德二年（619年），乃召君为天册上将军府库真，……录前后功，拜上大将军。"	投效幕府	《唐代墓志汇编续集》第362—363页
崔玄籍，崔善福子，卒于圣历元年（698年）	兖州都督府长史、循州刺史、袁州刺史、茂州都督府长史、巴州刺史、黄州刺史、利州刺史	文德皇后挽郎	《唐代墓志汇编》第929—930页《新唐书》卷七二下《宰相世系表二下》第2734页
崔韶，崔玄藉（籍）子，卒于上元元年（674年）	恩制赐勳武骑尉；升科於太常	门荫；举□□明经，射策高第	《唐代墓志汇编》第932页
崔歆，崔玄藉（籍）子，卒于调露元年（679年）	右率府翊卫	门荫	《唐代墓志汇编》第933页
崔恽，崔玄籍子，葬于长安三年（703年）	秦州法曹	门荫	《故秦州法曹崔君（恽）墓志铭并序》，载《洛阳新获墓志续编》第365页

表5－14列有崔善福、崔玄籍、崔韶、崔韶、崔恽共三代五人，时间跨度从唐武德年间到高宗、武后时期。从这里可以看到，这五人之中虽无特别显赫的仕宦经历，但均有入仕的经历。

卢思道家族在隋及唐代前期有较多记载，其家族在隋唐之际仕宦状况见表5－15。

表 5－15　　　　　　　　　隋、唐前期卢思道家族仕宦状况

姓名	辈分	主要任职	资料出处
卢思道		周末隋初武阳太守、散骑侍郎，奏内史侍郎事	《隋书》卷五七《卢思道传》第 1398、1403 页
卢赤松	卢思道子	隋河东令、行台兵部郎中、武德中，任率更令	《旧唐书》卷八一《卢承庆传》第 2748 页
卢承福	卢思道孙卢赤松子	任吴王府骑曹参军、武陟令、江陵邺令、通事舍人、考功郎中、授朝散大夫兼岐州长史、怀州长史、益州大都督府司马	《唐故益州大都督府司马上骑都尉卢府君（承福）墓志》，载《洛阳新获墓志续编》第 333 页
卢承业	卢赤松子	贞观末，官至雍州长史、检校尚书左丞、忠州刺史；显庆初，为雍州长史；总章中，扬州大都督府长史	《旧唐书》卷八一《卢承庆传》第 2749 页
卢承庆	卢赤松子	贞观初，为秦州都督府户曹参军、考功员外郎、民部侍郎；永徽初，出为益州大都督府长史；显庆四年（659 年）为度支尚书，仍同中书门下三品；出为润州刺史，再迁雍州长史；总章二年（669 年），刑部尚书	《旧唐书》卷八一《卢承庆传》第 2748—2749 页
卢承泰	卢赤松子	齐州长史	《旧唐书》卷八一《卢承庆传》第 2749 页
卢承基	卢赤松子	主客郎中、郓州刺史	《新唐书》卷七三上《宰相世系表三上》第 2898 页《唐代墓志汇编》第 1610 页
卢承礼	卢思道孙	湖州司马	《新唐书》卷七三上《宰相世系表三上》第 2900 页
卢承思	卢思道孙		《新唐书》卷七三上《宰相世系表三上》第 2898 页
卢承思	卢赤松子	宋州长史	《唐代墓志汇编》第 1171 页
卢承悌	卢思道孙		《新唐书》卷七三上《宰相世系表三上》第 2898 页
卢谞	卢承庆子	吏部郎中	《新唐书》卷七三上《宰相世系表三上》第 2897 页
卢修期	卢承思子		《新唐书》卷七三上《宰相世系表三上》第 2898 页

续表

姓名	辈分	主要任职	资料出处
卢纲	卢承悌子	城门郎	《新唐书》卷七三上《宰相世系表三上》第 2898 页
卢元庄	卢承基子	嘉州刺史	《新唐书》卷七三上《宰相世系表三上》第 2898 页、《唐代墓志汇编》第 1610 页
卢齐卿	卢承泰子	雍州录事参军、太子詹事、开元初为豳州刺史	《旧唐书》卷八一《卢承庆传》第 2749 页、《唐代墓志汇编续集》第 837 页
卢行毅	卢承泰子	邓州司仓；梁州之功曹；瀛洲之司户，并参军事；迁鹿城，三原二令	《唐代墓志汇编》第 989 页
卢玢	卢承业子	虢、贝、绛州刺史、并州大都督府长史	《唐代墓志汇编》第 1661 页
卢元衡	卢承基子	千牛备身、汴州司功、杨府功曹	《唐故扬府功曹卢公（元衡）墓志铭并序》载《全唐文补遗》第七辑，第 347—348 页
卢调	卢承恩子	不仕	《唐代墓志汇编》第 1171 页

表 5-15 共列有卢思道家族在隋代及唐前期世系较为明确者，共四代二十人。其中有明确记载不仕的共一人，即卢调。卢承悌、卢承思、卢修期未被记载其有官职，应该也是未入仕。除此四人外，其他成员都有入仕经历，其中卢承庆还曾位居宰相。可见，隋唐之际，这一家族成员多选择入仕，其仕宦态度也较为积极。

总之，从以上材料中可以看到，隋末唐初，由于多方面原因的影响，山东士族进入中央王朝核心权力层的人数的确大为减少。与北朝相比，山东士族的政治影响力也有所下降。然而，这并不意味着山东士族普遍抵制入仕，事实上，数量可观的山东士族仍追求入仕并与统治集团合作。可见，隋末唐初，在仕宦态度方面，一部分山东士族仍然是积极追求入仕。不过，这一时期山东士族更多任职于官僚结构中的中下层，因而不易引人注目。应当说，这也是隋末唐初山东士族在仕宦方面的一个重要特征。

二　儒士心态下的隐居求志

隋末唐初，山东士族中固然有不少积极入仕者。但值得注意的是，与之相对，他们之中也有一些人选择了隐逸不仕。如以下一些事例：

崔氏，郡望博陵，卒于开元二十七年（739 年），其祖父崔藻仁、父亲崔弘基皆隐逸，其墓志称："博陵人也……高祖纯陁，齐高阳济阴梁郡三太守、开府仪同三司、赠曹州刺史。曾祖仲权，皇卫州别驾。大父藻仁，父弘基，并高尚不仕。"①

王则，卒于贞观十五年（641 年），出于太原王氏，其墓志载："公幼有令闻，宏量□远，故慕林泉而纵赏，梦城阙而不游。丽景芳辰，命二难而遣虑；风前月下，引三雅以陶情。"②

崔挈，清河之胤，卒于乾封二年（667 年），其墓志称："君感粹诞灵，自天生德。皇朝授朝散大夫。遁志丘园，颐神里闬。"③

李继叔为赵郡李氏之胤，其墓志载："性好陆沉，但恂恂于乡党；情崇大隐，无汲汲于簪缨。縻居王侯，极优游之致；确乎不拔，恣高尚之心。虽仲叔之谢十征，孔明之劳三顾，侪今望古，彼亦何人？"④

崔某，字贵仁，卒于垂拱二年（686 年），年 97 岁，其为"魏尚书之胄胤也"，也选择隐逸不仕，"公弱龄聪察，独禀天机，晚志安排，孤标野性。加以餐松饵柏，驻颜鬂于危魂"。⑤

可见，隋唐之际，在社会环境变迁的背景之下，山东士族的入仕态度的确呈现出了较为复杂的格局。积极入仕者固然有之，而与

---

① 《唐故通义县令太原王府君（景元）夫人崔氏墓志铭并序》，《洛阳新获墓志续编》，第 403 页。

② 《唐代墓志汇编》咸亨一〇〇，第 582 页。

③ 《唐代墓志汇编续集》永昌〇〇五，第 300 页。

④ 《唐代墓志汇编》贞观〇四二，第 35 页。

⑤ 《唐代墓志汇编》垂拱〇三三，第 751 页。

此同时，选择隐逸不仕者亦不乏其人。

这一阶段，一些山东士族隐逸不仕，其原因是多方面的。无疑，佛老信仰是这其中的重要原因。对此，后文将在"佛教的影响""隋唐之际山东士族的黄老信仰"二节中有所涉及。但应当注意的是，也有一些山东士族，他们的文化面貌仍主要处于儒家思想的支配之下，却也仍然选择了隐逸不仕。

山东士族多以儒学传世。与佛道两家主张不同，儒家所推崇的是积极入世、经世治国，其所关注的中心也是现实的社会与人生。但不可忽视的一点是，儒家并非是盲目地主张入世。在特定的条件下，他们亦有隐逸情怀。这一点正如孔子所言："天下有道则见，无道则隐。"① 可见在环境不利时，儒家也认为可以通过隐逸的方式以待时机。

事实上，隋末唐初隐逸并不为人所重，隋文帝对隐逸颇不以为然，史载杜如晦叔父杜淹，"遂共入太白山，扬言隐逸，实欲邀求时誉。隋文帝闻而恶之，谪戍江表"②。时至贞观年间仍是"近代以来，多轻隐逸"③。这与后世有些士人热衷于追寻"今之隐也，爵在其中"④ 的"终南捷径"差距颇大。由此可见，隋唐之际的士族隐逸行为大多并非出于邀取名誉，这与盛唐之后的隐逸有很大不同。⑤对于隋末唐初一些士人的隐逸行为，李鸿宾先生认为："他们所受政治动荡的冲击，由此而产生的（对旧政权的）厌恶，可能是他们不关心现实政治的主要原因。"⑥ 在此，李鸿宾先生分析了从隋唐政权更迭与士人政治心态之间的关系，其论点对于理解当时一部分山东

---

① 《论语注疏》卷八《泰伯第八》，《十三经注疏》，第 2487 页。

② 《旧唐书》卷六六《杜如晦传》，第 2470 页。

③ 《旧唐书》卷六五《高士廉传》，第 2443 页。

④ （唐）皮日休：《鹿门隐书六十篇并序》，《全唐文》卷七九八，第 8367 页。

⑤ 李红霞：《唐代士人的社会心态与隐逸的嬗变》，《北京大学学报》（哲学社会科学版）2004 年第 3 期。

⑥ 李鸿宾：《隋唐嬗代之际官吏士人群体走向之分析——以墓志铭为例》，《隋唐对河北地区的经营与双方的互动》，中央民族大学出版社 2008 年版，第 159 页。

士族的隐逸行为的原因是极具启发意义的。而通过对史料的梳理，这一时期，一些山东士族在儒风影响之下，却也选择隐逸，这其中有两个方面的因素值得重视。

其一，才地之恃与文化优越心理。

魏晋以来，特别是自北魏定族姓以后，山东士族不仅在政治、经济方面获得了特殊地位，在文化发展上也具有了主导地位。但即使在这种状态下，亦有山东士族放弃仕宦选择，转而寻求隐逸生活。在谈到山东士族这种超越世俗的精神时，日本学者谷川道雄即言："对于通情达理的贵族而言，宦途上的飞黄腾达未必就是最重要的生活方式。他们不欲谋求升进，并非只是因为清廉，而是因为存在着一个支持那种生活态度的世界，并以生存于那个世界为第一要义的缘故。"① 隋代以来，在社会环境不断变迁、南北文化频繁交流的背景之下，山东士族在文化方面受到的冲击则较其他群体更为严重，其传统的学术优势地位也受到了较大削弱。在这一文化转型过程中，一些山东士族往往也以寻求隐逸来表达对自身文化传统的固守态度。

《隋书》卷七七《隐逸传》所载李士谦、崔廓等人，俱为山东儒士，具有较为典型的山东士族的学术传统。在隋代，二人先后皆选择隐逸不仕，而固守文化传统的心态正是他们隐逸的重要原因。

李士谦，字子约，赵郡平棘人，史载：

（李士谦）诣学请业，研精不倦，遂博览群籍，兼善天文术数。齐吏部尚书辛术召署员外郎，赵郡王叡举德行，皆称疾不就。和士开亦重其名，将讽朝廷，擢为国子祭酒。士谦知而固辞，得免。隋有天下，毕志不仕。②

---

① ［日］谷川道雄：《中国的中世》，《日本学者研究中国史论著选择》第二卷，中华书局 1993 年版，第 140—141 页。

② 《隋书》卷七七《李士谦传》，第 1752 页。

崔廓是隋代著名儒士，博陵安平人，亦隐居不仕，史载：

> 廓少孤贫而母贱，由是不为邦族所齿。初为里佐，屡逢屈辱，于是感激，逃入山中。遂博览书籍，多所通涉，山东学者皆宗之。既还乡里，不应辟命。与赵郡李士谦为忘言之友，每相往来，时称崔、李。①

李士谦和崔廓都是从北朝入隋的山东士族。至唐初，山东士族中因自身文化优势心理而无意入仕、选择隐逸者，在墓志中也有反映。如李元确，卒于麟德二年（665年），出于赵郡李氏，其墓志云：

> 曾祖希仁，北齐国子祭酒兼侍中，赠吏部尚书，谥曰文昭公；祖公源，隋离狐县令；父善愿，皇朝刑部郎中大理正。君即正之第四子也。幼而岐嶷，生知孝友，骅骝挺骨而千里，鸾凤养毛而五色……既冠之后，以资齿胄，入室密文自传于家业，升堂奥义见推于国庠。离经启函杖之容，进德流满籝之议。登甲科于秘府，不让华谭；致有道于仙舟，尝留郭泰。迹入常调，名登吏曹，见三揖之争驰，窥九流之竞爽，乃拂衣高视，退而言曰：喧呶之地，不如静对琴樽；荣利之途，岂若独寻山水。於是敦奖名教，远离尘俗，马少游之乡党，咸称善人；仲长统之园林，自谐真境。夫其穷讨百氏，精究六文，凤纪麟图，重决膏肓之要；鸾迴鹊顾，更驰钟蔡之名。子弟必勗于义方，友朋自归于忠信。②

从墓志可见，李元确自幼便具有较好的儒学素养。因为他"迹入常调，名等吏曹，见三揖之争驰，窥九流之兢爽"，而选择"敦奖

---

① 《隋书》卷七七《崔廓传》，第1755页。
② 《唐代墓志汇编》开元一〇三，第1224—1225页。

名教，远离尘俗"。可见，李元确不愿以士族身份混迹于众人之中，而宁可隐逸以"敦奖名教"，其文化优越心理可谓强烈。

崔无固，卒于圣历三年（700 年），其祖父崔公牧也隐逸不仕，其墓志称："（崔无固）博陵安平人也……祖公牧，隋末隐居不仕。家尚儒素，门称孝友。或学以从仕，闻乎邦政；或隐不违亲，傲彼天爵。"① 崔无固墓志中称其祖父崔公牧"家尚儒素"却"傲彼天爵"，其隐逸状况可能也与李元确类似。

再如以下两合墓志：

王景元，卒于开元二十一年（733 年），其祖父王文素亦隐居自守，墓志称王景元："太原祁人也……大父唐处士文素，世秉纯洁，隐居自守。"②

卢珉，卒于开元三年（715 年），具有较为深厚的家学渊源，卢珉以隐居求志、行义达道作为其隐逸的目的，由此亦可见其隐逸的文化色彩，卢珉墓志称：

> 其先盖齐太公之后。至汉尚书植，以忠义经术闻。自植至君，一十四代，书国史者十有二焉。其余，家谍详之矣。曾祖景开，北齐城皋郡太守，赠卫大将军、郓州刺史，谥曰简。祖仲俊，瀛州持中、河间郡赞持。父之信，豫州吴房、唐州湖阳令。……（卢珉）隐居以求其志，行义以达其道。③

王文素与卢珉以隐逸自许，尤其是卢珉墓志称其："隐居以求其志，行义以达其道。"可见，对于山东士族这样的"教养贵族"来说，超越世俗、维系其精神世界的传统烙印确乎是他们生活方式中

① 《大周故朝议大夫行汴州司马上柱国崔府君（无固）墓志铭并序》，《洛阳新获墓志续编》，第 358 页。

② 《唐故朝议郎行郎州通义县令上轻车都尉王府君（景元）墓志铭一首并序》，《洛阳新获墓志续编》，第 397 页。

③ 《唐故处士卢君（珉）墓志铭并序》，《全唐文补遗》千唐志斋新藏专辑，第 120 页。

的重要组成部分。而当现实世界与精神世界发生抵牾时，寻求隐逸又成为他们保持并显示其文化特征的重要途径。

其二，时局动荡。

隋末唐初，战乱频仍，时局动荡。这一时期，不少山东士族因回避战乱动荡而选择隐逸，此类情状在墓志之中有较多记述。如以下几则：

卢万春，出于范阳卢氏，其墓志载隋末"以君（万春）门绪优华，擢授东宫左亲侍"。而后，"俄而火行失驭，戎马生郊，于是谢病漳滨，言从静退。尔乃留连丘壑，放旷林泉，脱略公卿，锱铢轩冕。天地一指，忘宠辱于胸襟；鹍鹏两齐，得逍遥之雅趣"。①

王安墓志载其出于太原王氏，亦隐丧乱退隐，其墓志云："值隋季运尽，丧乱弘多，熊羆交横，百城烟绝。君幽岩饮啄，退耕不仕。"②

李相墓志则载其出于赵郡李氏，"隋运将终，任昌平尉，非吾所好，谢病免官"。③

王天，卒于太极元年（712 年），出于太原王氏，墓志载：

> 属隋季失金镜之驭，丘园寝束帛之礼；乃清虚澹泊，含霞噬月，无道不仕，危邦不居。……（王天）每以为时亨主圣，耕凿可以当轻肥；适志安排，林园可以纵闲逸。乃绝弃人事，栖迟潭泉，仰周史之育龄，鄙汉臣之伤命。虽张衡作赋，良愿逍遥；潘岳裁篇，自甘春税。方之于公，蔑如也。④

据上述墓志所载，卢万春等人之所以隐居不仕，时局动荡，战乱不息是其主要原因。在此环境下，卢万春等人的隐逸行为实际上

---

① 《唐代墓志汇编》永徽一二五，第 213 页。
② 《唐代墓志汇编》贞观〇五〇，第 40 页。
③ 《唐代墓志汇编续集》永淳〇〇八，第 259 页。
④ 《唐代墓志汇编》太极〇〇五，第 1139 页。

是儒家"危邦不入，乱邦不居"① 理念的具体反映。

三　入仕之机与朝堂之隐

（一）隐逸者入仕之机的选择

儒家之隐实际上最终仍多是以"求志"为根本诉求。孔子所说的"隐居以求其志，行义以达其道"②，即言明了儒家之隐的目的。可见儒士隐逸，不少人不过是在等待出仕之机。一旦局势好转，一些隐逸者也会再度入仕，如崔信明等人在隋末唐初的经历即反映了此种状况。

崔信明，隋末战乱，曾隐于太行山，贞观年间入仕。史称：

> （崔信明）大业中为尧城令，窦建德僭号，欲引用之……信明曰："昔申胥海畔渔者，尚能固其节，吾终不能屈身伪主，求斗筲之职。"遂逾城而遁，隐于太行山。贞观六年（632年），应诏举，授兴世丞。迁秦川令，卒。③

从上述记载中可见，崔信明因为不愿意为窦建德所用而隐于太行山，其隐逸行为明显是出于对时局方面的考虑。而崔信明入唐后应诏举入仕，颇体现出儒士隐逸的原则，即孔子所说的"天下有道则见，无道则隐"。④ 而以下两则墓志，所反映的情况也都与崔信明的经历类似。

房基，出于清河房氏，卒于永徽五年（654年），其墓志称：

> 隋大业七年（611年），任国学生。……俄属隋祚沦替，奸

---

① 《论语注疏》卷八《泰伯第八》，《十三经注疏》，第2487页。
② 《论语注疏》卷十六《季氏第十六》，《十三经注疏》，第2522页。
③ 《旧唐书》卷一九〇上《崔信明传》，第4991页。
④ 《论语注疏》卷八《泰伯第八》，《十三经注疏》，第2487页。

雄竞起。府君沮溺之志，尚夷叔之情，逸于丘园，诗礼自约。幸因时泰，任目遂明，贞观元年（627 年），授右卫仓曹，袭封饶阳男。……转翼城令。①

崔泰，出于博陵崔氏，卒于贞观十一年（637 年）。隋末丧乱，挂冠独往，唐初亦入仕。其墓志称：

> 仁寿元年（601 年），应诏举，射策甲第。时汉王谅光膺宠命，作牧参野，君以材地兼美，解巾为汉府典籖。……屡陈忠说，因致猜疑，遂以疾辞，免兹尤衅。于是韬光衡泌，闭想簪缨，驰骛九流之宗，迥翔千载之表。气积星琯，神清林泽。大业中，召补左武卫兵曹，非其好也。乃挂冠独往，逃难他方。爰属运初，委身从义，拜通议大夫，寻除监察御史。……武德五年（622 年），转万年县丞……贞观初，迁洛州长水县令（贞观）六年（632 年），迁苏州司马。……②

从墓志中可以看到，房基、崔泰二人在隋末唐初的经历，与崔信明有不少类似之处。他们在隋末唐初的动荡时局中都选择了隐逸不仕，而随着唐初局面走向稳定，又都入仕。其作为儒士，通过隐逸以待时机的特征可谓鲜明。

隋末唐初，山东士族中的隐居者，即使有些本人终身不仕，但其后代一般也会选择入仕，如以下一些墓志都反映了隐逸者后人入仕的情况。

王氏，卒于开元二十二年（734 年），为北魏王慧龙九代孙。王氏墓志载："曾祖仁绪，隋文林馆学士；大父惠子，隐居不仕；考温

---

① 《唐代墓志汇编》永徽一二三，第 211 页。
② 《唐代墓志汇编》永徽一三九，第 222 页。

之，皇朝郓州录事参军事。"①

王行俭，卒于上元二年（675 年），出于太原王氏中山房，其祖父王元季隋末曾经隐逸不仕，而到其父王有方时，则已经入仕。王行俭墓志载："太原人也……祖元季，本州大中正、开府仪同三司。神准高邈，风调都雅。属以随（隋）皇失驭，高蹈人闲。青衿与渌水俱澄，素契共白云偕远。父有方，岷州刺史，上柱国。"②

崔无竞，出于博陵崔氏，卒于载初元年（689 年）。崔无竞祖父崔公牧，因战乱隐逸不仕，而崔无竞父崔玄亮，唐初则举孝廉入仕。崔无竞墓志载其：

> 曾祖君昭，齐明威将军、隰州龙泉县令、同州郃阳县令。卷舒戎律，游翔县谱。制美锦中川，抚鸣弦于上郡；祖公牧，时属乱离，高尚不仕。同夫处静，偶白鹿而亡归；类彼元瑜，指飞鸿而自逸。公（父）玄亮，唐察孝廉秀才，并州祁县丞、雍州泾阳县丞。丁年筮仕，验管辂之天才；甲科射策，俯夏侯之地芥。③

卢守默，卒于开元十六年（728 年）。墓志载："幽州范阳人也。……父仁爽，高尚不仕。"而卢守默"学以为己，禄代其耕。解褐调补沂州司法。累迁齐州祝阿、亳州山桑二县令"。④

这些墓志说明，隋末唐初，一些山东士族，特别是对于那些仍处于儒风影响下的山东士族来说，其隐逸行为的确有其特定的时代背景。但对其而言，隐逸并非常态，更不可能成为家传风尚。一旦

---

① 《唐代墓志汇编》大历〇六一，第 1801 页。
② 《唐故幽州司法参军王君（行俭）墓志并序》，《全唐文补遗》千唐志斋新藏专辑，第 111 页。
③ 《唐故奉议郎行兖州博城县令崔君（无竞）墓志铭并序》，《全唐文补遗》千唐志斋新藏专辑，第 68 页。
④ 《大唐故亳州山桑县令卢府君（守默）墓志铭并序》，《全唐文补遗》千唐志斋新藏专辑，第 155 页。

条件成熟，家族后人入仕也就成了题中应有之义。

（二）隋末唐初山东士族的朝堂之隐

士人隐逸多是以弃官归隐为标志。但在唐代士人之中，朝堂之隐的风尚却颇为引人瞩目。

所谓朝堂之隐就是亦官亦隐，即身居职任，却寻求精神上的自由与超脱。盛唐之后，朝堂之隐尤为明显，唐人诗作对此多有吟咏：

"别业居幽处，到来生隐心。"①

"高树换新叶，阴阴覆地隅。何言太守宅，有似幽人居。太守卧其下，闲慵两有余。"②

"隐几日无事，风交松桂枝。园庐含晓霁，草木发华姿。迹似南山隐，官从小宰移。"③

"退朝此休沐，闭户无尘氛。杖策入幽径，清风随此君。"④

白居易《中隐》则说得更为明晓："大隐住朝市，小隐入丘樊。丘樊太冷落，朝市太嚣喧。不如作中隐，隐在留司官。"⑤

以上这些诗句多出于盛唐、中唐时期诗人之手。从中我们不难看出，当时一些士人虽身居官职，却向往精神上的自由与超凡脱俗，从而形成了白居易所谓的"中隐"，即"朝堂之隐"。

虽然盛唐、中唐时期，朝堂之隐更为引人关注⑥，但在隋末唐初的山东士族中，朝堂之隐也有体现。

郑满出于荥阳郑氏，是隋末唐初人，其墓志载：

君承兹余庆，含章挺生，总六艺之精微，馨三端之神妙。遇隋版荡，晦迹丘园。以君清胄盛名，乃被特召为蒋国公参军

---

① （唐）祖咏：《苏氏别业》，《全唐诗》卷一三一，第 1334 页。
② （唐）白居易：《官舍》，《全唐诗》卷四三一，第 4760 页。
③ （唐）权德舆：《南亭晓坐因以示璩》，《全唐诗》卷三二〇，第 3607 页。
④ （唐）权德舆：《竹径偶然作》，《全唐诗》卷三二〇，第 3607 页。
⑤ （唐）白居易：《中隐》，《全唐诗》卷四四五，第 4991 页。
⑥ 参见李红霞《唐代士人的社会心态与隐逸的嬗变》，《北京大学学报》（哲学社会科学版）2004 年第 3 期。

事。虽居此任，不以荣辱改心，意以琴酒怡神，欢筵畅性。①

　　可以看到，郑满虽居职任，但却"不以荣辱改心，意以琴酒怡神"，他虽无实际的隐逸行为，但却追求超脱的精神境界，应当说，似有朝隐之象。

　　再如下面两则墓志：

　　王净，其郡望为太原，卒于永徽中，其祖父王谅虽入仕，但却有隐逸之志。王净墓志称其祖父王谅："少禀异灵，倜傥殊俗，每叹州□之职，身是徒劳，遂匿迹丘园，不求闻达。但以有□无隐，□为时须。"以此可见其内心颇为追求超脱的境界，但实际上，王谅又入仕，曾"历位隋朝，授汝州司马"。②

　　郑遘，出于荥阳郑氏，卒于调露元年（680年），郑遘"守勇退之节，鄙荣进之心"，但他后亦入仕，"解薜为藤王府执乘。"③

　　从以上两则墓志的记述来看，郑遘等人虽都选择入仕，但又皆有隐逸不仕之志。他们在现实需要驱动下进入仕途。同时，从个人性情的角度出发，又向往隐逸所带来的超脱境界。显然，这也体现了朝堂之隐的特征。

　　从上述史料来看，隋末唐初，一些山东士族的朝堂之隐与盛唐之后士人的朝堂之隐还是有所不同。盛唐之后的朝堂之隐与当时佛教，特别是禅宗盛行联系密切。这方面，可以从王维、白居易等人的生活经历中看得十分清楚。而隋末唐初，一些山东士族的朝堂之隐则更多体现了在社会剧烈变革时期，他们寻求现实追求与精神独立之间平衡的需要。

---

① 《唐代墓志汇编》永徽〇五四，第166页。
② 《唐代墓志汇编续集》永徽〇二九，第71页。
③ 《唐代墓志汇编》圣历〇五二，第966页。

小　结

　　山东士族，一般均注重对家族成员进行儒学教育。在书院兴起之前，中古时期的儒学教育方式无外乎是通过官学与家学私馆。这一点，山东士族大体亦循此途。可以说，魏晋以来，官学与私学教育在强化山东士族的文化传统，巩固其在北方地区的学术优势地位方面发挥了重要作用，并形成了以此为特色的儒学教育模式。唐初，对一些山东士族来说，参与官学教育，已经与争取科举及第并进而入仕密切联系起来。这也是他们在新的环境下所产生的适应之举。隋唐以降，尽管有一些山东士族受到了官学教育的熏陶，但私学教育也仍有一定的影响力。在有些山东士族之中，私学仍是其接受教育的重要途径。同时，山东士族的私学教育也在不断变化，并逐渐形成与科举制度相适应的历史趋势。

　　隋唐以来，大姓通婚虽然仍是山东士族婚姻的基本模式；但在一些山东士族中，其通婚范围已不止于传统的通婚范畴，而是出现了扩大的趋势。魏晋以降，大姓联姻，固然有多重原因，但山东士族女性多具备较好的文化素质与礼法修养。通过大姓通婚，保持士族文化的传承无疑应当是其目的之一。唐代士族风尚，在一定程度上有向其他阶层扩散的趋势。事实上，唐代这种士族文化的渗透趋势不仅面向社会下层，也面向社会上层之中受礼法传统拘束较少者。而通过与山东士族的联姻，是这些群体形成礼法传统的重要途径之一。

　　隋末唐初，山东士族的仕宦观念也显得较为复杂。一方面，他们多数与政权核心较为疏离，其中某些人还选择了隐逸不仕。但同时在山东士族中积极入仕、锐意求进者也不乏其例。隋末唐初，山东士族进入中央王朝核心权力层的人数的确大为减少，但数量可观的山东士族仍任职于官僚结构中的中下层。同时，一些山东士族也以隐逸的方式等待时机，或以此表达对自身文化传统固守的立场。而隋末唐初，一些山东士族的朝堂之隐则应该说更多体现了在社会剧烈变革的时期，他们为寻求现实追求与精神独立之间平衡的需要。

第六章　多元社会风尚影响下的
文化变异

第一节　隋唐之际山东士族的黄老信仰

黄老学是影响山东士族文化面貌的重要因素。魏晋南北朝时期，山东士族与道教的关系十分密切。隋唐之际，道教的地位总体呈上升趋势。在此环境之下，一些山东士族亦颇受道教影响。而这一时期，其与道教的关系又表现在不同的方面，本节即以此为研究内容。

一　山东士族的黄老渊源

自山东士族形成以来，黄老之学就是影响其文化面貌的一个不可忽视的因素。关于黄老学说，学界多认为它产生于战国时期，其思想渊源则来自老庄思想。[①] 到战国中后期，由于黄老学既吸收了道家的学术思想为其根源，同时又整合了其他著名学派理论上的优势，已发展成为当时重要的学术流派。故司马迁称："其为术也，因阴阳之大顺，采儒墨之善，撮名法之要，与时迁移，应物变化，立俗施

---

① 参见丁原明《黄老学论纲》第一章"黄老学的产生、内涵特征与历史发展"，山东大学出版社 1997 年版；吴光《黄老之学通论》第四章"黄老学派是怎样出现的"，浙江人民出版社 1985 年版。

事，无所不宜，指约而易操，事少而功多。"①

西汉初年，黄老学说颇为流行。不过此时的黄老学还是侧重于人君驭人之术，主要是以"清静无为"为原则的政治哲学。东汉以来，黄老之学则更多地与神仙养生思想相结合，宗教化倾向开始显现。史载光武帝："每旦视朝，日仄乃罢。数引公卿、郎、将讲论经理，夜分乃寐。皇太子见帝勤劳不怠，承间谏曰：'陛下有禹汤之明，而失黄老养性之福，愿颐爱精神，优游自宁。'"② 而"延熹中，桓帝事黄老道"③。汉灵帝时期，魏愔"与王（陈愍王刘宠）共祭黄老君，求长生福而已"④，很明显已将黄老学视为长生久视之术。

汉末道教兴起，黄老学即为其主要渊源。对于这两者的关系，汤一介先生曾言东汉桓灵之前："帝王及士大夫等信黄老道，仍为个人修养的事，虽也有明显的宗教性，而并无宗教组织。但在顺帝以后，则有一宗教组织产生，这就是道教。"⑤ 因此二者紧密联系。

故此，道教出现后，黄老之学虽有时亦指以老庄为本的道家思想，但在大多数场合之中已成了道教的同义语。如史载："钜鹿张角自称'大贤良师'，奉事黄老道，畜养弟子，跪拜首过，符水呪说以疗病，病者颇愈，百姓信向之。"⑥ 又如《抱朴子·内篇》卷八《释滞》称："今若按仙经，飞九丹，水金玉，则天下皆可令不死，其惠非但活一人之功也。黄老之德，固无量矣。"⑦ 均以黄老来称谓道教。

魏晋以来，随着道教的生成和士族群体的出现，不少士族与道教亦结下了不解之缘。关于士族与道教的关系，陈寅恪先生在《论天师道与滨海地域之关系》《崔浩与寇谦之》等文章中也有深

---

① 《史记》卷一三〇《太史公自序》，第 3289 页。

② 《后汉书》卷一下《光武帝纪下》，第 85 页。

③ 《后汉书》卷七六《王涣传》，第 2470 页。

④ 《后汉书》卷五〇《陈敬王羡传》，第 1669 页。

⑤ 汤一介：《早期道教史》，昆仑出版社 2006 年版，第 74 页。

⑥ 《后汉书》卷七一《皇甫嵩传》，第 2299 页。

⑦ （晋）葛洪撰，王明校释：《抱朴子内篇校释》卷八《释滞》，中华书局 1985 年版，第 149 页。

入研究。①

魏晋以降，在佛教不断传入的背景之下，道教对于士族而言也具有了双重意义。因为一方面道教既提供了人生自我解脱的途径，另一方面道教又以本土传统文化自居，其与佛教的对抗往往被视为延续华夏文化的努力。《南齐书》卷五四《顾欢传》载：

> 佛道齐乎达化，而有夷夏之别，若谓其致既均，其法可换者，而车可涉川，舟可行陆乎？今以中夏之性，效西戎之法，既不全同，又不全异。下弃妻孥，上废宗祀。嗜欲之物，皆以礼伸；孝敬之典，独以法屈。悖礼犯顺，曾莫之觉。弱丧忘归，孰识其旧？且理之可贵者，道也；事之可贱者，俗也。舍华效夷，义将安取？若以道邪？道固符合矣。若以俗邪？俗则大乖矣。②

顾欢实际上为道士。在这里，他站在华夏本位的角度上，将佛道间的差异上升到了夷夏之别的层面，将事佛称为"舍华效夷"。这种看法典型地反映出了传统文化对来自外域佛教的排斥心理。

山东历来为传统文化发达区域。对于身处这一地区的山东士族而言，永嘉之乱后，他们置身于胡汉文化冲突与融合的复杂环境之下，对华夏传统文化所受到的冲击更为敏感。史载卢谌、崔悦等士族"虽俱显于石氏，恒以为辱"③，就颇具代表性。而在这种背景下，一些山东士族对传统文化的维护心理往往更为强烈，方式也常常更加激烈。魏晋以降，佛道斗争虽南北都不可避免；但南方佛道辩难一般仅是义理之争，而北朝则屡屡诉之以暴力形式，应当说即有这方面的因素。对此，崔浩的表现可谓典型。

---

① 陈寅恪：《金明馆丛稿初编》，生活·读书·新知三联书店 2001 年版。
② 《南齐书》卷五四《顾欢传》，第 931—932 页。
③ 《晋书》卷四四《卢钦传附卢谌传》，第 1259 页。

崔浩崇道教，信奉天师道，但却视佛教为胡神，对佛教的抵触情绪至为强烈。史载："浩非毁佛法，而妻郭氏敬好释典，时时读诵。浩怒，取而焚之，捐灰于厕中。"① 即可见其状。而之后魏太武帝的灭佛之举与崔浩等士族的推动大有关联，史载：

> 世祖即位，富于春秋。既而锐志武功，每以平定祸乱为先。虽归宗佛法，敬重沙门，而未存览经教，深求缘报之意。及得寇谦之道，帝以清净无为，有仙化之证，遂信行其术。时司徒崔浩，博学多闻，帝每访以大事。浩奉谦之道，尤不信佛，与帝言，数加非毁，常谓虚诞，为世费害。帝以其辩博，颇信之。②

陈寅恪先生指出，崔浩信仰天师道，寇谦之又兼习儒学，二者具有共同的家世背景与政治理想，故能"互相利用，相得益彰"③。而崔浩等山东士族信仰天师道，"此点为北朝佛道废兴关键所系"④。魏太武帝，"崇奉天师，显扬新法"⑤。在其所下诏书中也以夷夏之辨来解释其灭佛行为：

> 自古九州之中无此也。夸诞大言，不本人情。叔季之世，暗君乱主，莫不眩焉。由是政教不行，礼义大坏，鬼道炽盛，视王者之法，蔑如也。自此以来，代经乱祸，天罚亟行，生民死尽。五服之内，鞠为丘墟；千里萧条，不见人迹，皆由于此。朕承天绪，属当穷运之弊，欲除伪定真，复羲农之治。其一切

① 《魏书》卷三五《崔浩传》，第 826 页。
② 《魏书》卷一一四《释老志》，第 3033 页。
③ 陈寅恪：《崔浩与寇谦之》，《金明馆丛稿初编》，生活·读书·新知三联书店 2001 年版，第 149 页。
④ 陈寅恪：《天师道与滨海地域之关系》，《金明馆丛稿初编》，生活·读书·新知三联书店 2001 年版，第 17 页。
⑤ 《魏书》卷一一四《释老志》，第 3052 页。

荡除胡神，灭其踪迹，庶无谢于风氏矣。①

可以看到，太武帝在诏书中，对佛教也以"胡神"称之。他亦表示以清除"胡神"、实行传统的王道政治为己任；而从这里面既可以看到崔浩对其的影响，也可以看到这二者的共通之处。崔浩死后，山东地域的道教发展颇有起伏，而之后的北齐宣帝灭道之举对山东区域道教的冲击尤为明显。史载："齐主还邺，以佛、道二教不同，欲去其一，集二家论难于前，遂敕道士皆剃发为沙门；有不从者，杀四人，乃奉命。于是齐境皆无道士。"②

《续高僧传》卷二三《释昙显传》亦载：

> （齐文宣帝）乃下诏曰：法门不二，真宗在一。求之正路，寂泊为本。祭酒道者，世中假妄，俗人未悟，仍有祇崇。麹蘖是味。清虚焉在？瞿晡斯甜，慈悲永隔。上异仁祠，下乖祭典。宜皆禁绝，不复遵事。颁勒远近，咸使知闻。其道士归伏者，并付昭玄大统上法师，度听出家，广如别传所载。于时齐境，一心奉佛，国无两事。迄于隋运，方渐开宗。至今东川，此裔犹少。③

可见，齐文宣帝灭道，"齐境一心奉佛"，山东地区的道教发展受到了严重影响。直到隋唐以降，特别是唐初之后，随着社会情势的变换，道教逐渐受到尊崇，山东士族的黄老信仰才开始进入新的发展阶段。

二 社会境遇转换与炼形求仙的渐兴

隋唐之际，道教的地位总体呈上升趋势。隋代建国，文帝对道

---

① 《魏书》卷一一四《释老志》，第3034页。
② 《资治通鉴卷》卷一六六"敬帝绍泰元年条"，第5131页。
③ 《大正新修大藏经》50册《续高僧传》卷二三，第625页。

教采取了实用主义的态度。从信仰的角度看，文帝信佛而不信道教。史载："高祖雅信佛法，于道士蔑如也。"① 但文帝总体上对道教并不排斥，如开皇二十年（600 年）文帝就曾下诏称：

> 佛法深妙，道教虚融，咸降大慈，济度群品，凡在含识，皆蒙覆护。所以雕铸灵相，图写真形，率土瞻仰，用申诚敬。其五岳四镇，节宣云雨，江、河、淮、海，浸润区域，并生养万物，利益兆人，故建庙立祀，以时恭敬。敢有毁坏偷盗佛及天尊像、岳镇海渎神形者，以不道论。沙门坏佛像，道士坏天尊者，以恶逆论。②

文帝与道士也有来往，史载："道士仇岳，洞晓庄老，文皇钦重。入京造展，共谈玄理。"③

再如道士焦子顺曾宣扬隋文帝受符命，隋建国后，"隋授子顺开府柱国，辞不受，常咨谋军国。（文）帝恐其往来疲困，每遣近宫置观，以五通为名，旌其神异也，号焦天师"。④ 其对道教利用的态度十分明显。对此，业师王永平先生指出隋文帝："出于篡夺北周政权和建立稳固的封建统治的目的，他不但没有对道教势力采取视而不见的态度，相反摆出了一种更为现实的姿态，极尽笼络之能事，使之更为有效地为现实政治服务。"⑤

对山东士族而言，特别有意义的是，随着统治者对道教态度的转变，原北齐境内道教在经过宣帝灭道的严重打击之后，亦"迄于周时隋初，渐开其术"。⑥

---

① 《隋书》卷三五《经籍志四》，第 1094 页。
② 《隋书》卷二《高祖纪下》，第 45—46 页。
③ 《大正新修大藏经》50 册《续高僧传》卷一八，第 573 页。
④ 《唐会要》卷五〇《尊崇道教》，第 876—877 页。
⑤ 王永平：《道教与唐代社会》，首都师范大学出版社 2002 年版，第 6 页。
⑥ 《大正新修大藏经》52 册《广弘明集》卷四，第 113 页。

炀帝时期，道教亦颇受统治者尊崇。史载：

> 大业中，道士以术进者甚众。其所以讲经，由以《老子》为本，次讲《庄子》及《灵宝》《升玄》之属。其余众经，或言传之神人，篇卷非一。自云天尊姓乐名静信，例皆浅俗，故世甚疑之。其术业优者，行诸符禁，往往神验。而金丹玉液长生之事，历代靡费，不可胜纪，竟无效焉。①

隋炀帝与道士也多有交往，徐则"受业于周弘正，善三玄""入天台山，因绝谷养性，所资唯松水而已"，杨广"手书召之""请受道法"。此外，宋玉泉、孔道茂、王远知等"亦行辟谷，以松水自给，皆为炀帝所重"。②

唐代以降，李氏皇帝以老子为先祖，道教成为神化皇权的重要工具，其地位更得到皇权的保障。《唐会要》卷五〇《尊崇道教》载：

> 武德三年（620年）五月，晋州人吉善，行于羊角山，见一老叟，乘白马朱鬣，仪容甚伟。曰："谓吾语唐天子，吾汝祖也，今年平贼后，子孙享国千岁。"高祖异之，乃立庙于其地。乾封元年（666年）三月二十日，追尊老君为太上元（玄）元皇帝。至永昌元年（689年），却称老君。至神龙元年（705年）二月四日，依旧号太上元（玄）元皇帝。至天宝二年（743年）正月十五日，加太上元（玄）元皇帝号为大圣祖元（玄）元皇帝。八载（749年）六月十五日，加号为大圣祖大道元（玄）元皇帝。十三载（754年）二月七日，加号大圣高上大道金阙

---

① 《隋书》卷三五《经籍志四》，第1094页。
② 《隋书》卷七七《徐则传》，第1758—1760页。

元（玄）元皇帝。①

唐高祖还曾下诏云："老教、孔教，此土先宗，释教后兴，宜崇客礼，令老先、次孔，末后释宗。"② 业师王永平先生指出："羊角山神话明白无误地确立了道教教主老子为李唐帝室的先祖地位。这既为李唐王朝论证'天命所归''君权神授'提供了理论依据，又确立了道教与王朝政治在新时期中的新型关系。"③ 明确指出了李唐君主通过神化自己与道教的关系借以抬高自身的目的。

此外，隋唐之际，不仅儒释道三教日趋相互交融，道教不同派别间交流也在增加。《道教史》中曾总结这种交流的特点："就道教本身在隋代的情况来看，随着国家的统一，具有不同特征的南方道教和北方道教，也逐渐融汇。这种融汇是以茅山宗为主流的。"④

隋唐之际，南方茅山宗的著名道士王远知就很有影响力，炀帝对其很尊敬，曾"亲执弟子之礼"⑤。

对于隋唐之际，茅山宗在道教中的影响力，《隋书》卷三五《经籍志四》亦载：

> 道经者，云有元始天尊，生于太元之先，禀自然之气，冲虚凝远，莫知其极。……所度皆诸天仙上品，有太上老君、太上丈人、天真皇人、五方天帝及诸仙官，转共承受，世人莫之豫也。所说之经，亦禀元一之气，自然而有，非所造为，亦与天尊常在不灭。天地不坏，则蕴而莫传，劫运若开，其文自见。凡八字，尽道体之奥，谓之天书。字方一丈，八角垂芒，光辉照耀，惊心眩目，虽诸天仙，不能省视。天尊之开劫也，乃命

---

① 《唐会要》卷五〇《尊崇道教》，第865页。
② 《大正新修大藏经》50册《续高僧传》卷二四，第634页。
③ 王永平：《道教与唐代社会》，首都师范大学出版社2002年版，第17页。
④ 卿希泰、唐大潮：《道教史》，中国社会科学出版社1994年版，第89页。
⑤ 《旧唐书》卷一九二《王远知传》，第5125页。

天真皇人，改喡天音而辩析之。自天真以下，至于诸仙，展转节级，以次相授。诸仙得之，始授世人。[1]

元始天尊为茅山宗所创的道教最高神，而此处已直言元始天尊为道教至尊，由此也可以看到茅山宗在隋代已成为道教的主流。茅山宗确立了道教的神仙谱系，发展了其修炼理论，显然更有利于道教的进一步发展。

在道教不断发展的环境之下，隋唐之际，一些山东士族亦颇受道教影响。而这一时期，其与道教的关系又表现在以下几个方面：

（一）受道教影响，炼形求仙，追求人生解脱与长生久视

王绩系隋末大儒王通之弟，为太原王氏之胤。大业中，王绩弃官还乡里。史载："绩河渚中先有田数顷，邻渚有隐士仲长子先，服食养性，绩重其真素，愿与相近，乃结庐河渚，以琴酒自乐。"[2] 可见王绩与隐士仲长子先交游，其主要原因是因为仲长子先长于"服食养性"，而从中也体现出王绩对其的钦慕。

卢照邻以文学知名，为"初唐四杰"之一，其"处太白山中，以服饵为事"。[3] "照邻自以当高宗时尚吏，己独儒；武后尚法，己独黄老。"[4] 亦为较典型的例证。卢照邻《赠李荣道士》云："锦节衔天使，琼仙驾羽君。投金翠山曲，奠璧清江濆。圆洞开丹鼎，方坛聚绛云。宝（一作资）贶幽难识，空歌迴易分。风摇十洲影，日乱九江文。敷诚归上帝，应诏在明君。独有南冠客，耿耿泣离群。遥看八会所，真气晓氤氲。"[5] 从与道士李荣的唱和之作中，我们也能看到卢照邻对道教意境的推崇与渴慕，亦颇能体味出他对道教生活的向往之情。很明显，道教信念对其思想的影响可谓显著。

---

① 《隋书》卷三五《经籍志四》，第1091—1092页。
② 《旧唐书》卷一九二《王绩传》，第5116页。
③ 《旧唐书》卷一九〇上《卢照邻传》，第5000页。
④ 《新唐书》卷二〇一《卢照邻传》，第5742页。
⑤ （唐）卢照邻：《赠李荣道士》，《全唐诗》卷四一，第514页。

再如崔元综也崇信道教，"晚年好摄养导引之术"①。

在山东士族女性之中，亦有崇信道教的相关记载。李氏崇信道教即很典型，其墓志称李氏出于赵郡："自作嫔君子，厥有令声；睠偶良人，载敷稚训；克励恭姜之节，聿遵孟母之言。及诸子冠成，遂屏绝世事曰：吾平生闻王母瑶池之赏，意甚乐之，余可行矣。是乃受法箓，学丹仙，高丘白云，心眇然矣。"② 体现出了李氏对道教的信奉情状。

从以上史料来看，隋唐以降，一些山东士族以服食养性、炼形求仙的方式追求人生超越与长生久视。显然，从他们的精神世界与生活方式中，可以看到他们受到道教的人生理想和行为范式的强烈影响；而他们所崇奉的这些信念和行为具有较纯粹的宗教性质。更有甚者，在道教的吸引之下，也有山东士族弃绝世俗生活，出家为道士的例子。

起信，出于范阳卢氏，为卢思道之后，即出家为道士，其墓志云：

> 尊师范阳郡君，法讳起信，范阳人也。……所能约志纯素，栖神窈冥，居常晏如，思每出境。既懋闺范，能归道流，乃诏许出家，以旌所愿。于是拖霓服，笄云冠，室如玄都，庭若紫府，将受仙箓，必符灵官，或呈殊祥，用表精念。③

崔弘礼，其长子也为道士，其墓志载崔弘礼："有子八人，长曰道士玄鉴，早慕至真，栖心尘外。"④ 从这两则记载中，即可略窥山东士族出家为道士的状况。

可以看到，卢起信、崔玄鉴"居常晏如，每思出境""早慕至

---

① 《旧唐书》卷九〇《崔元综传》，第 2924 页。
② 《唐代墓志汇编》景龙〇〇三，第 1079 页。
③ 《唐代墓志汇编续集》天宝〇九七，第 652 页。
④ 《唐代墓志汇编》大和〇三九，第 2124 页。

真，栖心尘外"，其心态、行止明显受到了道教思想的深刻影响，他们出家为道士显然也主要是在宗教情感支配之下的人生选择。

（二）利用道教的政治价值待时而动

炼形求仙固然是山东士族崇奉道教的主要原因，但其与道教的关系并非止于此一点。

唐代君主以老子为先祖，这就赋予了道教及其崇奉者更多参与政治的机遇。在山东士族中，对某些人而言，以道教之术获取政治利益，进而维护其社会影响亦不失为一条捷径。如崔湜系博陵崔氏之胤，颇具士族传统的心理优势，政治上亦锐意求进，曾"自比王谢之家"。① 崔湜入仕后亦多次奉诏参与道教方面的活动，特别是"预修《三教珠英》，迁殿中侍御史"②，成为其进入统治阶层核心的起点。

唐代道士登临朝堂者实属常见，山东士族中亦有其例。王士林，太原王氏之胤，"会先帝尊大道，祖玄元，以道莅天下而天下大顺，有若君之元兄，为北羽客，游艺于鸿都，有诏征入内道场，为帝修福。其后奏请适莽苍以求灵仙，入崆峒而问政理。"③ 王清，"中岁好道，谓文墨不足为艺。乃持仙方秘术，直献吾君。有唐天宝元年（742 年），度为道士"。④ 皆为这方面的记载。

唐代，一些人将道教隐逸作为入仕手段加以利用，以争取仕宦的机会。史载：

> 唐兴，贤人在位众多，其遁戢不出者，才班班可述，然皆下概者也。虽然，各保其素，非托默于语，足崖壑而志城阙也。然放利之徒，假隐自名，以诡禄仕，肩相摩於道，至号终南、

① 《太平广记》卷一八四《崔湜》，第 1378 页。
② 《旧唐书》卷七四《崔仁师传附崔湜传》，第 2622 页。
③ 《唐代墓志汇编》建中〇一四，第 1830 页。
④ 《大燕应天观故尊师太原王君（清）墓志铭并序》，《全唐文补遗》第七辑，第 57 页。

嵩少为仕途捷径，高尚之节丧焉。①

为维护其特殊的社会地位，山东士族中亦有以此作为政治进取的手段，而卢藏用可谓典型。史载卢藏用："少以辞学著称。初举进士选，不调，乃著《芳草赋》以见意。寻隐居终南山，学辟谷、练气之术。"②《太平广记》卷二一《司马承祯条》载："时卢藏用早隐终南山，后登朝，居要官，见承祯将还天台，藏用指终南谓之曰：'此中大有佳处，何必在天台。'承祯徐对曰：'以仆所观，乃仕途之捷径耳。'藏用有惭色。"③《旧唐书》卷九四《卢藏用传》就言卢藏用："往来于少室、终南二山，时人称为'随驾隐士'；及登朝，趋趄诡佞，专事权贵，奢靡淫纵，以此获讥于世。"④ 其言可谓入木三分。

李粲亦出家为道士，但他是将其作为回避政治打击的手段。其墓志载李粲："弱岁能虑。属中朝多故，大臣不安。公请罢太仆寺丞，度为道士。曾未数年，中书黜官，谪处江岭。公遂道游，左右荒险。昆弟贬异，千里遐阔。及累丁艰忧，而我独衣衾之号。前时弃俗，乃得之矣。免丧反初。"⑤

可见，在唐代由于道教具有特殊地位，一些山东士族亦通过与道教发生关联，以此获得政治上的利益。无论是卢藏用以信奉道教作为进身途径，还是李粲出家为道士以图自保，其经历均显示出他们将崇奉道教作为政治工具加以利用的意图。

（三）参与道教经义的整理

唐代重视对道教文献的整理。如围绕《老子》注本的选用问题

① 《新唐书》卷一九六《隐逸传》，第5594页。
② 《旧唐书》卷九四《卢藏用传》，第3000页。
③ 《太平广记》卷二一《司马承祯》，第143—144页。
④ 《旧唐书》卷九四《卢藏用传》，第3004页。
⑤ 《唐故通议大夫守濮州刺史上柱国元氏县开国男赐紫金鱼袋李府君（粲）墓志铭并序》，《洛阳新获墓志续编》，第429—430页。

就曾有过激烈争议。史载:

> 开元七年（719 年）五月，左庶子刘子元上议:"今之所注《老子》，是河上公注。其序云:'河上公者，是汉文帝时人，结草庵于河曲，因以为号。以所注老子授文帝，因冲空上天。'此乃不经之鄙言，流俗之虚语。《汉书·艺文志》:注《老子》者有三家，河上所释，无处闻焉。王弼义旨为优，请黜河上公，升辅嗣所注。"司马贞亦注云:"汉史实无其人，然所注以养神为宗，以无为为体，请河、王注令学者俱行。"从之。①

正因为对道教文献的选取有争议，故而在隋唐之际，统治者颇为注重对道教文献的整理工作。这其中，山东士族亦有参与者。《新唐书》卷五九《经籍志》载崔湜曾参与编撰《道藏音义目录》。对此史崇亦言:

> 今且据京中藏内见在经二千余卷，以为音训，具如目录。余经仪传论疏记等，文可易解者，此不详备。其所散逸，伫别搜求，续冀修缮，用补遗缺。而经且久远，字出灵圣，梵音罕测，云篆难窥。或为无识加增，或为传写妄误，或持浮伪之说，窃揉真文。或采菁华之言，将文释典，不可齐其所见，斥以灵篇。今之著述，或所未晤，中间阙疑，用俟能者，名曰《一切道经音义》，并撰《妙门由起》六篇。②

此外，崔湜、卢藏用等山东士族均曾参与《一切道经音义》《妙门由起》等道教经典的编撰。③ 而李峤、崔湜等也曾参与编撰《三

---

① 《唐会要》卷三六《修撰》，第 657—658 页。
② （唐）史崇:《妙门由起序》，载《全唐文》卷九二三，第 9623 页。
③ 同上书，第 9622 页。

教珠英》。①

三　黄老之隐与进儒退道

魏晋以来，黄老之学尽管多指道教，且在大多数场合已成为道教的同义语，但有时亦指以自然为本的道家思想及其士人身上的老庄思想因子。如史载郭瑀："虽居元佐，而口咏黄老，冀功成世定，追伯成之踪。"② 所言即是此义。

众所周知，尽管儒家思想与老庄思想在诸多方面有着重大差别。但在士人之中，亦儒亦道，儒道兼济之状却并不鲜见。李泽厚先生曾揭示"儒道互补"之义："老庄作为儒家的补充和对立面，相反相成地在塑造中国人的世界观、人生观、文化心理结构和艺术理想、审美兴趣上，与儒家一道，起了决定性的作用。""庄子尽管避弃现世，却并不否定生命，而无宁对自然生命抱着珍贵爱惜的态度，这就根本不同佛家的涅槃，使他的泛神论的哲学思想和对待人生的审美态度充满了感情的光辉，恰恰可以补充、加深儒家而与儒家一致。所以说，老庄道家是孔学儒家的对立的补充者。"③

在唐代出仕的山东士族之中，亦儒亦道之状仍时有体现。王行威为太原王氏之胤，"祖金，朝议郎、益州司兵参军事；父师保，朝散大夫。并志尚老庄，屏忽名位，优游天地之际，托赏风月之间"。④崔湛郡望清河，"长安中，国家宗祀明堂，以门子选斋郎出身，补曹州成武县主簿……初，公以文儒进，后以武略用，褒功则厚，雅尚素乖，夷犹旆旌，倜俛从事。……退公之暇，披玩典坟，得庄生逍遥，老氏止足"。⑤崔葛为博陵崔氏之胤，"以门地清高，簪裾茂族，大历中，补左千牛备身。……性习儒，素味黄老，至于朋侪寮友，

① 《旧唐书》卷七八《张行成传附张易之、张昌宗传》，第 2707 页。
② 《晋书》卷九四《郭瑀传》，第 2455 页。
③ 李泽厚：《美的历程》，中国社会科学出版社 1984 年版，第 64—65 页。
④ 《唐代墓志汇编》垂拱〇二五，第 746 页。
⑤ 《唐代墓志汇编》天宝一八〇，第 1657 页。

未尝愠于色，形于言。识者云：颜子复生于唐矣"。① 从以上墓志中，就可以看到这些山东士族身上亦儒亦道的倾向颇为显著，皆明显存在儒道兼济的思想特征。

不过在隋唐之际，由于特定的时代背景，亦有一些山东士族弃绝出仕而追求隐逸生活。这其中除明确崇奉道教者外，尚有不少人以黄老自持，他们的生活态度多以老庄人生哲学为依归，但却较少有道教炼形求仙之举，此类情状在唐代墓志中多有记载。如以下几则：

太原王才："君乃幼而有则，性禀嘉猷，俭约狎情，孝直为念，鸣琴自得，引啸敖然。冀申高祢之伦，必符玄门之妙。"② 李度，卒于景龙四年（710 年），"赵郡人也……曾祖遵，闲居乐道，养性琴书。静默安排，锐情庄老。不以名利忏其操，不以荣辱夺其坚"。③ 太原王某，"公避地云林，晦跡泉石，志工黄老，心期赤城"。④

从墓志材料中可以看到，这些以黄老自持的山东士族大都选择隐逸生活。他们虽多以老庄思想作为人生取舍的依归，但对道教求仙之举的信仰却并不强烈。考虑到当时特定的社会环境与其人生态度，其所奉黄老之学与社会上弥漫的道教信仰似并不能全然等同。严格而论，这些山东士族之所以以黄老自持，其原因大多应属于受儒家隐逸思想以及进儒退道情结的影响。

山东士族多以儒学传世，与道家主张无为出世不同，儒家所推崇的是积极入世、经世治国。其所关注的也是活生生的现实社会，而非虚无缥缈的彼岸世界。孔子是一个积极入世的思想家，他主张以积极的心态在现实世界中建功立业，以达其治国平天下的目的。孔子为了实现其政治抱负，一生周游列国，虽曾"伐树于宋，削迹

---

① 《唐代墓志汇编续集》贞元〇五〇，第 769—770 页。
② 《唐代墓志汇编》麟德〇〇七，第 400 页。
③ 《大唐故李府君（度）之铭并序》，吴钢主编《全唐文补遗》第五辑，三秦出版社 1998 年版，第 302 页。
④ 《唐代墓志汇编》建中〇一九，第 1834 页。

于卫，穷于商周，围于陈蔡、受屈于季氏，见辱于阳虎"①，但仍不畏艰险，不懈努力，绝不轻言放弃对实现"以道治国"理想的追求。孔子"发愤忘食，乐以忘忧，不知老之将至云尔"②的生活态度和自强不息的人生境界，一直影响着后世，因而儒家也一直以积极的入世态度著称于世。

孔子的入世情怀为人所共知。但不可忽视的一点是，孔子并非是盲目的入世，而是为了实现他所主张的"道"（即仁义）为终极目的。为了"道"的实现，孔子终其一生，作了不懈的努力。但在昏君当政，"道"与"仁义"不施之时，孔子也不回避暂时的隐居、退避。他亦主张"危邦不入，乱邦不居。天下有道则见，无道则隐"③，"邦有道，则仕；邦无道，则可卷而怀之"④，认为在"天下无道"的情况下，则可退隐江湖。儒家的另一个代表人物孟子则把孔子的"有道则见，无道则隐"的仕隐理论发挥为"可以仕则仕，可以止则止，可以久则久，可以速则速"⑤，"天下有道，以道殉身；天下无道，以身殉道"。⑥ 孟子的"穷则独善其身，达则兼善天下"⑦"得志，与民由之；不得志，独行其道"⑧的主张，更是对孔子仕隐理论的继承和发挥。孔孟的上述思想，到后来直接发展成为有别于道家的儒家隐逸思想。

一般而言，儒家之隐与道家之隐不同。道家与儒家均各有其隐逸理论。道家之隐是为了真正脱离世俗功名，以达其无为自然之境。这是自由的、主动的。而儒家之隐则含有一种被动的无奈之状，其隐居只是为了养志待时，以达到经邦治国的目的；这就是道家与儒

---

① （战国）列御寇：《列子》卷七《杨朱第七》，中华书局 1985 年版，第 92 页。
② 《论语注疏》卷七《述而第七》，《十三经注疏》，第 2483 页。
③ 《论语注疏》卷八《泰伯第八》，《十三经注疏》，第 2487 页。
④ 《论语注疏》卷一五《卫灵公第十五》，《十三经注疏》，第 2517 页。
⑤ 《孟子注疏》卷三上《公孙丑章句上》，《十三经注疏》，第 2686 页。
⑥ 《孟子注疏》卷一三下《尽心章句上》，《十三经注疏》，第 2770 页。
⑦ 《孟子注疏》卷一三上《尽心章句上》，《十三经注疏》，第 2765 页。
⑧ 《孟子注疏》卷六上《滕文公章句下》，《十三经注疏》，第 2710 页。

家隐逸理论的相异之处。孔子所言的"隐居以求其志，行义以达其道"①，明白地道出了儒家之隐的目的。清人刘宝楠《论语正义》云："隐居求志，行义达道，若伊尹耕莘，而乐尧、舜之道，及汤三聘而行其君臣之义，以达其所守之道者也。……然夫子处无道之世，周游诸侯，栖栖不已。而又言天下'有道则见，无道则隐'，隐者，即此隐居求志之谓，非如隐而果于忘世也。"② 这段话透彻地阐发出了孔子的原意。可见，儒家之隐实非如道家之隐而忘世，而是隐以"求志"，以待出仕之机。因此从本质上看，儒家之"隐"实际上只是其为实现经世治国目的而采取的具有过渡性质的手段。在孔孟那里，隐逸既是反抗的方式又是待时而动的权变之术，因此在更大程度上不是目的而是手段。

然而需要注意的是，儒家之隐虽有别于道家，但亦不可避免地使得士人心态之中的道家思想成分上升，即所谓的进儒退道。明末清初学者王夫之在解释进儒退道这一特殊的精神结构时曾言："得志于时而谋天下，则好管商；失志于时而谋其身，则好庄列。"③

隋唐之际，社会变动剧烈，不少山东士族选择隐逸为其生存之道。其渊源正与儒家"笃信好学，守死善道。危邦不入，乱邦不居。天下有道则见，无道则隐"④ 之说相合。

这其中不少人又倾心老庄，这也正是进儒退道的体现；亦颇与王夫之所言"得志于时而谋天下，则好管商；失志于时而谋其身，则好庄列"契合。而其隐逸之状具体而言大体有以下两类：

其一，明确因时局混乱而产生黄老隐逸思想。

王通出身世宦之门，"性好陆沉，务屏尘杂，庶几仁义，脱落荣华。睠彼牺牛，有庄周之感；观兹庑鼠，息李斯之惊。加以运偶道

---

① 《论语注疏》卷十六《季氏第十六》，《十三经注疏》，第2522页。
② （清）刘宝楠：《论语正义》，中华书局1990年版，第665页。
③ （清）王夫之：《诗广传》卷四《大雅》，中华书局1964年版，第135页。
④ 《论语注疏》卷八《泰伯第八》，《十三经注疏》，第2487页。

销，时缠隋季，弥增放旷，更重栖迟。慕幼安之风，无心轩冕；怀公理之操，有志林泉"。① 太原王延，"属隋季分崩……韬形曳尾，放旷逸于老庄"。② 可以说都是这方面的例证。

其二，因避俗而选择隐逸。

隋唐之际，某些山东士族因不合时俗而选择隐逸，并进而受到了黄老思想的影响。所谓避俗实际上是一个很笼统的概念，而这一时期山东士族因避俗而选择隐逸，其更大的可能性则是由于个人志趣、社会环境变迁等多种因素交互作用影响所致。

如卢氏，卒于万岁登封元年（696 年），"祖（父）元懿，唐雍州渭南县尉。公侯诞发，语默幽栖。永怀庄老之篇，嘉遁鸾皇之选"。③

再如王法，"望玄门以解颐，想乡而大息者，志□禄利也。"④ 太原王佺墓志载其父为王惠，王惠亦"高尚不仕，王猷避俗，谓山水为声名；王说著书，以黄老为事业。"⑤ 王乾福，"祖讳钱大，隋之□保也。高尚不仕……父讳宝，隋□王府文学……公又承祖之志量，奉先之事业，探道德之妙门，谢弓旌之重位，故能动还不乱神，居不舍静"。⑥ 王行淹卒于垂拱二年（686 年），"以乾封二年（667年）明经高第，授文林郎，非其好也。解巾从职，虽陪南宫之礼，挂冠辞荣，遽蹑东都之迹。烟霞入赏，琴酒摅情，谈老庄而卒岁，咏图书而尽日"。⑦

从上述材料中可以看到，个人志趣、时代境遇等因素都可能在山东士族的隐逸选择中发挥影响。

太原王待征，"曾祖以圣人既没，养晦于家。父□征，以君子道

---

① 《唐代墓志汇编》贞观一〇三，第 74 页。
② 《唐代墓志汇编》乾封〇〇二，第 443 页。
③ 《大周前益州什邡萧主簿夫人卢氏（婉）墓志铭并序》，《全唐文补遗》第七辑，第18 页。
④ 《唐代墓志汇编》显庆〇七三，第 274 页。
⑤ 《唐代墓志汇编》景龙〇二三，第 1096 页。
⑥ 《唐代墓志汇编》延载〇〇五，第 863 页。
⑦ 《唐代墓志汇编》垂拱〇二一，第 743 页。

消，不显于仕。君幼而聪敏，长而惠和，亦尝有栖闲之志矣。"① 这些墓志既反映了由于入仕"非其好"而隐的情况，也提供了因"圣人既没""君子道消"而隐逸的事例。应当说，这印证了因避俗而隐的山东士族情势的复杂性。

总之，魏晋以来，不少士族与黄老之学结下不解之缘。魏晋南北朝时期，身处北方的山东士族与道教的关系也十分密切，但亦深受统治者道教政策的影响而屡有起伏。隋唐之际，道教的地位总体呈上升趋势。在此环境之下，一些山东士族亦颇受道教影响，而这一时期，其与道教的关系又表现在不同的方面。隋唐之际，由于特定时代背景的影响，相当多的山东士族弃绝出仕而追求隐逸生活。在这其中除明确崇奉道教者外，尚有不少人以黄老自持，他们的生活态度多以老庄人生哲学为依归，但却较少有道教炼形求仙之举。因此，这些山东士族之所以以黄老自持，其原因大多应属于受儒家隐逸思想以及进儒退道情结的影响，对此应当有清楚的认识。

第二节　佛教的影响

佛教也是影响山东士族文化面貌的重要因素。魏晋之后，佛教与山东士族之间亦开始产生较明显的关联。隋唐之际佛教发展呈现出了新的特点，山东士族与佛教的关系则更值得重视，本节即探讨这方面的状况。

一　魏晋北朝山东士族的佛教观

佛教对中国古代社会有深远影响，同时也是影响山东士族文化面貌的重要因素。

---

① 《唐代墓志汇编续集》开元〇七一，第502页。

关于佛教开始传入中土的时间，其说法颇多①，但学界多认为以两汉之交较为可信②。佛教在进入中土之初，曾被视为是与黄老学类似的一种外来方术。如《后汉书》卷四二《楚王英传》记载："英少时好游侠，交通宾客，晚节更喜黄老，学为浮屠斋戒祭祀。"③ 汉桓帝亦"宫中立黄老、浮屠之祠"④。故而汤用彤先生曾言："按佛教在汉代纯为一种祭祀。其特殊学说为鬼神报应。""祭祀既为方术，则佛徒与方士最初当常并行也。"⑤ 不过，魏晋之前，佛教虽已内传，但却影响有限；甚至直至晋初，佛教信众之中仍以外域人为主。如《弘明集》中记载："曩者晋人略无奉佛，沙门徒众，皆是诸胡。"⑥ 可见当时佛教流传范围还是颇有局限性的。

魏晋之后，由于社会情势的变化和统治者的大力倡导，佛学影响迅速扩大，并逐渐成为对社会有深远影响的思想潮流；佛教与山东士族之间亦开始产生较明显的关联。而随着佛教的逐渐流行，反佛之声也随之出现，而在北方，士族，特别是山东士族往往成为这其中的中坚。

东晋之后，佛教分化为南北二宗。南方佛学注重发掘佛经义理，长于义解，故称："自晋宋相承，凡论议者，多高谈大语，竞相夸罩。"⑦ 与之相比，北方佛学较少关注对佛经义理的阐发，而重视修福行善、造像立寺等实践性活动，这与南宗形成了较大反差。关于魏晋之后佛教北宗的特点，汤用彤先生曾言："故造像立寺，穷土木之力，为北朝佛法之特征。"⑧ 同时，还须注意到，魏晋以来，虽然南北佛学

---

① 参见汤用彤《汉魏两晋南北朝佛教史》第一章"佛教入华诸传说"，商务印书馆2015年版。

② 参见方立天《中国佛教文化》，中国人民大学出版社2006年版，第39—40页；杜继文《佛教史》，江苏人民出版社2006年版，第85页。

③ 《后汉书》卷四二《楚王英传》，第1428页。

④ 《后汉书》卷三〇下《襄楷传》，第1082页。

⑤ 汤用彤：《汉魏两晋南北朝佛教史》，商务印书馆2015年版，第44页。

⑥ 《大正新修大藏经》52册《弘明集》卷一二，第81页。

⑦ 《大正新修大藏经》50册《续高僧传》卷五，第462页。

⑧ 汤用彤：《汉魏两晋南北朝佛教史》，商务印书馆2015年版，第412页。

都不免有"华夷之辨"的论争。但北方地区民族关系错综复杂，作为外域宗教，佛教也更容易直接与胡人联系起来，如石虎就曾下书称："佛是外国之神，非天子诸华所可宜奉。朕生自边壤，忝当期运，君临诸夏。至于飨祀，应兼从本俗。佛是戎神，正所应奉。"①在这里，石虎就俨然将佛作为胡人的象征。应当说，这些都在不同程度上影响到了山东士族对佛教的态度。

由于北方佛学的这些固有特征，因此，与南方反佛多是义理之争有所不同，山东士族对佛教的指斥多集中于夷夏之辨，以及佛教对既有社会秩序的冲击等方面。这一点，从以崔浩为代表的山东士族的反佛态度上就看得十分清楚。如崔浩就曾称佛为"胡神"②，《魏书》卷一一四《释老志》亦载崔浩："尤不信佛，与帝言，数加非毁……（后又）因进其说。诏诛长安沙门，焚破佛像。"他还积极推动北魏太武帝灭佛，太武帝下诏称要"一切荡除胡神，灭其踪迹"。③显然，这在很大程度上也反映了崔浩的反佛态度。

事实上，太武灭佛终结之后，北方士人之中已出现了认为佛教与传统文化能够兼存的思想。所谓"经书玄览，孔释兼存，则内外俱周，真俗斯畅"④，即体现了这种理念。北周武帝时，韦琼也称："三教虽殊，同归于善，其迹似有深浅，其致理殆无等级。"⑤则更可谓典型地表达了传统文化对佛教容纳与接受的态度。不过，在山东士族之中，仍不乏有坚持儒佛对立的观点，并以此为基础而坚定反佛者。这一方面，李玚颇具代表性。李玚为赵郡李氏，史载：

> 于时民多绝户而为沙门，玚上言："礼以教世，法导将来，迹用既殊，区流亦别。故三千之罪，莫大不孝，不孝之大，无

① 《大正新修大藏经》50册《高僧传》卷九，第385页。
② 《魏书》卷三五《崔浩传》，第827页。
③ 《魏书》卷一一四《释老志》，第3033—3034页。
④ 《魏书》卷六九《裴延俊传》，第1529页。
⑤ 《周书》卷三一《韦夐传》，第545页。

过于绝祀。然则绝祀之罪，重莫甚焉。安得轻纵背礼之情，而肆其向法之意也？正使佛道，亦不应然；假令听然，犹须裁之以礼。一身亲老，弃家绝养，既非人理，尤乖礼情，埋灭大伦，且阙王贯。交缺当世之礼，而求将来之益。孔子云'未知生，焉知死'斯言之至，亦为备矣。安有弃堂堂之政，而从鬼教乎！"①

显然，李场反佛，虽有担心"民多绝户而为沙门"现象蔓延而引发社会问题的现实考虑；但其视佛教为"鬼教"，称佛教"尤乖礼情，埋灭大伦"，其立足点明显仍是以儒佛对立为导向的。

即使到北朝后期，山东士族之中仍有人站在传统文化的角度对佛教进行抨击。如北齐时赵郡人李公绪，《广弘明集》卷七载：

通经史，善阴阳，见有丧之家忙斋供福利，便曰："佛教者脱略父母，遗蔑帝王。捐六亲，舍礼义，赭衣髡剔，自比刑余。妄说炫惑，惟利是亲。阴阳名墨，虽纰缪苛察，而四时节用有取。至如兹术，则伤化托幽，滋为鬼道。惜哉！举国皆迷，彼众我寡；悲哉！吾之死也，福事一切罢之。弃华即戎，有识不许。"②

可见，李公绪对佛教的指斥，其核心仍然是围绕传统文化与佛教间对立展开的。

在周武帝灭佛之举中，山东士族卢思道等人亦积极参与。《广弘明集》卷七载卢思道参与周武帝灭佛之事，称卢思道：

作《西征记》，略云：姚兴好佛法，罗什译经论，佛图遍海

---

① 《魏书》卷五三《李孝伯传》，第 1177 页。
② 《大正新修大藏经》52 册《广弘明集》卷七，第 133 页。

内，士女为僧尼者十六七，糜费公私，岁以巨万。帝独运远略
罢之，强国富民之上策也。又作《周齐兴亡论》，略云：周祖始
位，大冢宰宇文护，太祖之犹子也，负图作宰，亲受顾命。周
祖高居深视，一朝折首，凡厥党与，咸见夷戮。乃弃奢淫，布
公道，屏重肉，躬大布，始自六宫，被于九服。以为释化立教，
本贵清净，近世已来，糜费财力，遂下诏削除之，亦前王之所
未得也。思道为论，纠其糜费，罢之则谓强国富民之策。①

值得注意的是，卢思道虽积极襄助周武帝灭佛，但与前相比，
其反佛理念已经有所变化，即由以往激烈的"华夷之辨"，转而更为
注重灭佛之举能够带来强国富民此类现实目的，这一转变应当说颇
值得重视。

不过，魏晋北朝时期，尽管山东士族对自身的文化传统有强烈
的自觉，亦时有反佛之举。但随着佛教影响的深入，及其对传统儒
学补充功能的体现，佛教对山东士族的影响又是难以回避的。因此，
魏晋以来，一些山东士族亦逐渐归心佛门。如以下一些事例：

高允，"又雅信佛道，时设斋讲，好生恶杀"。②

崔光，"崇信佛法，礼拜读诵，老而逾甚，终日怡怡，未曾恚忿"。③
其弟敬友也"精心佛道，昼夜诵经。免（母）丧之后，遂菜食终世"。④

卢景裕则"又好释氏，通其大义"。⑤

崔暹，"博陵安平人，汉尚书寔之后也，世为北州著姓"⑥，"好
佛法"⑦。曾"密令沙门明藏著《佛性论》而署己名，传诸江表"。⑧

① 《大正新修大藏经》52 册《广弘明集》卷七，第 133 页。
② 《魏书》卷四八《高允传》，第 1089 页。
③ 《魏书》卷六七《崔光传》，第 1499 页。
④ 同上书，第 1501 页。
⑤ 《魏书》卷八四《卢景裕传》，第 1860 页。
⑥ 《北齐书》卷三〇《崔暹传》，第 403 页。
⑦ 《大正新修大藏经》49 册《佛祖统纪》卷三八，第 355 页。
⑧ 《北齐书》卷三〇《崔暹传》，第 405 页。

卢潜亦深受佛教影响，史载："（北齐）武平三年（572 年），征（卢潜）为五兵尚书。扬州吏民以潜戒断酒肉，笃信释氏，大设僧会，以香华缘道，流涕送之。"①

北齐文宣皇后李氏，"赵郡李希宗女也"。在经历一番磨难后也"因此为尼"②。

卢光，出于范阳卢氏，亦"性崇佛道，至诚信敬"③。

从这些史料中可以看到，随着佛教影响的逐渐深入，在山东士族之中，佛教对他们的影响已经难以回避，一些山东士族也开始归心佛门，崇奉释教。

二　隋唐之际佛学对山东士族影响的加深

与魏晋南北朝相比，隋唐之际的佛教发展呈现出了新的特点，而从研讨佛教与山东士族关系的角度出发，以下几端颇值得注意：

第一，这一时期，佛教与政治联系紧密，统治者多推崇佛教；而佛教虽然并非官方意识形态，但实际地位却比较高。隋代，统治者与佛教关系十分密切。唐初，尽管高祖、太宗时有抑制佛教之举。但从总体上看，统治者对佛教也多加以利用，而佛教与政治的联系也因此更加紧密。对此，陈寅恪先生总结从大业到景云年间佛教发展特点时，就曾指出："此一百年间佛教地位之升降，与当时政治之变易，实有关系。"④ 汤用彤先生总结隋唐佛教发展的特点也说："宗教与政治社会之关系，固甚重要，因本此旨，述本期佛教势力之消长第一。"⑤ 就概括了这一时期佛教与政治的紧密联系。

---

① 《北齐书》卷四二《卢潜传》，第 556 页。
② 《北齐书》卷九《文宣李后传》，第 125—126 页。
③ 《周书》卷四五《卢光传》，第 808 页。
④ 陈寅恪：《武曌与佛教》，《金明馆丛稿二编》，生活·读书·新知三联书店 2001 年版，第 169 页。
⑤ 汤用彤：《隋唐佛教史稿》，中华书局 1982 年版，第 2 页。

第二，佛教本土化的进程基本完成。隋唐之际，佛教发展开始进入创宗立派的新时期。对此，汤用彤先生指出："隋唐佛教，承汉魏以来数百年发展之结果，五花八门，演为宗派。且理解渐精，能融会印度之学说，自立门户，如天台宗、禅宗，盖可谓为纯粹之中国佛教也。"① 事实上，这一时期出现了三论宗、慈恩宗、天台宗、华严宗、净土宗、禅宗、律宗和密宗等多个派别相互争鸣的局面。而这其中，本土化色彩最为浓厚的禅宗发展尤为突出，影响也最大。

第三，佛教注意运用俗讲等多种方式传播教义，容易引发人们的关注。② 同时佛教传译发达也"斯亦本期之特色"③。应当说，这一时期，佛教发展中所呈现的这些特征，总体上是有助于增加其影响力的。

第四，隋唐之际，民族关系较为融洽，中外交流也相当频繁，这使得长期以来存在的华夷之辨显得无足轻重，而以此为导向的反佛也失去了目标，这在傅奕反佛中表现得较为明显。

隋唐之际，士人之中反佛者，以傅奕为典型，《唐会要》卷四七《议释教上》载："武德七年（624）七月十四日，太史令傅奕上疏，请去释教。"④ 其疏言：

> 佛在西域，言妖路远，汉译胡书，恣其假托。故使不忠不孝，削发而揖君亲；游手游食，易服以逃租赋。演其妖书，述其邪法，伪启三涂，谬张六道，恐吓愚夫，诈欺庸品。凡百黎庶，通识者稀，不察根源，信其矫诈。乃追既往之罪，虚规将来之福。布施一钱，希万倍之报；持斋一日，冀百日之粮。遂

---

① 汤用彤：《隋唐佛教史稿》，中华书局 1982 年版，第 2—3 页。
② 向达：《唐代俗讲考》，《唐代长安与西域文明》，河北教育出版社 2001 年版，第 286—327 页。
③ 汤用彤：《隋唐佛教史稿》，中华书局 1982 年版，第 2 页。
④ 《唐会要》卷四七《议释教上》，第 835 页。

使愚迷，妄求功德，不惮科禁，轻犯宪章。其有造作恶逆，身坠刑网，方乃狱中礼佛，口诵佛经，昼夜忘疲，规免其罪。且生死寿夭，由于自然；刑德威福，关之人主。乃谓贫富贵贱，功业所招，而愚僧矫诈，皆云由佛。窃人主之权，擅造化之力，其为害政，良可悲矣！①

由引文可见，傅奕对佛教的指斥，颇具华夷之辩的色彩，故而汤用彤先生认为其"疏中亦致意华夷之辩"。②

傅奕反佛，获得了一些人的支持，如"太仆卿张道源称奕奏合理"③。道士李仲卿、刘进喜等也积极支持，佛教人士曾言李仲卿、刘进喜二人，"咸陈管见，并作庸文，遂著《十异九迷》及《显正》等论，贬量佛圣，昏冒生灵，语越曲谟，动违经史"。④ 指二人在傅奕反佛中的积极态度。

但值得注意的是，尽管有傅奕等人反佛以华夷之辨为号召。但这一时期，山东士族之中对佛教反对之声却罕有记载。

实际上，与反佛相反，隋唐之际，山东士族受到佛教影响记载却频见于各类史料。如以下几例：

高士廉、卢承庆。在隋唐之际的山东士族中，高士廉、卢承庆颇受当政者重用，高士廉"大业中，为治礼郎"⑤。贞观年间累官至尚书右仆射，摄太子少师，特令掌选，加授开府仪同三司。⑥ 卢承庆则累迁至度支尚书，同中书门下三品等职。值得注意的是，卢承庆为"隋武阳太守思道孙也"。⑦

而卢思道则为周武灭佛的积极参与者。

---

① 《旧唐书》卷七九《傅奕传》，第 2715 页。
② 汤用彤：《隋唐佛教史稿》，中华书局 1982 年版，第 10 页。
③ 《旧唐书》卷七九《傅奕传》，第 2716 页。
④ 《大正新修大藏经》50 册《唐护法沙门法琳别传》卷上，第 201 页。
⑤ 《旧唐书》卷六五《高士廉传》，第 2441 页。
⑥ 同上书，第 2444 页。
⑦ 《旧唐书》卷八一《卢承庆传》，第 2748 页。

关于佛教对高士廉、卢承庆的影响，唐人李俨《益州多宝寺道因法师碑文并序》一文中记载：

> 时有宝暹法师，东海人也，植艺该洽，尤善大乘。昔在隋朝，英尘久播。学徒来请，接武摩肩，暹公懒尔其间，仰之弥峻。每至法师论义，肃然改容，沉吟久之，方用酬遣。法师抗音驰辩，雷惊波注，尽妙穷微，藏牙折角。益州总管邓国公窦琎、行台左仆射赞国公窦轨、长史申国公高士廉、范阳公卢承庆，及前后首僚，并西南岳牧，并国华朝秀，重望崇班，共藉声芳，俱申虔仰。①

由此可见，高士廉、卢承庆等人对宝暹法师讲法颇为推崇，其受佛教影响也可以由此略见。

此外，高士廉与佛教的另一段关系在《宋高僧传》卷一九亦有记载：

> （法定）寺有弥勒圣像，唐武德中忽有枯查沿江而至，夜发光明，因雕作像首。贞观中窦轨为长吏剑门，佛首光见，引达于府。窦公令人迎取，数百人亦不能胜。乃令祝之，任欲何往，遂言："可就法定否？"乃一人能举。窦遂造佛身，长史高士廉盖殿以安之，后有僧泛爱树其浮图。②

诚然，这段记述有传说成分。但从中依然可见，高士廉的确曾经参与佛寺的兴建，其与佛教的关联亦由此可见。

贞观名臣房玄龄出于清河房氏，史载其父房彦谦："本清河人也。七世祖谌，仕燕太尉掾，随慕容氏迁于齐，子孙因家焉。世为

---

① （唐）李俨：《益州多宝寺道因法师碑文并序》，《全唐文》卷二〇一，第2035页。
② 《大正新修大藏经》50册《宋高僧传》卷一九，第835页。

著姓。"① 房玄龄亦有法缘，曾与僧人慧净"求为法友，义结俗兄"。②
房玄龄与僧人通达亦有交往，《续高僧传》卷二五载："释通达，雍
州人，三十出家，栖止无定。……左仆射房玄龄，闻而异焉，迎至
第中，父事隆重。而达体道为功，性不拘检，或单裙露腹，或放达
余言。玄龄以风表处之，不以形言致隔，其见贵如此也。"③

从以上两则史料中，我们可以看到，房玄龄与僧人求为法友，
交往颇为密切，其受佛教的影响亦可由此得以反映。

房玄龄还曾参与勘定译经，《续高僧传》卷三载：

> 上（太宗）以诸有非乐，物我皆空，眷言真要，无过释典，
> 流通之极，岂尚翻传？下诏所司，搜扬硕德备经三教者一十九
> 人，于大兴善创开传译，沙门慧乘等证义，沙门玄谟等译语，
> 沙门慧赜、慧净、慧明、法琳等缀文。又敕上柱国尚书左仆射
> 房玄龄、散骑常侍太子詹事杜正伦，参助勘定。④

崔玄亮，活动时间较晚，为中唐时人，但其对佛教的态度亦可
作参考。史载其："性雅淡，好道术，不乐趋竞，久游江湖。"⑤ 实
际上，崔玄亮晚年亦多受佛教的影响，其墓志载：

> 公之晚年，又师六祖，以无相为心地，以不二为法门。每
> 遇僧徒，辄论真谛，虽耆年宿德，皆心伏之。及易箦之夕，大
> 怖将至，如入三昧，恬然自安。仍于遗疏之末，手笔题云：
> "趆荣趆悴敲石火，即空即色眼生花。许时为客今归去，大历
> 元年（766 年）是我家。"其解空得证也又如此。可不谓达于

① 《隋书》卷六六《房彦谦传》，第 1561 页。
② 《大正新修大藏经》50 册《续高僧传》卷三，第 443 页。
③ 《大正新修大藏经》50 册《续高僧传》卷二五，第 655 页。
④ 《大正新修大藏经》50 册《续高僧传》卷三，第 440 页。
⑤ 《旧唐书》卷一六五《崔玄亮传》，第 4313 页。

佛性乎？①

　　再如王昵，出于太原王氏，卒于开元二十一年（733 年）。其墓志称："制授朝请大夫、行内给事，事授朝散大夫行内谒者监"；"改授中散大夫，便充东北军和国使。策名武禁，权略有方"；"遂托凭释教，广建伽蓝，尽躯命以求缘，竭资财而作福，广崇内典，志乐真如"。② 王昵广建伽蓝，广崇内典，显然，受佛教影响也相当的深。

　　由此可见，隋唐之际，由于佛教的发展环境出现了明显变化，山东士族与佛教的接触也出现了新的机缘，接受佛教影响的机会也在增加。这一点，也诚如宋人所言："儒家有排佛者，以不曾读佛经耳。使稍知观览，必能服其为道之妙。"③ 在新的环境之下，隋唐之际大量山东士族归心佛门，应当说与这一时期佛教发展的总体趋势是密切相关的。

三　崇佛弃世与儒佛兼济

（一）崇佛与弃世

　　中土佛学认为："内教多途，出家自是其一法耳。若能诚孝在心，仁惠为本，须达、流水，不必剃落须发。"④ 因此，对信奉者而言，崇佛并不一定要弃世出家。

　　不过，以佛教本义来说，其仍多鼓励修持者弃世修行。佛经言："若在家者，钩锁相连，不得清净修于梵行。我今宁可剃除须发，服三法衣，出家修道，具诸功德。乃至成就三明，灭诸暗冥，生大智明。所以者何？斯由精勤，乐独闲居，专念不忘之所得也。"⑤ 又云：

---

　　①　（唐）白居易：《唐故虢州刺史赠礼部尚书崔公墓志铭并序》，《全唐文》卷六七九，第 6948 页。
　　②　《唐代墓志汇编续编》开元一二一，第 536 页。
　　③　《大正新修大藏经》49 册《佛祖统纪》卷四三，第 395 页。
　　④　《颜氏家训集解》卷五《归心第十六》，第 391 页。
　　⑤　《大正新修大藏经》01 册《佛说长阿含经》卷一六，第 102 页。

"若复有人归佛出家，功德有十。云何为十？一远离妻室，二染欲不贪，三爱乐寂静，四诸佛欢喜，五远离邪魔，六近佛听法，七远离三恶，八诸天爱敬，九命终生天，十速证圆寂。"① 皆是倡导信奉者出家修行之义。

因此，出于宗教自觉，不同时期，均有山东士族之胤出家为僧。《续高僧传》卷二记载北齐僧人彦琮："俗缘李氏，赵郡柏人人也。世号衣冠，门称甲族。少而聪敏，才藻清新；识洞幽微，情符水镜；遇物斯览，事罕再详。初投信都僧边法师，因试令诵《须大拏经》，减七千言，一日便了。更诵《大方等经》，数日亦度，边异之也。至于十岁，方许出家，改名道江。"② 可见道江即出于山东士族之门。

隋唐时期，山东士族后裔中亦可见到此类记载，如以下几例：

隋代僧人法侃，"姓郑氏。荥阳人也。弱年从道，志力坚明，体理方广。"③

某僧人，俗姓崔，郡望为博陵，"祖父苗裔，本出定州，因仕分居，遂留相部。年十有二，落发玄门。"④

僧人敬节出于范阳卢氏，后亦出家："惟大德俗姓卢，讳敬节，范阳人也。祖尚书远叶，栖志丘园。父乐司徒季英，闲居遁世，愍於穉子，遏以群流，放令出家，不从文秩。上可以益后，下可以利人，不累庄严，足陪净藏。令投虔和上受业。"⑤

敬节少年出家，塔铭载其："年甫什岁，日诵千言"；"奏梵音以云扬，感神明而电激"。⑥

崔明达，其郡望为清河，"祖元奖，吏部侍郎杭州刺史。父庭玉，金吾将军冀州刺史。明达幼于西京太平寺出家，师事利涉法师，

---

① 《大正新修大藏经》01 册《分别善恶报应经》卷下，第 901 页。
② 《大正新修大藏经》50 册《续高僧传》卷二，第 436 页。
③ 《大正新修大藏经》50 册《续高僧传》卷一一，第 513 页。
④ 《唐代墓志汇编》贞观一〇五，第 75 页。
⑤ （唐）处玉璇：《大唐众义寺故大德敬节法师塔铭并序》，《全唐文》卷九一五，第 9528 页。
⑥ 《唐代墓志汇编》开元二九一，第 1356 页。

通《涅槃经》，为桑门之魁柄。"①

可见，在佛教影响深远的隋唐时期，山东士族之胤，一些人受佛教影响较深，时有弃世出家者。

值得注意的是，隋唐之际，一些山东士族选择隐逸不仕，一些人虽未出家为僧，但也以佛学作为其精神依归。如以下几位：

刘粲，出于彭城刘氏，祖、父均任职于北齐，刘粲本人："大隋之初，以廉洁闻，州县累召，辞不赴命。于是养素一丘，去来三迳，怡神释部，游性玄言，放旷不羁，清虚攸履，或长啸以傲世利，或行诵以避时危，志不杂于嚣尘，情岂婴于荣禄。"②

李网，出于赵郡李氏，唐初人，其墓志称："既而功成九仞，方受陪戎。性爱三乘，因兹告养。于是妙通因果，深识苦空。依杖灵岩，得四流之无著；纵心惠渚，镜六贼于浮泡。以此怡神，忽焉遗老。"③

王某，出于太原王氏，居士，卒于显庆元年（656年），塔铭云："居士早标先觉，本遗名利，遍览典坟，备穷义窟。睹老庄如糟粕，视孔墨犹灰尘，得给园之说，馨求彼岸之路，励精七觉，仰十地而克勤。"④

隋唐之际，山东士族的隐逸，其原因不止一端。而从上述墓志中可见，佛学对一些人的隐逸之举的确产生了明显的影响。

（二）儒佛兼济

隋唐以来，佛学影响的加深的确给山东士族的传统风尚带来了一些变化，甚至导致了一些山东士族弃世出家。但在唐代，即使在受佛学影响的士人之中，儒风的影响依然很明显。⑤ 山东士族是以儒

---

① 《太平广记》卷三七九《崔明达》，第3016页。

② 《唐代墓志汇编》贞观○八三，第62页。

③ 《唐故陪戎副尉李君（网）墓志铭并序》，《全唐文补遗》千唐志斋新藏专辑，第27页。

④ 《唐代墓志汇编》显庆○八一，第279页。

⑤ 参见郭绍林《唐代士大夫与佛教》，河南大学出版社1987年版，第51—54页。

学闻世的社会群体,隋唐以来,儒佛兼济仍是其主体。所谓儒佛兼济,用唐代山东士族的话来说,称其为"惟三二宗儒学,一从释氏"①。此类记述甚多,如以下几例:

隋人李士谦为赵郡李氏之后,其行止反映多受佛教影响;不过,总体而言却仍不改北方经学学者的基本特征。《隋书》卷七七《李士谦传》载:"士谦服阕,舍宅为伽蓝,脱身而出。诣学请业,研精不倦,遂博览群籍,兼善天文术数。"②可见李士谦多受佛教影响,但他同时博览群籍,善天文术数,亦颇体现出了北方经学学者的特质。

再如崔暟,崔暟亦以经学见长,其墓志载:"公年始登十,而黄门郎齐璿长己倍之,与公同受《春秋》三传于成都讲肆。""岁十有八,以门胄齿太学。明年,精《春秋左氏传》登科。"但他同时又"尤好老氏道德,金刚般若"③。可见其颇通晓佛学。崔暟其子崔沔亦受到佛教影响,其墓志载崔沔:"顷以依于佛,济于仁,厚禄半于檀那。"④与此同时,崔沔亦以传统的儒士面目示人。史载其:"口无二言,事亲至孝,博学有文词。初应制举,对策高第。"⑤崔沔孝谨而博学,从中也可见其有传统士人的一面。

再如以下两例:

王德表,出于太原王氏,其墓志载其少染儒风,曾入太学,颇以学术为时人所重,其墓志称:"公博综经史,研精翰墨,冠冕五常,被服六艺。"而王德表也精习佛学:"至于释教空相,玄门宗旨,莫不澄源挹澜,必造其极。"⑥

崔藏之,为博陵崔氏之后,卒于天宝九年(750年)。崔藏之曾

---

① 《唐代墓志汇编》贞元〇五六,第 1877 页。
② 《隋书》卷七七《李士谦传》第 1752 页。
③ 《唐代墓志汇编》大历〇六二,第 1802 页。
④ 《唐代墓志汇编》大历〇六〇,第 1800 页。
⑤ 《旧唐书》卷一八八《崔沔传》第 4927 页。
⑥ 《唐代墓志汇编》圣历〇二八,第 947 页。

居嵩山研习佛学，其墓志载："（崔藏之）飞遯穷谷，结庐嵩山。著书数万言，坐忘四五载。知身是幻，见法皆空。因诣大照禅师，抠衣请益。顿悟先觉，无生后心。"之后，崔藏之又以科举入仕："公以进而无位，退不得隐，遂应进士，一举登科。"后至膳部员外郎。①崔藏之先隐居以研习佛学，之后又参加科举并及第入仕。应当说，这样的经历既显示出佛学的显著影响，也反映出山东士族仍以传统文化为基础的思想特征。

事实上，隋唐以来，由于佛教的长期浸染，佛学影响已成为不少山东士族在儒学之外的重要精神养分。佛教人士早就指出："中国君子明于礼义，而暗于知人之心。"②而治心又恰恰是佛教所长，即所谓："崇佛者本在于神教，故以治心为先。"③无疑，明于礼义，暗于知人之心，颇能切中儒学要害，而这也是大量士人崇奉佛学的重要原因。因此，对于多受儒学影响的山东士族来说，在保持儒风的前提下，佛学的"治心"功用正是满足了他们在精神世界的需求。这一点，用唐人自己的话说即是"以孔教而饰事，用佛理而持心"。④

我们可以看到，隋唐以来，儒佛兼济的特征不仅在信奉佛教的山东士族身上表现得较为明显；即使是在不以信佛示人，甚至是对佛教有抵触表现的山东士族那里也有体现。在此，我们可以将考察范围延长到中晚唐，将李德裕对佛学的看法作为考察对象，以便可以更为清晰地认识到这一点。

李德裕以经学见长，其"幼有壮志，苦心力学，尤精《西汉书》《左氏春秋》"⑤。又颇崇信道教⑥，在会昌灭佛之中，李德裕是积极

---

① 《唐故朝议大夫行尚书膳部员外郎上柱国崔府君（藏之）墓志铭并序》，《全唐文补遗》千唐志斋新藏专辑，第224—225页。

② 《大正新修大藏经》52册《弘明集》卷二，第9页。

③ 《大正新修大藏经》52册《弘明集》卷一三，第89页。

④ 《唐代墓志汇编续集》长安〇〇七，第392页。

⑤ 《旧唐书》卷一七四《李德裕传》，第4509页。

⑥ 王永平：《道教与唐代社会》，首都师范大学出版社2002年版，第97—102页。

参与者，汤用彤先生认为："武宗信道毁佛，卫公亦不喜释氏，宜其毁法至酷烈也。"① 李德裕曾从夷夏之辨、佛教对社会秩序冲击等方面对佛教进行激烈抨击。其《贺废毁诸寺德音表》极具代表性，其言：

> 东汉楚王英，始盛桑门之馔，沦于左道；桓帝更增犀盖之饰，归于乱政。魏之三祖，西晋太康，虽君非大圣，臣非上哲，然犹祖尚老庄，斯教未行。至东晋因吴人之佻薄，袭孙权之弊政，始建塔庙，乃译梵书。宋齐梁陈，其教浸盛，好大经之说；陋乃《诗》《书》，因报拔济之谈。隆于仁孝，运祚浮促，篡夺相寻，二百年间，五变朝市，君无殷宗之福，臣靡卫武之年。感验寂寥，斯可明矣。高祖神尧皇帝方欲刬除斯弊，扫刷中区，时属宰臣萧瑀，本梁氏之子孙，寻覆车之轨辙，废格明诏，以迄于今。遂使土木兴妖，山林增构，一岩之秀，必极雕镌；一川之腴，已布高刹。鬼功不可，人力宁堪？耗蠹生灵，侵减正税，国家大蠹，千有余年。②

显然，《贺废毁诸寺德音表》一文，的确在一定程度上反映了李德裕思想之中对佛教的抵触。然而，李德裕与佛教的关系却并非如此简单。事实上，李德裕与僧人多有交往，对佛学也有一定的了解，在其思想深层，对于佛学的意义，也有着另外一些价值评判的尺度。

李德裕与僧人亦有来往，这可从以下两首诗得以管窥。其《赠圆明上人》云："远公说易长松下，龙树双经海藏中。今日导师闻佛慧，始知前路化成空。"③《赠奉律上人》："知君学地厌多闻，广度

---

① 汤用彤：《隋唐佛教史稿》，中华书局1982年版，第47页。
② （唐）李德裕：《贺废毁诸寺德音表》，《全唐文》卷七〇〇，第7194页。
③ （唐）李德裕：《赠圆明上人》，《全唐诗》卷四七五，第5389页。

群生出世氛。饭色不应殊宝器，树香皆遣入禅薰。"① 可见，李德裕与僧人也有所往来，其思想也曾受僧人讲法的影响。

李德裕还有《大迦叶赞》，其言："惟大迦叶，依无上智。初分宝座，终投密记。晚遇金粟，乃知平地。潜形鸡足，以待慈氏。"② 也与佛教有关。

李德裕《荐处士李源表》为奖拔李源而作，李源长期居于佛寺，多受佛教影响，然而李德裕对此并不介怀。其云：

> 臣访闻处士李源，即故礼部尚书、东都留守、赠司徒、忠烈公憕之少子。天与贞孝，嗣兹忠烈，以父死国难，哀缠终身，自司农寺主簿绝心禄仕，垂五十年。放怀山泽，罕至人落。暨于衰暮，多依慧林佛寺，以其本憕别业，就寓残生。从僧住持，不举烟爨，随僧一食，以至五十余年。嗜欲靡窥，精粗同众。寺之旧殿，则憕之寝堂，源过必敬趋，未尝登践，其端心执孝，无有不至。忘形患苦，绝意贪缘，迎斥浮虚，就专志节，则孰能挺操不易，沉身无声，处薄自颐，终老弥笃？……抱此贞用，弃于清朝，臣窃为陛下深惜。伏乞就授一官，召赴京阙，仍以事迹，宣付史馆。③

此外，李德裕在《梁武论》一文中对佛教的看法则更多持平和之论，其风格与《贺废毁诸寺德音表》一文大有差异。其言：

> 世人疑梁武建佛刹三百余所，而国破家亡，残祸甚酷，以为释氏之力，不能拯其颠危。余以为不然也。释氏有六波罗密，檀波罗密是其一也。又曰："难舍能舍，大者头目肢体；其次国

---

① （唐）李德裕：《赠奉律上人》，《全唐诗》卷四七五，第5389页。
② （唐）李德裕：《大迦叶赞》，《全唐文》卷七一〇，第7292页。
③ （唐）李德裕：《荐处士李源表》，《全唐文》卷七〇〇，第7195页。

城妻子，此所谓难舍也。"余尝深求此理，本不戒其不贪，能自微不有其宝，必不操人所宝。与老氏之无欲知足，司城之不贪为宝，其义一也。庸夫谓之作福，斯为妄矣。而梁武所建佛刹，未尝自损一毫，或出自有司，或厚敛氓俗。竭经国之费，破生人之产，劳役不止，杼柚其空，闰位偏方，不堪其弊，以此徼福，不其悖哉！此梁武所以不免也。①

李德裕《梁武论》一文对佛教的评价比较平允，反映出他对佛教教义有较为深入的理解。在文中，李德裕不仅没有对佛教进行激烈指斥，反而认为佛教的一些教义与道家类似。值得注意的是，《梁武论》并非表疏之类的奏文，受政治因素影响较小，应该说较为真实地反映了李德裕的心态。

从现存史料来看，李德裕的家族之中亦有信奉佛教者。赵郡李氏女悬黎为李德裕孙女，即信佛。其墓志载："赵郡李氏女悬黎，生得十三年，以咸通十二年（871 年）七月十五日卒于安邑里第。曾祖讳吉甫。……祖讳德裕……考讳烨……未四岁，遇先府君忧，泣慕不可解，门中异焉……又能讽释氏文字，动有古女风，亲戚家传以为训。"②

李德裕的另一个侄孙女也信奉佛教，其墓志载："小娘子曾祖讳吉甫……祖讳德修……考讳从质……及五六岁，能诵书学书，女工奇妙，尽得之矣。洎七八岁，宛有成人之器，心归释氏，情向玄门，虽颠沛间，亦必于是。"③

值得关注的是，上述两位女性都是在幼年即受佛教浸染，因此也就存在受其家族影响的可能性。

在唐代的山东士族中，李德裕是以对佛教持较为抵触的面目示

①　（唐）李德裕：《梁武论》，《全唐文》卷七一〇，第 7290—7291 页。
②　《唐代墓志汇编》咸通〇九八，第 2455 页。
③　《唐代墓志汇编》咸通一〇一，第 2457 页。

人的。但从上述所引证的李德裕的佛教观中，我们可以看到，在其精神深处，佛学影响依然明显。这同北魏山东士族崔浩坚定反对佛教的态度相比，显然是不可同日而语的。

四　王通之援佛入儒：中唐儒学变革的前奏

魏晋南北朝时期，随着佛教影响的深入，儒佛两种学风间的关系也凸显出来。不过，这一时期，儒学，特别是江左儒学与佛学虽已有开始融合的趋势，但是北方传统的经学受佛教的影响并不显著。对此，汤用彤先生曾言：

> 南朝之学，玄理佛理，实相合流。北朝之学，经学佛学，似为俱起。合流者交互影响，相得益彰。俱起者则由于国家学术之发达，二教各自同时兴盛，因而互有关涉……南方佛理，因与玄学契合无间，故几可视为一流。北方经学之于佛教虽少交互之影响，但经术既与佛义俱起俱弘，儒师遂不免与僧徒发生学问上之因缘。①

隋唐之际，山东士族的经学发展是以逐渐接受经学统一成果为其主流的。但这一时期，佛教对儒学发展所产生的影响也值得重视。而这一方面，隋代大儒王通的思想则为其中的代表。这些影响在当时虽未产生重大影响，但却构成了之后儒学发展与革新的重要起点。

王通系太原王氏之胤②，出身于儒学世家，本人为隋代大儒。关于王通的学术风格，钱穆先生曾言王通"出北方大门第"，"以儒学传统而不忘当世政教大纲盛衰要端，乃确乎北方门第之学统"。③ 肯

---

① 汤用彤：《汉魏两晋南北朝佛教史》，商务印书馆2015年版，第427页。
② 参见李小成《文中子考论》第一章"文中子家世考"，上海古籍出版社2008年版。
③ 钱穆：《读王通〈中说〉》，《中国学术思想史论丛》（四），台北东大图书有限公司1983年版，第6页。

定了王通作为北方士族的学术传统。

从现有资料来看，未见王通有信仰佛教的明确记载。但很明显的一点是，王通对佛教并不抵触。他承认佛教亦为圣人之学，只是与中土文化有所不合，不过认为儒佛道仍能做到"三教可一"。如有载："或问佛，子曰：'圣人也。'曰：'其教何如？'曰：'西方之教也，中国则泥。轩车不可以适越，冠冕不可以之胡，古之道也。'"①再如："程元曰：'三教何如？'子曰：'政恶多门久矣。'曰：'废之何如？'子曰：'非尔所及也。真君、建德之事，适足推波助澜、纵风止燎尔。'"又如："子读《洪范谠议》，曰：'三教于是乎可一矣。'程元、魏徵进曰：'何谓也？'子曰：'使民不倦。'"②

上述史料表明，王通已经意识到"三教可一"的可能性及其价值。对此，钱穆先生曾说："可知（王）通之儒业，乃承两汉之风，通经致用，以关心于政道治术者为主。至如心性修养日常人生取与释老争短长者，在通书中，殆少厝意。"③ 可见，王通之儒术，以北学为基础，而对心性与人生之类问题，则受佛道之说的影响。

关于如何做到三教可一，王通并未明言，但在其对学说的某些论述之中，却不难找到佛学思想对王通儒学观的影响：

> 房元龄问事君之道，子曰："无私。"问使人之道，曰："无偏。"曰："敢问化人之道。"子曰："正其心。"问礼乐，子曰："王道盛则礼乐从而兴焉，非尔所及也。"④
>
> "推之以诚，则不言而信；镇之以静，则不行而谨。惟有道者能之"，"静以思道可矣"。⑤

---

① 《中说》卷上《周公第四篇》，第14页。
② 《中说》卷上《问易篇第五》，第17页。
③ 钱穆：《读王通〈中说〉》，《中国学术思想史论丛》（四），台北东大图书有限公司1983年版，第10页。
④ 《中说》卷上《事君篇卷三》，第8页。
⑤ 《中说》卷上《周公篇第四》，第14页。

子曰："人心惟危，道心惟微，言道之难进也；故君子思过而预防之，所以有诚也。切而不指，勤有（而）不怨，曲而不诐，直而有礼，其惟诚乎？"①

文中子曰："诚其至矣乎？古之明王，敬慎所未见，悚惧所未闻；刻于盘盂，勒于几杖，居有常念，动无过事，其诚之功乎？"②

显然在这里，王通为儒学提出了新的命题与解决的方法。首先，儒学之道并非仅仅是通晓礼乐，而是还要"正其心"。其次，为达到"正其心"的目的，不是要穷经皓首苦读经学，而是通过"静以思道"的方式达到目的。在此可以明显看到，王通的思想似已受到佛学，特别是禅学影响的痕迹。

众所周知，中唐以韩愈、李翱等为主发动的儒学革新即颇受佛教，特别是禅宗的影响。对此，陈寅恪先生曾有深入论述："退之自述其道统传授渊源固由孟子卒章所启发，亦从新禅宗所自称者摹袭得来也"，"新禅宗特提出直指人心见性成佛之旨，一扫僧徒繁琐章句之学，摧陷廓清，发聋振聩，固吾国佛教史上一大事也。退之生值其时，又居其地，睹儒家之积弊，效禅侣之先河，直指华夏之特性，扫除贾、孔之繁文"。③ 在文中，陈寅恪先生肯定了韩愈的儒学革新与新禅宗间的密切关联。

不过值得注意的是，实际上北朝以来，北方地区禅学已颇为流行。《洛阳伽蓝记》就载北魏胡太后当政时期及其之后，"京邑比丘，悉皆禅诵，不复以讲经为意"④。北齐时期，文宣帝甚至提出专依禅

---

① 《中说》卷上《问易篇第五》，第 17 页。
② 《中说》卷下《礼乐篇第六》，第 21—22 页。
③ 陈寅恪：《论韩愈》，《金明馆丛稿初编》，生活·读书·新知三联书店 2001 年版，第 320—321 页。
④ （北魏）杨衒之撰，范祥雍注：《洛阳伽蓝记校注》卷二《崇真寺》，上海古籍出版社 1978 年版，第 81 页。

法的主张，《续高僧传》卷十六载僧稠深通禅法，至邺都，"（文宣）帝扶接入内，为论正理。因说三界本空，国土亦尔，荣华世相不可常保；广说四念处法。帝闻之，毛竖流汗，即受禅道。……帝曰：'佛法大宗，静心为本。诸法师等徒传法化，犹接嚣烦，未曰阐扬，可并除废。'"① 由此可见禅学在北方的影响程度之深入，范围之广泛。

尽管与唐代的禅宗有所不同，但早期禅学同样高度关注心性问题。相传为达摩所著《小室六门》第二门《破相论》载："心者，万法之根本。一切诸法，唯心所生。若能了心，则万法俱备。"② 《入楞伽经》卷七载："我说诸地次第相者，唯自心见诸地次第。"③ "寂灭者名为一心。"④ 这与唐代禅宗所言："佛向性中作，莫向身外求。自性迷即是众生，自性觉即是佛。"⑤ 其立意颇为相近，也都是为了使佛教更易于为更多的人所理解接受。这一点，诚如陈寅恪先生所言："是以佛教学说，能于吾国思想史上，发生重大久远之影响者，皆经国人吸收改造之过程。"⑥

钱穆先生在评价《中说》时说："中说显属北方学统，乃递禅积累之久，而有此境。"亦为北方儒学"仅存之硕果也"。⑦

我们已经知道，王通的儒学观虽脱胎于魏晋以来的北方儒学，但他对佛教并不抵触。在北朝佛教，特别是禅学流行的背景之下，王通在自己的儒学学说中引入"心"等佛学理念。对此，我们推测他在一定程度上受到禅宗等的影响，应该说并非是不可能的。可以

① 《大正新修大藏经》50 册《续高僧传》卷十六，第 554 页。
② 《大正新修大藏经》48 册《小室六门》第二《门破相论》，第 366 页。
③ 《大正新修大藏经》16 册《入楞伽经》卷七，第 555 页。
④ 《大正新修大藏经》16 册《入楞伽经》卷一，第 519 页。
⑤ 《大正新修大藏经》48 册《六祖大师法宝坛经》，第 352 页。
⑥ 陈寅恪：《冯友兰中国哲学史下册审查报告》，《金明馆丛稿二编》，生活·读书·新知三联书店 2001 年版，第 283 页。
⑦ 钱穆：《读王通〈中说〉》，《中国学术思想史论丛》（四），台北东大图书有限公司 1983 年版，第 8、12 页。

说，王通以其对儒学发展的独特领悟，在儒学发展史上写下了重要的一笔，在思想史上，他也是超越其时代的少数人之一。《二程粹言》卷七《圣贤篇》就曾说："王仲淹，隐德君子也；其书有格言，非其自著也，续之者勖入其说耳，所谓售伪必假真也。通之所得，粹矣，非荀、扬所及。"[1] 对王通评价颇高。

不过，王通所处的时代还是国家走向统一的上升期，经学发展也以接受南方学统为主。因此，其学说在当时不受重视也就毫不奇怪。但是，王通的学说在当时虽未产生重大影响，但却反映了隋唐时期山东士族对儒学发展的新思考，也构成了中唐儒学发展与革新的逻辑起点。对此，钱穆先生也说："若唐代为治者有此识（指采纳王通学说），则不复有韩愈之崛起矣。"[2] 可见，其思想无疑是中唐之后儒学革新的前奏。

第三节 北朝、隋、唐初山东士族武风考辨

山东士族虽主要以经学门风闻世，但魏晋之后，特别是北朝以来，在这一群体之中也频频出现崇尚武风者。这种崇武风气虽然还不能说是当时山东士族的普遍倾向，但亦有一定规模，而且对当时社会也有相当的影响，因此不可忽视。

一 乡曲因素与北朝山东士族的武风之兴

魏晋以降，北方地区战乱频仍。同时，由于各少数民族的不断内徙，勇武敢战之气在北方有很大影响，所谓"河北文士，率晓兵

---

① （宋）杨时编辑：《二程粹言》卷七"圣贤篇"，中华书局1985年版，第65页。

② 钱穆：《读王通〈中说〉》，《中国学术思想史论丛》（四），台北东大图书有限公司1983年版，第9页。

射"①。在这种背景之下，某些山东士族身上也颇具尚武之风。如高昂为渤海高氏之胤，"幼稚时，便有壮气。长而俶傥，胆力过人，龙眉豹颈，姿体雄异。其父为求严师，令加捶挞。昂不遵师训，专事驰骋，每言男儿当横行天下，自取富贵，谁能端坐读书，作老博士也"②。魏收以文史知名，但少年时亦崇尚武风，史载其："年十五，颇已属文。及随父赴边，值四方多难，好习骑射，欲以武艺自达。"③从中可以看到北朝尚武习气对山东士族颇有影响。

北朝时期，山东士族多聚居乡里或利用宗乡关系以图进取，这背后所依托的是深厚的乡曲势力，而山东士族的尚武之举也常与乡曲因素相关，其表现则多集中于如下两个方面：

（一）护佑乡曲

东汉末年以来，时逢战乱，民众除流亡逃散之外，也有不少人聚居乡里或利用宗乡关系以图自保。如赵克尧就认为坞壁"以宗族与乡里作为团聚的纽带"④，"所以当战乱时期地方领袖人物率乡人立坞堡自保时，其宗族势力也就自然而然地融入地缘组织之中，从而兼有血缘、地缘色彩。"⑤ 山东士族在宗乡中本身就具有道义和物力资源，对于其中勇武敢战者来说，若以护佑乡曲为号召，则极易成为乡党领袖。对此，只要其不具有明显的对抗性，王朝政权或实力集团也通常给予认可，并授以职任；而一些山东士族也借此游刃于不同势力之间。

高翼，出于渤海高氏。史载其："豪侠有风神，为州里所宗敬。孝昌末，葛荣作乱于燕、赵，朝廷以翼山东豪右，即家拜渤海太守。至郡未几，贼徒愈盛，翼部率合境，徙居河、济之间。魏因置东冀

① 《颜氏家训集解》卷七《杂艺第十九》，第581页。
② 《北齐书》卷二一《高乾传附高昂传》，第293页。
③ 《魏书》卷一〇四《列传自序》，第2323页。
④ 赵克尧：《论魏晋南北朝的坞壁》，《历史研究》1980年第6期。
⑤ 李卿：《秦汉魏晋南北朝时期家族、宗族关系研究》第四章"秦汉魏晋南北朝时期宗族关系与社会生活"（二）"战乱时期的宗族活动"，上海人民出版社2005年版，第243页。

州，以翼为刺史，加镇东将军、乐城县侯。及尔朱兆弑庄帝，翼保境自守。"① 很明显，高翼身居乱世，虽为朝堂所用，但仍以保护乡里势力为基础，其"保境自守"之举说明了这一点。

卢文伟的经历则更为典型，卢文伟为"范阳涿人也，为北州冠族"。史载：

> 文伟少孤，有志尚，颇涉经史，笃于交游，少为乡间所敬。州辟主簿。年三十八，始举秀才。除本州平北府长流参军，说刺史裴儁按旧迹修督亢陂，溉田万余顷，民赖其利，修立之功，多以委文伟。文伟既善于营理，兼展私力，家素贫俭，因此致富。
>
> 孝昌中，诏兼尚书郎中，时行台常景启留为行台郎中。及北方将乱，文伟积稻谷于范阳城，时经荒俭，多所赈赡，弥为乡里所归。寻为杜洛周所虏。洛周败，复入葛荣，荣败，归家。时韩楼据蓟城，文伟率乡间屯守范阳，与楼相抗。乃以文伟行范阳郡事。防守二年，与士卒同劳苦，分散家财，拯救贫乏，莫不人人感说。尔朱荣遣将侯深讨楼，平之。文伟以功封大夏县男，邑二百户，除范阳太守。深乃留镇范阳。……属高祖至信都，文伟遣子怀道奉启陈诚，高祖嘉纳之。②

卢文伟出身于士族，又颇具文武才干，故此为乡里所归，在乡间享有很高的声望。在北魏末年的战乱中，卢文伟屡次据守范阳，又与葛荣、尔朱荣、高欢等势力相周旋，其从武经历与护佑乡里可谓密切相关。

（二）乡土势力与山东士族的叛逆之举

北朝以来，承平与战乱相互交织，不同政权、集团间的势力也

---

① 《北齐书》卷二一《高翼传》，第289页。
② 《北齐书》卷二二《卢文伟传》，第319—320页。

相互消长。山东士族在乡土拥有极大的影响力和号召力，有的还拥有大量部曲。因此，他们往往是各种势力争取的对象和重要支柱。不过，山东士族中某些勇武敢战且有政治图谋者，亦时有叛逆王朝政权、实力集团的举动。而他们以盘根错节的乡土势力为依托起事，对其而言又是一个自然而然的选择。

北魏天兴二年（399 年），范阳人卢溥反魏，即是山东士族依托乡里势力反叛王朝政权的典型事例。史称卢溥："聚众海滨，称使持节、征北大将军、幽州刺史，攻掠郡县，杀幽州刺史封沓干。"①

卢溥反魏，其依靠力量是他所率领的部曲。这些乡土势力作为卢溥的力量基础，在他起事过程中发挥了重要作用。史载："卢溥帅其部曲数千家就食渔阳，遂据有数郡。秋，七月，己未，燕主盛遣使拜溥幽州刺史。"② "卢溥受燕爵命，侵掠魏郡县，杀魏幽州刺史封沓干。"③

很明显，卢溥是为实现其政治图谋而反叛北魏，而其尚武之气与部曲势力相结合则成为促成这一行动的重要因素，这也是山东士族在乡曲中享有威望的一种体现。

高乾为渤海高氏之胤，"少时轻侠，数犯公法，长而修改，轻财重义，多所交结"。④北魏末年，曾依靠河北流人起事于河、济之间，史载：

> 魏孝庄之居藩也，乾潜相托附。及尔朱荣入洛，乾东奔于翼。庄帝立，遥除龙骧将军、通直散骑常侍。乾兄弟本有从横志，见荣杀害人士，谓天下遂乱，乃率河北流人反于河、济之间，受葛荣官爵，屡败齐州士马。⑤

---

① 《魏书》卷二《太祖纪》，第 36 页。
② 《资治通鉴》卷一一一"安帝隆安三年条"，第 3492 页。
③ 同上书，第 3495 页。
④ 《北齐书》卷二一《高乾传》，第 289—290 页。
⑤ 同上书，第 290 页。

高乾出身于山东士族，其家为"山东豪右"。① 高乾本人又有尚武任侠之风，其能率领河北流人反叛，应当说，这两端都不可缺少。

周平北齐后，亦有卢昌期之叛。卢昌期反叛，以范阳为依托，其依托乡土的特征也十分明显。史载宣政元年（578 年），"幽州人卢昌期据范阳反，诏柱国、东平公宇文神举帅众讨平之"。②

事实上，卢昌期在范阳起事也反映出了山东士族对北周政权抵触的政治态度。关于卢昌期之叛的起因，史载：

> 范阳王绍义，文宣第三子也。……（及齐败于周后）凡齐人在北者，悉隶绍义。高宝宁在营州，表上尊号，绍义遂即皇帝位，称武平元年。以赵穆为天水王。他钵闻宝宁得平州，亦招诸部，各举兵南向，云共立范阳王作齐帝，为其报仇。周武帝大集兵于云阳，将亲北伐，遇疾暴崩。绍义闻之，以为天赞已。卢昌期据范阳，亦表迎绍义。③

北朝著名文人卢思道也曾参与了卢昌期起事，史称："幽州人卢昌期、祖英伯等聚众据范阳反，诏神举率兵擒之。齐黄门侍郎卢思道亦在反中，贼平见获。"④

卢昌期、祖英伯等均为山东士族，他们积极参与图谋恢复北齐的反叛活动。应当说，这既表明了他们的政治倾向，也从一个侧面显示了其依托乡土开展武装叛逆的特点。

二　尚武山东士族逐渐为国家所用

北魏中期之后，随着建立国家常备武力等一系列军事体制方面

---

① 《北齐书》卷二一《高乾传》，第 289 页。
② 《周书》卷七《宣帝纪》，第 116 页。
③ 《北齐书》卷一二《范阳王绍义传》，第 156—157 页。
④ 《周书》卷四〇《宇文神举传》，第 715 页。

改革的推行,各王朝军队更加频繁地征召汉人参与。因此,在北朝政权军队中,汉人数量和地位都有所上升。① 而有学者亦注意到了北朝时期,作战样式的变化也推动了汉族将领在北朝军队中地位的提升。② 在这一大背景下,对山东士族而言,乡曲因素虽然与其尚武活动有重要联系,但亦应当注意的是,从北朝到隋唐之际的这一阶段中,山东士族中的尚武者与乡土的联系却在逐渐淡化,而其逐渐为国家所用已经成了总的趋势。这一过程表现大致有以下几端:

(一)依托乡里势力,投效当道

尚武的山东士族依托乡里,较易壮大实力。但仅以此为基础,毕竟会受到一定的局限,因此一些人以乡土势力为资本,投效当权者。以此投效当道,固然会受到重视,但在这个过程之中,尚武士族的利益与职任范围也就不止局限于原地,其乡里色彩必然会逐渐淡漠,而其国家化的进程也就由此开始。

李玚为北魏时人,属赵郡李氏,其经历就如此,史载其:

> 涉历史传,颇有文才,气尚豪爽,公强当世。……随萧宝夤西征,以玚为统军,假宁远将军。玚德洽乡间,招募雄勇,其乐从者数百骑,玚倾家赈恤,率之西讨。宝夤见玚至,乃拊玚肩曰:"子远来,吾事办矣。"故其下每有战功,军中号曰"李公骑"。宝夤又启玚为左丞,仍为别将,军机戎政,皆与参决。③

李玚有文武才干,又招募乡间势力参与萧宝夤西征,故颇为萧宝夤所倚重。而实际上,从另一方面来看,这一事实也典型地反映了山东士族所依靠的乡土武力纳入国家统辖的状况。

---

① 参见军事科学院主编《中国军事通史》第八卷第二十一章"北朝的军制",军事科学出版社1998年版。

② 苏小华:《西魏北周军队构成的变化及其对北朝军事的影响》,《云南民族大学学报》(哲学社会科学版)2008年第2期。

③ 《魏书》卷五三《李玚传》,第1177—1178页。

李景遗为赵郡李氏之胤，李元忠族叔。李景遗早年勇武好斗，纠集亡命，在乡里颇有势力。史载其："少雄武，有胆力，好结聚亡命，共为劫盗，乡里每患之。永安末，其兄南钜鹿太守无为以赃罪为御史纠劾，禁于州狱。景遗率左右十余骑，诈称台使，径入州城，劫无为而出之。州军追讨，竟不能制。由是以侠闻。"①

李景遗后拥众投奔北齐高祖高欢，屡有战功，颇为高欢所用。史载：

> 及高祖举义于信都，景遗赴于军门。高祖素闻其名，接之甚厚。命与元忠举兵于西山，仍与大军俱会，擒刺史尔朱羽生。以功除龙骧将军，昌平县公，邑八百户。尔朱兆来伐，又力战有功，除使持节、大都督、左将军。太昌初，进爵昌平郡公，增邑三百户。加车骑将军。天平初，出为颍州刺史。②

从中可以看到，李景遗举兵响应高欢，固然为高欢器重。但随着李景遗职任的不断更迭，直至出为颍州刺史这样的官职，其作为乡土势力代表的色彩也已随之淡化。

高乾弟高昂起始也以尚武任侠闻名，曾与其兄高昂俱在乡里，接纳壮士。史载高昂：

> 与兄乾数为劫掠，州县莫能穷治。招聚剑客，家资倾尽，乡闾畏之，无敢违迕，父翼常谓人曰："此儿不灭我族，当大吾门，不直为州豪也。"
>
> 建义初，兄弟共举兵，既而奉旨散众，仍除通直散骑侍郎，封武城县伯，邑五百户。乾解官归，与昂俱在乡里，阴养

---

① 《北齐书》卷二二《李元忠传附李景遗传》，第 318 页。
② 同上书，第 318—319 页。

壮士。①

高昂后来为魏庄帝除直阁将军，其后高昂又招募乡党，投效高欢，与西魏作战。史载：

> 昂以寇难尚繁，非一夫所济，乃请还本乡，招集部曲。仍除通直常侍，加平北将军。所在义勇，竞来投赴。寻值京师不守，遂与父兄据信都起义。殷州刺史尔朱羽生潜军来袭，奄至城下，昂不暇擐甲，将十余骑驰之，羽生退走，人情遂定。后废帝立，除使持节、冀州刺史以终其身。仍为大都督，率众从高祖（高欢）破尔朱兆于广阿。……太昌初，始之冀州。寻加侍中、开府，进爵为侯，邑七百户。兄乾被杀，乃将十余骑奔晋阳，归于高祖。……元（大）象元年（579年），进封京兆郡公，邑一千户。与侯景等同攻独孤如愿于金墉城，周文帝率众救之。战于邙阴，昂所部失利，左右分散，单马东出，欲趣河梁南城，门闭不得入，遂为西军所害，时年四十八。②

从上述记载可见，高昂虽以部曲力量为基础投效庄帝；但从以后他的征战经历来看，其行为却是更多代表了王朝政权的利益。

郑伟出于荥阳郑氏，主要活动于魏周之际。史载："伟少倜傥有大志，每以功名自许，善骑射，胆力过人。"③ 其尚武之风可谓明显。郑伟后聚州里投奔宇文泰，史载：

> 大统三年（537年）……（郑伟）与宗人荣业，纠合州里，建义于陈留。信宿间，众有万余人。遂攻拔梁州，擒东魏刺史

---

① 《北齐书》卷二一《高乾传附高昂传》，第293—294页。
② 同上书，第294—295页。
③ 《周书》卷三六《郑伟传》，第634页。

鹿永吉及镇城令狐德，并获陈留郡守赵季和。乃率众来附。因是梁、陈之间，相次降款。伟驰入朝，太祖与语叹美之。拜龙骧将军、北徐州刺史，封武阳县伯，邑六百户。从战河桥及解玉壁围，伟常先锋陷陈。……（后）除江陵防主、都督十五州诸军事。①

郑伟纠合州里万余人投效宇文泰，为其征战。而郑伟的行为显然也是以乡里势力为基础，投效统治者的典型案例。

（二）主要以个人的军事才能为国家所用

北朝以来，有些山东士族并无明显的乡里势力为依托。他们入仕为官宦，为王朝政权所用，其中一些人身怀武略，并以此为进身之阶。如李华，北魏时人，出于赵郡李氏，史载其："初为羽林中郎、武骑侍郎、步兵校尉，转直阁将军、武卫将军。华膂力过人，颇有将略，每从征伐，频著军功。"② 可见，李华以自身军事才能为进身之阶，同时也成为王朝武力的组成部分。

北魏末年的崔模，系博陵人：

起家奉朝请，历太尉祭酒、尚书金部郎中、太尉主簿，转中郎，迁太子家令。……正光二年（521 年），襄阳民密求款附，诏模为别将……及萧宝夤讨关陇，引模为西征别将，屡有战功，除持节、光禄大夫、都督别道诸军事，加安东将军。万俟丑奴遣将郝虎南侵，模攻破其营，擒虎。以功封槐里县开国伯，邑五百户。于时将督败殁者多，模挫敌持重，号为名将。后假征东将军、行岐州事。未几，击贼入深，没于陈。③

---

① 《周书》卷三六《郑伟传》，第 634 页。
② 《魏书》卷四九《李华传》，第 1098—1099 页。
③ 《魏书》卷五六《崔模传》，第 1252—1253 页。

可以看到，崔模本来为北魏官宦，因具有军事才能而被委以将领，故而自然是国家武力的成员。

王思政，出于太原王氏，因其才能为魏孝武帝所沿用，王思政亦倾心投效。史称：

> 魏正光中，解褐员外散骑侍郎。属万俟丑奴、宿勤明达等扰乱关右，北海王颢率兵讨之，启思政随军。军事所有谋议，并与之参详。

> 时魏孝武在藩，素闻其名，颢军还，乃引为宾客，遇之甚厚。及登大位，委以心膂，迁安东将军。预定策功，封祁县侯。①

王思政亦有军事才能，后因屡立战功，进骠骑大将军。② 可见，王思政的经历，其状况亦与李华、崔模类似。

（三）迁徙等因素的影响

魏晋以来，因仕宦、战乱等原因，一些山东士族从乡土外迁。对于其中勇武敢战者，依托乡里已无可能，而投归王朝政权，为其效力也就成为其现实的选择。

崔延伯，为北魏时人，出于博陵崔氏，其经历即是如此。崔延伯因"祖寿，于彭城陷入江南"，而居于江左。崔延伯有勇武之气，史称其："有气力，少以勇壮闻。仕萧赜，为缘淮游军，带濠口戍主。"崔延伯后由南朝入北魏，随即为北魏政权所用，史载："太和中（崔延伯）入国，高祖深嘉之，常为统帅。胆气绝人，兼有谋略，所在征讨，咸立战功。积劳稍进，除征虏将军、荆州刺史，赐爵定陵男。"③ 显然，崔延伯的郡望虽为博陵，但一直居于江左，并无山东乡土背景。他投奔北魏，为北魏统治者所用，自然成为国家武装

---

① 《周书》卷十八《王思政传》，第293—294页。
② 同上书，第295页。
③ 《魏书》卷七三《崔延伯传》，第1636页。

的成员。

崔士约（说），博陵人，其父北魏末年死于王事，与兄崔士谦辗转迁于关西，史载崔士约："少鲠直，有节概，膂力过人，尤工骑射。释褐领军府录事，转谘议参军。……从太祖（宇文泰）复弘农，战沙苑，皆有功。"① 崔士约的境况与崔延伯相类似，有勇武之风。迁于关西后，在失去乡里资源的背景之下，投奔西魏、北周政权也成为其安身立命的必然选择。

崔士约子崔弘度亦有武风，史载："弘度膂力绝人，仪貌魁岸，须面甚伟。性严酷。"崔弘度后亦成为北周重要将领："年十七，周大冢宰宇文护引为亲信。寻授都督，累转大都督。……寻从汝南公宇文神举，破卢昌期于范阳。宣帝嗣位，从郧国公韦孝宽经略淮南。……及尉迥作乱，以弘度为行军总管，从韦孝宽讨之。弘度募长安骁雄数百人为别队，所当无不披靡。"② 显然，崔弘度效力王朝政权的行为也反映了山东士族迁徙及逐渐中央化的状况。

（四）隋唐之际统一战争与边陲战事中的山东士族

隋代之后，山东士族迁徙更为频繁，其尚武者依托乡土的机会则更少。陈寅恪先生在《隋末唐初所谓"山东豪杰"》一文中指出，隋末唐初山东地区起事的豪杰多为地方豪杰或胡人或其后裔，山东士族已经较为少见。③ 由此可见，山东士族对其原郡望所在地影响已经式微，其号召力与北朝相比已不可同日而语。

隋唐之际，以从军获取功名之风颇为盛行。有学者指出："唐前期，世人追求功名借助军功……由于社会崇尚武艺，各阶层普遍喜以进取军功而得功名。"④ 而从各种史料中可以看到，在隋末唐初的统一战争中，一些山东士族的后裔也参与其间，如以下几端：

---

① 《周书》卷三五《崔谦传附崔说传》，第614页。
② 《隋书》卷七四《崔弘度传》，第1698页。
③ 陈寅恪：《金明馆丛稿初编》，生活·读书·新知三联书店2001年版，第243—265页。
④ 任士英：《唐代尚武之风与追求功名观念的变迁》，《唐文化研究论文集》，上海人民出版社1994年版，第291页。

　　崔义玄，出于清河崔氏，大业末，曾依附李密，后归唐，"拜怀州总管府司马。世充遣将高毗侵掠河内，义玄击败之，多下城堡。君汉将分子女金帛与之，义玄皆拒而不受，以功封清丘县公。后从太宗讨世充，屡献筹策，太宗颇纳用之。"① 可见，在归唐后，崔义玄颇显示了其军事才能。

　　崔穆，亦出于清河崔氏，是《十六国春秋》作者崔鸿之后，卒于乾封三年（668 年），年六十二。其墓志称："祖鸿，宦至兰台，撰《十六国春秋》……公皇朝初任募团校尉，连军百万，韩信讶其才辩；帷幄运筹，子房慙其谋略。见五星之居东井，同张耳之知机；统八百之诸侯，类吕望之权勇。"② 从墓志内容来看，崔穆在唐初也应募从军，参与了隋末唐初的统一战争。

　　崔善福，其郡望亦为清河，隋末唐初曾入秦王李世民幕府，参与征战，其墓志称："大业季年，中原荡覆，唐高祖神尧皇帝，拨乱反正，经文纬武，网罗山泽，虚伫俊贤。武德二年（619 年），乃召君为天册上将秦王府库真，时年一十有六。……即持剑服，进谒辕门。"③ 崔善福子崔玄籍墓志也称其父："唐秦王府库真上大将军。折冲良将，莫府元勋。"④ 从墓志可知，崔善福投效李世民后，亦随其征战。事实上，崔善福之子崔玄籍也颇有武风，永徽初，曾参与镇压陈硕真起事，在征战中表现颇为突出：

　　　　永徽初，（崔义玄）累迁婺州刺史。属睦州女子陈硕真举兵反，遣其党童文宝领徒四千人掩袭婺州，义玄将督军拒战。时百姓讹言硕真尝升天，犯其兵马者无不灭门，众皆凶惧。司功参军崔玄籍言于义玄曰："起兵仗顺，犹且不成，此乃妖诳，岂

　　① 《旧唐书》卷七七《崔义玄传》，第 2688 页。
　　② 《唐代墓志汇编续集》总章〇〇一，第 172 页。
　　③ 《唐代墓志汇编续编》圣历〇〇四，第 363 页。
　　④ 《唐代墓志汇编》圣历〇一〇，第 929 页。

能得久。"义玄以为然，因命玄籍为先锋，义玄率兵继进。①

郑广，即郑仁泰，出于荥阳郑氏，郑广颇尚武风，后归李世民参与征战，其墓志称："（郑广）幼殚剑术，蓄□勇于仁衢……义旗初奋，首参幕府。……太宗龙田未矫，屈天飞于五官；豹略穷微，纵神兵于九伐。引公为腹心，左右荐扈龚行……（武德）三年（620年），从讨王充、窦德于瀍洛之郊，莫不贾勇推锋，先鸣锄锐。"②

从这些史料中可以看到，隋末唐初的统一战争中，这些山东士族虽参与其中，但他们并无强大乡土势力作依托，而是投奔王朝政权，其征战行为已基本代表了王朝政权的利益。应当说，这也可以看作山东士族中央化在军事方面的一种表现。

唐代前期，在边陲战事中，一些山东士族的后裔作为唐王朝武力的一部分，亦有参与：

如乾封元年（666年）三月，郑仁泰等"破铁勒之众于天山"③；龙朔二年（662年），王方翼，出于太原王氏，为高宗王皇后从祖兄，曾兼检校西域都护，"永隆中，车簿反叛，围弓月城。方翼引兵救之……擒首领突骑施等三百人，西域遂定。"④

以下几则墓志也反映了山东士族在唐代前期，参与边陲战事的状况：

崔湛，属清河之胤。"长安中，国家宗祀明堂，以门子选斋郎出身……制授陕州桃林府果毅，充两番参谟子将。公出师授律，入幕奋奇，刃有余地，举无遗策。及御史大夫张南阳公北平山戎，东清辽海，百战全胜，二番授首。公预入幕，帝嘉乃勋，超授同州大亭

---

① 《旧唐书》卷七七《崔义玄传》，第2688—2689页。
② 《大唐故右武卫大将军使持节都督凉甘肃伊瓜沙等六州诸军事凉州刺史上柱国同安郡开国公郑府君（广）墓志铭并序》，吴钢主编《全唐文补遗》第二辑，三秦出版社1995年版，第192—193页。
③ 《唐会要》卷九六《铁勒》，第1726页。
④ 《旧唐书》卷一八五上《王方翼传》，第4802—4803页。

府折冲兼河北节度经略副使，赏绯鱼袋，授上柱国。"①

崔德，郡望为博陵，武后时期也参与边陲征战，其墓志称："君周任将仕郎武骑尉，先崇武略，或振勇于山西；早御戎旗，亦□谋于漠北。故得酬庸蓟巘，纪效燕峰。虽得拜于郎官，必从□于武职。"②

崔智，郡望为博陵，其墓志载："（崔智）天生俊奇，硕而且武，爰自至学，弃笔书堂，开元初登，勋高沙漠，起家补左领军卫长上，俄转右武卫司戈，左金吾卫中候，左羽林司阶，并职禁虎贲，掌当环列。"③

从以上材料中可见，隋唐之际，在崇尚军功的社会氛围之下，一些山东士族之胤，亦以从军作为进取功名的途径。

事实上，安史之乱后，山东士族中尚武者亦时有记载，如卢霈，其"自天宝后，三代或仕燕，或仕赵，两地皆多良田畜马。生年二十，未知古有人曰周公、孔夫子者，击毬饮酒，策马射走兔，语言习尚，无非攻守战斗之事"④。

再如崔宁（旰），"虽儒家子，喜纵横之术。……从军为步卒，事鲜于仲通。又随李宓讨云南，宓战败，旰归成都。行军司马崔论见旰，悦其状貌，又以其宗姓厚遇，荐为衙将"⑤。都较为典型。

不过，与唐代前期有所不同的是，安史之乱后，藩镇势力的崛起，其影响力增加。藩镇势力多重尚武，特别是在藩镇势力强大的河北地区还呈现胡化蔓延趋势。故此"河北社会通常情态，其尚攻战而不崇文教"⑥。与此相应，唐代中后期，山东士族中不少人的尚武之举即依托藩镇力量，如以下几例：

---

① 《唐代墓志汇编》天宝一八〇，第 1657 页。
② 《唐代墓志汇编》长寿〇〇七，第 837 页。
③ 《唐代墓志汇编》天宝二六六，第 1717 页。
④ （唐）杜牧：《唐故范阳卢秀才墓志》，《全唐文》卷七五五，第 7824 页。
⑤ 《旧唐书》卷一一七《崔宁传》，第 3397—3398 页。
⑥ 陈寅恪：《唐代政治史述论稿》，《隋唐制度渊源略论稿·唐代政治史述论稿》合订本，生活·读书·新知三联书店 2001 年版，第 210 页。

卢从史，有武风，依托泽潞节度使李长荣，为其所用，史载："其先自元魏已来，冠冕颇盛。……从史少矜力，习骑射，游泽、潞间，节度使李长荣用为大将。"[①]

李珙，史称其："山东甲姓，代修婚姻。至珙，不好读书，唯以弓马为务，长六尺余，气貌魁岸。尝诣泽潞谒李抱真，异之，将选为衙门将，旋以酒酗使气，复欲弃之。都将王虔休谓抱真曰：'李珙，奇士也，若不能用，不如杀之，无为他人所得。'抱真死，虔休为帅，乃依虔休，累为昭义大将。"[②]

郑仲连，郡望为荥阳，卒于宝历二年（826年），其墓志称："（郑仲连）遂谒河东节度使、侍中马公，布愤激胸襟，陈讨除利病。一豁云雾，留之麾下，署讨击使。"[③]

显然，从这些山东士族的行迹中可以看到，唐代中后期，尽管尚武之风在一些山东士族身上仍然得以延续；但与唐代前期相比，随着藩镇势力的崛起，不少人选择效力于藩镇武装，而不是为中央武力所用。

三 参与军事谋略与决策

这一阶段，尤其是北朝时期，不少以学术见长的山东士族颇为当权者所任用。在戎事频繁的背景之下，他们虽未必能够挺身陷阵，但这其间亦不乏有军事眼光者参议军机武略；一些身居朝堂高位者还参与了军事战略的拟定与决策。

如李顺，北魏时人，出于赵郡李氏。李顺以经史闻名，并以此起家，但其颇有军事谋略，为魏世祖所信用，史载："始光初，（李顺）从征蠕蠕。以筹略之功，拜后军将军，仍赐爵平棘子，加奋威

---

① 《旧唐书》卷一三二《卢从史传》，第3652页。
② 《旧唐书》卷一六一《李珙传》，第4226页。
③ 《唐故昭义节度衙前先锋兵马使荥阳郑府君（仲连）墓志铭并序》，吴钢主编《全唐文补遗》第四辑，三秦出版社1997年版，第114页。

将军。……至统万，大破昌军，顺谋功居右，转拜左军将军。……
又从击赫连定于平凉。三秦平，迁散骑常侍，进爵为侯，加征虏将
军，迁四部尚书，甚见宠待。"① 可见，李顺虽出于儒士，但在军国
谋略方面，也极有见地。

崔浩亦曾参与军事战略的制定，《魏书》卷三五《崔浩传》载：
"泰常元年（416 年），司马德宗将刘裕伐姚泓，舟师自淮泗入清，
欲泝河西上，假道于国。诏群臣议之。"崔浩建议：

> 未若假之水道，纵裕西入，然后兴兵塞其东归之路，所谓
> 卞庄刺虎，两得之势也。使裕胜也，必德我假道之惠；令姚氏
> 胜也，亦不失救邻之名。纵使裕得关中，县远难守，彼不能守，
> 终为我物。今不劳兵马，坐观成败，斗两虎而收长久之利，上
> 策也。

太宗因从众人之议而未采纳崔浩的建议，后"遣长孙嵩发兵拒
之，战于畔城，为裕将朱超石所败，师人多伤"，"太宗闻之，恨不
用浩计"。② 由此可见，崔浩虽为北朝山东士族以学术文化进身的典
型，却也能提出较为得策的军事谋划。

李孝伯，亦有军国之谋，史载："自崔浩诛后，军国之谋，咸出
孝伯。"③

隋唐之际，在参与军国之谋方面，山东士族虽不及北朝之盛，
但亦时有发挥重要影响者。隋代，高颎就较为突出，隋文帝在军国
谋划与决策方面颇为倚重高颎。史称："高祖得政，素知颎强明，又
习兵事，多计略……（开皇）九年（589 年），晋王广大举伐陈，以

---

①　《魏书》卷三六《李顺传》，第 829—830 页。

②　《魏书》卷三五《崔浩传》，第 809—810 页。

③　《魏书》卷五三《李孝伯传》，第 1172 页。

颖为元帅长史，三军谘禀，皆取断于颖。"①

唐初，在山东士族参与军事谋略方面，房玄龄可谓是其代表人物。这一点，唐太宗后来即言："今计勋行赏，玄龄等有筹谋帷幄、定社稷之功，所以汉之萧何，虽无汗马，指踪推毂，故得功居第一。"② 对房玄龄在统一战争中的谋略之功给予充分的肯定。

北朝以来，一些具有军事眼光的山东士族，身居高位者，多参与了国家军事战略的谋划与决策。而一些职位较低者，则不乏有人参与具体、局部的军事策划。

如郑羲，北魏时人，荥阳开封人，以学术进身，《魏书》卷五六《郑羲传》载其："文学为优，弱冠举秀才。尚书李孝伯以女妻之。高宗末，拜中书博士。"③

天安初，郑羲曾协助元石接受刘彧部将常珍奇以汝南来降，在安定其众方面发挥了重要作用。其后郑羲又参与元石东讨汝阴的战役，在此次征战中，也表现了相当出色的军事眼光。史载：

> （元石）又引军东讨汝阴。刘彧汝阴太守张超城守不下，石率精锐攻之，不克，遂退至陈项，议欲还军长社，待秋击之。诸将心乐早还，咸称善计。羲曰："今张超驱市人，负担石，蚁聚穷城，命不延月，宜安心守之。超食已尽，不降当走，可翘足而待，成擒物也。而欲弃还长社，道途悬远，超必修城深堑，多积薪谷，将来恐难图矣。"石不纳，遂旋师长社。至冬，复往攻超。超果设备，无功而还。历年，超死，杨文长代戍，食尽城溃，乃克之，竟如羲策。④

---

① 《隋书》卷四一《高颖传》，第 1179—1181 页。
② 《旧唐书》卷六六《房玄龄传》，第 2461 页。
③ 《魏书》卷五六《郑羲传》，第 1237 页。
④ 同上书，第 1238 页。

再如卢潜，范阳涿人，为北齐时人，善言谈，少有成人志尚。卢潜入仕后曾任侍御史、中书舍人等职，后除扬州刺史，领行台尚书，史称："潜在淮南十三年，任总军民，大树风绩，甚为陈人所惮。陈主与其边将书云：'卢潜犹在寿阳，闻其何当还北，此虏不死，方为国患，卿宜深备之。'"①卢潜在淮南抚循军民，守备疆土，并以此有效地震慑了南朝势力，应当说，在军事谋划方面相当成功。

从以上史料中可以看到，在军事斗争频繁的环境之下，即使以学术文化进阶的山东士族往往也具备某些军事谋略方面的素养。一些人在军事策略方面还相当有见地，并且在实际的军事活动中也往往能发挥重要作用。

四　尚武与修文

山东士族中的尚武者，由于浸染勇武敢战之气，故而不可避免地会在精神面貌上发生某些变化。但即使如此，在这其间，不少人也仍保持士族注重修文的特征，往往能做到尚武与修文并举。如李浑，属赵郡李氏之胤，生活于魏齐之际，出入于文武之间。普泰年间，李浑曾参与镇压崔社客反叛，在这一过程中表现出了出色的军事才能。李浑后除光禄大夫，兼常侍，为聘使至梁。梁武帝对其"文武不坠"多加褒扬。史载："梁武谓之曰：'伯阳之后，久而弥盛，赵李人物，今实居多。常侍曾经将领，今复充使，文武不坠，良属斯人。'"②李浑被称为"文武不坠"，颇具尚武与修文并举的特征。

若从更为具体的角度来说，这方面的情况，还可以从以下两个方面来分析：

①　《北齐书》卷四二《卢潜传》，第554—555页。
②　《北齐书》卷二九《李浑传》，第393—394页。

（一）学术修养的保持

山东士族以家学门风传世，即使尚武者亦有一些人能保持一定的学术修养，在文献之中此类状况颇见记载。

北魏崔孝芬为博陵人，系崔挺之子，屡次领军出战，颇具武风，史载：

> 孝昌初，萧衍遣将裴邃等寇淮南。诏行台郦道元、都督河间王琛讨之，停师城父，累月不进。敕孝芬持节赍齐库刀，催令赴接，贼退而还。荆州刺史李神儁为萧衍遣将攻围，诏加孝芬通直散骑常侍，以将军为荆州刺史，兼尚书南道行台，领军司，率诸将以援神儁，因代焉。于时，州郡内戍悉已陷没，且路由三鸦，贼已先据。孝芬所统既少，不得径进，遂从弘农堰渠山道南入，遣弟孝直轻兵在前，出贼不意，贼便奔散，人还安堵。……孝昌三年（527年），萧衍将成景儁率众逼彭城，除孝芬宁朔将军、员外常侍、兼尚书右丞，为徐州行台。……孝芬率大都督李叔仁、柴集等赴战，景儁等力屈退走。除孝芬安南将军、光禄大夫、兼尚书，为徐兖行台。建义初，太山太守羊侃据郡反，远引南贼，围逼兖州。除孝芬散骑常侍、镇东将军、金紫光禄大夫，仍兼尚书东道行台，大都督习宣驰往救援，与行台于晖接，至便围之。侃突围奔萧衍，余悉平定。①

与此同时，崔孝芬又有相当深厚的学术传统，史载其："早有才识，博学好文章。高祖召见，甚嗟赏之。"② 又"博文口辩，善谈论，爱好后进，终日忻然，商搉古今，间以嘲谑，听者忘疲。所著

---

① 《魏书》卷五七《崔挺传》，第1266—1268页。
② 同上书，第1266页。

文章数十篇"①。可见崔孝芬虽然在武风方面有突出的表现，但也较好地保持了山东士族在文化方面的优势。

崔士约，原名说，系出于博陵著姓，为西魏北周时人，颇具武风，以军功出身。② 实际上，崔士约不仅尚武敢战，亦有学术修养；其曾孙崔暟的墓志中就提及经学传统为其家族"世业"。崔暟墓志云："初公皇考洛县府君俨在蜀之岁，公年始登十，而黄门郎齐璿长己倍之，与公同受《春秋》三传于成都讲肆。公日诵数千言，有疑问异旨不能断者，公辄为之辩精，齐氏之子未尝不北面焉。由是博考五经，纂乃祖德，则我烈曾凉州刺史大将军訧（说）、烈祖银青光禄大夫弘峻之世业也。"③ 崔暟墓志中明确指出，其家族经学传承来源于曾祖崔訧（说）、祖父崔弘峻的"世业"。可见崔士约亦应保持经学传统，并作为家学传统加以传承。

北齐宋世良，出于广平宋氏，屡有战功，同时也是"强学，好属文"④。

崔彭，为周隋时人，亦为博陵崔氏，有武风，长于骑射，有军事才能。史载其：

> 性刚毅，有武略，工骑射。……上尝宴达头可汗使者于武德殿，有鸽鸣于梁上。上命彭射之，既发而中。……炀帝即位，迁左领军大将军。从幸洛阳，彭督后军。时汉王谅初平，余党往往屯聚，令彭率众数万镇遏山东，复领慈州事。⑤

不过，崔彭除尚武外，也通经学，"善《周官》《尚书》"。隋文帝曾问及崔彭："卿弓马固以绝人，颇知学不？"史载崔彭即对称："'臣

---

① 《魏书》卷五七《崔挺传》，第 1268 页。
② 《周书》卷三五《崔谦附崔说传》，第 614 页。
③ 《唐代墓志汇编》大历〇六二，第 1802 页。
④ 《北齐书》卷四六《宋世良传》，第 639 页。
⑤ 《隋书》卷五四《崔彭传》，第 1369—1370 页。

少爱《周礼》、《尚书》，每于休沐之暇，不敢废也。'上曰：'试为我言之。'彭因说君臣戒慎之义，上称善。观者以为知言。"① 崔彭精于武艺，又颇通经学，也突出地反映了山东士族尚武者多兼及学术的特点。

唐初崔义玄出于清河崔氏，《旧唐书》卷七七《崔义玄传》载其勇武敢战，颇有武风。崔义玄以军功起家，曾参与镇压陈硕真起事，"及硕真平，义玄以功拜御史大夫"。崔义玄不仅有武风，亦精于经学，史称："义玄少爱章句之学，《五经》大义，先儒所疑及音韵不明者，兼采众家，皆为解释，傍引证据，各有条疏。"② 应当说，崔义玄的经历也较有代表性。

以上几则史料证明，尽管由于受社会环境等因素的影响，山东士族之中也多有好尚武风者。但在他们当中，注重文化，特别是注重经学修养，仍是不少人的重要特征。

（二）尚武与文治

在山东士族之中，一些人虽尚武或以军功起家，但在以后的仕宦经历中，他们中有些人在改任文职后，亦长于政务治理，可谓不仅具有武风，亦善文治。如：北周郑孝穆，系出于荥阳郑氏，郑孝穆早年多有军功，史载其："魏孝昌初，解褐太尉行参军，转司徒主簿。属盗贼蜂起，除假节、龙骧将军、别将，屡有战功。"③ 郑孝穆后兼理地方行政事务，政绩卓显，颇为称职。史称："大统五年（539年），（郑孝穆）行武功郡事，迁使持节、本将军，行岐州刺史、当州都督。在任未几，有能名。……频历数州，皆有政绩。"④ 可见，郑孝穆在武风、文治方面表现得皆较为出色。

西魏北周王庆，出于太原王氏，早年也以军功立身，史载其：

① 《隋书》卷五四《崔彭传》，第1369页。
② 《旧唐书》卷七七《崔义玄传》，第2688—2689页。
③ 《周书》卷三五《郑孝穆传》，第609页。
④ 同上书，第610页。

"初从文帝征伐，复弘农，破沙苑，并有战功，每获殊赏。大统十年（544 年），授殿中将军。"① 王庆后改任刺史，曾"历丹、中二州刺史。为政严肃，吏不敢欺"②。显然，王庆经历与郑孝穆多有类似之处，在武风文治方面都较为擅长。

北齐人宋世良，属广平宋氏，以军功起家，史载其："年十五，便有胆气，应募从军北讨，屡有战功，寻为殿中侍御史。"宋世良后出除清河太守，亦善治术。"世良才识闲明，尤善治术，在郡未几，声问甚高"③。也表现出了干练的处理行政事务的才能。

李雄为周隋时人，出于赵郡李氏，少染尚武之风，以军功进阶，《隋书》卷四六《李雄传》载："少慷慨，有大志。家世并以学业自通，雄独习骑射。……周太祖时，释褐辅国将军。从达奚武平汉中，定兴州，又讨汾州叛胡，录前后功，拜骠骑大将军、仪同三司。……高祖（杨坚）总百揆，征为司会中大夫。以淮南之功。加位上开府。及受禅，拜鸿胪卿，进爵高都郡公，食邑二千户。"

李雄虽以军功起家，但亦自称要做到"既文且武"。李雄后为隋文帝所器重，辅佐晋王杨广出镇并州，为吏民所称。史载："晋王广出镇并州，以雄为河北行台兵部尚书。上谓雄曰：'吾儿既少，更事未多，以卿兼文武才，今推诚相委，吾无北顾之忧矣。'雄顿首而言曰：'陛下不以臣之不肖，寄臣以重任。臣虽愚固，心非木石，谨当竭诚效命，以答鸿恩。'歔欷流涕，上慰谕而遣之。雄当官正直，侃然有不可犯之色，王甚敬惮，吏民称焉。"④ 由此可见，李雄为隋文帝所用，辅佐杨广治理并州，文帝所看重的正是李雄"兼文武才"的特点。

通过对上述史料的分析，我们可以看到，以尚武军功进阶的山

---

① 《周书》卷三三《王庆传》，第 575 页。
② 同上书，第 576 页。
③ 《北齐书》卷四六《宋世良传》，第 639 页。
④ 《隋书》卷四六《李雄传》，第 1260—1261 页。

东士族，不少人在改历文职之后，在行政治理方面也往往表现得较
为成熟，而这显然与其具有一定的文化修养密切相关。

小　结

魏晋直至隋唐之际，由于多种因素的影响，一些山东士族也受
到了佛道思想与尚武习尚的影响。黄老学是影响山东士族文化面貌
的一个不可忽视的因素。魏晋南北朝时期，身处北方的山东士族与
道教的关系也十分密切，不过，北朝山东士族与道教的关系亦深受
统治者道教政策变化的影响而屡有起伏。隋唐之际，道教的地位总
体呈上升趋势，在此环境之下，一些山东士族亦颇受道教影响，而
这一时期，其与道教的关系又表现在不同的方面。相当多的山东士
族弃绝出仕而追求隐逸生活，在这其中除明确崇奉道教者外，尚有
不少人以黄老自持，他们的生活态度多以老庄人生哲学为依归，对
此应有明确认识。

佛教也是影响山东士族文化面貌的重要因素。魏晋之后，佛教
与山东士族之间亦开始产生较明显的关联。随着佛教的逐渐流行，
反佛之声也随之出现，而在北方，士族，特别是山东士族往往成为
这其中的中坚。但随着佛教影响的深入，及其对传统儒学补充功能
的体现，佛教对山东士族的影响又是难以回避的。因此，魏晋以来，
一些山东士族亦逐渐归心佛门。隋唐之际佛教发展呈现出了新的特
点，尽管有傅奕等人以华夷之辨为号召反佛，但这一时期，山东士
族之中对佛教反对之声却罕有记载。实际上，与反佛相背，隋唐之
际，山东士族受到佛教影响的记载却频见于各类史料。但在唐代，
即使在受佛学影响的士人之中，儒风的影响依然很明显。这一时期，
佛教对儒学发展所产生的影响也值得重视。

魏晋之后，特别是北朝以来，在山东士族中也频频出现崇尚武

风者。这种崇武风气虽然还不能说是当时山东士族的普遍倾向，但亦有一定规模，而且对当时社会也有相当的影响，因此不可忽视。北朝时期，山东士族多聚居乡里或利用宗乡关系，而依托的则是其强大的乡曲势力，山东士族的尚武之举也常与乡曲因素相关。不过，北魏中期之后直至隋唐之际的这一阶段中，山东士族中的尚武者与乡土的联系却在淡化，而其逐渐为国家所用却成了总的趋势。山东士族中的尚武者，由于浸染勇武敢战之气，故而不可避免地会在精神面貌上发生某些变化。但即使如此，不少人也仍保持士族注重修文的特征，往往能做到尚武与修文并举。

结　语

　　隋唐以降，山东士族在政治与经济方面的优势受到了极大削弱，但其文化气质却在新的环境之下显示出了独特的意义与价值，成为其保持社会声望的主要途径，而这种局面的形成始于隋唐之际的变革时期。同时，隋唐之际，对于山东士族而言，其所依托的政治环境和文化环境都发生了较大变化，在这种背景下，山东士族的文化面貌也出现了变迁与坚守相互交错的状态。

　　基于对此的认识，本书认为，在儒学方面，对于多数山东士族来说，保持经学传承仍不失为其文化底色。但出于入仕等方面的需求，不少山东士族的学风实际上也是处于一个不断吸收与转换的过程之中。从对儒学统一成果的吸纳，到以文辞途径进阶，都明显地反映了这种趋势。

　　隋唐之际，乃至整个隋唐时期，一方面，注重传统家风仍是众多山东士族的重要文化特征。值得注意的是，尽管学术传统正在走向变化，但不少山东士族仍有能力维持家风旧规。自高宗、武后时期之后，随着辞赋在科举之中的影响越来越大，一些山东士族子弟亦以文辞入仕，某些士族子弟亦浸染浮艳之风。但对此并不能作机械的理解，事实上还应当注意到，即使在以文辞进身的山东士族中，仍不乏能传习家风者。可以说，不少山东士族在学风转换与家风坚守间建立的新的平衡，这种文化适应能力也颇值得重视。另一方面，隋唐以来，在众多山东士族之中，家风的固守与变迁也是一直交织在一起的。在一些山东士族身上，传统家风的变迁表现得还比较明显，这突出地表现为礼法陵替、仕宦中的通变、佛道援入等方面。与此同时，山东士族女性受佛教影响也较大。佛学的渗透一方面使山东士族女性传统家风中的现实性与佛学超越世俗的终极关注得以贯串为一体，对其传统家风起到了强化作用；另一方面，佛教这一因素的援入又不可避免地导致这些女性的传统家风在传承过程中出现了某些方面的变异。

魏晋以来，特别是北朝时期，山东士族在北方地区的文学创作之中亦占有重要地位。作为主要以儒学立身的群体，山东士族的文学传统多受儒家文学观念的熏陶。不过由于文化交流等因素的影响，这期间山东士族的文学观念与实践也不断有所变化。北朝末年，即有一些山东士族在文学创作方面也受到了注重艺术形式风尚的影响。不过，由于其仍具有较为深厚的儒家文学观的传统，这些山东士族在创作实践中仍较为注重文质结合，故仍在很大程度上保持了自身的传统特点。隋唐之际，尚武之风仍较为浓厚。但随着环境的变迁，好尚文学的风气也已经有所表现，在山东士族中，亦有不少人受其浸染。唐代，文学呈现出全面繁荣的局面，在这其中，山东士族也颇为活跃。隋代及唐初，一些山东士族颇受南朝辞彩之风的影响。但与此同时，作为具有深厚礼法传统的社会群体，山东士族中一些人也敏锐地意识到过度的文学化倾向对儒家礼法传统的冲击。因此，亦有山东士族对辞彩之风颇有抵触，他们关注文学的教化功能，要求文学回归儒家传统。其中的一些人还提出了改革文风的具体诉求，这也就形成了隋唐时期较早的文学复古思想。

隋唐之际，在教育模式与婚宦观念方面，由于学术融合和科举制度的影响，不少山东士族通过官学教育促进了学风的交流与容纳。对一些山东士族来说，参与官学教育，已经与争取科举及第，并进而入仕密切联系了起来。显然，这也是他们在新的社会环境下所产生的适应之举。同时，隋唐以降，尽管有一些山东士族以官学为重要的教育方式，但私学教育也仍然保持了一定的影响力。在有些山东士族之中，私学仍是其接受教育的重要途径。同时，山东士族的私学教育亦在不断变化，并出现了与科举制度逐渐适应的历史趋势。

隋末唐初，山东士族进入中央王朝核心权力层的人数的确大为减少。但数量可观的山东士族仍任职于官僚结构中的中下层。同时，一些山东士族也通过隐逸的方式等待时机，或以此表达对自身文化传统的固守立场。隋唐以降，随着社会环境的变化，特别是在国家统一及士族中央化的背景下，大量士族迁居两京，山东士族的婚姻传统也同步出现了一些变化。隋唐社会，虽然大姓间通婚的传统依然存在，但其通婚范围已经多样化。因此，山东士族的婚姻模式在坚守传统的同时，出现了相对的松动。与山东士族联姻，对维系大姓姻族的传统风尚，以及对社会中以往受礼教传统拘束较少者形成礼法传统都有着不可忽视的影响。

魏晋直至隋唐之际，由于多种因素的影响，一些山东士族也受到了佛道思想与尚武习尚的影响。魏晋以降，一些山东士族与黄老之学结下不解之缘。北朝时期，身处北方的山东士族与道教的关系也十分密切。不过，北朝山东士族与道教的关系亦深受统治者道教政策的影响而屡有起伏。隋唐之际，道教的地位总体呈上升趋势。在此环境之下，一些山东士族亦颇受道教影响，而这一时期，他们与道教的关系又表现在多个不同的层面。隋唐之际，由于特定时代背景的影响，相当多的山东士族弃绝出仕而追求隐逸生活。在这其中除明确崇奉道教者外，尚有不少人虽以黄老自持，但却较少有道教炼形求仙之举，其生活态度实际上只是多以老庄人生哲学为依归。所以，这些山东士族之所以以黄老自持，其原因不排除他们受儒家隐逸思想以及进儒退道情结的影响，对此应当有清楚的认识。

魏晋之后，由于社会情势的变化和统治者的大力倡导，佛学影响迅速扩大，并逐渐成为对社会有深远影响的思想潮流，佛教与山东士族之间亦开始产生较明显的关联。尽管山东士族中不乏崇信佛教者，但随着佛教的逐渐流行，反佛之声也随之出现。而在北方，士族，特别是山东士族往往成为这其中的中坚。相对而言，隋唐之际，山东士族与佛教的接触出现了新的机缘，对佛教反对之声也罕有记载。实际上，与反佛相悖，隋唐之际，山东士族受到佛教影响的记载频见于各类史料。由此可见，隋唐之际，由于佛教的发展环境出现了明显变化，山东士族与佛教的接触也出现了新的可能，接受佛教影响的机会也在增加。因此，在新的背景之下，隋唐之际大量山东士族归心佛门，应当说与这一时期佛教发展的总体趋势密切相关。此外，这一时期，佛教对儒学发展所产生的影响也值得重视。

魏晋以降，特别是北朝以来，在山东士族中也频频出现崇尚武风者。这种崇武风气虽然还不能说是当时山东士族的普遍倾向，但亦有一定规模，而且对当时社会也有相当的影响，因此不可忽视。北朝时期，山东士族多聚居乡里或利用宗乡关系以求发展，其所依托的是其强大的乡曲势力，而山东士族的尚武之举也常与乡曲因素相关。不过，北魏中期之后，到隋唐之际的这一阶段中，山东士族中的尚武者与乡土的联系在逐渐淡化，而尚武的山东士族逐渐为国家所用却成了总的趋势。山东士族中的尚武者，由于浸染勇武敢战之气，故而不可避免地会在精神面貌上发生某些变化，但即使如此，在这其间，不少人也仍保持士族注重修文的特征，往往能做到尚武与修文并举。

总之，隋代及唐前期，由于社会环境变化等因素的影响，山东士族的文化面貌呈现出了变迁与坚守相互交错的格局，并在演变过程中逐渐形成了新的平衡。一方面，在明显变动的社会、文化背景之下，众多山东士族对辞彩等非传统文化风尚都有所吸收、容纳、适应；另一方面，隋唐之际，乃至整个隋唐时期，保持家学与家风的传承仍不失为多数山东士族的文化底色，这也是他们维系文化保持独特性和社会声望的根本原因。同时，山东士族这种注重传统礼法风尚的行为模式，也成为隋唐社会重要的价值评判尺度。因此可以说，自隋唐之际开始，文化因素成为山东士族的主要特征，而对这一时期山东士族文化面貌的探讨对于理解隋唐社会山东士族的发展演变也具有重要意义。

参考文献

一 古籍类

（汉）司马迁：《史记》，中华书局 1982 年版。

（汉）班固：《汉书》，中华书局 1962 年版。

（南朝·宋）范晔：《后汉书》，中华书局 1965 年版。

（魏）陈寿：《三国志》，中华书局 1982 年版。

（唐）房玄龄等：《晋书》，中华书局 1974 年版。

（南朝·梁）沈约：《宋书》，中华书局 1974 年版。

（南朝·梁）萧子显：《南齐书》，中华书局 1972 年版。

（唐）姚思廉：《梁书》，中华书局 1973 年版。

（唐）姚思廉：《陈书》，中华书局 1972 年版。

（北齐）魏收：《魏书》，中华书局 1974 年版。

（唐）令狐德棻等：《周书》，中华书局 1971 年版。

（唐）李百药：《北齐书》，中华书局 1972 年版。

（唐）李延寿：《南史》，中华书局 1975 年版。

（唐）李延寿：《北史》，中华书局 1974 年版。

（唐）魏徵等：《隋书》，中华书局 1973 年版。

（后晋）刘昫等：《旧唐书》，中华书局 1975 年版。

（宋）欧阳修等：《新唐书》，中华书局 1975 年版。

（宋）薛居正等：《旧五代史》，中华书局 1976 年版。

（宋）欧阳修：《新五代史》，中华书局 1976 年版。

（晋）袁宏撰，周天游校注：《后汉纪校注》，天津古籍出版社 1987
  年版。

（宋）司马光等：《资治通鉴》，中华书局 1956 年版。

（唐）杜佑：《通典》，中华书局 1988 年版。

（宋）郑樵：《通志》，中华书局 1987 年版。

（元）马端临：《文献通考》，中华书局 1986 年版。

（宋）王溥：《唐会要》，中华书局 1955 年版。

（唐）李林甫：《大唐六典》，中华书局 1992 年版。

（唐）吴兢撰，谢保成集校：《贞观政要集校》，中华书局 2003 年版。

（唐）长孙无忌：《唐律疏议》，中华书局 1982 年版。

（唐）温大雅：《大唐创业起居注》，上海古籍出版社 1983 年版。

（宋）宋敏求：《唐大诏令集》，中华书局 2008 年版。

（唐）刘知几撰，（清）浦起龙释：《史通通释》，上海古籍出版社 1978
  年版。

（唐）林宝：《元和姓纂》，中华书局 1994 年版。

（宋）邓名世：《古今姓氏书辩证》，江西人民出版社 2006 年版。

（宋）李昉：《太平御览》，中华书局 1960 年版。

（宋）李昉：《文苑英华》，中华书局 1962 年版。

（宋）王钦若等：《册府元龟》，中华书局 1960 年版。

（汉）崔寔：《四民月令》，中华书局 1965 年版。

（唐）刘𫗧、张鷟：《隋唐嘉话·朝野佥载》，中华书局 1979 年版。

（唐）刘肃：《大唐新语》，中华书局 1984 年版。

（五代）高彦休：《唐阙史》，中华书局 1985 年版。

（唐）郑处诲：《明皇杂录》，中华书局 1994 年版。

（五代）王定保：《唐摭言》，中华书局 1959 年版。

（唐）李肇、赵璘：《唐国史补·因话录》，上海古籍出版社 1979
  年版。

（唐）封演：《封氏见闻记》，中华书局 1985 年版。

（五代）孙光宪：《北梦琐言》，中华书局 2002 年版。

（宋）王谠撰，周勋初校证：《唐语林校证》，中华书局 1987 年版。

（宋）钱易：《南部新书》，中华书局 2002 年版。

（五代）王仁裕：《开元天宝遗事》，中华书局 2006 年版。

（宋）李昉：《太平广记》，中华书局 1961 年版。

（清）阮元校刻：《十三经注疏》，中华书局 1980 年版。

（隋）王通：《中说》，中华书局 1985 年版。

（宋）杨时编辑：《二程释言》，中华书局 1985 年版。

（宋）黎靖德：《朱子语类》，中华书局 1986 年版。

（清）陈立：《白虎通疏证》，中华书局 1997 年版。

（北齐）颜之推撰，王利器集解：《颜氏家训集解》，中华书局 1993
　　年版。

（战国）列御寇：《老子》，中华书局 1998 年版。

王世舜注：《庄子译注》，山东教育出版社 1983 年版。

《列子》，中华书局 1985 年版。

（明）陆时雍：《诗镜总论》，载《历代诗话续编》下册，中华书局
　　1983 年版。

（明）王世贞著，罗仲鼎校注：《艺苑卮言校注》，齐鲁书社 1992 年版。

（清）王先谦：《荀子集解》，中华书局 1988 年版。

（南朝·梁）刘勰著，郭绍虞、罗根泽主编，范文澜注：《文心雕龙
　　注》，人民文学出版社 1958 年版。

（宋）严羽：《沧浪诗话》，中华书局 1985 年版。

（明）胡应麟：《诗薮》，上海古籍出版社 1979 年版。

（清）严可均：《全上古三代秦汉三国六朝文》，中华书局 1958 年版。

（清）董诰等编：《全唐文》，中华书局 1983 年版。

（清）彭定求主编：《全唐诗》，中华书局 1960 年版。

（清）王夫之：《诗广传》，中华书局 1964 年版。

（清）汪师韩：《诗学纂闻》，（清）王夫之等撰，丁福保辑录《清诗话》，中华书局 1963 年版。

（清）章学诚：《文史通义》，上海书店出版社 1988 年版。

（清）赵翼：《廿二史札记》，商务印书馆 1987 年版。

（清）钱大昕：《廿二史考异》，中华书局 1985 年版。

（清）赵翼：《陔余丛考》，上海古籍出版社 2011 年版。

（清）王鸣盛：《十七史商榷》，商务印书馆 1937 年版。

（清）皮锡瑞：《经学历史》，中华书局 2004 年版。

（晋）葛洪撰，杨明照校笺：《抱朴子外篇校笺》（上），中华书局 1991 年版。

（晋）葛洪撰，杨明照校笺：《抱朴子外篇校笺》（下），中华书局 1997 年版。

（晋）葛洪撰，王明校释：《抱朴子内篇校释》，中华书局 1985 年版。

《大正新修大藏经》，新丰出版公司 1983 年版。

二 碑铭类

王昶：《金石萃编》，中国书店 1985 年版。

岑仲勉：《金石论丛》，上海古籍出版社 1981 年版。

河南省文物研究所、河南地区洛阳文管所：《千唐志斋藏志》，文物出版社 1984 年版。

赵超：《汉魏南北朝墓志汇编》，天津古籍出版社 1992 年版。

张宁、洛阳古代艺术馆等：《隋唐五代墓志汇编》，天津古籍出版社 1991 年版。

周绍良：《唐代墓志汇编》，上海古籍出版社 1992 年版。

周绍良、赵超：《唐代墓志汇编续集》，上海古籍出版社 2001 年版。

吴钢主编：《全唐文补遗》第 1—9 辑，三秦出版社，第 1 辑 1994 年版、第 2 辑 1995 年版、第 3 辑 1996 年版、第 4 辑 1997 年版、第 5 辑 1998 年版、第 6 辑 1999 年版、第 7 辑 2000 年版、第 8

辑 2005 年版、第 9 辑 2007 年版。

吴钢主编：《全唐文补遗》千唐志斋新藏专辑，三秦出版社 2006 年版。

三　今人著述类

（一）专著与文集

陈寅恪：《隋唐制度渊源略论稿·唐代政治史述论稿》，生活·读书·新知三联书店 2001 年版。

陈寅恪：《金明馆丛稿初编》，生活·读书·新知三联书店 2001 年版。

陈寅恪：《金明馆丛稿二编》，生活·读书·新知三联书店 2001 年版。

陈寅恪：《寒柳堂集》，生活·读书·新知三联书店 2001 年版。

陈寅恪：《元白诗笺证稿》，生活·读书·新知三联书店 2001 年版。

陈寅恪：《陈寅恪魏晋南北朝史讲演录》，黄山书社 1987 年版。

钱穆：《中国学术思想史论丛》（三），东大图书有限公司 1981 年版。

钱穆：《中国学术思想史论丛》（四），东大图书有限公司 1983 年版。

王伊同：《五朝门第》，中华书局 2006 年版。

唐长孺：《魏晋南北朝史论丛》，生活·读书·新知三联书店 1955 年版。

唐长孺：《魏晋南北朝史论丛续编》，生活·读书·新知三联书店 1959 年版。

唐长孺：《魏晋南北朝史拾遗》，中华书局 1983 年版。

唐长孺：《魏晋南北朝隋唐史三论》，武汉大学出版社 1992 年版。

周一良：《魏晋南北朝史论集》，北京大学出版社 1997 年版。

周一良：《魏晋南北朝史札记》，中华书局 1985 年版。

汪篯：《汪篯隋唐史论稿》，中国社会科学出版社 1981 年版。

岑仲勉：《隋唐史》，中华书局 1982 年版。

岑仲勉：《唐史余沈》，中华书局 1960 年版。

汤用彤：《汉魏两晋南北朝佛教史》，商务印书馆 2015 年版。

汤用彤：《隋唐佛教史稿》，中华书局 1982 年版。

王勋成：《唐代铨选与文学》，中华书局 2001 年版。

王仲荦：《魏晋南北朝史》，上海人民出版社 2003 年版。

王仲荦：《隋唐五代史》，上海人民出版社 2003 年版。

严耕望：《唐仆尚丞郎表》，上海古籍出版社 2007 年版。

严耕望：《唐代交通图考》，上海古籍出版社 2007 年版。

严耕望：《严耕望史学论文选集》，中华书局 2006 年版。

向达：《唐代长安与西域文明》，河北教育出版社 2001 年版。

姚薇元：《北朝胡姓考》，中华书局 1962 年版。

金发根：《永嘉乱后的北方豪族》，中国学术奖助委员会，1964 年。

何启民：《中古门第论集》，学生书局 1978 年版。

毛汉光：《中国中古社会史论》，上海书店出版社 2002 年版。

毛汉光：《中国中古政治史论》，上海书店出版社 2002 年版。

李泽厚：《美的历程》，中国社会出版社 1984 年版。

余英时：《士与中国文化》，上海人民出版社 1987 年版。

田余庆：《东晋门阀政治》，北京大学出版社 1997 年版。

傅璇琮：《唐代科举与文学》，陕西人民出版社 1986 年版。

曹道衡、沈玉成：《南北朝文学史》，中国社会科学出版社 2007 年版。

曹道衡：《南朝文学与北朝文学研究》，商务印书馆 2015 年版。

毛礼锐、沈灌群：《中国教育通史》，山东教育出版社 2005 年版。

李国钧、王炳照主编，宋大川、王建军著：《中国教育制度通史》 第二卷，山东教育出版社 2000 年版。

张国刚：《佛学与唐代社会》，河北人民出版社 2002 年版。

张国刚主编：《中国家庭史》，广东人民出版社 2007 年版。

王永平：《中国文化通史》 隋唐五代卷，中共中央党校出版社 2000 年版。

王永平：《道教与唐代社会》，首都师范大学出版社 2002 年版。

陈爽：《世家大族与北朝政治》，中国社会科学出版社 1998 年版。

高世瑜：《唐代妇女》，三秦出版社 1988 年版。

吴光：《黄老之学通论》，浙江人民出版社 1985 年版。

中国唐史学会编：《唐史学会论文集》，陕西人民出版社 1986 年版。

卢云：《汉晋文化地理》，陕西人民教育出版社 1991 年版。

吴宗国：《唐代科举制度研究》，辽宁大学出版社 1992 年版。

李斌城：《唐代文化》，中国社会科学出版社 2002 年版。

田延柱：《隋唐士族》，三秦出版社 1990 年版。

吴先宁：《北朝文化特质与文学进程》，东方出版社 1997 年版。

冯尔康等：《中国宗族社会》，浙江人民出版社 1994 年版。

陈铁民主编，王学泰等撰著：《唐代文学史》，人民文学出版社 1995
    年版。

周振鹤：《中国历史文化区域研究》，复旦大学出版社 1997 年版。

程方平：《隋唐五代的儒学：前理学教育思想研究》，云南教育出版
    社 1991 年版。

丁原明：《黄老学论纲》，山东大学出版社 1997 年版。

宋大川：《唐代教育体制研究》，山西教育出版社 1998 年版。

牛润珍：《汉至唐初史官制度的演变》，河北教育出版社 1999 年版。

李卿：《秦汉魏晋南北朝家庭、宗族关系研究》，上海人民出版社 1997
    年版。

军事科学院主编：《中国军事通史》，军事科学出版社 1998 年版。

李鸿宾：《隋唐对河北地区的经营与双方的互动》，中央民族大学出
    版社 2008 年版。

吴正岚：《六朝江东士族的家学门风》，南京大学出版社 2003 年版。

王永平：《中古士人迁移与文化交流》，社会科学文献出版社 2005
    年版。

陈明：《中古士族现象研究：儒学的历史文化功能初探》，文津出版
    社 1994 年版。

陈明：《儒学的历史文化功能：士族：特殊形态的知识分子研究》，
    学林出版社 1997 年版。

陈明：《儒学的历史文化功能：以中古士族现象为个案》，中国社会

科学出版社 2005 年版。

薛瑞泽:《嬗变中的婚姻——魏晋南北朝时期婚姻研究》,三秦出版
　　社 2000 年版。

朱大渭:《魏晋南北朝社会生活史》,中国社会科学出版社 1998 年版。

李斌城等:《隋唐五代社会生活史》,中国社会科学出版社 1998 年版。

段塔丽:《唐代妇女地位研究》,人民出版社 2000 年版。

李浩:《唐代关中士族与文学》,中国社会科学出版社 2003 年版。

李浩:《唐代三大地域文学士族研究》,中华书局 2002 年版。

郭锋:《唐代士族个案研究——以吴郡、清河、范阳、敦煌张氏为中
　　心》,厦门大学出版社 1997 年版。

张清华:《王维年谱》,学林出版社 1988 年版。

刘惠琴:《北朝儒学及其历史作用》,陕西人民出版社 2003 年版。

夏炎:《中古世家大族清河崔氏研究》,天津古籍出版社 2004 年版。

汤一介:《早期道教史》,昆仑出版社 2006 年版。

卿希泰、唐大潮:《道教史》,中国社会科学出版社 1994 年版。

龚鹏程:《唐代思潮》,商务印书馆 2007 年版。

郭绍虞:《中国文学批评史》,百花文艺出版社 2008 年版。

(二)论文类

陈寅恪:《崔浩与寇谦之》,《金明馆丛稿初编》,生活·读书·新知
　　三联书店 2001 年版。

陈寅恪:《论韩愈》,《金明馆丛稿初编》,生活·读书·新知三联书
　　店 2001 年版。

陈寅恪:《天师道与滨海地域之关系》,《金明馆丛稿初编》,生活·
　　读书·新知三联书店 2001 年版。

陈寅恪:《论隋末唐初所谓"山东豪杰"》,《金明馆丛稿初编》,生
　　活·读书·新知三联书店 2001 年版。

陈寅恪:《论李栖筠自赵徙卫事》,《金明馆丛稿二编》,生活·读书·
　　新知三联书店 2001 年版。

钱穆:《略论魏晋南北朝学术文化与当时门第之关系》,《中国学术思想史论丛》(三),台北东大图书有限公司 1981 年版。

钱穆:《读王通〈中说〉》,《中国学术思想史论丛》(四),台北东大图书有限公司 1983 年版。

唐长孺:《士族的形成和升降》,《魏晋南北朝史拾遗》,中华书局 1983 年版。

唐长孺:《论南朝文学的北传》,《武汉大学学报》(社会科学版)1993 年第 6 期。

周一良:《〈博陵崔氏个案研究〉评价》,《中国史研究》1982 年第 1 期。

周一良:《魏收之史学》,《魏晋南北朝史论集》,北京大学出版社 1997 年版。

许倬云:《西汉政权与社会势力的交互作用》,《"中央研究院"历史语言研究所集刊》第 35 本。

闻一多:《宫体诗的自赎》,《闻一多全集》(三),《唐诗杂论》,开明书店 1948 年版。

毛汉光:《中古大族著族房婚姻之研究——北魏高祖至唐中宗神龙年间五姓著房之婚姻关系》,《"中央研究院"历史研究所集刊》第五十六本第四分。

赵克尧:《论魏晋南北朝的坞壁》,《历史研究》1980 年第 6 期。

王永平:《论唐代的文化政策》,《思想战线》1999 年第 3 期。

王永平:《唐宋时期文化面貌的局部更新》,《史学月刊》2005 年第 5 期。

陈顺智:《论唐太宗的雅正文学观及其对贞观诗坛的影响》,《武汉大学学报》(哲学社会科学版)1999 年第 4 期。

孙光:《河北士族对北朝文学的影响》,《北方论丛》2007 年第 2 期。

高华平:《士族宗教信仰的分野与南北朝文学的差异》,《华中师范大学学报》(人文社会科学版)1998 年第 4 期。

安群：《十年来国内门阀士族综述》，《中国史研究动态》1990 年第 2 期。

张广达：《近年西方学着对中国中世纪世家大族的研究》，《中国史研究动态》1984 年第 12 期。

张广达：《内藤湖南的唐宋变革说及其影响》，《唐研究》第 11 卷，北京大学出版社 2005 年版。

任爽：《科举制度与唐代教育危机》，《中国史研究》1994 年第 3 期。

金应熙、邹云涛：《国外对六朝世族的研究述评》，《暨南学报》（哲学社会科学版）1987 年第 2 期。

牟仲鉴：《南北朝经学述评》，《孔子研究》1987 年第 3 期。

顾向鸣：《唐时期家学》，《历史教学问题》1991 年第 5 期。

颜晨华：《文治与中兴：唐代士族之再评价》，《学术月刊》1992 年第 12 期。

郑强胜：《唐时期家学》，《华夏文化》1995 年第 6 期。

周建江：《北朝文学的性质与地位》，《齐鲁学刊》1995 年第 6 期。

李军：《魏晋南北朝高等教育管理体制的演变》，《中国史研究》1996 年第 2 期。

杨西云：《唐代门荫与科举制的消长关系》，《南开学报》1997 年第 1 期。

高诗敏：《有关北朝博陵崔氏的几个问题》，《首都师范大学学报》（社会科学版）1998 年第 5 期。

陈爽：《近年来有关家族问题的社会史研究》，《光明日报》1998 年 10 月 16 日。

赵超：《从唐代墓志看士族大姓通婚》，白化文等编《周绍良先生欣开九秩庆寿文集》，中华书局 1997 年版。

尹富：《抵制·渴慕·操纵——论唐代士族对科举的多重态度》，《西南师范大学学报》（哲学社会科学版）1998 年第 5 期。

李浩：《论唐代关中士族的家族教育》，《西北大学学报》（哲学社会科学版）1998 年第 2 期。

史睿：《北周、隋、唐初的士族政策与与政治秩序的变迁》，《首都师范大学学报》（社会科学版）1998 年第 3 期。

庞竑：《西晋士族掌军权初探》，《西南师范大学学报》（哲学社会科学版）1999 年第 4 期。

程国赋：《唐代士族之家不愿娶公主之原因考述》，《文学遗产》2000 年第 6 期。

毛阳光：《从墓志看唐代妇女的贞节观》，《宝鸡文理学院学报》2000 年第 2 期。

查屏球：《天宝河洛儒士群与复古之风》，《中华文史论丛》第一辑，上海古籍出版社 2001 年版。

郭善兵：《二十世纪八十年代以来魏晋南北朝时期婚丧礼俗研究概述》，《贵州文史丛刊》2001 年第 4 期。

王华山：《河北士族礼法传统与北学渊源》，《文史哲》2003 年第 2 期。

陈金凤、梁琼：《山东士族与隋朝政治论略》，《山东师范大学学报》（人文社会科学版）2003 年第 6 期。

王大良：《六朝世族思想信仰主流再认识》，《西北师范大学学报》（社会科学版）2001 年第 4 期。

王永平：《论中古时期家学、家风之特质——以江东世族为中心的考察》，《河南科技大学学报》（社会科学版）2003 年第 3 期。

李建华：《古文运动与山东士族》，《淮阴师范学院学报》（哲学社会科学版）2003 年第 4 期。

李红霞：《唐代士人的社会心态与隐逸的嬗变》，《北京大学学报》（哲学社会科学版）2004 年第 3 期。

唐燮军：《从南朝士族到晚唐衣冠户——吴兴沈氏在萧梁至唐末的变迁》，《浙江师范大学学报》（社会科学版）2004 年第 4 期。

张亚军：《论南朝士族武风趋于文治的形象转变》，《西华师范大学学报》（哲学社会科学版）2005 年第 5 期。

孙德玉、裴士京：《魏晋南北朝博士职责、考选及其变异论略》，《华东师范大学学报》（教育科学版）2007 年第 1 期。

张国刚：《唐代寡居妇女的生活世界》，《安徽师范大学学报》2007 年第 3 期。

苏小华：《西魏北周军队构成的变化及其对北朝军事的影响》，《云南民族大学学报》（哲学社会科学版）2008 年第 2 期。

段塔丽：《论唐代佛教的世俗化及对女性婚姻家庭观的影响》，《陕西师范大学学报》2010 年第 1 期。

（三）学位论文

王洪军：《名门望族与中古社会：太原王氏研究》，博士学位论文，南开大学，2005 年。

范兆飞：《中古太原士族研究》，博士学位论文，复旦大学，2007 年。

李建华：《唐代山东士族与文学》，博士学位论文，南京师范大学，2007 年。

张卫东：《唐代荥阳郑氏个案研究》，硕士学位论文，陕西师范大学，2003 年。

陈建萍：《唐代博陵崔氏个案研究》，硕士学位论文，河北师范大学，2006 年。

郑芳：《中古世家大族博陵崔氏研究》，硕士学位论文，曲阜师范大学，2009 年。

李国强：《唐代范阳卢氏研究》，硕士学位论文，河北师范大学，2000 年。

韩涛：《中古世家大族范阳卢氏研究》，硕士学位论文，曲阜师范大学，2009 年。

和庆锋：《隋唐太原王氏的变迁与影响》，博士学位论文，上海师范大学，2013 年。

肖文惠：《中古时期赵郡李氏家族宗教信仰研究》，硕士学位论文，曲阜师范大学，2013 年。

（四）译著与外文资料

刘俊文主编，黄约瑟译：《日本学者研究中国史论著选译》第二卷，中华书局 1993 年版。

刘俊文主编，夏日新、韩升、黄正建译：《日本学者研究中国史论著选译》第四卷，中华书局 1992 年版。

［日］谷川道雄：《中国中世纪社会与共同体》，马彪译，中华书局 2002 年版。

［日］守屋美都雄：《六朝门阀研究——太原王氏谱系考》，日本出版协同株式会社 1951 年版。

［日］仁井田陞：《中国身份法史》，东京大学出版会 1942 年版，2001 年复刻第二次印刷。

［美］姜士彬（David G Johnson）：《中国中世纪的寡头政治》（The Medieval Chinese Oligarchy），Westview Press，Boulder，Colorado，1977）

［美］姜士彬（David G Johnson）：《一个大姓的末年：晚唐宋初的赵郡李氏》（The Last years Of A Great Clan：The Li Famiy Of Chao Chun in Late Tang And Early Sung），《哈佛亚洲研究杂志》1977 年第 37 卷第 1 期。

［美］伊佩霞（Patricia Buckiey Ebrey）：《早期中华帝国的贵族家庭——博陵崔氏个案研究》，剑桥大学出版社 1978 年版。［The Aristocratic Familys Of Early Imperial China——A Case Study Of the po——Ling Tsui Family（Cambridge University Press，1978）]

［美］坎托：《文化心理学》，王亚南等译，云南人民出版社 1991 年版。

后　记

在中古历史进程中，士族是令人瞩目的重要群体，其对中古时期政治、经济、社会、文化等多方面均产生了广泛而深刻的影响。也正因为如此，自陈寅恪、唐长孺等学术先辈以来，学界在士族研究领域不断耕耘，研究视角和研究深度持续拓展深化，所获建树蔚为可观。

2007 年我进入首都师范大学历史学院攻读博士学位，师从著名学者、隋唐史研究专家王永平先生。一直以来，我对唐代山东士族的文化面貌问题颇感兴趣，也很想在攻读博士期间就此专门研究，但同时又有感于前辈学者在此领域已有诸多成就，故一度踌躇不定，未敢轻言涉足。在我将想法和困惑告诉王老师后，王老师指出尽管士族问题学界早有研究，但随着一些新研究方法的运用和墓志等新材料的不断涌现，这一问题仍有很大的研究价值和研究空间，遂使我坚定了开展研究的信心，并确立了从社会文化史角度进行研究的思路。

视角独特，方法得当，资料扎实是开展研究工作的必由途径，也唯有如此才能做出有价值、经得起考验的研究成果，在研究工作中，我也一直努力遵循这些准则，并为此付出大量劳动和汗水。但在具体研究实践中，由于山东士族问题的复杂性，所遇到的困难和挑战仍超出想象，幸而有所疑惑，则可向老师请益，得以拨正方向。如在确定具体论文题目时，起初我设计的题目偏大，王老师及时指出问题，指导我确定了"隋唐之际"这一研究时段，并提醒在研究中一定要用足、用好墓志等出土文献。在整个博士阶段研究工作中，正是得益于王老师的悉心指导，始能按计划推进，按时完成所有研究，并形成了以博士论文为基础的一批成果。本书付梓之际，王老师又拨冗赐序，这既是对我莫大的鼓励，也是对我的鞭策，将激励我在学术道路上不敢懈怠，不断前行，在此也谨向王老师致以最诚挚的感谢！

毕业后我供职于平顶山学院，久有将博士论文修改后出版的愿望，但囿于多种原因一直未能遂愿。近年来，平顶山学院大力鼓励学术研究，不断出台政策给予扶持。在此背景下，我于 2018 年申请学校和院系对本书出版予以支持，最终本书被列入平顶山学院伏牛山文化圈研究中心和平顶山学院校级重点学科"传播学"著作出版资助计划，延宕多年，使得本书终有机会出版。在此特向平顶山学院教务处处长、新闻与传播学院院长秦方奇教授，平顶山学院新闻与传播学院副院长、伏牛山文化圈研究中心主任陈建裕教授，以及平顶山学院各位领导深表感谢，正是在他们的大力支持和关怀下，本书才得以顺利付梓。

本书书稿在交付中国社会科学出版社后，熊瑞、宋燕鹏二位老师先后担任责任编辑，他们认真负责，审校细致，补正本书不少缺漏，为本书出版倾注了大量心血，在此一并诚挚致谢。

学术研究是漫长跋涉与攀登的过程，艰辛的学术探索之旅，其中甘苦想必所有过来者都深有体味。为写好本书，我付出了数年时间和极大心血，但坦率而言，本书仍存在一些不尽人意之处，距离我最初设想还有一定距离，在此也诚恳希望各位师友和广大读者予以批评指正。

路学军

2019 年 12 月 28 日